中国法治发展战略研究文库 ⑧

总主编 徐汉明

湖北省检察官文学艺术联合会
中南财经政法大学法治发展与司法改革研究中心
湖北法治发展战略研究院

最高人民法院重大审判理论课题结项成果

司法公正的内涵及其实现

王 晨／著

知识产权出版社
全国百佳图书出版单位

责任编辑：刘　睿　刘　江　　　　　责任校对：韩秀天
特约编辑：王会一　　　　　　　　　　责任出版：卢运霞

图书在版编目（CIP）数据

司法公正的内涵及其实现 / 王晨著 . —北京：知识产权出版社，2013.9
（中国法治发展战略研究文库）
ISBN 978－7－5130－2262－0

Ⅰ.①司…　Ⅱ.①王…　Ⅲ.①司法－公正－研究－中国　Ⅳ.①D926

中国版本图书馆 CIP 数据核字（2013）第 214696 号

中国法治发展战略研究文库

司法公正的内涵及其实现

Sifa Gongzheng de Neihan jiqi Shixian

王　晨　著

出版发行：知识产权出版社	
社　　址：北京市海淀区马甸南村1号	邮　编：100088
网　　址：http://www.ipph.cn	邮　箱：bjb@cnipr.com
发行电话：010－82000860 转 8101/8102	传　真：010－82005070/82000893
责编电话：010－82000860 转 8113	责编邮箱：liurui@cnipr.com
印　　刷：北京中献拓方科技发展有限公司	经　销：新华书店及相关销售网点
开　　本：720mm×960mm　1/16	印　张：30.25
版　　次：2013年9月第一版	印　次：2013年9月第一次印刷
字　　数：442 千字	定　价：65.00 元
ISBN 978－7－5130－2262－0	

出版权专有　侵权必究
如有印装质量问题，本社负责调换。

感谢华永投资集团、中国农业银行股份有限公司北京市分行、湖北中浩建筑有限责任公司、武汉福星惠誉置业有限公司对"文库"出版的鼎力支持！

《中国法治发展战略研究文库》编委会

顾　　　问（按姓氏笔画排序）

王利明　尹汉宁　田期玉　江必新　李　龙
吴汉东　何晔晖　陈光中　范兴元　周成奎
郑少三　赵　斌　柯汉民　俞可平　姜　伟
顾海良　高铭暄　郭道晖　黄关春　敬大力
童建明　樊崇义

编委会主任　吴汉东

编委会委员（按姓氏笔画排序）

王亚平　王　晨　卞建林　卢乐云　卢建平
叶　青　冯　军　皮　勇　吕东升　齐文远
许建国　孙光骏　孙应征　杨灿明　杨武力
杨宗辉　吴汉东　何大春　何增科　汪道胜
张绍明　张智辉　张新宝　陈传德　陈志伟
陈　武　周佳念　赵秉志　赵　钢　赵　曼
俞　江　洪领先　姚　莉　夏　勇　徐　立
徐汉明　徐建波　徐晓林　诸葛平平　黄太云
梅夏英　康均心　彭胜坤　鲁志宏　谢鹏程
蔡　虹　廖焱清

总　主　编　徐汉明

本书为最高人民法院 2011 年第 3 号重大审判理论课题结项成果。

课题名称：司法公正的内涵及其实现。

课题中标承担单位：湖北省武汉市中级人民法院、北京大学。

课题主持人：

王　晨，湖北省武汉市中级人民法院党组书记、院长，武汉大学兼职教授、博士生导师。

吴志攀，北京大学常务副校长、教授、博士生导师。

课题组指导专家：

刘作翔，中国社会科学院法学所教授、博士生导师。

白建军，北京大学法学院教授、博士生导师。

徐亚文，武汉大学法学院教授、博士生导师。

郑顺炎，北京大学副教授、硕士生导师。

课题组成员：

武汉中院杨凯、褚金丽、陈学敏、欧阳俊、张亚琼、杨毅、赵千喜、魏大海，江岸法院年凯、唐玲莉、魏璐，江汉法院李海燕，东湖法院黄桂武，硚口法院朱娅敏。

总　　序

法治是政治文明发展到一定历史阶段的标志。中华法系源远流长，历经数千年发生、发展、转型的演进过程而绵延至今，其优秀法治文化是人类法治征程中的宝贵财富。新中国成立后，在中国共产党的领导下，我国迈向建设社会主义法治国家的伟大征程，社会主义法治建设取得了丰硕的成果，中国特色社会主义法治体系基本形成，为社会主义事业科学发展提供了坚强的法治保障。

党的"十八大"从开创中国特色社会主义事业全局的战略高度，对全面推进依法治国、加快建设社会主义法治国家作出了全面部署，提出"依法治国是治国理政的基本方式"，"更加注重发挥法治在国家治理和社会管理中的重要作用"，为我国法治建设谱写了新篇章，必将有力促进我国法学研究事业的进一步发展。

面对法治国家建设的新形势、新任务和广大人民群众的新要求、新期待，2012年7月，依托中南财经政法大学等名校优势学科平台，"中南财经政法人学法治发展与司法改革研究中心"顺势而生。该中心以国家法治发展战略需求为导向，秉承求真务实、科学严谨的学术态度，积极推动法学与政治学、经济学、管理学等学科之间的交叉融合，努力搭建多维度、深层次、高起点的研究平台；坚持"三个并重"，即发扬传统与开拓创新并重、基础理论研究与应用理论研究并重、战略思维引领与科研成果转化并重；实行"三个打通"，即打通学科壁垒、院所壁垒、科研院所与实务机关壁垒，整合各学科资源，加强互动合作，吸纳政府机构实务专家、校外研究机构知名学者、社会精英人才参与项目研究,提高研究项目的吸纳力、凝聚力、辐射力和影响力;按照"一拖三"模式对科研成果进行考核与管理,即每项科研课题须提供高质量的调查报告,回答是什么;提供基础理论报告,回答为什么;提出立法与公共政策专家建议稿,回答治国理政怎么办,致力于推动法治发展与司法改革研究,致力于为国家治理和社会管理提供高质量的法治智库服务。

在党的"十八大"胜利召开前夕,"湖北法治发展战略研究院"正式成立,与中南财经政法大学法治发展与司法改革研究中心合署科研。研究院—中心开展法治研究,以时代需求为己任,力争站在国家与社会发展最前沿,立足中国特色社会主义法治国家建设的壮阔事业,敏锐地捕捉和反映最新的、最具时代性和现实意义的法治理论命题与实践动向,生产高层次、高标准、高质量的法治智库产品,为党和国家治国理政提供决策参考服务。研究院—中心与时俱进的发展理念及新颖独特的研究模式受到了社会各界的广泛关注和期待。研究院—中心自成立至今业已取得一批优秀的科研成果,并被中央和地方党政机关采纳、认可、推广,获得了较好的社会评价。

为进一步提升科研成果的社会贡献值、影响力和磁场效应,研究院—中心推出《中国法治发展战略研究文库》。该文库旨在从法治国家建设的战略层面对重大理论和实践问题予以高度关注与适时回应。我们将科学策划文库专题和项目,邀约研究院—中心内外名家为文库著书立说。同时,为发现和培育学术新锐,扶植中国法治发展研究的新生力量,研究院—中心还专门设立"中国法治发展战略研究出版资助项目",择优遴选青年学者著作予以出版资助。

《中国法治发展战略研究文库》与"中国法治发展战略研究出版资助项目"联袂诚献,将始终秉持以质取文、兼收并蓄的选辑方针,保持学术敏感性、学术鉴别力和学术规范性,形成法学理论界与实务界融贯互通的平台,提升法治研究对社会发展的贡献值,略尽我们对推进中国法治发展的绵薄之力。在此,我们向所有关心、支持、资助《中国法治发展战略研究文库》与"中国法治发展战略研究出版资助项目"的单位和个人表示诚挚的谢意。要特别感谢中国农业银行股份有限公司北京市分行、湖北中浩建筑有限责任公司、武汉福星惠誉置业有限公司对文库出版的鼎力支持。真诚地希望各位读者能够从本文库中获得启发和思考。当然，限于学力与精力，文库难免存在纰漏和欠妥之处，敬请各位读者批评指正。

全国检察业务专家
中南财经政法大学法治发展与司法改革研究中心主任
湖北法治发展战略研究院院长
湖北省检察官文学艺术联合会主席
2012 年 12 月 18 日

前　言

　　本书为最高人民法院2011年重大审判理论课题"司法公正的内涵及其实现"的结项成果之一，是我担任课题主持人组织调研团队参与最高人民法院课题研究和"法治湖北"项目的调研成果展示。最高人民法院于2011年首次设立全国十个重大审判理论课题并向全社会公开招标。当时我刚从湖北省高级人民法院调任武汉市中级人民法院院长不久，先后担任三个中级人民法院院长和省高级人民法院副院长的经历使我对法院队伍建设的方法有着现实性与持续性的思考。我始终认为，无论是高级法院，抑或是中基层法院，抓好法院工作无外乎三个评价标准："案子要办好，门前要清净，队伍不出问题"。而实现这三个标准的基础和前提之一就是抓好法官队伍建设。法官的职业特性决定了队伍建设应当注重内涵才会有成效，而调研是一条促进法官队伍建设走内涵式发展道路较好的路径。武汉市中级人民法院历史上就有着优良的调研工作传统和特色，我敏锐地感觉到通过积极申报和承担最高人民法院课题是大力推进武汉法院队伍建设的一个良好契机，于是联合北京大学常务副校长吴志攀教授共同申报。让我没有想到的是，最高人民法院首次重大审判理论课题公开招标的竞争异常激烈，全国30多个高级法院的院长大法官大都参与了竞标，国内著名高校的一流专家学者也踊跃竞标。全国只有10个重大审判理论课题，面对强手如林的竞争，武汉中院作为全国400多家中级法院中唯一能够联合申报中标者，既得益于北京大学襄与而成的鼎力相助，也得益于我们立足于中基层法院审判实践经验的实证法务与应用法学调研特色，还得益于我们联合湖北省高院精心组织精干的调研团队参与竞标，更得益于武汉市区两级法院党组能够对此形成共识并举全力支持和参与。

在以"大数据""云计算"为时代特色的现代信息社会，调研课题研究已经不再是仅凭个人学识、智慧和能力能够胜任的，任何课题或项目都必须依靠调研团队的整体合力和集体智识才能顺利完成，特别是最高法院首次设立的重大审判理论课题更是需要精英调研团队才能真正做好。我们不仅广泛借助高校、科研院所的法学理论研究优势，而且充分发掘中基层法院审判实践经验，借机培养一批年轻的精英职业法官调研团队。从汉江中级人民法院、黄石市中级人民法院，到武汉市中级人民法院，我一直在致力于探索中基层法院青年精英职业法官调研团队的组建和培养，这次终于契合最高法院重大审判理论课题在武汉两级法院取得突破性进展和阶段性成功。从2011年年初申报课题，我就谋划发现优秀调研人才和组建精英调研团队，通过选拔确有调研才能和激情的调研骨干组建团队进行课题申报可行性研究，充分发挥一线法官的聪明才智，把中基层法院丰富的审判实践经验通过团队调研集中升华为应用法学学术研究的最新成果；同时，又通过团队集体调研培养一批年轻的调研骨干，让我们的法官队伍后继有人，青出于蓝而胜于蓝。经过两年的探索实践，武汉市中级人民法院不仅自2011年开始连续两年中标最高法院重大审判理论课题，而且藉此打造了武汉中院调研特色品牌，培养了一大批年轻有为的调研骨干，带出了一支中基层法院职业法官精英调研团队，武汉市法院法官队伍的整体素质和司法能力均得到大幅度提升。这本关于司法公正内涵及其实现路径选择的实证研究专著就是我带领的这支精英调研团队集体研究的部分成果。

作为课题共同主持人，我和吴志攀先生经过多次商讨，共同提出：在全面研究历史和现实、理论和实践的基础之上，立足中基层人民法院这样一个人民群众最广泛关注、最密切接触的审判工作一线开展关于司法公正法学理论的实证研究。我们的共识就是："司法公正就是要让广大人民群众真切地感受得到"，这正好符合今年习近平总书记提出的"努力让人民群众在每一个司法案件中都感受到公平正义"司法工作目标。现代司法公正的实现既需要通过优化司法环境、提升司法能力、规范司法程序，以确保司法的程序公正和结果公正，克服司法公正所面临的显性挑战，又需要加强司法与社会的良性互动，在推动民众参与司法、见证司法、监督司法的同时，感受司法公正，认同司法公正，破解司法公正的根本性问题。我们认为，这对司法公正的内涵及其实现是有益的，也为进一步研究本课题提供了坚实的理论和实践基础。《中共中央关于加强党的执政能力建设的决定》指出："以保证司法公正为目标，逐步推进司法体制改革，形成权责明确、相互配合、相互制约、高效运行的司法体制，为在全社会实现公平和正义提供法制保障。"有关资料显示，当前，司法公正与"三农"问题、腐败问题、失业和社会保障问题、社会诚信问题一样，已成为人民群众普遍关注的热点问题之一。因此，司法公正是当前建设法治社会一个十分重要的重大审判理论课题。在建设法治社会的进程中，研究司法公正的内涵及其实现理论课题具有十分重要的理论和现实意义。

目前，国内关于司法公正的理论与实证研究主要存在以下几个方面的问题：（1）对司法公正内涵及其实现问题开展学术理论研究的主体主要集中在诉讼法学专业学者和人民法院从事审判工作的实务工作者，这就必然导致学术理论研究仅仅是从诉讼法学的角度来研究司法公正的内涵及其实现问题。诉讼法学与司法审判的关系虽然联系紧密，但其只是研究司法公正内涵及其实现的其中一个视角，要研究现代司法公正的内涵必须从法理学、法社会学的视角来全面阐述司法公正，并从国家司法权力配置的角度来认识司法公正所存在的现实问题，这样才能从根本上实现司法公正。（2）只借鉴西方的理论研究成果，盲目引进西方的现代司法理念、自然法学派理论和程序正义的观念，而没有从我国特有的国情社情民情、儒家文化传统、司法环境、经济发展水平及社会公众对司法审判工作的新需求新期待等视角来开展研究。（3）司法公正内涵及其实现的研究内容多局限于司法审判实践中的表面矛盾问题和现象性问题，属于典型的"头痛医头，脚痛医脚"的应景型研究，不能真正解决司法公正存在的根本性问题，对于现代司法公正的内涵系统性辨析、准确定位以及构成要件等深层研究尤显不够，基本没有全面开展对司法公正进行科学合理评价标准与比较标准的理论研究。（4）对我国社会转型时期司法公信力即司法审判公共关系学的系统理论研究尚未展开。针对上述问题，本书对司法公正内涵的历史演变和理论基础进行深入研究，为建构中国特色社会主义司法公正内涵提供法学理论支撑；通过对人民法院司法公正现状和问题的实证调查研究，发现实现司法公正在审判实践中存在的问题和困难，为我国司法公正法学理论研究提供第一手资料，从而促进司法公正法学理论研究的发展，着眼于中基层人民法院和基层人民法庭最广泛的司法审判工作一线现实需求提出对策和措施。

司法公正的观念是伴随着阶级和国家的产生而出现的，古今中外对司法公正的内涵及其实现途径的探索和研究从未停止过，因此，司法公正是一个既古老又年轻的重大法学理论研究课题。回顾中外历史，中国古代法家的代表人物韩非子曾以"法不阿贵，绳不挠曲，刑过不避大臣，赏善不遗匹夫"对司法公正进行评析，宋代欧阳修亦曾用"尔心贵正，正则不敢私"来对此加以概括。这些观点从一定层面上诠释了司法公正的部分内涵，但由于历史的局限性未能对司法公正的内涵进行科学全面地解释。国外关于司法公正的论述虽然十分丰富，但也是众说纷纭。早在古希腊哲学家亚里士多德、柏拉图提出哲学意义上的正义观之前，麦金泰尔就对正义给出定义：正义是给每个人——包括给予者本人——应得的本分，并且不用一种与他们的应得不相容的方式来对待任何人的一种品质。亚里士多德将正义分为广义和狭义，又将狭义正义分为分配正义和矫正正义。后世学者大多秉承亚里士多德的正义观，大多研究通过程序正义来实现矫正正义。伊壁鸠鲁认为，只要有一个防范彼此伤害的相互约定，公正就形成了；培根则从司法不公及其危害性角度对司法公正进行阐述。司法公正的内涵从古到今、从中到外还没有一个明确的定论，其内涵随着政治社会经济文化法律的发展而不断拓展，因而成为法理学研究的永恒课题。

自我国将建设社会主义法治国家的治国方略写入宪法以来，对于司法公正的学术理论探讨和司法改革实践就没有停止过，特别是构建和谐社会成为我们党的执政理念和政治目标之后，司法公正更是成为全社会普遍关注的热点和焦点问题。正是在这种在这种社会需求和政治背景下，对于司法公正内涵及其实现的理论研究和社会实践，随着社会的转型和变革而不断发展。司法公正是人民法院各项审判工作的评价标准，因此，全国法院系统围绕实现司法公正有针对性地进行了诸多有益的理论研究和改革探索实践，自最高人民法院颁布第一个五年改革纲要开始，到现在正在进行的第三个五年改革纲要实施阶段，关于司法公正的理论研究和改革实践成果已得到法学理论界的广泛关注和重视。目前，国内学者关于司法公正的内涵、价值及其实现的研究主要集中在司法公正与构建和谐社会的关系、诉讼程序、司法改革、行政权、新闻媒体、网络舆情等对司法公正的影响以及相对应实现司法公正的途径等方面。

我所主持的法院调研团队立足于中基层法院审判实践，经过一年多的研究，得出如下结论：司法公正是现代文明国家司法制度的要旨，司法机关最主要最普遍的任务就是根据一国宪法、法律、法规判决公民之间、公民与法人之间或公民与国家之间的利益纷争（民事、刑事或行政案件）。但是，司法的特殊位置并不意味着它在社会及政治体系中处于至高无上的位置，也不意味着法律万能，相反，通过诉讼审判活动而发挥的上述特殊功效以及司法权威和社会主体对裁判的信任，在很大程度上是以司法的中立性、被动性、消极性和自我抑制为前提的，而恰恰正是这些保障了司法的公正。拥有审判权的司法公正与否，维系着国家安危、社会安宁和公民人身财产安全，而司法的公正性在相当大的程度上取决于多种因素的共同作用。

第一，在任何一个追求司法公正和现代化，以求实现社会治理方式合理、规范化的社会中，司法政策的作用不容小觑。司法政策是一国司法机关为了解决一定历史时期司法活动中所面临的问题或实现特定目的而制定的各种具体行为准则和方针策略。司法政策因其灵活性、综合性、动态性等特点对实现司法目标起到很好的推进作用。其既决定着司法解决纠纷的基本价值取向，也在很大程度上反映了一国具体诉讼制度的发展和诉讼理念的更新。而具体司法实践正是司法机关对党和国家政策的积极回应。"司法职权配置落实政策指示、案件结构调整满足政策需求、具体案件裁判维护政策目标、司法工作方法确保政策实效"。❶ 我们必须从司法公正的角度理解我国回应性司法特质，了解司法政策在司法实践中的运用现状，总结贯彻落实司法政策的路径和方式，尤其在出现立法漏洞和盲区时，发挥司法政策对司法实务的导向和指导功能。

第二，"如果没有一个迫使人们遵守法权规范的机构，法权也就等于零"。❷ 而司法机构的独立性直接决定着司法的公正性。不管是在追求维护社会秩序和保障人权的刑事审判活动中，还是在定纷止争和平衡平等当事人之间利益的民事审判过程中，抑或是在限制一国公权力对个人权利侵犯的行政审判中，还是在实现"无救济就无权利"审判价值理念的执行行为中，实际上，世界各国面临的首要问题就是司法机关能否独立于其他任何机关、团体和个人，在行使职权时，只服从于法律，而不受其他方方面面的干涉。司法独立是西方乃至世界大多数国家司法制度的基本原则之一，也是司法公正课题中不容回避的问题之一。司法权独立、有效地行使职权，其目的不仅在于保障权力的分立，更在于保障公民的权利。与之相适应地，司法权与司法制度只有全面发挥对公民权利和自由保障的功能，才符合司法权设立的初衷和目的。❸ 从这个意义上讲，司法独立可谓是司法公正的前提。

第三，马克思曾经深刻地指出："法律本身不能自我适用，为了适用法律，就需要有机关，就需要有法官。"❹ 法官是社会正义的最后一道防线，是终局的裁判者，是实现正义的保证。正如哈耶尼所强调的："对正义的实现而言，操作法律的人的质量比其操作法律的内容更为重要。"但是法官绝不是"一种自动适用法律之机械"，"宣告法律语言之嘴巴，须严格受法律之效力所拘束，法官系无能力或无意志自行左右自己之生物"，当法官

---

❶ 吴良志：《政策导向性司法："为大局服务"的历史与实证——中央政府工作报告与最高法院工作报告之比较（1980—2011）》，全国法院第 23 届学术讨论会获奖论文。
❷ 《列宁全集（第 3 卷）》，第 256 页。
❸ 左卫民：《中国司法制度》，中国政法大学出版社 2002 年版，第 11 页。
❹ 《马克思恩格斯全集（第 1 卷）》，第 76 页。

仅仅只是法律的复印机或自动售货机时,司法也必然是机械的、被动的,无法真正发挥其缓解或调节社会矛盾、将各种社会利益冲突维持在可以承受范围内的作用,使司法成为社会正义的象征和最后防线的功能弱化;法官也绝不是高高在上,"不食人间烟火"的"脱俗"之人,一个真正的法官必须学会从审判席走向社会,从法律故纸堆中抬起头,"闭门造车""两耳不闻窗外事"的法官最终会因为与社会脱节,不能满足现实发展的需要。正如爱德华·S.考文所言:"法官乃会说话的法律。"因此,在法官的职业生涯中,法官要不断提升自己,融于社会,为推进法律的进步奋斗不息。

第四,在利益冲突不断上演,新法层出不穷的时期,法的现代化和法律权威的确立只能依赖于适时的司法改革。正如西方学者所言:"纠纷处理制度的改革,更甚于纠纷的处理。"❶陈兴良教授也说过:"以诉讼结构为中心的司法体制改革关系到我国社会主义法治的实现,并且是这种法制的制度构造。法制不仅是指制定一些法律,而且包括设计一些合理的制度。"❷然而,"目的是全部法律的创造者,每条法律规则的产生都源于一种目的,即一种实际的追求"。❸我国司法改革概莫能外。任何一种体制改革都体现了设计者追求的价值取向。正是在这种价值观念的支配下,设计者进行不同的制度改革,形成了各种各样的司法制度。中国正在从市民社会与政治国家合一的一元社会结构向市民社会与政治国家分立的二元社会结构转型。❹ 我们必须充分考虑我国的法律文化传统和现实司法环境。虽然随着世界各国文化交流和融合的加深,各国之间的法律体系、法律价值

---

❶ 莫诺·卡佩莱蒂编,刘俊祥等译:《福利国家与接近正义》,法律出版社2000年版,第17页。

❷ 陈兴良:"内地刑事司法制度",见陈兴良主编:《刑事法评论(第5卷)》,第46页。

❸ 耶林语,引自[美]E.博登海默,邓正来译:《法理学——法律哲学与法律方法》,中国政法大学出版社1999年版,第109页。

❹ 陈兴良:"内地刑事司法制度",见陈兴良主编:《刑事法评论(第5卷)》,第28页。

观念始终处在相互影响之中，我们仍然不能忽视本土资源，一味崇尚司法制度的移植。当我们在赞美大陆法国家一直在从英美吸收司法改革的灵感和资源时，❶德国、意大利的法学家却在对本国大胆引进英美法系审判制度进行反思。我国现代司法制度中，诸如"审判公开制度""刑事证据展示制度"等作为"舶来品"，必须从我国实际情况出发，使被移植的司法制度与我国的司法体系融为一体，实现共融和发展。

第五，无疑，客观国情确实决定着一国的司法制度和司法改革是否有助于实现司法公正，还应该看到司法行为的巨大反作用。龙宗智的相对合理主义指出："相对合理主义在承认具有理性即普遍性的基本准则前提下，指出在一个不尽人意的法治环境中，在许多方面条件的制约下，我们无论是制度改革还是程序操作，都只能追求一种相对合理、不能企求尽善尽美。虽然制度取决于条件——这是基本原理，然而，在一定条件支撑下，制度对于条件也有一种反作用，即以制度改革，在某种程度上对相关条件产生'拉动'作用。"❷可见，不能一味迁就国情中非文明、落后陈腐的东西，否则就会严重阻碍我国司法现代化和法治进程。因此，在坚持司法公正的宗旨和原则下，我国的司法制度设计和司法改革可以适度"超前"。

实践是检验理论的唯一标准。一部法律的优与劣、合理与否，均需要在具体的司法实践中得到反映和证明；也正是在动态的司法过程中，我们逐渐认识到刑法领域"宽严相济"政策的重要性，我国的刑事审判开始由社会利益为本位转向人权保障的关注；我们对效率与公正的关系有了更深刻的领悟，"迟来的正义非正义"，审判管理理念开始深入人心；而"无救济就无权利"更揭示了司法行为的重要性。这就需要司法机关和司法工作者不能囿于审判台这样一个小小的空间，忽视法律内在的原则和法律精神，忽视法律与社会的关系，机械地运用法律规则，怠于思考，而是要不断学习，结合实务中发现的问题，勤于思考，及时总结。西方国家的法官大都

---

❶ 陈瑞华：《刑事诉讼的前沿问题》，中国政法大学出版社2000年版，第112页。
❷ 龙宗智：《相对合理主义》，中国政法大学出版社1999年版。

是从事过至少十年律师工作的律师担任,充分证明经验对司法工作者的重要性,经验使其面对复杂的社会纠纷时,能在相对客观和理性分析的基础上,对当事人的利益纷争作出公正客观的裁判。但是,司法机关和司法工作者不能仅仅局限于经验的自我消化,而应该对法律问题进行再思考,剖析司法实践中存在的法理问题,将司法实务上升到理论高度。在此过程中,不仅能够总结经验,而且可以发现问题,并提出解决问题的方法,发挥司法对立法、政治、社会、经济发展的作用。尤其在复杂多变的社会中,立法本身的滞后性使我们不能完全指望任何法典可以囊括所有纠纷及其裁判所适用的规则。"理论是灰色的,而实践之树常青"。这就更需要司法机关和司法工作者在宪法所界定的权力场域内运用相应的知识进行切合时代要求的思考,引起社会对热点问题的普遍关注,适时推动司法的前行。这本关于司法公正的书籍正是在此理念指导下,对我国司法进程中有关实践和理论相结合产生的成果之一。"路漫漫兮其修远兮,吾将上下而求索"。我们已经踏上司法实务常青之树与灰色理论碰撞智慧之花的征途,并将继续探寻下去!

王 晨

2013 年 7 月 18 日

目 录

第一章 司法公正的内涵及其实现之路径选择 ……………………（1）
 第一节 司法公正内涵之静态解读 ………………………………（2）
 第二节 司法公正内涵之动态剖析 ………………………………（11）
 第三节 司法公正实现之路径——司法改革 ……………………（14）

第二章 现代司法公正内涵的价值分析 ……………………………（17）
 第一节 现代司法的价值分析 ……………………………………（17）
 第二节 公正的内涵 ………………………………………………（21）
 第三节 司法公正 …………………………………………………（26）

第三章 社会现实需求中司法公正问题的冲突与应对 ……………（33）
 第一节 司法与社会的冲突 ………………………………………（33）
 第二节 媒体发酵下的司法与社会的冲突 ………………………（36）
 第三节 应对社会冲突实现司法公正的路径 ……………………（40）

第四章 司法公正与法治思维 ………………………………………（44）
 第一节 让法治理念与法治思维成为当代中国司法实践的
    内在指引 …………………………………………………（44）
 第二节 司法公正价值观形成的逻辑起点与本质内涵 …………（49）
 第三节 真善美司法公正价值观在审判实践中的根植与应用 …（57）
 第四节 "司法是穿法袍的政治"的辩证理解与应用 ……………（64）
 第五节 实质法治主义与形式法治主义的契合与实践 …………（66）

第五章 司法公正与司法政策 ………………………………………（72）
 第一节 对基本概念的解读 ………………………………………（72）

第二节　公正价值观的历史考察 …………………………………（77）
　　第三节　公正价值是司法政策的精神内核 ………………………（84）
　　第四节　司法政策实践公正价值的实证分析 ……………………（90）
　　第五节　制约司法政策公正价值的瓶颈及表现 …………………（96）
　　第六节　探寻公正价值在司法政策中的降解路径 ………………（99）

第六章　司法公正与法律适用 …………………………………………（102）
　　第一节　法律基本原则之维：寻求立法原旨与社会现实的
　　　　　　统一 ……………………………………………………（102）
　　第二节　法条整合解释之维：寻求法条逻辑体系与法意的
　　　　　　统一 ……………………………………………………（109）
　　第三节　情理法交融之维：寻求社情民意与法律效果的统一 …（113）

第七章　司法公正与审判公共关系 ……………………………………（119）
　　第一节　审判公共关系应用之法理基础 …………………………（119）
　　第二节　审判公共关系应用之基本原则 …………………………（130）
　　第三节　审判公共关系应用之实践路径 …………………………（139）

第八章　新媒体时代的舆论监督与司法公正 …………………………（151）
　　第一节　新媒体时代的舆论监督 …………………………………（154）
　　第二节　舆论监督与司法公正的冲突 ……………………………（158）
　　第三节　舆论监督与司法公正的价值分析 ………………………（162）
　　第四节　舆论监督与司法公正的关联性 …………………………（166）
　　第五节　舆论监督与司法公正的无序性 …………………………（172）
　　第六节　习惯、道德观念与法治思维价值矛盾的理性分析 ……（177）
　　第七节　舆论监督与司法公正价值观念的沟通与融合 …………（181）
　　第八节　舆论监督与司法公正之合理制度建构 …………………（186）

第九章　刑事审判中的司法公正现实问题实证调研 …………………（196）
　　第一节　研究背景和概况 …………………………………………（196）
　　第二节　对司法公正评价的实证调研 ……………………………（197）
　　第三节　司法不公感的几个命题分析 ……………………………（204）

第四节　对策：司法公正评价的契合与认同 …………………… (211)
第十章　非监禁刑折射的司法公正现实问题 ………………………… (223)
　第一节　引言 …………………………………………………………… (223)
　第二节　非监禁刑发展概况及其价值 ………………………………… (224)
　第三节　我国缓刑适用的基本国情 …………………………………… (226)
　第四节　缓刑制度现存问题及改革完善 ……………………………… (231)
　第五节　充实缓刑量刑程序 …………………………………………… (235)
第十一章　刑事裁判文书功能与风格对司法公正的影响 …………… (238)
　第一节　中基层法院刑事裁判文书功能缺失实证分析 ……………… (239)
　第二节　审理程序记录与证据审查判断表述功能 …………………… (242)
　第三节　裁判理由解释与社会秩序行为示范之功能 ………………… (246)
　第四节　刑事裁判文书法律文化人文关怀传播功能 ………………… (249)
第十二章　现行立案审查制度司法公正实现问题与对策 …………… (255)
　第一节　目前立案程序不规范的主要表现形式 ……………………… (255)
　第二节　问题的原因分析 ……………………………………………… (259)
　第三节　解决之道 ……………………………………………………… (263)
第十三章　民商事审判中的司法公正现实问题实证调研 …………… (266)
　第一节　司法公正视角下的商事审判制度分析 ……………………… (266)
　第二节　司法公正视角下民事诉讼审判程序分析 …………………… (276)
第十四章　民商事审判中的司法公正现实问题及对策 ……………… (285)
　第一节　寻找从社会公正现实需求出发的民商事审判
　　　　　方式 …………………………………………………………… (285)
　第二节　司法公正视角下的商事审判 ………………………………… (304)
第十五章　知识产权审判中的司法公正现实问题及对策 …………… (310)
　第一节　近三年知识产权案件的总体分析和问题归纳 ……………… (311)
　第二节　对侵权行为保全的公证证据的采信问题 …………………… (313)
　第三节　产品侵权时的真伪判断和鉴定问题 ………………………… (320)
　第四节　销售产品侵权时的合法来源抗辩问题 ……………………… (323)

第五节	行为人侵权构成时赔偿数额的确定问题	（327）
第十六章	**环境诉讼中的司法公正现实问题及对策**	（334）
第一节	传统司法公正与环境司法公正的冲突与碰撞	（334）
第二节	环境司法公正新内涵	（336）
第三节	环境司法公正特殊性的原因	（341）
第四节	影响环境司法公正的几大问题	（347）
第五节	实现环境司法公正的思考	（355）
第十七章	**行政审判中的司法公正现实问题实证调研**	（364）
第一节	调查：从当事人视角对现状的反思	（364）
第二节	对策：实现行政诉讼司法公正之路径	（375）
第十八章	**行政审判中的司法公正现实问题及对策**	（388）
第一节	司法公正与司法效率的内涵	（388）
第二节	冲突与契合：司法公正与司法效率的关系	（391）
第三节	平衡：司法公正与司法效率的抉择	（394）
第四节	改革司法体制，实现司法公正与司法效率的统一	（396）
第十九章	**民事执行司法公正现实问题实证调研分析**	（401）
第一节	中基层法院民事执行工作公正现状调查分析	（402）
第二节	民事执行司法公正现实问题的对策分析	（413）
第二十章	**执行工作司法公正现实问题及对策**	（433）
第一节	执行公正与司法公正、审判公正的关系	（433）
第二节	对执行公正内涵的解读	（438）
第三节	对执行公正实现路径的几点思考	（444）
后记		（453）

第一章　司法公正的内涵及其实现之路径选择

历史发展到今天，可以肯定地说，一个社会，无论多么"公正"，如果不考虑司法公正，最终必将导致社会集体的贫瘠，那也就谈不上是真正的公正，即使有这种"公正"，经过历史的检验，也终将为社会和人民所不取。一个旨在实现司法公正的司法制度，会谋略在自由、平等、安全等方面创设一种切实可行的综合体和和谐体。❶ 当前，中国社会构成已经发生了深刻变化，社会价值趋向多元化。一方面，由于多种价值观念的冲突、碰撞与交织，尚未也很难形成统一的司法公正的价值评价标准；另一方面，弱势阶层的相对剥夺感和不公正感引发了大量社会冲突，直接导致不少涉法上访、信访案件、群体性事件的发生。因此，在面对正义这张普罗透斯似的脸时，既要考虑法律职业人——法官自身对影响司法公正问题的看法，也要顾及当事人的感受，以比较全面、客观地反映我国司法的整体概况。同时，在我国司法实践中，中基层法院是处理各类纠纷的集中地，时常处在各类纷争的风口浪尖，我们固然要高瞻远瞩、自上而下追寻我国司法正义的实现路径，也要自下而上关注中基层法院，尤其是基层法院的实际问题，还要兼顾到中心城区和远城区的地域差异。这样才能更好地揭示我国整体司法制度存在的困境与瓶颈，保障我国今后司法改革的前瞻性、实效性和科学性。司法作为国家司法机关根据法定职权和程序要求来认定事实和适用法律，最终得出裁判结果以处理

---

❶ 陈光中主编：《外国刑事诉讼程序比较研究》，法律出版社1988年版，第30页。

具体案件的专门活动,其传统功能就是解决纠纷,在现代法治理念下,其功能还延伸到法律解释和司法审查领域。而司法的首要价值在于实现和维护全社会的公平正义。司法公正这一概念可以从以下几个要素进行解析:司法制度合理、司法程序正当、裁判结论确定、法官形象端正、司法环境良好。其中司法制度合理是司法公正在形式上的要求,主要表现为司法体系完整、司法体制独立、司法权监督制约机制完善等;司法程序正当是司法公正在过程上的体现,主要表现为程序公开、法官中立、程序参与、程序及时等;裁判结论确定是司法公正在结果上的追求,表现为裁判认定事实清楚、法律适用正确、裁判结果得到及时执行等;法官形象端正是司法公正在主体上的要求,主要通过法官的法律专业水平、职业道德水平进行考察;司法环境良好是司法公正实现的外部因素,主要通过公众的法律意识、信访制度等进行评价。可见,司法公正的实现是一个动静结合的过程,绝非司法者闭门造车、一己之力即可达到,它更离不开社会主体的认同与监督。公正是司法的灵魂,是司法永恒的价值追求。司法公正是评判现行法律秩序是否正当合理的主要标准。司法公正具有丰富的内涵。在实现司法公正的路径选择上,不仅要从静态角度关注法官和以当事人为代表的社会主体对司法公正的看法,厘清司法公正与司法效率、判后释疑、两个效果、审判公开、司法审判公共关系、社会舆论、司法政策之间的关系,而且要从立案、刑事审判、民商事审判、行政审判、民事执行的全过程动态视角加以解析。同时,司法改革是实现法治现代化的必由之路,必须将司法公正的实现程度作为衡量其成败与否的重要指标。而依托科技手段,将为实现司法公正助一臂之力。

第一节 司法公正内涵之静态解读

"司法全然不仅仅是一个国人心目中的'打官司'概念,在现实性上它至少是由相关的价值、制度、组织、角色构成一个与社会互动着的结构"。❶ 因此，从静态来看，司法公正可以体现在人、组织及其与相关概念的关系上。

一、人

人，主要包括法官和以当事人为代表的社会主体。

（一）法官

古语云："徒善不足以为政，徒法不足以自行。"再好的司法制度能否实现，关键在于执法之人。法律借助法官而降临尘世。❷ 对此，英国著名法官丹宁深有体会：一名法官想要得到公正，他最好让诉争双方保持平衡而不要介入争论。假如他超越此限，就等于自卸法官责任，改任律师角色。❸ 而"法官除了法律就没有别的上司。法官的责任是当法律运用到个别场合时，根据他对法律的诚挚理解来解释法律……独立的法官既不属于我，也不属于政府"。❹

首先，司法职业不仅是一种职业和工作，还是一种生活方式，更是一种思维方式。法官作为法律职业人必须具备专业的法律素养、娴熟的法律适用水平、高超的庭审掌控能力和高水平的自由裁量。

其次，法官一定要树立正确的司法理念。司法理念是指导法官裁判的理性的思想或观念，它贯穿在法官的整个司法活动过程中，直接决定案件的裁判结果，反映法官的法律信仰或信念、法律实践、法律文化及价值取向。司法理念直接影响到法官司法能力的发挥，影响着其自由裁量权的行使，最终决定司法公正。当前，实现司法公正离不开社会主义法治理念的形成和构建。在推行法治，追求法治，探索法治的进程中需要的是社会主义司法理念和"三个至上"思想。亦即在社会主义初级阶段和特殊国情环境里推行法治，对社会主义司法的本质及其规律的理性认识与整体把握，

---

❶ 程竹汝：《司法改革与政治发展》，中国社会科学出版社2001年版，第9页。
❷ 白文漳："法官的自治与自律"，载《月旦法学杂志》1995年第10期，第12页。
❸ 丹宁：《法律的正当程序》，群众出版社1984年版，第52页
❹ 《马克思恩格斯全集（第1卷）》，人民出版社1961年版，第76页。

是在社会主义的人民司法实践中对法律精神的理解和对司法价值的解读而形成的一种观念模式，是社会主义的司法实践价值观。

最后，必须加强对法官司法礼仪的规范。规范司法礼仪对于树立司法权威、维护司法尊严、促进司法和谐具有重要作用和特殊意义。司法礼仪作为一种司法程式性要求，独立于实体法或程序法，通过裁判思维、行为、活动以及仪式表现出来，旨在强化法律的神圣性和公众的虔诚情感，提高司法公信力，树立司法权威。

总之，法官的司法审判活动是一种实践性、经验性、知识性、技术性很强的法律职业工作，法官裁判不是做一个"法匠"，机械地根据法律条文来消弭纠纷，而是按照立法的精神和原则创造性地适用法律，通过司法审判维系社会的公平与正义。

在对法官提出诸多要求的同时，也要关心我国法官的生存环境，尤其是工作和奋战在一线、案件量大的中基层法官，关注他们的感受，为他们创造更好的工作和生存空间。法院确实是维护社会公正"最后一道屏障"，民众会把所有的矛盾和问题都寄希望于法院，而事实上，有很多问题是法律局限性、历史遗留问题、社会的体制和机制等原因造成的，其解决非法院一己之力所能担当，加之现有的社会矛盾解决机制运行不畅，社会不满容易集中涌向法院，法院与社会的张力过大，很容易把法官推向冲突的风口浪尖，成为众矢之的。

（二）当事人

当事人对案件处理结果的反应是法官裁判技能的衡量器，在一定层面上也反映了社会主体的评价和看法，是社会认同度的表征。正如美国学者E. 博登海默所指出："一个法律制度之实效的首要保障必须是它能为社会所接受，而强制性的制裁只能是作为次要的和辅助性的保障。否则，这种制度的存在也不可能期望维持多久，因为要少数政府官员将一个不为人们接受的法律制度强加给广大人民实是极为困难的。因此，审判要得到社会大多成员的信任与遵从，也要求它服务于他们的利益、为他们所尊重，或至少不会在他们心中激起敌视或仇恨的情感。"因此，法院在裁判过程中，不仅要严格依法办案,更要在判决中融入为社会公众尊崇的道德、伦理观念,考虑当事人及社会公众的可接受度。当然,也不可否认社会公众对于司法的期望过高,将司法的有限性归结为司法不公。现阶段,由于人们对司法的认知水平有限,对于法律的理解和把握程度不够,这就使得原本正常的司法现象以及符合司法公正的司法活动,无法得到社会公众的认同。在内心高期望和认识非理性的综合作用下,人们往往对司法公正失去信任和信心。所以,要科学、客观、全面地对待以当事人为主的社会主体对司法公正的评价和反映。

二、司法组织

司法组织方面影响司法公正的重要因素就是司法不能完全独立,人、财、物受制于地方政府的传统司法体制,使得人民法院被戏称为"地方法院"。法院司法行为受到的外在影响比较大。但是,"如果没有一个迫使人们遵守法权规范的机构,法权也就等于零"。❶司法机构的独立性直接决定着司法的公正性。世界各国面临的首要问题就是司法机关能否独立于其他任何机关、团体和个人,在行使职权时,只服从法律,而不受其他方方面面的干涉。司法独立是西方乃至世界大多数国家司法制度的基本原则之一,也是司法公正课题中不容回避的问题之一。司法权独立、有效地行使职权,其目的不仅在于保障权力的分立,更在于保障公民的权利。与之相适应,司法权与司法制度只有全面发挥对公民权利和自由保障的功能,才符合司法权设立的初衷和目的。❷从这个意义上讲,司法独立可谓是司法公正的前提。有学者曾指出:"与其他任何一项法律原则一样,审判独立(即指司法独立)原则也经过了一种从政治思想原则到宪法原则,再到司法审判活动准则的演变过程。如果说这一原则与西方三权分立的政治体制同时得到承认和确立属于历史事实的话,那么作为一项现代司法制度中的基本法

---

❶ 《列宁全集(第3卷)》,人民出版社1996年版,第256页。
❷ 左卫民:《中国司法制度》,中国政法大学出版社2002年版,第11页。

律准则,审判独立原则目前已突破了这种历史渊源上的限制,而在所有法治国家中都具有普遍的意义和作用。"❶

三、司法公正相关概念之辨析

在通往司法公正的道路上,必须厘清司法公正与相关相关概念之间的关系。

(1) 司法公正与司法效率。司法公正是司法效率的目标,司法效率是实现司法公正的保障。公正在法律中的第二意义就是指效率。❷ 案件审理期限过长,诉讼成本居高不下是审理过程中比较突出的问题。延迟诉讼与积案实际上等于拒绝审判。❸ 无论是当事人,还是法官,都感受到司法效率的重要性、司法效率有待提高。司法效率的基本要求是充分、合理地运用司法资源、缩短诉讼周期、简化诉讼程序,并及时、有效地维护当事人的合法权益。❹

(2) 司法公正与判后释疑。判后释疑是生发于司法实践中的一项改革措施,是指案件当事人对人民法院作出的生效裁判存有疑问,就证据采信、事实认定和法律适用等向人民法院提出异议或申请再审,作出生效裁判的法官、审判组织等依一定程序给予必要释明,促使其服判息诉的制度。❺ 其有助于获得当事人的服判息诉,也是司法公正的应有之义。

(3) 司法公正与两个效果。司法公正的实现,既要追求法律效果,也要达到社会效果,追求"两个效果的统一"是法官适用法律的一条重要经验法则。但是,法律效果并不是指机械地适用法律,社会效果也不是随意创制和废除法律规则。其中,社会效果是裁判技能的衡量器,是对案件处

---

❶ 陈瑞华:《刑事审判原理论》,北京大学出版社1997年版,第35页。

❷ [美] 理查德·波斯纳著,蒋兆康译:《法律的经济分析》,中国大百科全书出版社1997年版,第16页。

❸ [日] 谷口安平著,王亚新、刘荣军译:《程序的正义与诉讼》,中国政法大学出版社1990年版,第55页。

❹ 葛卫民:"论司法公正与司法效率",载《政法学刊》第22卷第2期,第84页。

❺ 姜启波:"法官判后答疑之制度根源",载《法制日报》2006年5月18日。

理结果的评价尺度，在一定层面上反映了社会认同。美国法学家伯尔曼曾说过："法律必须被信仰，否则形同虚设。"❶ 卢梭也指出："法律既不是铭刻在大理石上，也不是铭刻在铜表上，而是铭刻在公民们的内心里。"❷ 司法作为法律最终作用于社会公众的一种正义拓展活动，本身就是社会公众对司法认同的心理构建过程，在这个过程中，只有法治精神得到弘扬、司法公正得到保障，人们才会对其充满尊重，才会对其委以信任。司法公正的社会认同是司法矫正功能与社会修复需要的契合点。而司法的公众参与，既能借助案件审理的具体平台，使公众增进对司法活动和法院工作的认识与理解，也能通过公众与法官直接的感性接触，让其在情感上对司法活动的各个方面更加易于接受。

（4）司法公正与审判公开。杰里米·边沁（Jeremy Bethan）说过："没有公开就没有正义……公开是正义的灵魂。它是对努力工作的最有力的鞭策，是对不当最有效的抵制。它使在法官审判时保持法官的形象。"❸ 法院通过审判公开制度，将法官和与案件相关的全部活动置于民众监督之下，充分发挥公众的民主参与意识，便于发现违法现象，增强诉讼的透明度，保证诉讼的公正性，促使各项活动按程式有序运行，从而提高审判效率，彰显着司法价值。司法公开是司法民主的必然要求，也是人民法院人民性本质的必然要求。我国审判公开有待加强，其缺陷主要表现在对审判公开的范围认识不清，法律规定得比较抽象、原则。其中，审判文书的公开是一个非常重要的方面，法官裁判中所蕴含的法律精神也主要是通过裁判文书的说理部分来阐释的，裁判文书公开本身就是一种法制宣传的方式，各级法院应当按照最高人民法院的要求，将生效裁判文书及时在适当地点

---

❶ [美]伯尔曼著，梁治平译：《法律与宗教》，生活·读书·新知三联书店 1991 年版，第 28 页。
❷ [法]卢梭著，何兆武译：《社会契约论》，商务印书馆 2003 年版，第 70 页。
❸ 万斯庭："美国法官的工作"，见宋冰编：《程序正义与现代化》，中国政法大学出版社 1998 年版，第 288 页。

定期向社会公示。❶

（5）司法公正与司法审判公共关系。司法审判公共关系也称为司法公共关系，是人民法院在日常工作运行中为使自身与公众相互了解、相互合作而采取的一种行为规范和传播活动，能够与司法公正认同需求下的基本社会心理相契合，并且可以从实质上达成司法与社会公众的互动、信任。运用好司法公共关系这门内求团结、外求发展的艺术，不仅能够增加司法的内部凝聚力，促使司法系统的正常运转，而且可以减少司法的外部摩擦力，形成公众与司法的融洽关系。构建公正高效权威的社会主义司法机制，必须充分发挥司法审判公共关系机制这一桥梁作用。在现代司法体制范畴内建构和运用司法审判公共关系机制，就是将"法官是会说话的法律"变成司法过程和结果中的现实。❷司法裁判不只是依法作出判决，其精妙之处还在于让人民法院的判决引导和规范人们在社会生活中的行为，使判决所蕴含的法律精神和原则成为社会规范和行为准则，这也是实现司法公正高效权威价值的目的和意义之所在。因此，需要依据审判工作的实际需要适时适度来广泛开展宣传与公关活动，促进司法公正高效权威价值的实现。

（6）司法公正与社会舆论。传媒作为"第四种权力"，实施的社会舆论监督总的来说发挥着积极的作用，虽然受到社会主体的欢迎和肯定，但是对司法独立有一定影响，很容易对群体的不理性与冲动情绪起着推波助澜的作用，虽说其是促进司法公开的一种渠道，但是如何让传媒起到客观、积极的作用，与司法独立保持适度、安全的距离是我们要加大研究的一个

---

❶ 刘瑞川：《人民法庭审判实务与办案技巧》，人民法院出版社2002年版，第759页。

❷ 法官的法制宣传、司法传播和审判公共关系技能实际上贯穿于人民法院法官裁判的全部过程和环节之中，如，法官行使释明权的过程是进行法制宣传与开展公共关系活动的过程，法官进行庭审小结、调解和做息诉服判工作的过程同样也是进行法制宣传和开展公共关系的过程，法官以案论法就是在宣讲活生生的法律，就是在阐述法律的精神，就是在论述司法裁判的依据、理由和意义。建构和运用司法审判公共关系机制对于法官更好地辨法析理做诉讼当事人服判息诉工作，教化社会公众信服法律、遵从信守法律，实现真正意义上的司法公正高效权威价值具有极为重要和现实的宣传教育意义。

方面。人民法院应当积极主动与媒体就案件法制宣传内容进行沟通,赢得媒体的理解、支持和配合,将审判的功能通过传媒更好地作用于社会。❶另外,随着现代社会网络信息资讯的发达,网络舆论所代表的民意、思潮、价值评价和监督对于人民法院审判工作和裁判结果的影响作用已经越来越大,法院审判必须重视网络舆论效应,防止"网络舆论审判"现象。总之,社会舆论监督之于司法公正是一把双刃剑,两者之间既有冲突也有契合,在当前舆论监督缺乏相应规范的现实面前,应重视对司法公正与舆论监督的关系进行合理的构建,加强对舆论监督介入司法行为的规范,并明确对不规范行为的责任追究,从而将司法公正与舆论监督的关系纳入法治轨道,依法加以保障、引导和监督。

(7)司法公正与司法政策。司法政策是一国司法机关为了解决一定历史时期司法活动中所面临的问题或实现特定的目的而制定的各种具体行为准则和方针策略。司法政策因其灵活性、综合性、动态性等特点对实现司法目标起到很好的推进作用,其作为由最高人民法院制定,并用于指导司法活动,弥补法律不足,满足社会对公平、正义需求的一种手段或策略,无疑应当视司法公正为核心价值取向。因此,公正价值是司法政策的精神内核。司法政策大体分为如下几类:①社会主义法治理念回应型司法政策;②能动司法型司法政策;③价值追求型司法政策;④具体法律问题解决型司法政策。司法政策既决定着司法解决纠纷的基本价值取向,也在很大程度上反映了一国具体诉讼制度的发展和诉讼理念的更新。"司法职权配置落实政策指示、案件结构调整满足政策需求、具体案件裁判维护政策目标、司法工作方法确保政策实效"。❷ 尤其是随着社会转型期矛盾纠纷类型多样化、冲突激烈化,"司法已经不像法律逻辑所坚持的那样,将个案的解决看

---

❶ 通过与传媒的沟通传播是人民法院更好地向社会公众传播审判信息和法律精神,与社会公众进行沟通与交流的主要渠道,是人民司法工作坚持走群众路线在现代社会的体现和发展,是司法裁判方法作为一种社会治理功能的实际运用。

❷ 吴良志:《政策导向性司法:"为大局服务"的历史与实证——中央政府工作报告与最高法院工作报告之比较(1980~2011)》,全国法院第23届学术讨论会获奖论文。

作是一个独立的、孤立的事件加以合法或非法的最终判断，而是把个案看作社会关系链接中的一个环节、一个连接点，个案的解决重在弥补、熨平或者重建褶皱或断裂了的社会关系链"。❶

司法政策体现了司法能动，其应用可以起到平衡法律的普遍性与具体案件特殊性的矛盾，并适时填补和消除法律适用过程中存在的条文冲突或规则空白。它能帮助提高法律思维，统筹兼顾法律适用的关系，提高法律适用水平，避免机械僵化。但是司法能动又有一个底线，那就是不能干涉"法治"的进程，影响司法活动的本质，必须遵循司法基本规律，恪守司法原则底线。

司法政策的制定和推行应当走出单纯法律规则主义和理想主义的误区，以法律及法学理论外更广阔的视野来看待司法公正问题，将司法置于与社会互动的框架中，结合中国社会的现实状况、历史传统及西方司法发展的经验，制度化地回应中国社会的现实需求。同时，要将司法政策回应社会现实的效果作为判断其正当性大小的根本标准。正如著名公法学家蒲莱斯所说：……它们根据自己的法律文化传统和经济、政治生活的需要，来设计符合本国、本地区特点的司法制度；同时，也在不断吸收、借鉴其他国家或地区的有益经验，以不断完善自己的司法制度。这些虽然有适应自身需要的特点，但作为人类共同法律文化成果的一部分，其中也包含着法制建设的某些规律性。❷

然而，政策的生命力在于执行，我们不能忽视构建基层法院司法政策推行效果评估模式的重要性和必要性，要探索研究增强司法政策执行力的方法和途径，从而推动人民法院审判管理、政务管理的良性运行。

---

❶ 徐亚文、李晓奋："徘徊在规则之治与社会现实之间的当代司法"，载《中南民族大学学报》2010 年第 6 期，第 99 页。

❷ 肖扬主编：《当代司法体制》，中国政法大学出版社 1998 年版。

第二节　司法公正内涵之动态剖析

日本著名法学家棚濑孝雄在《纠纷与审判的法社会学》前言中指出："能够填补法学领域中的'审判'与现实的审判之间的沟壑的正是法社会学，特别是被称之为过程分析的方法可提供有力的工具。用一句话概括，过程分析就是把审判视为过程，即程序参加者的相互作用的过程……"❶棚濑孝雄认为仅仅从制度层面进行学术研究具有很大的片面性，司法活动是一个相互作用的过程，"判决既不是简单的强制性判定，也不是纯粹根据逻辑从法律推导出的具体结论"，❷实现司法公正的困境和路径选择的局限性，需要从立案到审判，最终到执行这一全动态过程进行深度剖析。

一、立案

立案，局限于对立案材料的审查和决定是否受理，忽视立案前的准备、立案与审判之间的衔接是不行的。究其原因有以下三点：（1）有限的司法资源无法充分满足社会公众的诉讼需求，二者之间的不协调，使得某些矛盾集中在立案阶段；（2）司法能力的有限性在一定程度上影响了立案程序的规范化操作，导致法院在立案过程中存在拖拉、推诿和服务效果不够等客观情况；（3）有关立案程序，尤其是立审衔接方面的法律规定相对较少，甚至在某些方面是空白的，这就使得现实中立案程序的很多环节都具有较大的随意性，立案法官依据工作习惯展开的各项工作，难免存在不足之处；（4）现阶段法院绩效管理模式虽然处在不断完善和持续进步过程中，但也有很多不科学的地方，这也使得部分法院为了完成考核指标，采取不同的"应对措施"。实践中，需要从健全立法、增强能力、提高水平、加强后备支持等多方面，改变司法硬件和软环境，促使立案程序的规范化。

---

❶ ［日］棚濑孝雄著，王亚新译：《纠纷的解决与审判制度》，季卫东："当事人在法院内外的地位和作用（代译序）"，中国政法大学出版社 1994 年版，第 5 页。

❷ 同上书，第 7 页。

法院作为社会矛盾解决的最后一道防线，应当担负起化解社会矛盾的重任，应当由法院受理的案件，要积极受理，不能以种种理由将当事人拒之门外。

二、审判

审判过程中，真正契合当代中国社会司法规律的民商事审判方法应当符合当代中国司法的基本规律，即符合中国司法审判权运行的基本规律，而脱离审判权运行的规律则难以真正实现其方法的运行价值；具有一定的实用性，即运用这一方法能够切实解决当代中国社会中的现实问题，通过方法在实例的应用可以更加公正和高效地解决民商事案件纠纷；具有一定的规范性，即审判方法是统一的方法，能够适用于各类案件，且能够得到法官的普遍认同和遵循，并能最终形成正确规范的整体性审判思维方式；遵循法律思维与其他思维相结合的原则，审判方法既是法律思维在审判实践中的运用，也是法律思维主导下的其他思维的综合运用。具体在商事审判中，设置完善科学的商事审判制度是司法公正的内在要求。商事审判通过适用商法、运用商事理念来追求实体公正价值的实现，通过设置特别的商事诉讼程序来追求程序公正价值的实现，并实现实体公正与程序公正的衡平。具体在知识产权案件审理上，面对知识产权审判这一迅猛发展并且新问题层出不穷的新的审判领域，需要在尊重法律规定并正视基本国情的基础上，认真全面分析影响案件裁判的事实，并不断总结司法裁判经验，贯彻"加强保护、宽严适度"的知识产权司法政策，维护好知识产权权利人、侵权人和社会公众之间的利益平衡。在环境案件审理中，明确环境司法公正新内涵，即环境公平、环境正义、环境安全、环境效益、环境预防；实现环境审判中的司法公正，要求法官转变传统司法理念，重视利益衡平方法的使用，这是实现环境司法公正的工具和有效手段，即在遵循基本的法适用规则下，对当事人的合法利益、社会公共利益及可能涉及的第三人合法权益进行合理的利益平衡，实现个案矫正正义。

在行政审判中，重视权利制约权力机制的发挥，即行政诉讼的完善和改进。公正与效率亦是行政诉讼所追求的价值目标。故，在行政审判体制改革中应该增设简易程序，建立行政诉讼和解制度。

刑事审判中，量刑问题仍然是一个需要有较大改进的方面，尤其是非监禁刑的适用，应该通过司法改革，促进量刑规范化。具体做法有：在量刑情节调节基准刑的方法中，细化调节基准刑的情节层级顺序，明确列举更多的"其他情节"；细化各罪名的相关情节调整幅度等。

三、执行

执行作为司法程序的一个阶段，像审判活动一样，都是体现司法公正与否的重要环节。法院作为权利救济的最后一道屏障，除了审判活动外，经当事人申请，对拒不履行的裁决予以执行，才算走完整个司法程序。执行难是所有类型诉讼中的一大通病。执行难原因不一而足。但是，我们的共识是：执行工作不能仅仅依靠法院，也不能仅仅盯在执行机构身上，必须全方位发动各种力量，在立案、审判阶段就进行化解或促成主动履行，审判中兼顾执行，执行呼应审判，彼此既保持相对的独立，又能在内部首尾相贯，实现审执的辩证合一，淋漓尽致地发挥立案、审判和执行各自的优势，达到三者的高度统一和契合，这样产生出来的审判力和执行力都能达到最大化。同时，执行是一项司法性和社会性高度统一的复合型工程，既是法院内部的事，也涉及法院外部的事，需要内外协同，纠正执行法院包揽一切、孤军作战的执行理念。当然，作为执行人员，个人素质也是非常关键的。执行公正的衡量标准有：（1）执行到位是执行公正的首要标准。（2）程序公正。（3）实体公正。（4）执行效率，其包括两个方面的内容：其一，执行高效；其二，在确保公正的前提下，尽可能节约执行成本，不仅减少被执行人的损失，也降低申请人的花费。（5）执行效果。

第三节　司法公正实现之路径——司法改革

正如西方学者所言："纠纷处理制度的改革，更甚于纠纷的处理。"❶ 陈兴良教授也说过："以诉讼结构为中心的司法体制改革关系到我国社会主义法治的实现，并且是这种法制的制度构造。法制不仅是指制定一些法律，而且还包括设计一些合理的制度。"❷ 因此，法的现代化和法律权威的确立只能依赖于适时的司法改革。然而，"目的是全部法律的创造者，每条法律规则的产生都源于一种目的，即一种实际的追求"。❸ 我国司法改革概莫能外。任何一种体制改革都体现了设计者追求的价值取向。正是在这种价值观念的支配下，设计者进行了不同的制度改革，形成了各种各样的司法制度。从 1999 年最高人民法院出台第一个五年司法改革纲要以来，至今我国已经通过了三个司法改革纲要，这些纲要对我国的审判活动、司法体制改革起着非常重要的指导作用，大大提高了我国司法正义和司法效率，促进了现代型法院的建立，这也是我国实行司法改革的宗旨。在前三五司法改革纲要的指导下，我国分别在审判诸领域迈出了或大或小的改革步伐，如小额速裁、诉讼程序的简易化、建构行政公益诉讼制度、知识产权庭与环境法庭等司法专门化的尝试与探索等。目前，中国正在从市民社会与政治国家合一的、一元的社会结构向市民社会与政治国家分立的二元社会结构转型，❹ 必须充分考虑我国的法律文化传统和现实司法环境。虽然随着世界各国文化交流和融合的加深，各国之间的法律体系、法律价值观念也始终处在相互影响之中，我们仍然不能忽视本土资源，一味崇尚司法制度

---

❶ ［意］莫诺·卡佩莱蒂编，刘俊祥等译：《福利国家与接近正义》，法律出版社 2000 年版，第 17 页。

❷ 陈兴良："内地刑事司法制度"，见陈兴良主编：《刑事法评论（第 5 卷）》，第 46 页。

❸ 耶林语，转引自［美］E. 博登海默著，邓正来译：《法理学——法律哲学与法律方法》，中国政法大学出版社 1999 年版，第 109 页。

❹ 陈兴良："内地刑事司法制度"，见陈兴良主编：《刑事法评论（第 5 卷）》，第 28 页。

的移植。我国现代司法制度中,诸如"审判公开制度""刑事证据展示制度"等"舶来品",必须从我国实际情况出发,使移植来的司法制度与我国的司法体系融为一体,实现共融和发展。同时,随着我国司法改革实践的逐步深入,单纯的"兵来将挡、水来土掩"的问题解决方式显然已难以满足广大群众和社会发展的需要,只有对司法体制、司法机制及司法功能进行全面统筹和稳妥改革,才能有效地满足人民群众日益增长的司法需求。而司法改革的整体高效推进,不能仅满足于通过改革解决一些现时面临的问题,还要重视对改革规律、改革路径和改革方法的探索。司法改革方法论作为一种具体科学方法论,是在唯物辩证法的哲学方法论统摄下,从司法改革的实践活动中总结出来,并用于指导司法改革实践走向更加科学理性轨道的理论体系。在科学的方法论指导下,去伪存真,才能推动司法改革实践不断走向深入。同时,正是在司法实践中,我们逐渐认识到中基层法院正经历着改革中的阵痛,处在茫然、彷徨的十字路口。认识并修正中基层法院、基层法院派出法庭和审监庭等业务部门的职能定位,能够更好地发挥司法机关定纷止争、维护正义的功效。各级法院职能发挥的理想状态,应当是在最大限度地合理配置司法资源的基础上,通过审级制度的确立及不同层级法院职能的准确定位,实现司法快速、及时、有效化解社会矛盾的功能。这就要求,有关制度的设计,既要保证司法裁判的权威性、稳定性,又要能够切实保障当事人的合法权益,同时还能够有助于实现法治的进步。总之,司法改革是实现一国司法公正的应有之义,必须确保公正地实现,西方法谚有云:"实现公正,哪管它天塌下来。"能否促进司法公正的实现是检验司法改革成功与否的唯一标准。所以,展望与制定我国人民法院"四五改革纲要"的指导原则是前三个五年改革中未竟的事业和现代法治建设中的热点和难点问题,其宗旨则是司法公正。

在司法正义的征途上,司法机关和司法工作者不能囿于审判台这样一个小小的空间,忽视法律内在的原则和法律精神,忽视法律与社会的关系,机械地运用法律规则,怠于思考,而是要不断学习,结合实务中发现的问题,勤于思考,及时作出总结。同时,司法机关和司法工作者也不能局限于经验的自我消化,而应该对法律问题进行再思考,剖析司法实践中存在的法理问题,将司法实务上升为理论高度。但是,"理论是灰色的,而实践之树常青"。这就更需要司法机关和司法工作者在宪法所界定的权力场域内运用相应的知识进行契合时代要求的思考,引起社会对热点问题的普遍关注,适时推动司法的前行,找到有助于实现司法公正的适当路径。实践是检验理论的唯一标准,正是在此思想指导下,湖北省武汉市中级人民法院与北京大学法学院、北京大学实证法务研究所联合开发了《人民法院法律文书综合管理信息系统》软件,其宗旨就是通过对裁判文书的管理,保障司法公正。"裁判文书是人民法院在刑事、民事、行政诉讼中,适用法律,就案件的实体问题和程序问题制作的具有法律效力的司法文件。裁判文书可以说是整个司法文书体系的核心组成部分,也是特定时代、特定法律制度下法律文化的载体"。❶ 裁判文书"本院认为"部分充分反映了法院作出裁决的事实根据和法律依据,说理透彻、论证全面翔实的裁决书能够让当事人心服口服,真正做到服判息诉,案结、事了、人和。联合开发的这套软件具备六大主要功能:文书制作功能、文书纠错功能、文书评查功能、文书上网公布功能、指标评估功能及调研和辅助决策功能。这种"从摇篮到坟墓"涵盖全过程的软件设计,使得对裁判文书的审核、评查和监督更加客观、透明、科学,将抽象、原则的司法公正价值观落到实处,马丁·路德金说过:"手段代表了正在形成之中的理想和正在进行之中的目的,人们不可能通过邪恶的手段来达到美好的目的,因为,手段是种子,目的是树。"以司法公正为设计原点的《人民法院法律文书综合管理信息系统》软件依托科技手段,更高效地接近了正义之门,也是司法公正理论研究落地于司法实践并指导司法实践发展的最佳路径选择。

---

❶ 唐文:《法官判案如何讲理——裁判文书说理研究与应用》,人民法院出版社2000年版,第1页。

第二章 现代司法公正内涵的价值分析

第一节 现代司法的价值分析

司法与公正在英文中都是一个单词——justice,从西方文字字面理解,司法与公正之间可以画等号。中文的"司法"与"公正"这两个词的含义区别很大,可以说公正是司法的目标,但两者间绝不能画等号。司法是国家三大权能的表现之一,是建设社会主义法治国家、建设和谐社会的重要环节。在国家三大权力,立法权、司法权和行政权中,司法权不是最高的权力,也不是最庞大的权力,却直接关系到社会的公正,对指引潜在当事人的行为、建立良好的社会秩序具有极其重要的作用。

一、司法的含义

从传统观点到现代的狭义的理解,司法都是与立法、行政相对应的概念,仅指法院的审判活动,本书只从传统观点来阐释司法。在中国历史上,"虽然我国唐代就已经出现了'司法'一词,但使用该词主要是指称主管刑事审判的行政官职,它只是一个孤立的、描述一种行动和职权的词语"。[1] 近代意义上的"司法"是西方的舶来品,在清末,1895年康有为率梁启超等数千名举人"公车上书"中介绍了三权分立学说,提到了与立

---

[1] 陈春明:《司法权及其配置》,中国法制出版社2009年版,第10页。

法、行政相对的司法的概念。此后在清末修律中，修订的《法院编制法》和《大清新刑律》才出现近现代意义的"司法"，这个"司法"的概念在以后国民党政府的《六法全书》和新中国的法律制度中不断发展完善。在西方历史上，为了防止政府权力滥用，侵犯个人自由和安全，在约翰·洛克的政府立法权和行政权分立理论的基础上，古典自然法学派代表人物孟德斯鸠在三权分立学说中明确提出了司法权的概念，他认为："最可靠的政府形式是立法、行政、司法三权分立的政府，亦就是使上述三权相互独立，并分别委托给不同的人或群体的形式。"❶ 分权学说为以后的美国政治权利架构打下了哲学基础。

在我国，"司法"主要是指法律适用，司法可以定义为国家司法机关根据法定职权和程序的要求来认定事实和适用法律，最终得出裁判结果以处理具体案件的专门活动。

二、司法的功能

司法的功能在于维持一种"正义的社会秩序"（just social order），司法不仅要实现正义而且还要维持一种秩序。对秩序的需求源于人类的本性——寻求安全。秩序是指"在自然进程和社会进程中存在某种程度的一致性、连续性和确定性"，❷ 比如由于季节变化具有规律性，人们总结出了二十四节气，其目的是合理安排耕种、收获的时间，以寻求农业生产的安全，以解决生存之需。在社会生活秩序方面，由于人类属于半群居性的动物，人类需要参加群体活动，需要交流沟通，否则就会感到孤独和无助，知识也无法传承，人类就不能发展进步。人类还需要有自己的时间和空间用于补充体力和知识，目的是完善自我。由于这种半群居的特点，人类才具有了社会性和个体性，才有了你我之分，对各自的权利义务形成了自然的边界。这种边界的集合就形成了社会生活秩序。司法的功能是维护这种

---

❶ ［美］E. 博登海默著，邓正来译：《法理学：法律哲学与法律方法》，中国政法大学出版社2004年版，第62页。

❷ 同上书，第227页。

秩序的稳定性，对于违反秩序的行为进行矫正，亚里士多德将这种常态的秩序定义为分配正义（distributive justice），它主要关注权利、义务等社会资源在社会成员之间进行分配的问题。谁违反了这种分配正义，就需要由矫正正义（corrective justice）进行纠正。矫正正义是救济正义，是实质的正义，是司法正义，是司法发挥作用的范畴。矫正正义需要由法院或其他被赋予司法或准司法权力的机关执行。

司法的基本功能是实现正义，也许正义和秩序在短期内会不统一，但长期来看，司法维护的秩序应当是正义的。司法维护的秩序是统治阶级认为的秩序。如果这种秩序不符合正义的标准，这种秩序也不会存在太长的时间。所以宏观上看，维护正义的社会秩序是司法的核心功能。

在我国，司法的功能正从维护政权的专政工具"刀把子"转向保护人民、维护社会秩序与实现社会和谐的工具，逐步从强调惩罚犯罪向维护市场经济秩序转变。司法的指引功能、教育功能和社会公共管理职能日益突出。

在传统意义上的司法功能就是解决具体的纠纷。司法权就是一种裁判权，面对的是个体的当事人，司法通过一个个公正的裁判来指引社会公众的行为，维护良好的社会秩序。司法的主要职责就是执行法律，法官通过裁判，把抽象的法律运用到具体的案例中，并以公权力的名义作出裁判，以公权力保证强制执行力。司法具有终局性，司法是以审判权作为基础的裁判活动。目的是使处于纠纷中的不确定的权利义务得到确定，纠纷得到平息，其最终结果是作出有既判力、对双方有拘束力的裁判。司法以司法权为基础，司法权的核心权能是审判权。司法基本功能就是司法机关代表国家对各种纠纷作出对双方有拘束力的权威裁判。

在现代意义上，在宪政制度下的司法功能还包括法律解释和司法审查。随着社会发展进程的加快，法律条款不可能任意改变，司法从保护自由、平等和安全的角度出发，通过解释法律的方式不断完善法律条文的内涵和外延。美国在能动司法方面走得更远，法官拥有违宪审查权，他们通过宪法解释权，对立法和行政侵害宪法精神和社会正义的行为进行否定和撤销。

司法的功能正从单纯的事后裁判向主动的堵塞制度漏洞防止纠纷出现的方向扩展。

在我国司法的功能核心是传统意义上的解决纠纷功能，也就是司法机关依据法律通过裁判解决具体纠纷，"在中国的基层司法运作实际中，解决纠纷甚至成为司法过程的帝王条款"，❶ 并且现代意义上的司法解释功能也在不断的发展，各项司法政策都在不断的充实和完善现行的法律法规。

三、司法的价值

司法的价值在于实现和维护全社会的公平正义。一个进步的社会，它的法律已不是停留在要不要正义的问题上，而是在何种程度上实现公平正义的问题，法律的价值不是停留在纸面上，而是在于实施。"徒法不足以自行"，再好的法律也要靠司法来落实。

解决纠纷的方式包括战争、私力救济、暴力、宗教、调解、诉讼等多种方式。"司法解决纷争是以最和平、最文明、最公正的方式来解决社会中不可避免的各种纷争"。❷ 在理性的社会，公民不希望通过激烈的对抗解决纷争，希望有公正的中立方对纠纷作出评判。国家也希望维持良好的社会秩序，引导公民通过司法的途径解决纠纷。但是如果司法不公正，当事人就不愿意把自己的私权交由公权力来评判。权利受到侵害的人就会通过非诉讼的渠道，讨回自己认为的正义，也就是原始的等利害交换。如果公众对司法没有信赖感，社会秩序将受到破坏，直到在出现新的权威机关能维护这种秩序，从而产生新的平衡。

如果司法不公正，相同案件不同对待，司法的指引作用和预测作用也将陷入混乱。人们无法预测自己的行为后果，人们出于对安全的考虑会停止创新的步伐，就像在漆黑森林中的迷路人，不可预知前方的危险，只能本能地停下脚步，社会的发展、经济的繁荣自然无从谈起。

---

❶ 李龙：《法理学》，武汉大学出版社 2011 年版，第 234 页
❷ 王利明：《司法的改革研究》，法律出版社 2000 年版，第 26 页。

司法的价值在于保障社会的正义和个体的尊严，公正的司法可以给人们权利之保障、探索之勇气、前进之动力，公正的司法可以把社会引入良性循环的和谐状态。

第二节　公正的内涵

一、正义、公平与公正

在汉语中正义、公平与公正都是同一概念，❶ 只是使用场合不同而已。正义一般使用在庄严、宏观的语境中，如毛泽东在《为建设一个伟大的社会主义国家而奋斗》一文中说："我们的事业是正义的。正义的事业是任何敌人都攻不破的。"公平一般使用在社会生活的日常领域和经济领域，如公平交易、公平分配。"公正则介于正义与公平或公道之间：它比公平和公道更郑重一些，比正义更平常一些，因而适用于任何场合"。❷

在《21世纪大英汉词典》中 justice 的中文译文中包括公正、公平和正义三个词。罗尔斯提出的"procedural justice"中文译文有程序正义和程序公正两种说法。迈克尔·桑德尔的哈佛大学公开课"Justice: What's the Right Thing to Do?"中文译为"公正：该如何做好？"，波斯纳的 *The Economics of Justice* 苏力翻译的是《正义/司法的经济学》。总之，根据语境的不同，justice 在中文中的翻译以公正和正义为主。所以本书在介绍西方的公正思想史时，公正和正义的内涵是相同的，都是指 justice。

二、公正理论综述

何为公正？这是伦理学、法理学、政治学、经济学共同思考的难题。在西方，从柏拉图、西塞罗到格劳秀斯、卢梭，从康德、边沁到罗尔斯、

---

❶ 《现代汉语词典》的解释："正义：公正的、正当的道理"，"公平：处理事情合情合理，不偏袒哪一方面，如公平合理"，"公正：公平正直，没有偏私"。

❷ 王海明：《新伦理学》，商务印书馆2008年版，第768页。

德沃金、哈耶克，都对公正进行过深入探索，形成了古典自然法理论、功利主义、分析实证主义、先验唯心主义、新自然法理论等多种学派。

有记载最早的正义观产生于古希腊时期，柏拉图在《理想国》中认为："各守本分、各司其职，就是正义。"❶ 亚里士多德认为正义分为分配正义（distributive justice）和矫正正义（corrective justice）、自然正义（natural justice）和惯例正义（conventional justice）。"斯多葛学派认为理性作为一种遍及宇宙的普世力量，乃是法律和正义的基础"❷。古罗马时期伟大的法学家西塞罗认为自然法是事实上存在的一种符合自然的、适用于一切永恒不变的真正的法，即理性。理性是衡量正义与不正义的标准，认为正义是自然固有的，并且区分了真正的法律和恶法。在古希腊古罗马时期，哲学家们认为"自然不仅是人或事物的物理属性所产生的东西，而且还是那种在（法律）制度框架内似乎与一种规范且理性的人类利益秩序相符合的东西，也因此是一种无需做进一步证明的东西"❸，主要强调正义与人的理性的关系。

中世纪自然法理论是以基督教法律哲学为基础的，基督教徒按照神学和基督教教义对古代哲学进行重新阐释和修正。奥古斯丁认为，世俗的法律的正当性、正义性必须努力满足永恒法的要求。托马斯·阿奎那把法律划分为永恒法、自然法、神法和人法四种类型，他把正义定义为一种习惯，每个人都应获得其应得的东西。中世纪的哲学家们认为，上帝的法律是一切法律的渊源和正当正义论的根基。

16世纪，欧洲许多国家对天主教的精神秩序和封建主义的世俗秩序发起攻击，在政治、经济和生活方面强调个人主义和自由主义。在法律领域，一种新的自然法哲学在之后的几个世纪占据了主导地位，这种理论被称为古典自然法理论。这个学派的代表人物有格劳秀斯、霍布斯、洛克、孟德

---

❶ ［美］E. 博登海默著，邓正来译：《法理学：法律哲学与法律方法》，中国政法大学出版社2004年版，第10页。

❷ 同上书，第17页。

❸ 同上书，第20页。

斯鸠、卢梭等启蒙思想家。他们高举"自然法"和"自然权利"的旗帜，参与资产阶级推翻封建统治的斗争。这个时期可分为三个阶段：第一阶段文艺复兴和宗教改革时期，这个时期新教兴起、政治上开明专制出现、经济上重商主义出现，代表人物格劳秀斯认为："人天生就具有一种能使他们在社会中和平共处的社会生活能力。凡是符合这种社会冲动、符合作为一种理想的社会存在的人的本性，便是正确的和正义的；凡是扰乱社会和谐与之对立的，便是错误的和不正义的。"❶ 第二阶段开始于1649年英国清教改革，该阶段以经济自由资本主义和哲学自由主义为标志，代表人物是洛克和孟德斯鸠。洛克认为在完全自由状态下的人是平等的，这种状态的人不用服从任何其他人或权威，进而他认为人人平等独立，任何人不得侵害他人的生命、财产、健康或自由。孟德斯鸠的正义观核心是自由和平等，他认为法律根植于人的理性，一些正义关系先于实在法而存在。第三阶段的代表人物是卢梭，他认为世界上存在一种完全出于理性的普遍正义，在社会中这种正义必须是相互的，如果所有人遵守这种正义，全体人民就能得到最大的幸福，法律必须避免让坏人得到幸福而让正直的人得到不幸。这一阶段的特点是对人民主权和民主的坚决信奉。

18世纪以后的正义理论层出不穷，异彩纷呈。人们认为在实在法之上的自然法具有不确定性，人们在朦胧的人的理性中不能明确正义为何物，从而对自然法产生怀疑，人们希望通过对现实的分析找到明确的关于正义的答案。分析实证主义反对先验的思辨，并力图将自身限定在经验材料的范围之内。分析法学派的奠基人英国法学家奥斯丁认为正义和不正义意指一个标准，而且只意指对这个标准的遵守或背离，实在法包含它自身的标准，背离或违背该实在法就是不正义的。他认为存在的法律就是法律，违反这种法律在法律上就是不正义。功利主义代表人物边沁认为，应当根据某一行为本身所引起的苦与乐的大小程度来衡量该行为的善与恶。社会实

---

❶ ［美］E. 博登海默著，邓正来译：《法理学：法律哲学与法律方法》，中国政法大学出版社2004年版，第44页。

现最大多数人的幸福是判断正义的标准。穆勒认为正义的标准应当建立在功利的基础上，但正义感的渊源包括自卫的冲动和同情感，正义是一种动物性的欲望，是个人对恶行进行报复的欲望，并且认为恶行伤害了其他人的同情感。

19世纪中期马克思主义诞生，在批判以往的正义观的同时，提出正义具有阶级性，并决定于一定的社会生产方式，任何正义观要与时代相适应，因此是不断变化发展的。正义的最终目标为实现人的全面而自由的发展，要体现出个体的自由全面的发展和集体的发展、个人美德和制度美德的有机统一。

20世纪随着两次世界大战的发生，人们开始反思历史法学派的进化论解释和法律实证主义主张的正义标准，并又开始寻找一种高于实在法的自然法，出现了自然法复兴的思潮，并且形成了新自然法理论。拉德布鲁赫认为法律实证主义使德国无力抗御纳粹政权的暴行，因而有必要承认完全不正义的法律必须让位于正义。凯恩认为："不正义感是形成人类生物性天资部分的理性或移情作用的一种混合物。正义实质上是补救或防止引起不正义感的一种过程。"❶ 70年代，罗尔斯在洛克、卢梭和康德的社会契约论基础上在《正义论》中提出"作为公平的正义"（justice as fairness）。他提出了两个正义原则：一是每个人都平等地享有自由的权利，二是分配正义，并提出正义可以分为实体正义和程序正义。

在中国，不同的文化传统必然孕育出不同的正义观念，秦汉以来正统的儒家思想统治着中国的正义观，西方的自然法观念在中国很羸弱。在中国历史上，正义被儒家界定为仁、义、礼、智、信，这些都是价值判断的标准，但中国正义理论一直没有形成一套完整的制度设计，所以中国的正义理论一直没有触及体制问题，不如西方的理论具体明晰。每个社会都会有自己的正义观，中国的正义观如程颢认为："天下之事，惟义利而已。"

---

❶ ［美］E. 博登海默著，邓正来译：《法理学：法律哲学与法律方法》，中国政法大学出版社2004年版，第200页。

朱熹也说："义利之说，乃儒家第一义。"先秦伦理学说史上，把义作为最高道德准则的是墨家学派。儒家伦理体系中义也是基本范畴，但从属于仁或礼。道家及与其有渊源关系的法家，基本观点是摒弃仁义的，只是程度有所不同。经过秦亡汉兴的历史变化，汉初思想的主流是回归推崇仁义的基本趋向。经过一番探讨，董仲舒从儒家学说出发，吸收各派思想成果，完成了汉代以下两千年占正统地位的伦理学说体系，董仲舒在孟子提出"仁、义、礼、智"基础上扩充为"仁、义、礼、智、信"，后称"五常"。这"五常"贯穿于中华伦理的发展中，成为中国正义观中的最核心因素。孔子强调"己所不欲，勿施于人"，"天地之性人为贵"，蕴含了等利害交换的和尊重人的尊严的正义观。古代的正义观包括天理、人情和国法上的伦理上的统一，正义不单单是法律问题，更是与孝悌、谨信、爱众、亲仁这些道德上的标准有关。

至近现代，王海明给出公正的定义："所谓公正，就是给人应得，就是一种应该的回报或交换，说到底，就是等利害交换的善行：等利交换和等害交换的善行是公正的正反两面；所谓不公正，就是给人不应得，就是一种不应该的回报或交换，说到底，就是不等利害交换的恶行：不等利交换与不等害交换的恶行是不公正的正反两面。这就是公正的精确定义。"❶ 从中可以看出中国对公正的定义主要是从实体结果正义的角度，各人得其所应得，比如恶有恶报和善有善报就是公正，反之就是不公正。

古今中外，不同的思想家从不同角度对正义作出定义，自由、平等、安全、人的理性、上帝或自然的意志、共同幸福、社会和谐、公共利益这些价值都从不同的角度定义了正义，这一盏盏明灯从不同的角度把正义这个朦胧的概念照得越来越明晰。人类对公正的问题进行着永无止境的探索，这种对公正目标的追寻促使人类社会组织结构不断地向更合理的方向发展，人的尊严和权利得到了更加全面的尊重。虽然不同的社会历史阶段对正义的定义有不同的侧重，但是"在人类历史上，对生命的肯定大大超过了对

---

❶ 王海明：《新伦理学》，商务印书馆2008年版，第772页。

生命的否定"。❶

第三节　司法公正

一、司法公正内涵的价值分析

在整个公正的体系中，司法公正只是一个相对具体的范畴，它更倾向于与具体的、特定的案件处理相结合，在个案中实现公正。司法是实现公正的一种形式，在西方，司法代表着公正，正义的法律只有通过公正地适用才能得到正义的结果，司法公正是大众能够亲身感知的最直接的正义，只有当法律被法院公正地作出解释并适用时，法律才会被社会的大多数成员所接受。而"一次不公正的判断比多次不平的举动为祸尤烈。因为这些不平的举动不过弄脏了水流，而不公的判断则把水源败坏了"。❷ "任何社会冲突，都包含着对某一社会公正原则的扭曲，因此，矫正这种现象必须有公正的意识、公正的评价和公正的力量"。❸ 这种公正力量就是司法。由于司法解决纠纷的终局性要求司法必须公正，否则司法就没有了存在的基础，司法的生命在于它的公正性。

司法公正是指国家司法机关在处理具体案件时，根据法定职权和程序来正确认定事实和正确适用法律，在司法过程中体现程序公正，在司法的结果中体现实体公正。

公正司法包含保护当事人的权利，预防纠纷的发生，树立司法权威，维护社会秩序，保护人的尊严和自由，实现经济发展和社会稳定。

司法公正的基本价值在于保护当事人的合法权益，司法具有被动性，当纠纷发生后，当事人愿意将自己的纠纷通过司法途径解决时，司法权才

---

❶ ［美］E. 博登海默著，邓正来译：《法理学：法律哲学与法律方法》，中国政法大学出版社 2004 年版，第 223 页。

❷ ［英］《培根论说文集》，商务印书馆 1983 年版，第 193 页。

❸ 顾培东：《社会冲突与诉讼机制》，四川人民出版社 1991 年版，第 64 页。

开始运作，司法程序才开始启动，当事人有权选择最适合的方式解决纠纷，在司法机关不能强迫当事人行使诉权的情况下，他们之所以自愿将自己的权利交由司法机关解决，是因为他们相信司法机关可以保护自己的权利、得到公正的结果。公正的司法对合法的权益进行保护、对不合法的权益进行否定，作出公正的法律评价，这是当事人选择司法解决纠纷的目的，也是司法公正的基本价值。

司法公正可以预防纠纷的发生，司法有指引和预测的价值，公正司法可以使被破坏的社会秩序恢复到正常的状态，一个个公正的司法裁判是一个个破坏社会秩序行为的警戒线，公开的司法使这些警戒线被所有社会成员所知晓，并指导今后的行为，人们以后的行为就在合法的范围内，纠纷就得到避免，所以司法公正可以预防纠纷的发生。具体而言，对于案件当事人，公正的司法保护了合法权益，惩罚了违法行为，使违法的当事人避免再次违法。对于潜在当事人来说，他们通过他人受到的惩罚，来分析自己违法的成本，明确自己的行为准则。在平衡得失后，他们会认为对法律的遵守是对自身利益的保护，这是自觉守法的原理所在。公正的司法可以使潜在当事人避害趋利，在个人利益与他人利益、社会利益相冲突时，选择社会认可的行为方式，放弃从事违法行为的冲动。

司法公正对司法自身的价值在于树立司法权威。司法机关通过对案件的审理，让当事人在诉讼过程中和实体结果上感受到公正，司法裁判才具有正当性。双方在诉讼过程中的诉权充分得到了保障，充分表达了自己的观点并反驳了对方的观点，法官正确适用法律并且公开了心证的过程，得出的实体结果符合良知、信念、道德和法律并且得到社会公众的认同后双方就没有了不服的理由，裁判就具有正当性，进而具有执行力，双方必须遵守。这样的公正的司法可以树立人们对诉讼的信任和期待，人们都希望通过和平的方式低成本、高效率地获得公正。如果司法能够满足人们的愿望，司法就具有了权威性，司法就会依赖诉讼、利用诉讼、信赖诉讼，司法就会在国家权力分工中发挥更大的作用，社会也会形成崇尚信仰法律的良好氛围，司法环境将进入良性循环的轨道。

司法公正的重要价值在于维护社会秩序。一次不公正的司法裁判不仅是对个案的不公，也是对社会秩序的破坏，它错误地引导人们进行非法的行为，降低了文明的底线，不利于社会的稳定。人类对秩序的追求源于寻求安全。公正的司法保障了公民基本的人身安全和财产安全，使人们不用为自我保护消耗精力，人们才有精力开展有利于社会和个人发展的工作，个人才能发展，社会才会进步。

二、司法公正的内容

司法公正可以从实体公正和程序公正、一般公正和个别公正、公平和效率多个角度进行不同的解读。本书从程序公正、实体公正、制度公正和司法环境公正四个角度来界定司法公正。四者之间程序公正是起点，注重的是保障诉权和当事人平等；实体公正是对诉讼结果的公正，注重的是法律的适用和事实的认定；制度公正是高层次的价值指导实体公正和程序公正的实现；司法环境公正是从更大的范畴来保障实体公正和程序公正的实现，注重司法独立和司法与社会的互动。

（1）程序公正是指法律程序自身的正当性和合理性，它是法律程序的内在价值追求。一个法律程序，只有在其内在的道德标准符合正义要求时，才具有完全的正当性，由此产生的实体结果才能为人们所接受。这种内在的道德标准构成了程序公正的核心内容：利害关系者的参加和程序保障，也就是要使那些利益可能受到裁判结果直接影响的人受到公正的对待，使其作为人的人格尊严得到尊重。同时保障裁判结果具备正当性。除此以外，程序公正还独立于实体公正而存在，实现程序公正的目的绝不仅仅是增强形成正确结果的能力。

程序公正应包括以下标准：法官中立、当事人平等和参与、程序公开。

法官中立是正当程序的基础原则，如果法官中立性不能得到保障，正当程序的其他内容根本就无法保证。具体要求法官与案件没有任何利害关系，在案件中更没有任何法官的个人利益，法官的观点不被任何利益和权力所影响，更深层次的是法官不对任何一方含有不恰当的个人情感。这就要求在制度设计时，法官对各方当事人保持适当的距离，保持一种超然无偏袒的态度和地位。

当事人平等和参与，当事人诉讼地位完全平等，在诉讼权利和诉讼义务承担上是平等的。当事人可以平等行使自己的权利并有权获取法院的平等保障。双方诉讼权利行使方式、手段、机遇和空间具有平等性。对当事人在适用法律上一律平等。当事人参与是程序公正的核心内容，与裁判结果有利害关系的人或者权益可能受到裁判影响的人均有充分的机会并有价值地参与到法庭裁判的过程中，有充分的机会表明事实、理由和请求，并有反驳对方提出的主张和证据的机会，确保自己的主张得到法官的倾听和回应，还有进行这些活动所必需的保障措施，从而可以充分参与裁判过程并发挥对自己有利的影响和作用。

程序公开、审判公开化是防止私欲和暴力的有效手段，是程序公正的一般要求，也体现了诉讼民主的价值。程序公开不仅包括审判过程公开、判决结果公开，还包括法官心证的公开。程序公开主要有监督功能，公开可以让公众对法官进行监督，让正义用看得见的方式实现；约束功能，公开使程序产生正当性，从而约束当事人，规范诉讼行为，促使当事人行使诉讼权利，提高当事人的诉讼自觉性；教育功能，公开审理通过媒体宣传，可以强化群众的法制观念，提高全民对司法公正的信赖感。

（2）实体公正要求法院处理纠纷时坚持公平正义的原则，正确地认定事实并适用法律，将法律的一般规定与具体案件联系起来并作出裁判。在裁判的过程中首先就是要求法官正确地认定事实，事实认定有误，实体公正就没有基础，但是对于已经过去的事件，法官要从当事人的陈诉和相关证据中还原已经发生的事件是非常困难的，客观真实地认定事实受到多方面的影响，当事人为了胜诉趋利避害地提供证据、证据认定的书面主义原则、个人认知的差异、证据收集受时空的限制等多方面都使法官对案件事实的认识处于模糊和局限的状态。法官认定法律事实的心证过程必须公开，否则影响当事人对公正的合理怀疑。法律规范的原则性和具体个案的特殊性之间的矛盾，使法官必须进行自由裁量并解释法律。在具体案件中保证认定事实清楚，适用法律正确，裁判尺度适中，相同案件相同处理，法律认知公正和社会评价公正的统一，应是实体公正的应有之义。

（3）制度公正是司法公正的保证，制度不公正不能保证程序和实体公正的实现，司法是整个法治进程中的重要一环，"司法体制是司法在制度意义上的整体表述，是对司法的制度性概括，是被国家的法律定型化了的司法结构体系与内在机制"。[1] 制度公正要求完善司法机关的机构设置、职权划分和管理制度，进一步健全权责明确，相互配合、相互制约、高效运行的司法体制，包括从制度上保证审判机关依法独立公正地行使审判权，改革司法机构的工作机制和人财物管理体制，实现司法审判和司法行政相分离，强化审判监督机制建设和建立完善的司法解释、案例指导制度等。

（4）司法环境公正是司法公正的重要影响因素，司法有专门的法律思维、遵循专门的司法规律，是一个专业性很强的行业，但是司法必须立足于所存在的社会，司法是否公正最终的评价来自于社会。社会对司法的期待很多，法官裁判时不仅要保证具体案情还要考虑到经济发展、社会稳定等宏观问题，司法的法律专业思维和案件处理的政治思维的矛盾，使法官在裁判时往往处于两难。如何提高司法的社会认同，提高社会的法治理念，加强司法和公众、舆论的互动，提高社会的道德水平和法官的司法良知都是司法环境公正的考察范围。

三、对司法公正的评价主体、客体和标准

司法公正要得到普遍的认同是非常艰巨的任务，主要原因是对司法公正的评价的主体和标准众多，正如"公正"的定义一样没有一个统一的标准。评价司法公正的主体多元化，具体包括当事人、司法机关、监督机关、社会公众等多个主体，它们都从不同的角度，带着各自的利益和标准来评判，得出的结果必然不同。

1. 评价主体

（1）法官。法官是中立的裁判者，法官应该全面了解案情，并平等倾

---

[1] 卓泽渊：《法政治学》，法律出版社2005年版，第316页。

听各方当事人的陈述，公平对待每个当事人的权利，法官与当事人和案件的处理结果没有任何利害关系，法官对自己承办案件的处理方式和结果应当具有自我的公正确信，这种确信来自他对案件的全面了解和对法律精神的理解，最终依靠的是他的司法良知。如果法官对自己判决的公正性都有怀疑，裁判结果必然受到其他主体的合理怀疑。他们用专业的法律思维得出案件结论，一般以法律标准和职业标准来评价案件的结果。

（2）当事人。他们对案件处理结果有直接的利害关系，特别是民事案件双方是对抗的关系，司法裁判要作出判断必有胜负之分，所以很难得到双方都认可的公正评价。双方对司法公正的评价具有主观性，他们置身于案件当中，对案件的态度和看法都有片面性，评价标准就失去了客观性。当事人的评价将影响社会的评价。当事人评价的标准主要有利益标准和道德标准。

（3）监督机关。监督机关对司法公正的评价一般综合考虑法律标准和社会标准，监督机关主要包括人大、检察院，他们对司法公正的评价主要由社会对司法结果的评价引起，在综合分析法律效果和社会效果后得出自己的判断，它并不会被社会标准所左右，也不完全依靠法律标准来判断，所以监督机关的评价有较强的客观性和中立性。

（4）社会公众。社会大众是最广泛的评价主体，他们通过媒体和舆论来了解司法并评价司法，社会公众对司法公正的评价标准主要是在情、理、法之间徘徊，往往同情弱者的"情"的标准占着重要的地位，并且社会公众的评价标准受媒体立场的影响很大，具有多变性。社会公众的评价也是司法裁判过程中需要考虑的因素。

2. 评价客体

（1）司法结果，主要指裁判结果。司法结果是对司法公正评价的核心客体，特别是在中国的司法环境中，当事人和法院追求的首要目标就是司法结果公正。司法结果公正首先表现为社会道德和法律都否定的行为是否受到了司法的制裁；社会道德和法律肯定的行为是否受到了司法的保护。其次表现为制裁和保护的程度是否适当。如果程度符合当事人、社会公众和法律精神的预期是适当的，司法结果公正就实现了。

（2）司法程序，主要是指保护当事人诉权和平等的诉讼地位方面。西方认为程序公正可以带来实体公正。在中国，有"重实体，轻程序"的传统，但程序公正的观念越来越深入人心，司法程序的简便性和亲和性可以让当事人在诉讼过程中感受到公正，在得到不利的结果时，裁判结果的可接受性和正当性就会加强。

（3）司法礼仪，主要是指法院工作人员包括法官、司法警察等的言行举止对当事人的心理影响。法官在诉讼过程中对当事人的态度，给双方的陈述机会是否平等和与当事人接触中的言行举止，都会引起当事人对公正的评价。

3. 评价标准

（1）法律标准和社会标准（道德标准）。司法的目的就是法律适用，所以法律标准是第一标准，是司法公正的底线。只有达到法律标准的要求，才能追求更高的标准。法律标准主要包括实体和程序两个方面是否符合法律的规定。法律标准具有确定性和一致性。

道德标准具有模糊性和多样性，是社会大众对各方行为的评价，与社会的道德底线有关。司法结果符合道德标准会得到社会的认可，司法公正就会具有更高的认可。道德标准和法律标准理论上应该是统一的，要达到这种统一需要法官在理解立法背景和法律精神的基础上综合社会道德标准作出高水平的裁判。

（2）主观标准和客观标准。主观标准，主要是指当事人与案件处理结果有利害关系，评价具有主观性，要对抗的双方都作出司法公正的评价并服判息诉，需要法官做耐心的解释工作，需要法官心证公开，需要司法具有透明度，让当事人了解裁判的过程并能充分表达观点，这个标准具有片面性和单向性。

客观标准，主要是指法律标准和社会标准，要让裁判结果能够符合法律的规定并且得到社会的认可。需要法官能正确认定事实并正确行使自由裁量权，制裁违法行为和保护合法权利的程度符合法律的规定和社会的预期。否则就会引起各方主体对司法公正的合理怀疑。

第三章　社会现实需求中司法公正问题的冲突与应对

第一节　司法与社会的冲突[*]

司法的任务是解决冲突、定分止争,无意与社会构成冲突。但是,无论是刘涌案、彭宇案、许霆案、药家鑫案等一些民意围攻司法的案件,还是湖南永州法院枪击案、广西梧州硫酸泼法官事件等暴力对抗法院的事件,都能看到司法与社会冲突的影子。司法与社会的冲突分为两类冲突:一是实质性冲突,指"人情案""关系案""金钱案"等导致的司法不公而激化的社会矛盾。这些不公行为损害了人民利益、伤害了民众感情,背弃了司法为民宗旨,造成的冲突是实质性的。但是,这种冲突对司法公正的一致性解读不存在差异。撇开确因不公正因素影响裁判而引发社会对司法的指责、声讨外,司法与社会的冲突中还有很大一部分是基于社会民众对于司法的"误解"。这种"误解"是一种认识性冲突。由于不同阶层之间的经济地位、社会地位、利益需求等方面的差距加大,群体之间的隔阂也随之越来越严重。群体成员之间倾向于内部交流,且相互影响,而不同阶层之间的交流渠道逐渐闭塞。德沃金说:"任何国家部门都不比法院更为重要,也没有一个国家部门会像法院那样受到公民那么彻底的误解。"

---

[*] 仅从狭义的司法内涵展开论述,专指人民法院的司法审判活动。

一、"贪官"与"刁民"

司法活动的主体是法官。法官究竟是不是官？这个问题不用作调查，绝大部分民众都会说是。这种认识直接把法官划入了与"民"相对的"官"的阶层序列。近些年，频频出现的司法腐败事件极大地冲击了法官形象，不仅如此，因为法官是"官"，所有官员腐败的事件都间接冲击着法官的形象，致使法官妖魔化现象非常严重。不少当事人来法院打官司都怀着一种纠结的心理：一方面，期望法官能为自己"主持公道"；另一方面，认为法官可能是贪的，可能是官官相护的，对裁判表现出"不放心"。针对这个问题，我们在武汉全市法院作了一项法官认知的调查，调查对象为各类型案件的当事人。这项调查共发放问卷 4 000 份，回收 3 678 份。35% 的当事人认为现实生活中法官的整体印象是负面的，39.67% 的当事人认为法官有灰色收入。怀有这种纠结心理的当事人，一旦裁判结果不是自己想要的，便会直指司法不公。目前，不断攀升的涉诉信访量就是很好的证明。

随着法治建设的推进，民众的权利意识以及权利维护意识得到提高。但这些好的意识在社会变革时期，受浮躁的心态、不平衡的心理、不满的情绪的左右，有时并未以正当的途径表现出来。对此，我们也对全市法院法官进行了抽样调查，51.58% 的法官曾被当事人辱骂，47.69% 的法官遭当事人恐吓。在走访调查中，有法官谈到一件事，一当事人为表示感谢为两位法官买了两瓶矿泉水，一法官接受，一法官未接受，结果当事人转而将两位法官投诉。在一些涉诉信访案件中，有一些偏执的或受某种利益驱动的无理访当事人，动不动就漫天要价，没有几百万，没有几套房，拒不接受息访工作。在"网络推手""代理上访"这些新兴事物的催生下，一些原本属于极端的个例正在逐步扩大。这些数据和例子，寒心地传达这样一些信息：司法陷入信任危机，当事人对法官的敌视心理严重。在这样不被信任、被敌视的状态下，无论是个案，还是司法整体活动，当事人是断然不会给出司法公正的评判的。

不可否认，司法制度的内在缺陷和司法运行的腐败横行是造成民众不信赖司法的重要原因，但不是唯一原因。❶ 法院作为社会公正"最后一道屏障"，民众把所有的矛盾和问题都寄希望于法院解决，而事实上，有很多问题是法律局限性、历史遗留问题、社会的体制和机制等原因造成的，问题的解决非法院一己之力所能担当，加之现有的社会矛盾解决机制运行不畅，社会不满于是集中涌向法院，法院与社会的张力过大，直接把法官推向冲突的风口浪尖。

二、法意与民意

马克思说："法官是法律世界的国王，除了法律就没有别的上司。"意思是说法官判案的唯一依据是法律，也就是法意。法意是指法律规定、法律原则。民意是指公众的意愿、意志和意向，是公众对国家和社会问题的意见表达或行为倾向。❷ 在司法语境下，民意是公众关于法律问题的意见表达或行为倾向。在一个理想的社会，法律和道德都极端规范的情况下，法意与民意应该是一致的。但是，在一个不断前行的社会，尤其是转型时期的社会，法意与民意的冲突是不可避免的。

（1）法意具有确定性，而民意具有易变性。法官裁判案件必须以事实为依据，以法律为准绳。法律规范是一种稳定的具有可操作性的规范。而民意依赖于其集合下的个人意志，由于个体的多样性和复杂性，以及个体之间不断地碰撞、交换、交融和影响，使得民意具有不确定性。

（2）法意认定的事实是完整的事实，❸ 民意产生的事实基础是片面的事实。法官可以通过通读案卷、庭审调查等方式尽可能地去还原事实真相。而民意产生的事实基础多来自媒体记者的报道、个人的发帖、转帖等，这

---

❶ 褚国建："法院如何回应民意：一种法学方法论上的解决方案"，载《浙江社会科学》2010 年第 3 期，第 40 页。

❷ 孙日华："转型时期司法中的民意现状与策略设计"，载《太平洋学报》第 18 卷第 12 期，第 19 页。

❸ 证据不足、新证据等情况暂且不论。

些事实可能因为价值观、利益等因素的掺杂,或者"复制和誊写的过程中不可避免地出现遗漏、误差甚至失真"❶,必然使得社会公众感受到的案件事实与司法通过诉讼程序确认的事实存在距离。

(3)法意的运用是理性思维,民意的产生是感性思维。法意运用的主体是法官职业化群体,他们掌握专业法律知识,有职业化的思维模式,专业的司法理念。而裁判案件也有严格法律程序、固定证据认定规则和裁判规则。而民意的主体是普通大众,它的产生主要是每个人从自身的道德感、直觉正义出发进行的评论,有强烈的个人主观色彩。在法意的语境下,过了诉讼时效要驳回起诉、非法证据要排除,而在民意看来就是简单的"欠钱还钱""杀人偿命"。

法意与民意特质差异的直接结果是司法与社会民众关注的焦点不一致。民众通常通过简单的道德观念看待看到的、听到的事情,所关注的焦点更多的是实体或者说结果上的公正。而中国司法改革进行到今天,结果本位的司法裁判原则显然已走不通,但这不意味着中国的司法不关注实体的公正,只是司法对程序公正有了更多的要求。拿刘涌案来说,刘涌二审改判死缓,司法关注的焦点在不排除刑讯逼供的可能,证据存疑;而在普通民众的思维里,就是"像刘涌这样罪孽深重的黑社会老大就该判死刑"这样简单。

第二节 媒体发酵下的司法与社会的冲突

从法律与社会的关系来看,司法与社会的冲突自始存在,但是从来没有什么时候这样激烈地显现出来,这"得益"于信息传播媒介的发展,特别是网络媒体的迅猛发展。据中国互联网信息中心统计,截至 2011 年 6 月底,我国互联网普及率升至 36.2%,我国网民规模达 4.85 亿,宽带网民达

---

❶ 陈树森:"博弈与和谐:穿行于法意与民意之间的司法",载《法律适用》2009 年第 9 期,第 57 页。

3.90亿，手机网民规模为 3.18 亿。❶ 互联网的发展改变了中国的传播格局，"已成为思想文化信息的集散地和社会舆论的放大器"，❷ 它所具备的即时、互动、大信息量等特点为表达民意提供了一个方便而快捷的平台。在这个平台下，一个微小的事件可能在数以万次的复制、转发之后，发生"蝴蝶效应"，演化成一起公共事件。在中国民主化的进程中，作为"国家与公众之间的连接点，是政治活动与社会生活相互交织的空间"，❸ 司法活动极易进入民众的视野，并以对司法个案的处置讨论表现出"极大的关注"。前面提到刘涌案、彭宇案、许霆案、药家鑫案，无一不是这样。

媒体对司法与社会冲突的外力影响有一个很重要的形态：舆论。舆论是指公众的意见和言论。它是比民意更为宽泛的概念。舆论是外在的，一般能被直接感知。而民意作为民众的一种内心确认，有时却未必能被人直接感知。舆论有个重要的特点，是能够被引导，同时易被操纵。而舆论又对民意有着极大的影响力，基于言论自由的权利，加之网络空间的虚拟性、匿名性和开放性等特征，社会大众很可能表现出非理性的一面，不经过自主分析追随或响应他人的观点。关于舆论的形成模式，早期研究者提出了大众传播媒介和受众"两极模式论"，日本学者伊藤阳一在两者基础上提出了大众媒介、政府、公众的三极模式，我国有的学者针对我国法律事件中舆论形成过程进一步提出了传统媒体、网络公众、知识界的现代社会舆论的三极模式。❹ 鉴于政府、知识界，甚至还有法院这些舆论的相关极的声音，因为数量少、言论相对封闭性，以及当前民众对"官""专家"的抵触情绪、不信任感，会快速淹没在汹涌的民众舆论中，或者成为民众舆论攻击的对象，笔者分析以为对司法和社会的冲突在言论的角度不构成影

---

❶ "第28次中国互联网络发展状况统计报告"，载 http//www.cnnic.cn，2011 年 12 月 11 日访问。

❷ 胡锦涛在 2008 年 6 月视察人民日报社时的话语。

❸ 顾培东："公众判意的法理解析——对许霆案的延伸思考"，载《中国法学》2008年第 4 期，第 170 页。

❹ 刘李明、冯云翔："司法过程中的舆论模式及其现代性特质"，载《内蒙古社会科学（汉文版）》第 27 卷第 3 期，第 15~16 页。

响,或者影响可忽略。对此,关于媒介(媒体)和公众在社会舆论中所处的位置并对司法与社会冲突的影响是笔者分析的重点,但是笔者更乐意从传统媒体和自媒体这个角度进行划分并作分析探讨。

传统媒体是相对自媒体而言的,指把信息从新闻职业者传播给大众的一些信息途径,包括电视、广播、报纸、新闻网站❶。自媒体是一种产生依托互联网技术,普通大众自己提供与分享他们本身的事实、他们本身的新闻的途径,包括个人微博、个人日志(博客)、个人主页、论坛等。与传统媒体"我发你看"这种点到面的传播方式不同,自媒体呈现自主交叉互播特点。但传统媒体号称"无冕之王",具有的权威性、话语优势却是自媒体不能比拟的。从目前法律事件中暴露的舆情现状来看,两种媒体在法律事件的报道讨论中,以其具有的优势,以不同方式对司法与社会的冲突进行了"发酵"。

就传统媒体而言,司法权应受监督,新闻媒体的监督是重要的监督方式,它可以确保司法活动的透明度、公正性。因此,新闻媒体对法律事件的报道、对案件审理的介入具有正当性,但是必须遵循客观真实的新闻报道的原则。可是如何把握"客观真实"却比较难。首先,新闻对即时性的追求。时效性是新闻的生命力。在时间的压力下,有些媒体可能为抢"第一时间"而来不及对消息来源进行核实。2011年8月发生的"国税局47号文件的乌龙事件"❷ 就是一个典型的例子,一个子虚乌有的事件可以在包括中央电视台、新华社在内的各大媒体广泛传播。其次,新闻对受众最大化的追求。被称为20世纪媒体先知的文化评论家麦克卢汉曾说:"媒介所凝聚的受众的注意力资源,是传媒的真正价值所在。"在信息海量丰富、

---

❶ 互联网被称为"第四媒体",相对电视、电纸、广播而言,新闻网站是新兴的,但随着自媒体时代的到来,笔者将互联网上的新闻进行划分,将新浪、搜狐、人民网、凤凰网等专门新闻站点归入传统媒体。

❷ 2011年8月13日,《广州日报》报道称:国家税务总局日前发布了国税局47号文件《国税局关于修订个人所得税若干问题的规定的公告》,称文件里提供了两种年终奖的所得税计算办法。随后,新华社、中央电视台等各大媒体都报道了47号文件。15日,国家税务总局出面澄清,说从来没有发布过47号文件。

传播渠道多样的今天，抢夺受众的注意力已经是新闻策划成功的最重要标准。为迎合大众口味、吸引公众眼球，媒体报道中不自觉地将公众关注的个别因素、孤立现象放大为全局性问题，或者使用一些夸张、怪异的词汇，试图激起公众的好奇。在法制新闻的报道中，刻意突出"官二代""富二代""城管""警察""宝马"等容易挑起公众情绪的字眼，而忽视法制新闻本身的弘扬正气、传播法治的作用。再是，媒体人士的知识、素质的限制。许多新闻媒体人对法律知识掌握不够，不能够从法律角度去分析问题，更多的是从道德、情感的角度去分析，甚至将个人倾向性观点掺杂在报道中传达给观众。更有一些媒体、记者的职业道德和良知缺失，为了谋求非法利益而沦为个别人的"传声筒"。

自媒体也被称做"草根媒体"，它是平民化、私人化、自主化的传播，它不像传统媒体的新闻生产流程有严格的制度规定，省去了筛选、审批等环节而有着更快的速度，任何人都可以在博客、微博、论坛、MSN、QQ 上发布新闻，信息会很快在这些载体之间传播。自媒体的传播路径也不再是传统媒体的一对多的扇形模式，而是多对多的网状模式。这比传统媒体传播的渠道要复杂得多，受众量大得多。同时，因为自媒体的新闻生产者没有任何准入标准，新闻传播也没有监管机制，使自媒体新闻的真实性失去了专业、道德和制度的屏障。另外，网民们对新闻真实性缺乏分辨能力，言论随意性强、跟风心理重、情绪偏激。夹杂着这些混合因素的互动、碰撞，使得公众会在一条可待考证的新闻上形成一种倾向性的观点。这种观点是舆论，但不一定是民意，可是它却以"民意"的形式干扰着公共决策、司法决策。在药家鑫一案中，受害人张妙家属的代理人张显采取发起"舆论监督"的形式，在其微博、博客中发布了一些不实的消息，描述了很多关于药家鑫家的事情，后来被媒体证实这些都是虚假言论，他自己也承认这些话是没有经过调查而得出的结论。而张显仅在腾讯微博中就有65万多听众，[1] 他的一句话会在几分钟之内形成全国性的舆论热点。在药家

---

[1] 2011 年 12 月 12 日访问。

鑫案的舆论中，张显明显扮演了"意见领袖"的角色，他在与网友的频频互动中，传达药家鑫家有钱有权有势，势必影响公正审判的信息，挑起了一场"民意审判"。面对来势汹汹的民意，法官迫于舆论压力、民意压力，其中立的立场、"自由心证"的运用不可能不受到冲击。

然而，传统媒体和自媒体交互形成的舆论才是最强力度的，在司法语境下，对司法与社会的冲突也是最具杀伤力的。自媒体使用者分布广、消息来源多，传统媒体会直接从自媒体这个公共信息平台上寻找新闻线索，特别是都市类报纸记者、新闻网站记者更倾向于从微博、论坛入手寻找信息源。❶ 对于自媒体平台上鱼目混珠的消息，一旦消息被权威性强、公信力高的传统媒体所报道，其真实性、感召力会大大增强。同时，自媒体又经常对传统媒体的新闻进行转发、跟踪报道、评论。在交互中生成、发酵着舆论。有学者对网络舆论的生成发酵机制遵循的基本规律作了总结："传统媒体报道或网友爆料（微博异军突起）——网友讨论（新闻跟帖、论坛发帖等）——形成网络舆论压力（'意见领袖'作用突出）——媒体跟进呼应、挖掘新的事实（新老媒体互动）——有关部门应对——再掀波澜（假如应对不当）——再次应对——网友注意力转移——网络舆论消解（流行语、视频等娱乐化的尾巴长期流传）。"❷

第三节 应对社会冲突实现司法公正的路径

司法与社会的冲突不可避免地带来负面内容并造成消极影响，一旦不能有效应对，将直接影响司法公正的实现、造成司法权威的损害，甚至影响社会稳定和国家安全。有学者针对司法与社会之间的冲突提出了回应型

---

❶ 前面我们提到的国税局 47 号文件乌龙事件，经调查，消息即来源于中华会计网校论坛。

❷ "自媒体的'蝴蝶效应'"，载 http://news.ifeng.com/gundong/detail_ 2011_ 11/22/10828545_ 0.shtml，2011 年 12 月 11 日访问。

司法的解决进路❶，笔者以为仅"回应"不能够解决司法与社会的冲突，"回应"是从司法活动、司法者角度所做的策略思考，但冲突是相互的，更应当站在司法角度和社会层面共同推进，建立"互动型司法"。互动型司法强调司法既要积极主动地回应社会公众的司法期待和司法需求，也要呼吁、引导社会公众认识并且用理性包容的心态去参与、评价司法活动，以实现法律效果和社会效果并重的公平正义。笔者以为至少有下列工作是可以努力去做的。

（1）培育健康的社会心态。社会心态属于意识和社会文化的范畴。它"不是若有若无的，而是深刻并普遍地表现在人们的某种利益或要求并对社会生活有广泛影响的思想趋势或倾向"。❷ 社会心态与社会公平正义的实现有着密切关系。"公平正义是影响社会成员个体心态以及社会心态的重要认知与情感元素"，❸ 健康的社会心态引导着司法活动乃至整个社会发展的走向。培育健康的社会心态是民主建设、法治建设中的重大课题，它有赖于社会资源与财富的分配机制、社会保障机制等国家全局性工作的推进。法院与媒体（传统媒体）应找准定位并积极回应社会心态建设。面对目前社会中充斥的不满情绪、浮躁心理、偏激声音，法院要更加注重司法形象、司法作风的管理，用公平、公正的法院形象去抚平社会变革带给普通大众的不满与怨恨。"刚正不阿、不徇私情、秉公断案是司法人员的基本品德，也是司法公正的重要体现和基本保障"。媒体在对司法行使新闻监督权时，也要加大对司法正面形象的报道，引导公众客观看待法院、法官。针对社会中动荡、偏私的心理，媒体在个案报道中要担当起对法律信仰进行思考、对道德沦丧进行反思的理性引导者，而案件事实认定、法律适用这些技术性的工作是法官的事，作为媒体不该引导公众涉入。如在药家鑫案中，媒

---

❶ 陈树森：''博弈与和谐：穿行于法意与民意之间的司法''，载《法律适用》2009年第9期，第57页。

❷ 赵华军：''法治建设呼唤健康社会心态''，载《人民法院报》2011年11月24日第2版。

❸ 同上。

体更应当引导公众对药家鑫觉得农村人难缠的问题进行反思，而不是挑起该不该杀、该不该死的争论。

（2）拉近司法与民众之间的距离。司法与民众的距离反映了民众对司法的信任和尊重程度，对司法的认同和信仰程度。司法与民众的冲突，尤其是认识性冲突充分说明司法离民众很远。司法的专业化、技术性使得民众并不清楚司法的程序和法律适用的方式方法。也许，离民众近的只是案件裁判结果，但根据前面的分析，而裁判结果可能会与民众的"情理""道德评判""直觉正义"下的结果不相同，只会进一步加大司法与民众的距离。司法公正的实现需要加强司法与民众之间的互动与沟通，打破司法神秘感，凸显司法的可接近性。①拓宽法院开放日、庭审观摩等活动的对象群体。法院开放日、庭审观摩等形式是让普通民众走进法院、了解法院工作的不错形式。但是，目前这项工作开展得并不多，而参与活动的人员大多数是高校学生、人大代表、政协委员等，普通民众并没有借这些活动契机认识法院工作。②提高当事人参与司法活动的便捷性。减少对起诉条件的限制，降低诉讼成本，为公民有效接近司法提供制度保障。充分公开司法制度的相关信息，并确保专业化的问题能以平实、简洁的语言为民众所能理解。设置简易、快捷的诉讼程序和方便的诉讼机制，避免给当事人造成诉累。③加大对当事人参与诉讼的帮助。针对案件和当事人的实际情况，合理行使法官释明权，引导当事人正确诉讼。注重裁判文书的说理和判后答疑工作，用浅显易懂的语言让当事人理解判决的理由。完善法律援助机制，改变律师对援助案件敷衍、推诿局面，保障弱势群体的诉讼权，维护弱势群体的利益。

（3）让公众听到司法的声音。在法律、法院新闻事件引发的舆论浪潮中，司法部门总是倍感压力，回应的声音姗姗来迟，错过舆论引导的最佳时机。"互动型司法"要求加强与公众的互动，在一个案件或与法院相关的事件发生后，首先司法部门应在第一时间发声，让公众看到来自权威部门提供的信息，避免媒体、民间坊谈的信息先入为主，引发胡乱猜测。我们虽然已经有不少法院设立了新闻发言人、配备了网评员，但发挥的作用非常有限。新闻发言人只是停留在正面信息宣传上，并未在负面舆论应对上作出尝试。很多法院网评员维护司法的责任意识还不强，看到不符实的、不正确的言论，跟帖、回帖纠偏的积极性不高。也有些网评员的言论只是泛泛地表明立场和观点，起不到实质性作用。其次，司法部门回应的声音应是有实际内容的。有些新闻事件发生后，相关部门虽然作出了回应，但仅是"网帖事实不存在""经查不属实"等没有实际内容的回应，反而招致公众的不满与反感。❶"谣言止于真相"，司法部门应将公布事件真相作为对公众舆论的有力回应，并加大案件审理或事件处理的透明度，畅通公众和新闻媒体监督的渠道。

---

❶ 2011年发生的黄石中院院长方某"开房事件"严重影响了法院形象，笔者通过百度对该新闻进行检索，只查到了三类新闻信息：一是事件发生的信息，二是相关方出面表明彻查此事的信息，三是方某辞职的信息，而关于事件的真相和最终处理至今没有公布。有网友认为这是在"打发"公众，难以"退去滔滔舆情，堵着民众悠悠之口"。

第四章　司法公正与法治思维

第一节　让法治理念与法治思维成为当代中国司法实践的内在指引

说到理念可能会产生一种误解，以为是意识形态领域的东西，是形而上学的东西，而感到很空洞，认为法治理念与司法制度和审判实践并没有太大的关联，其实法治理念无时无刻不与审判实践紧密相连，法治理念对于司法制度来讲，就好比灵魂与身体、精神与形式、内涵与外观的关系一样。"理念"是西方思想史上非常重要而又非常古老的一个范畴。❶ "法治理念"是人们对法律的功能、作用和法律的实施所持有的内心信念和观念。事实上，任何一个民族和任何一个时代的法治或法律秩序都有其民族和时代独有的特色和历史文化传统特征，都是制度和理念的统一体，法律制度是"形"，法治理念和司法价值观是"魂"，只有"形"与"魂"相统一才是良好的法治，没有法治理念和法治思维价值观支撑的法律制度是没有生命力的。法治理念和法治思维作为一种哲学内涵价值属于一种实践

---

❶ "理念"一词最早来源于古希腊，是指见到的东西即形象。古希腊哲学家柏拉图排除这个词的感性意义，用它指称理智的对象。进而把理念看做是"离开具体事物而独立存在的精神实体"，在此基础上建立起客观唯心主义理念论。古希腊哲学家亚里士多德认为，理念是思维中对某一对象的一种理想的、精神的普遍类型。德国哲学家康德认为，理念是一种超越经验的概念，是理性的理想，是必须设定的理想。德国哲学家黑格尔认为，理念是一种客观的理性或精神。中国人民大学法理学家范愉教授认为，理念实际上就是原理和信念，是一种价值观，一种指导思想和哲学原则。

理性。法治理念和法治思维在司法审判实践中的价值和意义是：首先，司法制度在设计中应该有系统成熟的法治理念与法治思维作为基础。理论和思维观念准备不足会导致立法的矛盾、混乱和缺乏可操作性；也会带来法律和制度的不稳定性。其次，司法改革是理念价值和思维模式的变革，但必须形成相对成熟的思考和共识，没有理论指导的改革是逻辑混乱、反复无常的。再次，理念和思维内涵的匮乏必然会导致信仰的危机，从对司法的迷信到幻灭；司法大跃进和群众运动式的动员、口号化；不被信仰的理念是虚假的、无意义的。最后，避免寻求理念和思维方式中的急功近利。目前存在的实用主义和功利主义的论证——从一步到庭到小额诉讼，法治理念和法治思维帮助法官谨慎理解我们的审判实践需要与技术进步之间的相生相容的关系，扎根社会现实生活理解法律以及法律发生作用的土壤。过去我们过于注重司法理念和法律思维的全球化和现代化却忽视了本土资源化；一味强调移植西方成熟的法律制度和思想，而没有结合中国国情、价值观念和传统法律文化进行丰富和发展适合当今中国社会现实需要的法治理念和法治思维模式。

当前中国司法审判的"两难"困境的本质原因就是司法表层制度的西方化而深层思想观念传统化存在的冲突。❶ 也就是所谓的"魂不附体"，"形"与"魂"的不统一的矛盾。至少在我们的法治理念、法治思维与司法制度之间还存在不和谐的地方。"中国的法治之路必须注重利用中国本土的资源，注重中国法律文化的传统和实际，只有这样才可以建立与中国现代化相适应的法治"。❷ 当代中国的司法审判实践需要一种什么样的法治理念和法治思维作为指导思想？笔者认为，当代中国司法审判实践需要一种符合中国国情社情民意的法治理念和法治思维模式！任何一个民族的法制或者法律秩序都是"形"于"魂"的统一体，形是制度、技能；魂是理

---

❶ 所谓"两难"困境，即指一方面老百姓普遍因为诉讼程序烦琐和诉讼成本高而觉得打官司难，另一方面法院和法官也普遍因为司法环境复杂和干扰多而觉得办案难的双重矛盾的现实困境。

❷ 苏力：《法治及其本土资源》，中国政法大学出版社2004年版，第6页。

念、伦理（法伦理）、思维。法伦理是指以伦理、公德、正义等形式存在于人们心目中的行为准则，是人定法背后的伦理形式的法则或信条。是观念形式的法律，而不是文本或其他形态的法律。要认识一种法律秩序，不能不先领悟其法伦理和法律思维模式；要建立一种新型的法律秩序，不能不致力于改造旧的法伦理和法思维而培养成一套新的法伦理和法思维。我们的司法改革、司法体制改革、审判方式改革都需要符合我国社会与国情的法治理念和法治思维的支撑；我们对西方现代法治理念的借鉴和吸收需要考虑与现实社会的需要；我们建设公正高效权威的社会主义司法机制需要一种新的法伦理——法治理念和法治思维作为其制度建构的灵魂。

西方法学名著所推崇的法治理念和法治思维是基本一致和古今一贯的，人权、平等、自由、意思自治、公平交易与竞争、权力服从法律、契约自由、契约神圣、私有财产神圣等贯穿其中。英美法系和大陆法系是以西方市民法伦理为价值取向的，从古希腊罗马到现代虽有变革，但基本上可以视为商业性、市场性的法律秩序。其法律秩序背后的法伦理是市民法伦理。❶ "我国传统法律秩序背后的法伦理是亲属法伦理。中华法系的内在精神就是亲伦精神。以亲属伦理为灵魂东方内陆农业社会的家庭伦理，以忠孝为核心的法伦理。以亲亲尊尊、孝悌忠信、三纲五常为主要内容的亲属法伦理，重视亲情，重视家庭，重视和谐，主张国家政治应像家庭生活一样有人情味，主张给人们更多的保护亲属的权利，主张责人们以更多的敬、爱、亲属的义务。亲属法伦理为人类的社会生活的温情化、感情化提供了动力，为人类社会生活的和谐作出了贡献。它的四海之内皆兄弟，老吾老以及人之老，幼吾幼以及人之幼，推恩等亲情推展式的伦理主张具有永恒的意义"。❷ 无论是中国的亲属法伦理还是西方的市民法伦理过去都曾被推

---

❶ 例如，柏拉图的《理想国》《法律篇》、亚里士多德的《政治学》、西塞罗的《论法律》《论共和国》、孟德斯鸠的《论法的精神》、洛克的《政府论》、卢梭的《社会契约论》、约翰·密尔的《论自由》，等等，均是以市民法伦理为理念支撑的。

❷ 范忠信：《中西法文化的暗合与差异》，中国政法大学出版社2001年版，第201~216页。

向极端，但是，真理走向极端就是荒谬。因此，需要建构我们自己的法治理念和法治思维。法治理念和法治思维的内涵思想就是洋为中用、古为今用的思想理论创造，是对于西方法治文明成果的合理借鉴，是对中国传统法律文化的传承，更是对现代司法理念的创造。法治思维的内涵思想兼采两种法伦理的优点和精华，中西合璧，将会重铸中华法治之魂。由于现在的法律体系整体上是以市民法伦理为价值取向建立起来的，是以彻底背离中华法系的亲属法伦理传统的态度立场建立起来的，而亲属法伦理又深深植根于人民的观念之中，因此，需要在现行的市民法伦理和市民性质法律体系中适当掺进一些体现亲属法伦理的制度因素，以矫其偏，以合国情，以使法治能被广大人民群众心悦诚服地接受。这就是为什么提出法治理念和法治思维内涵思想的深层次原因。今天，我们在推行法治、追求法治、探索法治的进程中需要的是法治理念和法治思维内涵思想。就当前的司法实践而言，传统的、落后的司法理念和思维模式还在影响着审判工作效率和质量。现代司法审判工作发展很快，各种新情况、新问题层出不穷，实践中的各种困难也越来越多，面临的形势和任务越来越艰巨，要求也越来越高，这就要求我们及时更新观念，以法治理念和法治思维内涵思想作为人民法院司法审判工作的指导思想。

法治理念和法治思维内涵思想是特指在社会主义初级阶段和特殊国情环境里推行法治，对社会主义司法的本质及其规律的理性认识与整体把握，是在社会主义的人民司法实践中对法律精神的理解和对法的价值的解读而形成的一种观念模式，是社会主义的司法实践价值观。司法理念有个体性、独立性、稳定性以及职业性等基本特点。法治理念和法治思维作为精神性的存在来自司法实践和制度实践，因此，法治理念和法治思维内涵思想对于中国当代法律制度的理性建构具有指导意义，对于我国推行法治的改革也具有重要意义。当前，法治理念教育和法治思维培养正是基于中国国情和社会现实环境的迫切需要，我国是一个有着悠久历史文化传统的国家，历史在现代中国社会打下的文化烙印实际上非常的明显，但我国的法律体系和司法体制的建构又基本上是移植而来的，这就造成我们司法制度在表层是西方化、现代化的,而在深层次的思想观念上又是传统的,这就是当前司法处于一种"两难"困境的真正原因。我们的本土资源中有反法治的成分,而我们在法律移植时也主要是移植一些制度和技巧而没有移植法律精神,同时也没有把西方先进的法治理念与中国历史文化传统很好地结合起来,这也是为什么我们的法治建设走到今天并没有取得所期望的成功的原因之一。

公正高效权威司法机制的建立,首先应当是司法制度价值理念基础和法治思维模式的确立,法治理念和法治思维是司法制度的灵魂之所在,是制度建构的合理基础和深刻内涵。没有成熟的价值理念就没有合理的制度建构,制度的设置没有理念的支撑,就像没有灵魂的躯壳一样!因此,建设公正高效权威的社会主义司法机制需要从法理与实践两个层面来认真思考其制度建构的深刻价值内涵和理念基础,法治理念和法治思维就是当代社会转型时期司法公正高效权威的价值理念基础。法治理念和法治思维是马克思列宁主义关于国家与法的理念与中国国情和现代化建设实际相结合的产物,是中国社会主义民主与法治实践经验的总结,是中国改革开放和社会主义现代化建设的重大思想和理论成就,是建设社会主义法治国家的思想指南,❶ 也是社会主义法治的精髓和灵魂,是立法、执法、司法、守法、法律监督等法治领域的基本指导思想。当前司法制度建构的价值理念基础突出需要在如下五个方面得到强化:依法治国是核心,执法为民是本质要求,公平正义是基本价值追求,服务大局是重要使命,党的领导是根本保证。❷ 职业法官队伍的素质修养和职业技能的提高首先也必须是司法理念的培育与养成。法官职业是体现公正、良心与善良的崇高职业,因此,要求从业者必须具有当代先进的司法理念与法治思维技能,必须具有不同于普通公民的较高的政治素质,必须具备全面性的政治素质和政治智慧。做一名称职的职业法官,加强司法理念与政治素质的修养仍然是首要的职

---

❶ 《求是》杂志政治编辑部:《社会主义法治理念教育学习读本》,红旗出版社2006年版,第1页。

❷ 同上书,第12页。

业素质要求。司法理念与政治素质的修养是一个逐渐培养和积累的渐进过程，并非一朝一夕可以成就，正所谓"冰冻三尺，非一日之寒"，司法理念与政治素质的修养需要有"滴水穿石"的耐心、恒心和毅力去实现。职业技能的培训实际上也就是各种职业素质的修养，关于职业素质的修养，需要确立一种刻苦磨炼的精神，需要培养一种积极向上、拼搏进取的精神，需要养成一种用心感悟和不断总结的良好学习修养习惯，在我们的工作实践中，"见贤思齐，见不贤而内自省"，自觉加强法律职业法治理念、法治思维与政治素质的修养，努力提高自身的价值观和政治素养，使自己成为一名符合现代社会法律职业要求的称职的法官。司法理念的作用在于能够指导司法者的行为和思维，能指导特定价值观下的司法应然与实然模式的构建，最终目的是指导司法实践。法治理念和法治思维是人们对司法的本质及其规则和对法的价值的解读而形成的一种观念模式。法治理念和法治思维有个体性、独立性、稳定性以及职业性等基本特点。法治理念和法治思维作为精神性的存在来自司法实践和制度实践，因此，法治理念和法治思维内涵思想对于现代公正高效权威司法制度的理性构建具有重要的理论与实践指导意义，对于司法制度改革和法官队伍职业化建设也具有重要的理论与实践指导意义。

第二节　司法公正价值观形成的逻辑起点与本质内涵

理念实际上就是价值观。司法价值观，主要应指法官的法律价值观。关于法律价值的含义，也就是关于法律究竟是什么的问题，不同时代的不同学者有不同理解和感悟：法国著名的法学家孟德斯鸠在其传世之作《论法的精神》中有非常精辟的见解和论述。他认为："法是源于客观事物性质的必然关系。所有规律产生前，便有了自然法。一般意义上说，作为支配地球上所有人民的法律是人类的伦理所在。"孟德斯鸠不但提出了影响西方社会政体走向"三权分立"的学说，论证了法律的价值深刻的内涵，他还有一个在当代社会仍然非常有用的理论"地理说"，认为地理环境、气候、土壤等因素与人民的性格、感情发生直接的关系,法律应当考虑这些因素。"三权分立"不适合我们的国情和历史文化传统,不用多说。但孟德斯鸠关于法律"地理说"的理论确有借鉴的价值。美国法学家庞德在其名著《通过法律的社会控制——法律的任务》一书中指出:"法的价值问题是法律科学所不能回避的问题,在法律史的各个经典时期,无论在古代和近代社会里,对价值准则的论证、批判或合乎逻辑的适用,都曾是法学家们的主要活动。"李龙教授认为,法律价值是法律基于其自身的规定性满足主体需要的属性。法律价值作为法哲学的一个独立命题,离不开法律制度的表征和实现,同时又受法律价值观的约束和指引。谢鹏程教授认为,法律价值是主体通过认识、评价和法律实践促使法律适应和服从主体的内在尺度而形成的法律对主体的从属关系。这种从属关系并不是先验的或意识领域的,而是在法律实践中主体积极地、能动地作用于法律和法律作用于主体的结果,是客观事实。张文显教授则认为,法律价值是社会性和阶级性的统一,主观性和客观性的统一,相对性和绝对性的统一,目的性价值和手段性价值的统一;秩序、正义、自由和效益是法律的基本价值。法律的价值是属于内在的、不能经验的、抽象的价值观念;是本质的、潜藏于法的背后的价值观念;是间接的通过法律的特征,尤其是法律的运行及其结果被人感知的价值观念,是人性的真实的流露。人类对法律价值的认识只能趋近,而不可能穷尽。对法律价值认识和理解的争论成为人类追求法律意义的永恒课题。法律价值观是人们对法律价值的认识、体悟和适从的心理状态,包括感性认识和理性认识两大方面,具体表现为人们对法律价值的认识、体悟、需求等。社会主义法治理念的法律价值观应当是良法的价值观,是以法律的真、善、美相统一为标准的法律价值观,是为人类社会谋求公共福利的法律价值观。价值观决定着司法行为,有什么样的价值观就会有什么样的裁判取向。因此,价值观对于社会主义法治理念而言起着举足轻重的作用。

(一)现代人文精神是司法价值观形成的逻辑起点

法律产生于社会生活的现实需要。对于法律规则与社会生活结构的关系，哈耶克的"社会秩序规则二元观"表达了这样的思想，虽然人们不能很好地证明社会秩序自然产生其内部规则，即事物的秩序本来就恒久地植根于社会的人的本性之中，但人不能推断出指导人们行为的规则必定产生于人的刻意选择和设计，也不能推断说人通过所选择的规则来型构社会。❶哈耶克的观点实际上含蓄地揭示了社会生活养育法律生成的客观过程，同时也不否定人的主观性和规则的独立性格，为理解法律性与社会性之间的关系开创了重要的认识路经。

1959 年在印度新德里召开的国际法学家大会讨论了法治问题，大会报告的第一条宣布："在一个自由的社会里，奉行法治的立法机构的职责是要创造和保持那些维护基于个人的人类尊严的条件，这种尊严不仅需要承认个人之公民权利与政治权利，而且要求促成对于充分发展起人格乃是必要的各种社会的、经济的、教育的和文化的条件。"❷法律规范是推行法治所需要的必要条件，法治以法律规范作为调整社会秩序的工具，订立法律的目标是实现市民社会的文明生活状态。时至今日，法律规范越来越被理解为一种具有普遍性的社会规则，其目的在于约束国家权力从而保障社会经济的发展，"权利本位"已然让位于"义务本位"，社会生活的走向比以往任何时候更强烈地制约着法律的生成与变迁，同样也比以往任何时候都更加依赖于法律的态度和作为。

对司法在社会结构中的地位或司法本质的认识和判断关涉"司法"的语义理解，也是整个司法理论的基石。司法作为整个政治社会的政治现象，对其本质的抽象只有诉诸它在社会中最普遍的结构性地位，才能得到科学的说明。❸我们强调裁判艺术的法律性与社会性相结合是基于司法在社会中的结构性地位的考虑。首先，从历史的角度看，司法是政治社会普遍存在的政治系统中的结构性元素。自从人类进入文明社会以来，司法组织就

---

❶ 邓正来：《哈耶克法律哲学的研究》，法律出版社 2002 年版，第 47 页。
❷ 梁治平：《法治与中国：制度、话语与实践》，中国政法大学出版社 2002 年版，第 93 页。
❸ 程竹汝：《司法改革与政治发展》，中国社会科学出版社 2001 年版，第 16 页。

稳定地存在。最早的国王也就是最早的法官。人类社会的发展同司法结构性发展是同步的、密不可分的。社会愈发展，社会关系愈复杂，社会对司法的功能需求、对司法的结构的依赖就愈强烈。❶ 其次，裁判艺术在司法结构中占据相当重要的地位，是司法结构与社会的连接点。司法是社会秩序的构成，而裁判艺术又是文明司法的构成，法官的职业行为通过作用于裁判的对象而影响社会成员的行为进而影响一定人群的社会实践，法官职业技能的层次直接决定着这种司法影响的精密程度。再次，法官通过裁判的艺术诠释公平，扩大司法审判对社会秩序的张力。司法审判对社会秩序的作用不限于被动地恢复，对社会的弱者也不仅仅是补偿和安慰。相反，司法是一种积极的甚至有时略带侵略性的力量，有变革社会结构、拓展社会关系、调整社会失衡的倾向。司法的这种能动作用描绘了法律性与社会性相结合原则的又一个侧面。

现代法律的权利本位范式引导人文精神的回归，使之成为现代法律精神的要素，并成为研究法律价值观的起点。人文精神是一套观念体系，也是一种崇高的理念。其要义是：一切从人的需要出发，以人为中心，把人作为观念、行为和制度的主体；人的解放与自由，人的尊严、幸福与全面发展，应当成为个人、群体、社会和政府的终极关怀；作为主体的个人和团体，应当有公平、宽容、诚信、自立、自强、自律的自觉意识和观念。人文精神以弘扬人的主体性和价值性、对人的权利的平等尊重和关怀为特征。❷我们正在建设的社会主义市场经济和市民社会是人文精神的原生点，法律的真善美实际上也是人文精神的另一种表达方式。美的实质、美的真谛、美的规律和幸福的感受都是人文精神的价值形式。当今社会的全面进步离不开人文精神，构建和谐社会离不开人文精神，人文精神是现代法律价值观的深刻内涵。庞德认为，价值问题虽然是一个困难的问题，但它是法律科学所不能回避的。即使是最粗糙、最草率或最反复无常的关系调整

---

❶ 程竹汝：《司法改革与政治发展》，中国社会科学出版社 2001 年版，第 18 页。
❷ 张文显：《法哲学范畴研究》，中国政法大学出版社 2001 年版，第 389~390 页。

或行为安排，在其背后总有对各种相互冲突和相互重叠的利益进行评价的某种准则。

纵观我国法律文化的历史演变过程，其一，从社会结构方面来看，传统的中国社会结构的一大特点是家与国同构或者说家国一体化，此种结构导致了国政的原型实际上是家务，国法是家规的放大，国家内乱或国民争讼是家内不和睦的延伸。其二，传统中国文明存在法自然传统观念，老子说："人法地，地法天，天法道，道法自然。"因此，人道、天道乃是一道，人法地，地法天，天法道，道法自然，归根结底是法和谐。法自然的文化不存在选择，只有效法自然，一切才能功成事满，违背自然，必然招致灾难。其三，从传统经济结构及基础来看，传统中国是一个自然农业经济的社会，生产力落后，自给自足，并未养成交换及商业习惯，缺乏商品经济因素，这种经济一方面形成人对自然的依赖，妥协关系，另一方面，也塑造了中国人直观、模糊、对称、整体（和谐）、妥协的思想特征。基于上述三方面的分析，不难推出传统法律文化的价值观是追求一种和谐和无讼。因此，真正追求和谐与无讼的法律文化资源才是真正的本土资源。我们现在正从农业民族向商业民族转变，因此，需要在价值观和理念上借鉴西方的理性，但这种借鉴是根植我们悠久的历史文化传统的。因此，社会主义法治理念的价值观应当是建构在现代人文精神上的法律价值观，人文精神作为社会主义法治理念价值观的逻辑起点和内涵，是现代法治发展的必需，社会主义法治理念所遵循的良法价值观、真善美的价值观、幸福的价值观都曾受到人文精神的启发。

关于法律价值的含义，不同学者有不同观点。李龙教授认为，法律价值是法律基于其自身的规定性满足主体需要的属性。法律价值作为法哲学的一个独立命题，离不开法律制度的表征和实现，同时又受法律价值观的约束和指引。❶ 谢鹏程教授认为，法律价值是主体通过认识、评价和法律实践促使法律适应和服从主体的内在尺度而形成的法律对主体的从属关系。

---

❶ 李龙：《良法论》，武汉大学出版社2001年版，第283页。

这种从属关系并不是先验的或意识领域的，而是在法律实践中主体积极地、能动地作用于法律和法律作用于主体的结果，是客观事实。❶ 张文显教授则认为，法律价值是社会性和阶级性的统一、主观性和客观性的统一、相对性和绝对性的统一、目的性价值和手段性价值的统一；秩序、正义、自由和效益是法律的基本价值。❷ 庞德指出，法的价值问题是法律科学所不能回避的问题，在法律史的各个经典时期，无论在古代和近代社会里，对价值准则的论证、批判或合乎逻辑的适用，都曾是法学家们的主要活动。❸ 人性的善，像太阳的热，能够溶解人们心中的冰点。法律与司法的善，像正义之神的剑，能够消除世俗的暴力和诈骗。在人文精神的主导下，司法裁判的最终目的在于通过建立权利和义务的有序对等关系，实现人类行为与精神的双重自由。社会主义的法律价值观就是广大人民群众的幸福，❹ 法律的真善美导向一个终极价值——使人民幸福。

(二) 真善美与幸福是法律价值观形成的本质内涵

古往今来，人类对法律是什么的理解其答案很多，对法律精神的追问也很多，迄今也没有标准的答案。法律应该是能够给人类带来权利、利益、安宁、自由、和谐、秩序、尊严、文明等幸福感的规则与制度，是人类理性价值的集中体现，是洋溢着诗意之美、和谐之美的社会规范，是人性真

---

❶ 谢鹏程：《基本法律价值》，山东人民出版社2000年版，第6页。

❷ 张文显：《法哲学范畴研究》，中国政法大学出版社2001年版，第191~195页。

❸ [美] 庞德：《通过法律的社会控制——法律的任务》，商务印书馆1984年版，第54~55页。

❹ 社会主义的法治理念所倡导的司法价值观就是为人民服务，人民的幸福是社会主义法律的最高目的。法律最本质的价值精神就是追求幸福，使人们感受到幸福的法律才是好的法律。崇尚幸福的价值观是社会主义法治理念的终极追求。法官裁判的结果若是产生暴政、压制善良、充满不公和偏私，那它就比罪恶的东西更可怕。罪恶只是污染了水流，而司法的不公或暴政污染的是水源，这是最大的罪恶、最大的悲哀。相反，法官裁判的结果若能使人们产生幸福的感受，那将是社会最大的福祉，因为幸福就意味着法律和司法带来了安全，维系了和平，尊重了平等，表达了自由；意味着人们能够在一个理性的社会里享受生活；意味着法律理想的实现带给了人们真诚、善良和美好；意味着人们的世俗利益得到了最公正的均衡。

善美的制度表达。这是对法的本质的个人理解和诠释，抛却了恶法的不人道、反人类的特征，是对法的理想的描述。法律本质对法律家而言，既是一种现实的期待，也是一种永恒的追求。❶ 作为法律家的法官对于法的本质内涵应当有更深邃的理解和认识，对于法律的价值观，也应当有更符合人性美的追求。柏拉图在其《法律篇》中谈到，立法者在制定法律时应当考虑到所有的美德。而美德分为两类：人类的和神圣的。人类的美德第一是健康，第二是美丽，第三是强健，第四是富裕。神圣的美德第一是智慧，第二是节制，这二者与勇敢的结合产生正义，然后是勇敢。谈到法律，柏拉图认为，每个人心中都有两种意向，一是希望幸福，二是害怕痛苦。人能思考关于希望、幸福、痛苦等的善恶，这种思考体现在国家的政令中就叫法律。❷ 法律在本质上是对专断权力之行使的一种限制，因此它同无政府状态和专制政治都是敌对的，法律试图通过把秩序与规则性引入私人交往和政府机构运作之中。❸ 因此，法律虽然包括令人厌烦、使人畏惧的强制与干预力量，人们仍然忐忑不安地对法律力量的良性运行抱有希望，这种矛盾心态既体现于立法，又反映在执法，更贯穿于司法的裁判过程，使得立法、执法、司法行为在面对法律现实的时候必须经常反思法律的真意、法律的美德和法律的精神。于法官而言，理解法、法律及法律的精神，通过裁判艺术诠释法律的德性，克服法律的暴政，更是一种美学的、带有真理性的行为方式与思维方式。

　　伽达默尔在谈到美学与诠释学的关系时指出："倘若我们要将解释学的任务界定为沟通两个精神之间的个体的或历史的间距的桥梁，那么艺术的表现则似乎完全处于解释学的领域之外。对于在自然和历史中与我们照面的所有事情来说，最为直接地向我们说话的当是艺术作品。它拥有一种神秘的亲和力，这个亲和力把握了我们的整个存在，似乎没有一点距离，

---

❶ 谢晖：《法的思辨和实证》，法律出版社 2001 年版，第 148 页。
❷ 何勤华：《西方法学名著》，中国政法大学出版社 2002 年版，第 3 页。
❸ ［美］E. 博登海默著，邓正来译：《法理学与法律方法》，中国政法大学出版社 2004 年版，第 246 页。

似乎与它的日常遭遇就是与我们自己的遭遇一样。"他引用黑格尔的观点将艺术视为一种绝对精神的形式,即在艺术中看到一种精神的自我认识形式,在此形式中,没有什么外来的和不可补救的东西,在此形式中,也不存在现实的偶然性,不存在仅仅是被给予之物的不可理解性。❶ 伽达默尔的论断,为我们诠释法律价值观指明了路径——以追求美学和艺术的境界为目的,一切艺术,无论是文学、音乐、美术还是诗歌、舞蹈,都会给人以与君相知,物我两忘之陶冶,艺术及美的享受不仅仅是感性的形式,更是一种人的知性的寄予。真正的艺术和美不需言说、不需欣赏,也不需体验,它是投入、是融化、是对人与对象的整合境界,❷ 这种真善美与幸福的境界正是法律的价值追求。也有学者认为,法律不是人类社会交往的权宜之计,而是人类有序交往之必需。更进一步讲,法律是人类社会构造的规范要素,法律的智慧在于它的协调精神。法律是人类进行有序、安全、自由、效率、公正……地交往的基本依据,是人类反复交涉、博弈和选择的结果。社会系统的构造,须臾不能离开法律,法律既是人类终极关怀的产物,也是人类终极关怀的规范象征,是人类生生不息、有序生活、自由交往的必需要素和永恒守护者❸。这种理解与我们对法律价值观的诠释既有差池,也有相当的共通性。法律是人类美和幸福价值观的体现,法律是以追求自然与人类之本真为目的的规范,法律是为了提高人类的幸福指数而使用的集体强权,法律的真正价值是人类社会的幸福,法律的终极原因是社会福利的失衡与不均分配。幸福是美学与艺术的本源,是社会福利的标志。裁判艺术则是追求法律精神的美学与艺术境界的职业技艺。我们追求的不是单纯的美,也不是简单的幸福,而是一种既符合美的规律又能实

---

❶ 谢晖:《法律的意义追问——诠释学视野中的法哲学》,商务印书馆2003年版,第446~447页。转引自[德]伽达默尔:《美学与解释学》,见严平编选:《加达默尔集》,上海远东出版社1997年版,第473页。

❷ 同上。

❸ 谢晖:《法律的意义追问——诠释学视野中的法哲学》,商务印书馆2003年版,第600~601页。

现多层级幸福生活的整合境界，是一种唯美的诠释。因此，法官若能将司法公正高效权威价值理念视为司法价值理念基础，将会是一种美德，更是一种善行。正如波斯纳所说的，"法律是一种艺术，但也还是一种神秘"。❶这种神秘其实是一种"未知"之前对真善美的揣测和"得知"以后对幸福的参悟。从古至今，人们对法、法律、司法的解密从未停止，相关的理论始终处于变化和发展当中，对此没有独断的真理，只有永恒的对话和诠释。❷希望社会主义法治理念和法治思维思想能够为人们的幸福生活开启真善美之窗。

第三节　真善美司法公正价值观在审判实践中的根植与应用

探讨法律之真，首先要从法律之真的价值观来分析和论证，只有理解法律之真的价值才能廓清法律与司法之真。孟德斯鸠在其名著《论法的精神》中对法律之真如此定义："法是由事物的性质产生出来的必然关系。"❸"必然关系"就是指规律性，法律之真就是法的本质属性，即法的规律性。黑格尔在其著作《法哲学原理》中凭借深刻的辩证法独特地构思出一整套体系严密的法的运行规律（抽象法—道德—伦理法）；❹马克思对法律之真也作了精辟的论述：立法者应该把自己看做一个自然科学家。他不是在制造法律，不是在发明法律，而仅仅是在表达法律，他把精神关系的内在规律表现在法律之中；❺"真，是从世界的运动、变化发展之中表现出来的客

---

❶　[美] 理查德·A. 波斯纳著，苏力译：《超越法律》，中国政法大学出版社2001年版，第66页。

❷　谢晖：《法律的意义追问——诠释学视野中的法哲学》，商务印书馆2003年版，第602页。

❸　孟德斯鸠：《论法的精神（上）》，商务印书馆1981年版，第1页。

❹　吕世伦：《法的真善美——法美学初探》，法律出版社2004年版，第2页。

❺　《马克思恩格斯全集（第1卷）》，第183页。

观事物自身的规律性"，❶ 即认为真是指事物自身存在与发展的规律性；真是获得了真理、达到了真理的境界，即主体在思想和行为上充分接近和适合于客体的必然性。❷ 纵观上述对法律之真的论述和理解，笔者认为法律之真主要应从法律的规律性和目的性这一层面来理解和把握。首先，从法的三维结构角度来思考法律之真，是将"法律之真"当做法的合规律性、合目的性的自然结论；其次，从法哲学的角度透视，法律之真实质上表达的是法作为真理的规定性和稳定性、可靠性。这种从法哲学意义上思考法律的真理价值，提出了真是法和法治的重要形式价值，从而给我们一些思考法价值问题的新思路。❸ 法律之真是法律之善和法律之美的基础，法律之真是公平正义秩序的根基，是法官职业技能的德性，是法官良心的渊源，是悟法的慧根。正如范忠信教授所说，我们把法律当"真"，我们以毕生精力去实践和捍卫法律这个"真"，❹ 法律之真需要法官在司法审判过程中去寻找、去追求、去实践，追求裁判艺术之真就是指法官在审理裁判案件过程中以追求法的合规律性、合目的性为价值取向，通过审判活动充分体现法律的真理价值。法治社会若想成真，需要有千千万万信法为真的人，裁判艺术若想成真，需要职业法官群体将信法为真作为职业永恒的价值观。只有职业法官群体首先树立信法为真的信仰和理念，才能引领向往法治理想的人民大众走上寻善、寻美乃至寻找幸福的道路。法律之真有其具体内涵，包括法律规范之真、法律事实之真、法律程序之真、法律结论之真、法官表达之真。法律规范之真首先指法律的制定、修改、废止必须跟随社会现实的真实需要，符合社会整体的经济发展状况与文明进步程度，具有自然生成的基础以及适当超越的可能性，总体上反映发展的必然性、规律性。其次，法律规范之真指法官适用法律时能开解法律真义，填补法律漏

---

❶ 王朝闻：《美学概论》，人民出版社1981年版，第32页。
❷ 李秀林：《辩证唯物主义和历史唯物主义》，中国人民大学出版社1995年版，第373页。
❸ 吕世伦：《法的真善美——法美学初探》，法律出版社2004年版，第72页。
❹ 范忠信：《信法为真》，中国法制出版社2000年版，第2页。

洞，救济法律无能，实践法律价值，不误解法律，不遗漏法律。法律事实之真，指法官裁判的基础——法律事实是客观的、有证据支撑的、非臆测的、杜撰的。法律事实之真区别于客观事实之真，法律事实之真讲求相对性、证据性、证明方法的合理性与合法性，而客观事实之真追求绝对性、一致性、证明手段的科学性。法律程序之真指程序的设计应当符合实体正义与诉讼公平的双重价值，符合社会经济条件能够承受的成本支出，既保障公平又兼顾效率。同时，法律程序之真指法官严格执行法律程序的要求，不为实体牺牲程序，不为局部的便利而扭曲程序，裁判文书正确记载程序执行的脉络以及程序执行的法律后果。法律结论之真指法官裁判以法律事实为依据，以法律规范为准绳，以法律程序为依托，以法律价值为核心，严密思维，审慎处断，排除歧视与偏见，不断接近裁判结论的个案公平和社会正义。法官表达之真指法官在决断过程中真实表达自己对案件事实的看法，对法律的理解，对事实与法律关联性、对应性的评价，坚持原则，坚持正确的意见，不为强权左右，不为舆论牵制，有能力提出真解，有勇气承担责任。

如果把善定义为道德上或功利上的正面价值，那么法律之善就是法律所追求的建构在法律之真基础上的正面价值。法经过主观化了的客观必然性和人们赋予它的主观想象构成了法律之善的正面价值内容。法律之善有各种具体的表现形式与实现形态，大体包括正义、公正、公平、平等、自由、权利或人权、民主、法治、权力、秩序、安全、效益或效率。❶ 概括起来也就是正义、自由、民主、秩序和效益等价值观的体现。法律之善表现为客观的、外部的、实证的法，即真实意义上的法向着人的主观的、内部的、形而上的法转化，合乎规律的法向着合乎目的和理想的法转化，自在的法向着自为的法转化，进而直接地起到启发人的主观能动性和对人的行为的规范作用。由法律之真到法律之善，是法运行中的第一个否定或自

---

❶ 吕世伦：《法的真善美——法美学初探》，法律出版社2004年版，第267页。

我扬弃,是法律本身的一大进展。❶ 法律之善是在法律之真基础上的进化,由法律之真到法律之善是法律的精神与法律真理价值的一次飞跃。如果说人性的善像太阳的光能够驱散人们心中的阴霾,法律之善则是这样一道曙光,将法律所保护的各种价值,散播到人们充满矛盾纠葛的心田,不仅排除疑惑,而且开解心结。法律之善既包括法律所保护的个人的善,即个人在法律允许的范围内所追求的各种善意的愿望,也包括法律所追求的各种公共目的,还包括法律所维护和促进的各种功利价值,如财产利益、人身利益和公共福利,甚至也包括它所维护和促进的伦理价值,如诚实信用、平等关怀、忠义与仁爱等。正义既是适合于法律的善,也是诸善中最具法律性质的善。❷ 正义在法律价值论中居于首要地位,是人类最基本的价值追求和理想,自人类社会产生以来,正义就成为人类在道德、情感和意识领域的一种高尚的追求,法律之善首先应当是正义之善。正义理论是真正能够体现社会公众善良情感的价值评价标准。评价裁判艺术之善也应当将正义作为首要的价值尺码,如何正确判断正义的标准,是裁判艺术的重要内容。法官审理裁判案件的过程应当是通过法律职业技能和技巧实现社会正义的过程,每一起案件裁判的结果都应当体现正义的价值追求,以法律之内的正义谋求最大多数人的最大福利。

美的含义非常之丰富,几乎涵盖社会生活的方方面面。法律与司法之美是从审美的立体意识、主客体的关系、社会性和客观性相结合等视角来探讨裁判艺术的本质。首先从审美的主体意识来分析,美的东西并非美本身,而是存在于欣赏美的人们内心的一种情绪。不同的心灵会获得不同的美感,同一个心灵在不同的时空面对同一事物会产生不同的美的认识;人们对某些事物的美感可能会形成基本一致的认识,但在面对某些事物的时候却从来没有"会心一笑",这说明美是主客体互为感受的结果。有时候主观的好恶掩盖了客观的形态,但长期的实践和感官的进化,加之以社会

---

❶ 吕世伦:《法的真善美——法美学初探》,法律出版社2004年版,第268页。
❷ 郑成良:《法律之内的正义》,法律出版社2002年版,第107页。

的说服，使得人们对客观存在总有一个相对真理的评价。在人们的印象当中，法具有理性、保守、现实的品格，而美具有感性、自由、浪漫的特质，两个看似截然不同的事物如何能结合在一起？其中有历史与现实的原因。在美学研究领域，美学家们最初只是研究艺术领域中的美，其后才开始研究自然美和社会美，更多的只是注重研究美的形象性和情感性，而忽略了美的抽象性和理性。现代美学已将研究领域拓展到社会生活的方方面面，力图将人类社会的审美世界探究穷尽，学者们通过研究已经认识到人类对于美的界定范围过于褊狭，导致了美学研究的褊狭；人们开始认同感性与理性，形象与抽象之间并非截然对立，而是相互包涵、相互融合、相互转化的辩证统一关系，因此美学研究的范围不断扩大，出现了技术美学、科学美学和法美学等更多的边缘学科研究领域。古希腊的哲学家柏拉图最先提出了"什么是美"的疑问，他从唯心主义立场提出"美是理念"的学说和"法律之美"的概念。在他看来，"法律正义是一种秩序，就是有自己的东西，干自己的事情"。同时，"个人的三品质（欲望、激情和理智）在个体协调运行秩序井然时，个人就成了正义之人"。[1] 亚里士多德则认为和谐是美所必需，和谐即美，并明确主张法治优于一人之治，提出城邦和法律的目的在于促进善德。当代德国法律思想家、政治活动家和人本主义者古斯塔夫·拉德布鲁赫认为，艺术和诗歌可使法律职业者达到最高境界，并明确提出建立一门法美学。[2] 法美学的提出和建构，为裁判艺术的研究提供了更多的美学理论支撑。中国传统文化非常重视美学气质和品格，传统法律文化作为其中之一也非常重视美学与法律的融合。在中国五千年文明发展的历史中，美的感悟与政治、法律总是紧紧联系在一起的。以孔子为代表的儒家主张人治、德治和礼治，非常推崇艺术在人类生活和政治秩序中的价值，强调艺术之美与政治统治在社会目的上的一致性，主张将虚无之美与实在的礼法紧密地结合在一起。道家则强调法律内涵之美，以法

---

[1] 吕世伦：《法的真善美——法美学初探》，法律出版社2004年版，第401页。
[2] 同上书，第403页。

之最高的道义和境界为美。当今中国以建设法治社会、和谐社会为理想,既力导法律主治,又鼓励人民通过自我完善追求完美的人生。完满的人生需要有审美境界,和谐的社会也需要有鼓励审美的法治环境,因此,法美学在当代中国的构建并不突兀,实为必然。法律与美之间的理性与感性、现实与浪漫、保守与自由的品格之分,实际上仅仅只是各自特征和表现形式上的差异,二者之间初看似乎毫无关联,但内在却有自然的共生性,具有相互渗透的关系,只不过这种融合与渗透不似其他艺术形式那样明显,也不像其他艺术形式那样有丰富的表达方式,因而不为人透彻地观察和理解。但是法与美的联系是客观的。

法律之美是法美学研究内容中与司法实务联系最紧密的部分。法律是人类理性的载体,通过权利义务的规定表达理性的、抽象的要求;同时,法律也积淀着人类的情感,它通过不同的方式表达,展示出可感受的形象,裁判艺术是以法律表达人类情感的最佳方式。裁判艺术使法律中的理性与感性、抽象性与形象性融合达到至美的境界。在法官职业技能之中注入审美情趣和艺术生机,可以使法官职业上升到审美之维,帮助职业法官群体在司法审判实践中准确地找到个体发展的价值基础,从而实现个人理想与社会责任的和谐。探讨法律与司法之美的意义在于探求司法公正高效权威价值观的形成。法美学的构建是法的本质和时代发展的必然要求,而开展法律与司法之美学研究则是建构公正高效权威的社会主义司法机制的必然要求。法律与司法之美包括法官的仪态美、言辞美、气质美,法庭的整洁美、肃穆美、威严美,庭审的秩序美、节奏美、规范美,裁判的文字美、法理美、论证美等,凡是能够引发受众对法律、法治、司法过程产生诸如景仰、信服、认同等内心感受的裁判行为、裁判过程或裁判气氛,不妨都认为具有一种艺术的美感。如何将实现法律与司法之美从刻意变为行为的自觉?答案仍然是遵循美的规律,依法裁判。遵循美的规律构建法官的职业技能,就是要在司法审判实践中体现法律的人性化和法律的精神,从而使法律真正成为体现人类本质需求的法律,而不是统治和专制的工具;使司法成为人们领略法律之美的桥梁,而不是人们感受法律之恶的场所。这是我们倡导的社会主义法治理念和司法价值观的价值理念基础!

只有法律的真善美相统一,才是情理交融、自然和谐、圆满幸福的至美境界,也只有在美的境界里,才能实现司法审判的社会责任和历史责任,实现司法的制度功能价值和法律的全部价值。美作为蕴含真又高于真、蕴含善又高于善的实证形态和价值形态,可以使司法裁判的真与善得到更充分的体现。美与真与善是统一体,符合美的规律的职业技能往往也是真和善的。当以美的标准来衡量法官的职业技能与技巧时,司法就成为一门真正维护公正高效权威的裁判艺术。我国现阶段裁判艺术不高,美感不足,往往是因为割裂了理性思维与感性思维、抽象思维与形象思维的联系。仅仅只有理性思维、抽象判断与推理而忽略了真善美的统一,法官只能是机械冷漠的"法匠",而决不是艺术家。现代意义上的法官只有兼具审美意识和对美的感悟能力,才能游刃于天道、伦常、情感、道德之间,处理好各种纠纷与矛盾,才能在美的规律的支配下享受职业的愉悦和快感,并通过自己的审判实践充分展现人性的温厚与达观!美是幸福的言说,是使人幸福的东西。亚里士多德认为,幸福不是品质,而是"至善",合于德性而生成,是灵魂的现实活动,是一种以其自身而被选择的现实活动。他把理智的思辨归结为幸福,认为思辨是至福和完美的幸福,"凡是思辨所及之处都有幸福,哪些人的思辨能力越强,哪些人所享有的幸福也就越大"。[1] 我们认同思辨的过程是幸福的过程,但也认为法律思辨的意义不仅如此,除了思辨主体的幸福感之外,法律思辨的结果又可引导思辨对象幸福感的生成,是多维的幸福经验。同时,我们赞同幸福是合乎德性的自然反应,但德性不是天成而万能的,德性的力量在于实践,思辨的美感也来源于实践,法官职业就是一门永远实践着的职业,也是充满了思辨的职业,法官的思辨与实践构成了司法裁判价值理念基础的全部,构成司法对象幸福的源泉。法律的幸福价值是司法审判的至真、至善、至美之果,是司法

---

[1] [古希腊]亚里士多德:《尼各马克伦理学》,中国社会科学出版社1990年版,第228页。

的最高价值追求。在司法审判实践中根植社会主义法治理念和司法公正高效权威价值理念目的是弘扬法律精神，更好地维护社会公平、正义和秩序，为全社会谋福祉。其内容是"真"，其本质是"善"，其理想是"美"，是"真、善、美"的有机统一。❶

第四节 "司法是穿法袍的政治"的辩证理解与应用

就本质而言，中国近代以来司法结构的发育无非是中国政治发展的一部分，因此，法学与司法制度研究中缺少政治学的视角肯定会使理论缺少周延性。❷ 研究探索司法审判制度的价值理念基础也需要汲取政治学的理论养分。"政治，是一个历史范畴，是一定的阶级或社会集团为了维护其根本利益，围绕夺取政权或巩固政权所进行的一切活动"。❸ 在法理学中，对法与国家、法与政治有如下论述，认为政治是一定阶级的政治，法是一定阶级的法，它们都是统治阶级利益和意志的体现，关系十分密切。一方面政治制约着法，体现在政治关系、政治斗争，统治阶级的政治任务影响着法的内容；另一方面，法又服务于政治，体现在法律强调政治关系，维护统治秩序，促进政治任务的实现。不同的历史时期，政治有不同的意义。在夺取政权的过程中，政治是"各阶级之间的斗争"，❹ 夺取政权之后，政治是发展社会生产力，借以巩固政权。我国现阶段处于社会转型时期，目前最大的政治是构建社会主义和谐社会。《中华人民共和国法官法》第9条规定的法官任职资格的其中一条就是法官要有良好的政治素质。❺ 毛泽东同志曾经指出："一个人如果没有正确的政治观点，就等于没有灵魂。"❻

---

❶ 秦甫：《律师裁判艺术》，法律出版社1996年版，第24页。
❷ 程竹汝：《司法改革与政治发展》，中国社会科学出版社2001年版，第8页。
❸ 郝明金等：《怎样做好书记官工作》，人民法院出版社2006年版，第27页。
❹ 《列宁选集（第4卷）》，第370页。
❺ 《中华人民共和国法官法》第9条。
❻ 郝明金：《怎样做好书记官工作》，人民法院出版社2006年版，第27页。

人民法院是中国共产党领导下的国家审判机关，是执政党通过司法渠道实现政治主张和目的的重要国家机关，是执政党通过司法途径保持与人民群众血肉联系的重要环节，人民法院的特殊政治地位和性质决定了法官队伍必须忠诚地解释和适用体现人民意志的法律来维护正常的社会秩序，维护社会的稳定、和谐与安宁。人民司法工作的中心任务就是要最大限度实现社会的公平与正义，法官及其他工作人员最大的政治就是实现司法公正。最高人民法院2005年11月4日颁布的《法官行为规范（试行）》第1条首先就对法官的政治素质提出了明确具体的要求，要求法官坚定政治信念："一是坚持以马克思列宁主义、毛泽东思想、邓小平理论和'三个代表'重要思想的指导；二是坚持牢固树立科学发展观，为构建社会主义和谐社会而奋斗；三是坚持党的领导，忠实执行宪法和法律；四是努力实践依法治国基本方略，促进社会主义民主政治建设；五是坚持公正司法，一心为民的工作方针。"❶

司法是政治社会普遍的政治现象，是政治社会普遍存在的政治体系中的一个结构，司法作为法律的认证，充当上层建筑中政治势力的权力运行工具，在保障民意的同时也不遗余力地反映政治的需要。司法审判实际上是在特定政治背景下运行的力量，从来不能摆脱政治的阴霾，也不能超越政治的层次尝试纯粹的法治。这是司法与政治系统的基本关系模式。相应的，司法审判是政治系统下的社会调整方法，司法裁判受制于政治的氛围，离开了政治学的视野和范畴，司法审判的社会职能将会受到削弱。现代意义上的司法审判制度应当契合现代政治发展的内在逻辑。现代政治发展的成果是宪政理论与模式，宪政是近代以来处于主导地位的民主政治形态，它的基本价值概而言之是通过规约政府权力来维护和发展人的尊严和权利。❷ 宪政的核心要义在于将政治问题转化为法律问题，以宪法和法律的形式规范政府的权力，通过法律制度化的途径，使政治权力的实际运行有

---

❶ 《法官行为规范（试行）》，中国法制出版社2005年版，第1页。
❷ 程竹汝：《司法改革与政治发展》，中国社会科学出版社2001年版，第52页。

利于维护和促进人的尊严和权利的实现,以真正实现人民主权和基本人权。司法在现代政治中的重要性来源于现代政治的宪政统治形式,法官司法与裁判也是以宪政为背景,并以宪政追求的文明形态为理想。人民法院通过司法途径解决问题的时候是在完成一定的政治使命,法官相关的职业技能也表现为一种政治艺术;法官在裁判过程中关注法律的政治背景及其与宪政体系的和谐关系,就是一种社会责任的自觉与自适。可以理解的是,法官从来不是在政治真空下裁判,无论多么独立的司法都会带上或多或少的政治色彩,受到主流政治意识的影响,即使在法制发达的国家,大法官的政治偏见也时常在裁判中若隐若现。因此,法官司法审判是特定政治文明笼罩下的行为艺术、思想艺术,常常不自觉地成为政治的侧影。法官完全脱离政治科学谈论司法审判是徒劳的,修炼必要的政治内涵反而是对法律与政治关系的深刻理解。司法审判应属于政治学与法学交叉的领域,它在宏观上涉及制度、组织、角色等结构及功能领域,应属政治学的研究范畴;在微观上涉及法律方法和法律程序及司法职业技能运用领域,应属法学研究范畴。探讨法律与司法应当考虑其政治学因素,建设公正高效权威的社会主义司法制度的理论建构应有政治学的内容;司法当然包含政治的内容,考量司法价值观需要开辟政治学视野,司法审判实际上是穿法袍的政治。周永康同志在与全国高级法院院长会议代表座谈时指出:"对于法院系统的高级领导干部来说,首先应当是政治家,然后才是法律人。司法权是至关重要的执法权,必须掌握在对党和人民绝对忠诚的政治家手中。"[1]

第五节　实质法治主义与形式法治主义的契合与实践

实质法治主义与形式法治主义在当代中国的表述就是"法律效果和社会效果的统一"。中国的审判实践中究竟应当如何理解和贯彻"审判工作

---

[1] "中共中央政治局常委、中央政法委书记周永康同志与全国高级法院院长会议代表座谈并发表的重要讲话",载 2008 年 6 月 22 日《全国高级法院院长会议简报》第 6 期,第 1 页。

要坚持两个效果的统一"命题,是社会主义司法必须面对的现实课题。"广州孙志刚收容致死案""沈阳刘涌案""宝马车撞人案""重庆最牛钉子户案""许霆案""华南虎造假案"等一批国人关注的典型案件都存在两个效果统一的问题,这些著名案件的多次戏剧性反复以及反复后国内民众的反映,可以窥见在当今中国民众思想观念和意识中实质法治主义的正义价值观仍然根深蒂固。由此可见,一个正确的裁判,既要得到当事人的认同和执行,充分体现人民法院审判的法律效果和作用,更应当得到整个社会的公认,具有良好的社会效果。这两个效果的统一是当代中国社会人民法院审判案件所应当追求的终极目标和境界。法律效果、社会效果与审判效果在理论上是有机统一的。❶ 社会效果是指人民法院通过裁判具体案件的审判活动,使法的本质特征得以体现,使法律、法规规范社会行为的功能和法的秩序、自由、正义、效益等法的基本价值得以实现的过程。审判的社会效果强调的是法律对社会的一种规范作用,审判结果能否得到社会的公认。法律效果和社会效果是对立统一的。从人民法院的审判活动层面上来考察,审判的法律效果更注重于法律对具体行为的约束,更拘泥于法律条文本身的意义,更侧重于运用形式逻辑的推理方法(演绎推理、归纳推理和类比推理)来推断当事人所争议的法律事实,解决当事人之间的纠纷和矛盾。审判的社会效果侧重于运用法的正义价值,来判断当事人之间的争议,实现法的秩序、自由和效益。它更重视司法的社会意义和目的。为了实现法律的社会效果,法官往往需要运用哲学的方法(辩证思维的方法)来推断当事人所争议的法律事实,解决他们之间的纠纷和矛盾。审判

---

❶ 对法律效果和社会效果的确切含义,理论界和实务界存在不同的认识:从法理学角度,中国人民大学孙国华教授认为:"法的实现的效果,或简称为法的效果,是法律规范的要求在社会中实现的状况,即社会关系被法律调整就绪的状况,有的学者将此称作法的实效。"从法社会学角度阐释这一概念,中国人民大学朱景文教授认为:"法律效果,指法律或判决对社会生活的作用、影响,衡量法律效果如何看法律作用的结果能否达到法律的预期目标。"在行为学概念中,效果是一种状态,是指法的行为规则在社会中为人们所遵守、适用和执行的状态。可见,法律效果就是法在社会中运作所产生的社会现实状况和社会现实效应,也是法律作为一种规范,期待和要求社会应当达到的一种预期状态。

的法律效果和社会效果虽然从表面上看各有侧重，但它们在本质上是一致的，是统一的。法律是一个个具体的条文，人们的行为都应当按照这一个个条文来行事，否则就会受到法律的制裁。法律对人们一个个具体的行为进行制裁和约束的过程和作用就是审判的法律效果，但法律是整个社会意识的体现，法律对个体行为的制裁和约束作用也就是整个社会对这种制裁和约束作用的一种认同，任何一个"两个效果"相背离的裁判，都将是错误的裁判。法官的职责就是运用才能和智慧把两者有效地统一起来，使自己所裁判的案件既能得到当事人的认可，更能得到整个社会的认同。

在司法价值观和审判实践中应注意纠正两种倾向：（1）只讲法律适应社会，不讲法律的稳定性；（2）只讲忠于法律，不顾社会对法律的发展要求。前者产生的是法律虚无主义，后者产生的是法律教条主义。必须使法律和社会相互协调起来，必须建立"作为规范性相互理解的社会"。在"规范性相互理解的社会"，法律要理解社会的更高需求，社会要理解法律的规范性特质。前一种理解要求司法者向社会解释法律的适用和运用自由裁量衡平纷争，后一种理解要求社会理解法律是一种程序，是一种规则。没有规则的社会是不可想象的，社会如果没有一定的共同规则，就会矛盾冲突不断而陷于崩溃。法律理想效果的实现有赖于执法，司法审判既是一种执法，也是一种对执法和守法的监督。执法产生的审判效果是一种现实的社会现象，从这一点上说，人民法院的审判效果是现实的社会效果的一种。十几年来，无论是法学界还是司法实务界，都为中国的司法改革描绘了几多宏伟蓝图，但在现实中却举步维艰。问题的关键在于我们所倡导和呼吁的诸如司法独立、被动、中立、消极、终局等西方先进的现代司法理念在审判实践中难以得到完整和完美的体现。虽然这些发端于西方的司法理念，已经数百年的实践检验而一直未见衰落，但作为法律人我们应当看到上述司法理念的孕育土壤是西方而非中国，很多时候我们忽略了对本土资源的探索和研究，甚至脱离中国当前的实际去构筑理想模式。孟德斯鸠指出："为某一国人民制定的法律，应该是适合于该国的人民的；所以如果一国的法律竟能适合于另外一国的话，只是非常凑巧的事。法律应该同已建立或将要建立的政体性质和原则有关系。"❶ 可以想见，英格兰的法官们很难明白"秋菊"的苦衷之所在，中国的法官们也可能对"辛普森"的逍遥法外不可思议。❷ 这就是为什么西方奉行的是"法律至上"，而我们奉行法治思维的缘由。

中国社会有着传统的法律文化，中国民众有着独特的法律意识，与西方司法理念存在一定的冲突，例如，在"法律事实"和"案件事实"相冲突时极力推崇法官对案件事实真相的查明；在实体公正和程序价值的冲突中更加看重实体公正。在社会主义法治理念中，关注民生的"司法为民"是最核心、最根本的理念，是以人为本、全面、协调、可持续发展观在司法领域的必然要求，是人民利益至上的理论基础。两种效果的良性互动恰恰也是这种要求的体现。面对基层法官所处的特殊的社会背景，我们的法官更多的是需要了解当地的社会习惯、道德水准和舆论、价值观和习俗等社会规范，了解当地的社会发展情况以及他们的社会组织、行为方式等特殊的信息。在司法过程中，一方面应大力提倡法官树立现实社会需要的司法理念及行为方式，谨言慎行，在一定意义上做"孤独"的居中裁判者；另一方面，又要体现司法审判的亲和力和社会性，让民众感受到法院和法官代表了民意，体恤了民情。具体言之，应为社会民众参与司法审判提供途径，完善陪审制度；强调司法的开放性、公开性，进一步落实公开审判制度，让民众不仅看到实际结果上的司法公正，而且知晓司法公正是如何实现的；在司法程序中注重调解及协调和解方式的运用，做到案结事了。通过社会主义法治理念教育和"大学习大讨论"教育活动等举措，既让人民法院的法官深深根植于社会，体现出司法民主；又使法官能更多地担负

---

❶ 孟德斯鸠：《论法的精神（上）》，商务印书馆1981年版，第83页。
❷ 谈到"辛普森"案件与美国法律制度的逻辑混乱的问题。刑事案件判决辛普森无罪，民事案件判决赔偿1 000万美元，是不是就是逻辑上的对立呢？非也！这正是美国人在法治理念上的先进。刑事与民事的理念在性质上是不同的，作为生长在中国的法官，应当了解中国的法律问题，解决在中国这片土地上产生的也许在英美法系根本不可能发生的纠纷。

着统一适用法律、形成判例乃至规则（司法解释）的重要法治使命，法官需要更多地了解我们国家的政策、社会的发展和法理的精神以及哲学、政治学、伦理学和社会政策等方面的学识和学会思辨的能力，才能最大限度使司法审判接近实质法治主义与形式法治主义相结合的公正高效权威价值理念追求。

人类历史上的第一部成文法典——古代巴比伦《汉谟拉比法典》开篇明志："我在这块土地上创立了法和公正，在这时光里我使人们幸福。"❶ 虽然不同时代、不同阶段、不同思想的人对什么是"公正"和"幸福"总会有不同的看法，但谁能否认汉谟拉比王的这句声明"的确是超越一切时空地，表达了一切法律最本质的价值精神"。❷ 法律最本质的价值精神就是追求幸福，使人们感受到幸福的法律才是好的法律。司法审判的结果若是产生暴政、压制善良、充满不公和偏私，那它就比罪恶的东西更可怕。罪恶只是污染了水流，而司法审判的不公或暴政污染的是水源，这是最大的罪恶、最大的悲哀。相反，司法审判的结果若能使人们产生幸福的感受，那将是社会最大的福祉，因为幸福就意味着法律和司法带来了安全，维系了和平、尊重了平等、表达了自由；幸福就意味着人们能够在一个理性的社会里享受生活，意味着法律理想的实现带给了人们真诚、善良和美好，意味着人们的世俗利益得到最公正的均衡。古往今来，关于法律和司法的价值众说纷纭，德国法学家耶林在其《为权利而斗争》中谈道："法的目标是和平。"美国《独立宣言》和法国《人权宣言》将法的价值定义为人权和自由；柏拉图在其"理想世界"里将法的价值诠释为哲学家的正义。一般说来，法律的价值在于维护公平和正义，法律治理的目的是维护稳定的社会秩序，维护人们生活和社会生产安定的社会环境。然而由于公平、正义的标准不同，历史上也曾有过法律背离其真正价值的事件发生，这说明对法律和司法的思想价值还应当再提炼。司法公正高效权威的终极价值

---

❶ 余定宇：《寻找法律的印迹》，法律出版社2004年版，第13页。
❷ 同上书，第16页。

在于"使人民幸福"。社会的公平和正义应当基于社会公共幸福的妥善安排，在这种安排下，人们享受法律下的权利并承担相应的义务，人们共同生活在一个充满体恤、温情的和谐社会里，司法审判的终极价值也应当是帮助人民实现对幸福的美好期待！"使人们幸福"，这个声音表达了人类对一切法律最本质的价值精神的最深刻理解，也昭示确立法治理念和法治思维思想价值基础。司法审判必须关注社会生活，体恤人民感情，实现法律和司法审判对真善美及幸福的价值追求，从而建构司法公正高效权威的思想价值理念基础。

第五章　司法公正与司法政策

第一节　对基本概念的解读

基本概念是相关理论研究的基础,它直接影响和制约着理论的研究路径和发展状况。阐释司法政策的公正价值,首先对其范畴进行定义是不可回避的一个问题。

一、司法政策是法的重要组成部分

法是什么?从苏格拉底、柏拉图、亚里士多德到格劳秀斯、孟德斯鸠,从老子、孔子到康有为、严复再到当今各大名家,历代中外著名学者无不关注"法是什么"这一明知没有确切结论但却无限追寻下去的问题。传统意义上,法的分类包括公法和私法、成文法和不成文法,还包括宪法、刑法、民法、行政法、诉讼法等,但这些分类均立足于制定法之上,这对于法的分类是不周延的,忽略了法的存在方式上的观念、制度与现实的三种形态。第一种形态或者一个层次——观念的法,它是抽象而普遍的。社会大众可能不学习法律,但是只要他们生活在法律社会中,就会有法的观念,就有他们心目中的法的"定义"。他们中的许多人可能不能从理论上对法进行阐述,但他们对法的理解是客观存在的,而且影响着他们的行为。第二种形态或者层次——制度的法,它是明确而规范的。它是立法的结果状态存在的。立法上,作为制度的法是规范而严格的,制度法都以具体的法典或者判例作为存在载体,或者表现为成文法,或者表现为不成文法。它们都具有规范的意义,都能够明确地告诉人们可以做什么,不能做什么以及必须做什么。第三种形态或者层次——现实的法。它是生动变化的,它存在于社会的现实之中,它存在于社会现实之中,通过具体的法律文件、法律文书、法律行为,乃至社会生活的现实来表达,是最生动的法,最富于变化的。❶ 新自然法学派的代表人物德沃金指出:"当法律工作者就法律权利和义务(特别是疑难案件中最棘手的权利和义务)问题进行推理或辩论时,他们使用的标准不是规则,而是原则、政策和其他。"❷ 以此论点可知,司法政策不仅是法的重要组成部分,而且与法律规则具有同等地位的另一种法律规范,是基于法律曲折完善史而产生的一种法的内在构成要素。

最高人民法院根据国家的政策结合法院工作实际制定的工作方针、工作重点以及一个时期的审判工作方向形成司法政策,从形式上看属于第二形态的法,除了最高人民法院制定和公布的司法解释以外,司法政策主要表现为最高人民法院答复、通知、最高人民法院院长对审判工作的讲话、最高人民法院各主管副院长及庭长在全国性审判工作会议上的讲话、全国性审判业务会议纪要、最高人民法院的司法改革纲要、工作报告等非规范性法律文件的形式。❸ 从内容上看属于第三形态的法,司法政策根据社会政治经济发展需求灵活调整规制重点和方向,是国家政策在司法领域中的具体体现。有的司法政策是通过最高人民法院就个案请示作出答复的方式出现,具有很强的时效性与流变性。

二、司法政策与人的互动中产生价值

(1)司法实践活动是司法政策的价值源泉。司法政策的实践活动包括政策问题的认定、政策的制定、政策的实施和政策的评价等过程。具体来

---

❶ 卓泽渊:《法的价值论(第二版)》,法律出版社2006年版,第3页。
❷ 转引自李文杰:《法律原则、自由裁量与良法价值理念的构建》,R. Dworkin, Taking Rights Seriously, Revised Edition, Harvard University Press, 1978, p.45。
❸ 吴庆宝主编:《最高人民法院司法政策与指导案例》,法律出版社2011年版,第1页。

讲，一方面通过有关主体对有关司法政策内容的适用、执行和公民参与与服从司法政策的行为来实现，这是司法政策作用于人并使其指向人的需要的过程；二是人对司法政策的评判、反思、补正与变革，这是人作用于司法政策的过程。只有通过现实性的司法实践活动，才能使主体需要和客体属性处于价值关系中，并作为实践活动的固有内容，经过双向对象化生成价值。探究司法政策的价值所在，就要透过纷繁复杂的司法政策的决策、执行、变革过程，于其中提炼、确定和评价旨在主导司法政策的基本理念。

（2）司法政策的基本价值从属于法的价值。从学术角度考察，司法政策价值理论既难以从中国法的传统中找到概念的表述，也难以从当代西方法学理论中寻求可资借鉴的成分，但司法政策作为法的体系中的重要元素，其基本价值应从属于法的价值。法的价值一词在不同场合使用就有不同含义，通常有以下三种：第一，指法在发挥其社会作用的过程中能够保护和促进那些值得期冀、希求的或美好的事务。这就是法的目的价值。第二，指法本身所应当具有的某些品质和属性。即法的形式价值。第三，指法律所包含的价值评价标准。[1] 究其实，这三个层次的价值属性只是法的价值形成的基础和条件，因为价值都是相对于人而存在的，并且诸如生命、秩序等目标价值并不由法所独有，也可以由其他社会组织、社会制度、管理方法所共同期许和追求。

（3）司法政策的价值呈多元化。在实践基础上统一起来的司法政策价值，其表现形式是多种多样的。可以借助马斯洛的需要层次理论来分析。他认为人的基本需要至少为五种：生理需要、安全需要、友爱需要、尊重需要和自我实现的需要。因此尊重和维护安全、秩序、自由、平等、公正、效益等法的价值成为人的需求。任何社会、任何时代的价值都不是根植于一定社会、时代的物质和精神生活，从个体人来说，生命是首要价值；对社会人来说，秩序是首要价值；对人的发展来说，公正是首要价值。法的价值体系具有开放性和包容性，随时代的发展和社会主体需求的变化，不

---

[1] 刘佩韦："论法的和谐价值"，载《韶关学院学报》2008年第11期，第9页。

断增添如文明、和谐、幸福等新的价值元素,人的需求是多元的、多层次的,包含司法政策在内的法的价值也具有多元化、多层次性。

(4)司法政策的价值不同于司法政策的属性、功能、作用、意义。司法政策的价值是作为哲学一般的"价值"概念的下位概念。在哲学史上,自然主义价值观曾经把价值简单地归结为对象的客观属性,使价值的认识变成了功能分析,使价值的评价变成了功能比较,最后使价值论变成了认识论。❶ 属性、作用、功能、意义与价值是不同层次上的概念和范畴,只有成为人的超越指向的部分才属于价值范畴。就司法政策的价值而言,既不能以人的主体愿望、期许,也不能以其功能、作用为标准,而应是主体与客体之间的需求和满足相统一的效应关系。

如果对司法政策的本质作立体的多侧面多角度的透视,在一定历史范畴,司法政策作为阶级社会中超然存在的司法行为和司法措施,它是占统治、支配地位的阶级司法意志的表达;在一定社会范畴,它是有关法律权益的具体能动的反映;在一定科学范畴,它既是司法理论的具体化,又是司法实践的高度概括,因而是司法理论转化为现实的桥梁,是司法实践上升至法律理论的基点。

三、公正是法体系所蕴含的应有之义

一直以来,当人们谈到公正这个概念时,总认为它是一个非常抽象的概念和价值判断,实际上它包含着非常丰富和具体的内容,从某个角度而言,一部人类文明史或人类社会的发展史就是人类不断追求社会公平正义的历史。"法"在其最初产生时就含有公平正义之义。如中国法的古体字——"灋",从水,意为平之如水,象征公平。西方"法"的词源,即古罗马的"Jus",来自"正义"(justitia),"是正义之法(right law)意义上的法"。柏拉图在《理想国》中写道:"所以人们在彼此交往中既尝过不

---

❶ 华中箐、曹永森:"法律价值的再思考",载《江南社会学院学报》2002年第4期,第53页。

正义的甜头，又尝到过遭受不正义的苦头。两种味道都尝到了之后，那些专尝甜头不吃苦头的人，觉得最好大家成立契约：既不要得不正义之惠，也不要吃不正义之亏。打这时候起，他们中间才开始订法律立契约。他们把守法践约叫合法的、正义的，这就是正义的本质和起源。"❶柏拉图曾经说过："人在达到完美境界时，是最优秀的动物，然而一旦离开了法律和正义，他就是最恶劣的动物。"正义是法律所追求的内在价值之一，而法律，也正是正义实现和外化的重要载体，二者结合的目的和意义则恰恰就是为了人类自我在至善引导下的不断完善、有序发展和统一。❷

在英语翻译中，"justice"有翻译为公平的，也有翻译为正义的，"fair"也有译为公平、正义的；在汉语中公平较为侧重"同样情形同样对待"，正义更侧重于结果的合理性，在司法实践中公正被视为公平、正义的同义语。观察种种法的正义观还不难发现，较多经典作家采取了"价值"论证理路。换言之，他们的法律正义标准就是价值标准。但是，其价值标准具有取向上的偏好，因此没有统一的价值标准，也就没有统一的法律正义标准。归纳其基本类型有：（1）用秩序解释正义，如柏拉图持以秩序价值为核心内涵的正义观点，他在其《共和国》（*Republic*）一书中，提出"正义就是只做自己的事而不兼做别人的事"。即正义存在于社会有机体各个部分（阶级）间的和谐关系之中。（2）用平等解释正义，法国经济学家蒲鲁东是用平等解释正义，他认为正义就是"承认别人具有一种和我们平等的人格"。（3）用平等和公平解释正义。亚里士多德认为："按照一般的认识，正义是某种事物的平等（均等）观念。"（4）用自由解释正义。博登海默曾认为"整个法律和正义的哲学就是以自由观念为核心而建构起来的"。（5）用自由和平等解释正义。苏格兰哲学家威廉·索利是将自由和平等两种价值结合起来解释正义的代表。他指出自由和平等很容易发生对

---

❶ 转引自佚名："通过法律实现公平"，载 http://www.lun98.com/free_info2.asp?id=2634，2012 年 1 月 15 日访问。

❷ 胡洋、胡明炬："法律与矫正正义"，载中山大学法学院网站，2012 年 1 月 27 日访问。

立，因为自由的扩大并不一定会增进人与人之间的平等，如果不为平等和自由在社会组织规划中安置一个位子，就不可能提出一项令人满意的正义原则。(6)用自由、平等和公平解释正义。美国法哲学家、伦理学家罗尔斯的著作《正义论》(1971年)及其后的《作为公平的正义》(2001年)，系统展示了其正义理论。他把正义理解为"作为公平的正义"，其正义理论渗透了自由、平等和公平三种价值要素。(7)用安全解释正义。托马斯·霍布斯的法律哲学就是典型范例。霍布斯认为保护生命、财产和契约的安全，构成法律有序化的最为重要的任务，自由和平等则应当服从这一崇高的政治活动的目标。(8)用效率解释正义。英国著名经济学家和伦理学家斯密是用效率解释正义的典型代表。波斯纳在《法律经济方法》的文章中，提出了"效率与正义是同义词"的观点，宣称"正义的第二种意义，简单地说来，就是效率"。[1]

由以上分析可以得到一个结论：公正与自由、平等、安全、公平、效率等价值之间的关系问题是抽象概念与具体标准之间的关系，在逻辑学上属于上位概念与下位概念的关系，即法的公正价值对作为公正标准的价值如自由、平等、安全、公平、效率具有包容性。在司法实践中公正被视为公平、正义的同义语，在分析司法政策的价值时我们把公正视为公平正义的统称。

第二节　公正价值观的历史考察

要弄清司法政策的公正价值的内在含义，必须将司法政策纳入法的体系中，对法的公正价值作一般分析，还要对法的公正价值观与社会发展、民族传统的关系问题作深入分析，这是由法的公正价值观作为一种社会观念形态所具有的特殊复杂性决定的，是对公正价值问题进行研究过程中不

---

[1] 胡启忠："法律正义与法律价值之关系辨正"，载 http：www.legaldaily.com.cn/Frontier_of_law/con，2012年1月25日访问。

容回避的问题之一。

一、公正价值观具有历史性

法的公正价值观在随着法律的产生而产生以来,不但随着社会发展而发展,而且必将随着人们在实践中所取得的科学认识水平的提高而不断进步,下面以西方法律价值观的历史发展轨迹为例来阐述。

(1) 古希腊的古代正义论的法律价值观。古希腊是西方法律思想的发源地,当时的思想家们如德谟克利特、柏拉图、亚里士多德等均对法律价值提出了自己的观点,这一时期占统治地位的法律价值观是正义论的法律价值观。所谓正义论法律价值观,就是把法律和正义紧密地联系起来,把法律作为实现正义的一种手段,而法律价值则正在于它能帮助人们实现正义。由于古希腊奴隶制社会的经济是一种自给自足的自然经济,而自然经济又最易产生安贫乐道、崇尚自然正义的文化意识,这就进一步强化了古希腊人的自然主义政治法律意识。既然人类、社会都是自然创造的,这就决定了人们都应据自然而行事,亦即据正义、理性而行事。但如果在生活中有人偏要做"共同法律惯常禁止的事情",那么就得由人定的法律来进行制裁了。由此看来,人定的法律只是对那"共同法律"(自然或正义)的补充,是实现"共同法律"的一种手段。因此,法律价值就在于它是正义的体现,是实现正义的一种手段。这样,就形成了具有古希腊特色的古代正义论法律价值观。[1]

(2) 欧洲中世纪封建社会的神学正义论法律价值观。欧洲中世纪封建社会是一个以教会为中心的社会,其经济特点仍然是自给自足,经济组织形式是封建的庄园经济;而政治特点则是神权与王权紧密结合,基督教会利用宗教把世俗国家政权神圣化。神学统治着整个社会,法律也莫能例外。于是,就给产生于古希腊的自然正义论赋予了神学的色彩,从而神便是正

---

[1] 杜进华:"论法律的价值观——法律价值问题再研究系列论文之二",载《学习与探究》1994年第4期,第91页。

义的化身，正义也就是神的意志。这样，古希腊的自然正义论法律价值观也就演变成了适应于欧洲中世纪封建社会要求的神学正义论法律价值观。以奥古斯丁和阿奎那为代表的中世纪神学政治法律思想家们的法律价值观既是对古希腊正义论法律价值观的继承，又是对它的扬弃和发展。所谓的"继承"，主要表现在，这两种法律价值观都是把法律与正义联系在一起来考察法律价值的，认为法律价值就在于它是实现正义的手段。所谓的"扬弃和发展"，主要体现在：①古希腊的自然正义论是建立在世俗基础之上的，他们所讲的正义要么导源于人类理性，要么导源于自然。而中世纪的神学正义论则是建立在神学基础之上的，他们所说的正义，不论是正义的观念还是正义的事实都来源于全知全能的上帝的有意安排；②古希腊政治法律思想家们在论述法律价值时所讲的法律，主要是指人定法而言的。而欧洲中世纪政治法律思想家们首先强调永恒法，论述那无所不在的上帝的万能安排——永恒法之价值，然后才论述其他法律之价值。❶

（3）自由资本主义社会的古典自然法的正义论法律价值观。古典自然法是西方政治法律思想史上的一个重要流派，古典自然法的法律价值观是与资本主义社会发展状况相适应的。在反对专制、特权、暴政和追求自由、平等、博爱的资产阶级革命口号下，古典自然法便应运而生。这种自然法思想主要包括两方面的内容：①认为诸如自由、平等、民主等"天赋人权"本身就是不可改变；②认为国家制定的实在法本身就是根据自然法而来的，是自然法的客观表现形式，其价值就在于保证实现自然法所规定的权利。古典自然法的法律价值观也是一种正义论的法律价值观。自然法是由理性所发布的命令，或者它本身就是理性。所以自然法的价值就必然表现为它是实现人类理性要求的一种手段；而人定法的价值则在于它是实现自然法要求的手段，归根结底也就是实现人类理性要求的工具。人类理性，在古典自然法理论中，是判断一切事物正义与否的最后标准，是正义，是

---

❶ 杜进华："论法律的价值观—法律价值问题再研究系列论文之二"，载《学习与探究》1994年第4期，第94页。

最高的善。正是在这个意义上，法律价值真正构成了实现正义的一种工具，从而体现了古典自然法的法律价值观与古希腊正义论和中世纪神学正义论的法律价值观之间的某种联系。❶ 后续的实证主义法学派把法律的存在与法律的价值断然割裂开来，从根本上抹杀了合理法律与不合理的法律的原则区别，"恶法亦法""有用的都是有价值的"，实用主义在法律价值观上的这一推演必然受到批判。

（4）当代资本主义社会的"自由、平等、博爱"基本价值观。无论是18～19世纪工业革命后的资本主义社会的功利主义法律价值观，还是19世纪末20世纪上半叶垄断资本主义社会的实证法的法律价值观，抑或此后的当代资本主义社会，在法律价值观上均呈现多元化、多层次的特征。功利主义法律价值观认为法律的职责在于保证实现"最大多数人的最大幸福"，不同的法律部门在帮助实现功利主义原则的过程中所具有的价值是各不相同的。比如，民法帮助实现功利主义原则的价值主要表现为生存、平等、富裕、安全等四方面。实证法的法律价值观强调运用自然科学的方法研究法律，把法律当成一种单纯的社会事实，研究它们共同的概念、原则、各种概念和原则之间的关系，由于不研究法律与正义、法律与道德的关系，结果造成了"恶法亦法"观点的流行。以富勒为杰出代表的新自然法学派的法律价值观等新学派不断产生，重塑正义理念，丰富了法的价值内容。而在当代西方，美国哲学家约翰·罗尔斯的正义论则是"在分析理性的基础上恢复或重构康德理性主义规范伦理学"，"让人们重温西方现代化奠基时代早已确立起来的基本价值学说，即以'自由、平等、博爱'为核心精神的自由主义"。在罗尔斯看来，所有的社会基本价值如自由和机会、收入和财富、自尊的基础都要平等分配，除非对其中一种或所有价值的一种不平等分配合乎每一个人的利益，这就是他的"一般的正义观"。❷

由此可见，在西方社会的不同发展时期，其法律价值观有着明显的不

---

❶ 杜进华："论法律的价值观—法律价值问题再研究系列论文之二"，载《学习与探究》1994年第4期，第93页。

❷ 谢望原："作为刑罚价值的正义"，载法律教育网，2012年1月25日访问。

同，包括古典自然法的正义论法律价值观和中世纪神学正义论的法律价值观之间也有着很大差异，原因在于他们代表着不同的阶级利益，而这就进一步证明了这些不同流派的法律价值观都是各自时代的产物。

二、公正价值观具有民族性

任何法律体系总是在一定的民族中形成并与自己的民族传统密不可分的，各个民族的传统包括民族文化、民族心理、民族的思维方式、生活方式和风俗习惯等存在的差异，由此也产生了中华法系、印度法系、伊斯兰法系、大陆法系、英美法系世界五大法系，不同的法系有着不同特点的价值观念，下面以中华法系的价值观演进过程为例进行阐释。

（1）上古时期奴隶社会"法权神授"的正义观。夏朝是中国国家和法律的形成时期，法律中的主要成分是带有原始社会痕迹的习惯法，起源于祭祀习俗的礼和早期的刑已经出现，同时产生了神权法观念，君权神授，天子的意志便是权威与正义，人们对于自然与命运的敬畏成了解释正义的基础。古语"抬头一尺有王法，举头三尺有神明"，古代司法官最早采用的审判方法就是借助神明的力量来裁判案件，象征司法正义和权威的神兽——独角兽是神明裁判方法的标志。❶ 神明裁判以"天道"观念和阴阳学说为哲学基础，在人们的法律价值观念中神明成了神圣不可侵犯的偶像。商朝时奴隶制法制有了较大发展，墨、劓、刖（剕）、宫、大辟的奴隶制五刑基本定型，神权法思想发展到了顶峰。西周时期的奴隶制法律已趋于完备，奠定了古代法制的基础。"敬天保民""明德慎罚"的观念动摇了神权法的基础，并成为法制的指导思想。

（2）中古时期封建社会法律儒家化的正义观。有人考证，中国"正义"一词最早可能出自先秦儒家思想家荀子，《荀子·儒效》云："不学

---

❶ 杨凯："寻找从现实生活出发的民商事裁判方法"，载《法律适用》2012年第1期。

问，无正义，以富利为隆，是俗人也。"❶ 在中国"正"有正中、不偏斜、正直、正当、作为主体等意思。"正"与"义"组合为"正义"时，"正义"一词通常是指公正的道理，现在是指符合于人民的道理。有时"义"也直接指"正义"。自春秋战国以来思想史中关于"义"与"利"长期争论中的"义"，就是通常讲的"正义"泛指道德。❷此后"汉承秦制"，汉朝法制奉行约法省刑、轻徭薄赋；汉武帝"罢黜百家、独尊儒术"后，先秦儒学糅合法家、道家和阴阳家等诸派学说形成的儒家学说成为指导中国法制发展的正统思想，真正开启了礼法结合、法律儒家化的进程，并在后来的两千多年时间里成为封建法制的理论基础和指导思想。这一时期以法律形式确认儒家"三纲五常"理论的效力，以儒家"德主刑辅"的思想来指导国家的立法和司法活动，"礼"作为一种制度安排，必须体现"中"的要求，也就是公平公正的理念，所谓"宽则得众，信则民任焉，敏则有功，公则说"，❸ 狄仁杰、包拯、纪晓岚等古代清官的历史传记，无不打上了人们渴求司法公正的印记。中华法系以礼法结合打造天理、国法、人情的协调统一，但法自君出、权高于法，按照孟子等儒家提倡的"顺其天命，安其位"，"其命，其位"就是天生注定的，就是等级社会的差等公正，法的泛道德化也导致中国缺乏民主的政治传统。

（3）近代半殖民地半封建社会的民主法治思想的传播。清末北洋南京国民政府，开启了中国法制现代化的进程，到 30 年代形成了六法体系，这一时期法律变革始终围绕着政治的目标展开，无论是清末的法律改革，还是维新派主张引入西方的法律、资产阶级革命派的法律实践，其根本目的在于实现中华民族的富强，法律仅仅是手段、工具而已。新民主主义革命

---

❶ 《荀子·荣辱》，转引自吕世伦、文正邦主编：《法哲学论》，中国人民大学出版社 1999 年版，第 468 页。

❷ 转引自胡启忠："法律正义与法律价值之关系辩正"，载《河北法学》2010 年第 3 期。

❸ 转引自贾陆英："胡总书记强调坚持社会公平正义意义深远"中《论语·尧曰》，载 http://blog.gmw.cn/35551，2012 年 1 月 26 日访问。

时期，中国共产党在革命根据地以马克思主义的国家观和法律观为指导进行了一系列的立法和法律实践，为新中国成立后社会主义法制建设留下了丰富的经验和教训。等级制瓦解后，伴随着近现代法制体系的建立，一系列体现人类进步的法律原则逐渐被传播和认识，如人权、自由、平等、宪政、法治、司法独立等，近现代法律的精神开始进入中国人的生活，公正被赋予了时代特色，尽管这一历程异常艰辛。

（4）当前社会转型期的司法公正核心价值观。新中国成立之初，一方面根据马克思主义关于砸烂旧国家机器的理论废除了国民党政权的"六法全书"，另一方面由于时间、条件、立法经验的限制，新的法律不可能一下子全部制定出来。在这种情况下，党和政府更多地依靠政策而不是法律来解决社会公平问题。党的十一届三中全会以后，以邓小平为代表的党和国家领导人认识到法制的重要性，强调要在大幅度提高社会生产力的同时，改革和完善社会主义的经济制度和政治制度，发展高度的社会主义民主和完备的社会主义法制。当前中国正在经历一场深刻的社会转型，面对社会经济发展对法的大量需求，概括、提炼具有典型特征与稳定内涵的法的价值属性、价值标准，通过价值理念的重建巩固人民对现代司法公正的信任，乃是当今时代的急迫任务。党的"十七大"报告提出："深化司法体制改革，优化司法职权配置，规范司法行为，建设公正高效权威的社会主义司法制度，保证审判机关、检察机关依法独立公正地行使审判权、检察权。"原最高人民法院院长王胜俊提出"公正、廉洁、为民"作为人民法官的核心价值，这其中公正是灵魂，廉洁是基石，为民是主旨，三者形成有机联系的统一体，深刻体现了中国司法机关对于司法价值形态的理性认知，凝聚了人们对于司法价值属性之共识，引导司法机关将司法公正的执着追求不仅外在于司法审判活动的伦理准则，而且内化于法律思维之中，成为指引正确适用法律的基本要素。

回眸中华法系的发展，民族传统与法律价值观之间是有着密切关系的。无论是东方还是西方，古典价值中占据主流的都是差等分配，在儒家中可以看到对于差等正义的淋漓尽致的论证与赞誉，而且与像柏拉图那样的古典差等正义倡导者相比，儒家的思想在历史中发挥过非常现实的和持久的效应。❶ 法律价值观作为社会发展的产物，它标志着一定社会的某种法律价值取向。在重构适合时代要求的法律价值观时，应正视古典性价值与现代性价值之间的差异，既不能把现代法律价值观与民族文化和传统割裂对立起来，也不能因为要保持民族传统而陷于固守民族文化与传统的僵化之中。

第三节 公正价值是司法政策的精神内核

司法政策的制定与出台，相应的价值也就由制定者所赋予并蕴含在规范之中，司法政策的实施则是将公正价值转化为社会现实的过程和结果。

一、司法政策规定权利义务分配正义

分配正义是一种关于资源分配的理性价值，而立法活动是国家对社会资源进行分配、组合的计划预设。法律总是通过正式的抽象规则来确定人们之间的权利义务关系，法律把权利和义务换算成类似商品一样的可计算的单位，这样法律就保证了规则的抽象平等。❷"正义"这种价值，虽然涉及财物，但其目标并非"增加"或"最大化"，而是各种社会成分之间的适当的边界或"度"。❸ 法对权利的规定不仅包括对权利内容的规定，而且包括对权利性质、范围、享有条件和实现方式的规定。如果权利人违背了权利的性质、超过了权利的范围，不具备权利的享有条件而享有了权利或者不采取适当的实现方式行使权利，权利就会被滥用，就会在权利的行使

---

❶ 包利民："分配正义的政治伦理比较：礼义差等与契约平等"，载《社会科学战线》2001年第3期。

❷ 高文盛："后现代法学思潮的正义观对司法公正的启示"，载 http：wenku.baidu.com/view/4dfb18b069dc5022aaea，2012年1月27日访问。

❸ 包利民："分配正义的政治伦理比较：礼义差等与契约平等"，载《社会科学战线》2001年第3期。

上出现不公正❶。

从各国实践来看，司法适用、司法解释历来被认为是对立法的补充，即所谓的空隙立法。❷ 法律是相对静止稳定的，无论是什么法律，"一经制定便落后于现实"的情况是任何人都改变不了的，短期内的司法政策对立法不完善之处进行补充和调整，在一定程度上弥补了社会快速发展对法律规则的需求。而且随着社会的发展，新型案件、复杂案件层出不穷，再完美的法律也难以涵盖所有纠纷，如果局限于法律规定就难以有效、及时解决矛盾和纠纷，甚至可能出现面对新型案件而法律没有明确规范的情况，司法政策可以起到弥补法律漏洞、为滞后法律赋予新意的作用，使法官可以在司法政策中"找法"，保持了法律的连续性和稳定性。填补法律空缺丰富法律内涵，在普通法系国家，在普通法领域，绝大多数法律都是法官创制的，并通过法官改造或者发展的；在制定法领域，自马歇尔以来，其含义之确定就断然是（尽管不只属于）法院的领地和责任。❸ 法院是保障社会正义的最后一道防线，在行政权力不能再主导市场经济生活的今天，法院以前所未有的强度和深度进入社会经济和其他社会关系的调整过程中。

二、司法政策细化权利义务矫正正义

在《尼各马可伦理学》中，亚里士多德谈到了矫正的正义。矫正的正义更侧重于一定的公平和平等：它把当事人双方看做是平等的，即 $A = B$，而在一定的损害行为发生后，例如一人打了或杀了另一人，在一定的法益侵害下，则变成了 $A + C$ 和 $B - C$，此时，作为裁判者的法律就要"通过剥夺行为者的得求使他受到损失"，使 $(A + C) - C = (B - C) + C$，也就

---

❶ 卓泽渊：《法的价值论（第二版）》，法律出版社 2006 年版，第 443 页。
❷ 苏力：《送法下乡——中国基层司法制度研究》，北京大学出版社 2011 年版，第 3 页。
❸ 转引自苏力：《送法下乡——中国基层司法制度研究》，北京大学出版社 2011 年版，第 3 页，Marbury v. madison, 1 Cranch137（1803）。

是从而实现了一种矫正的正义。❶ "一般原则不能决定具体案件",❷ 司法政策作用相对于法的矫正功能更多地体现为对矫正正义内容的丰富和细化。最高人民法院2003年12月29日公布《关于审理人身损害赔偿案件适用法律若干问题的解释》之前,对人身损害赔偿的范围和计算标准没有统一的规范可以遵循,导致司法实践中故意伤害、人身损害赔偿等民事、刑事案件涉及赔偿均适用道路交通事故赔偿标准,甚至同一起交通事故造成的损害也因户籍、居住地等原因采用的赔偿不同,混乱的标准带给法官宽泛的自由裁量权,法出多门、差异悬殊使受害人的合法权益得不到充分的保障。此司法解释为人身损害赔偿标准提供了透明、公正、细致的规则,是最高人民法院以司法政策矫正社会正义的重要举措。矫正正义的功能在于通过在当事人间对程序权利资源进行分配,对资源分配过程中出现的动荡与矛盾进行纠错,从而影响实体正义的实现。相对分配正义而言,矫正正义是一种事后救济的正义。

三、司法政策纠偏弥补迟延公正

曾在网络热炒的"齐二药厂假药案唯一幸存者不治身亡"的新闻,唯一的幸存者没有等来法院的判决就遗憾地去了,舆论用"与幸存者一起离去的还有司法公正"的评论来直击司法效率低下的弊端。英国有句流行的法律格言"迟到的正义就是非正义"。泛指的正义是无所谓迟到、早退与抢跑、滞留的,但是司法的正义就可能如此。它不仅会违规出勤,甚至还会有"缺席"等不良不端的行为。如果在司法的正义里继续打量,在更多的方向里推测,也并非不存在着司法的"抢跑的正义"与"滞留的正义"这样的异端,这应该是一类"不合时宜的正义",或者说也是"师出无名

---

❶ 胡洋、胡明炬:"法律与矫正正义",载中山大学法学院网站,2012年1月27日访问。

❷ 转引自苏力:《送法下乡——中国基层司法制度研究》,北京大学出版社2011年版,第2页,Lochner v. new york,198us(1905)。

的正义",亦可归入"犯规的正义"。❶

公正应当是个外部标准,是对于立法、司法的考量,而效率可作为内部的标准,是衡量法律制度运作的标准,不合时宜的正义使人们实现公正的信心受到了削弱。这就要求司法制度的设计和司法活动在维护实体公正时,还要更多地从人本思想出发考虑程序正义,避免效益的丧失、无尽的讼累。入选"2011年度最高人民法院十大司法政策"之一的《最高人民法院关于审理政府信息公开行政案件若干问题的规定》,该规定鉴于实践中公民权利相对于公权力来说往往处于弱势,特别是在政府信息公开方面,这种信息占有的不对称更加突出的问题,该规定明确因向行政机关申请获取政府信息被拒绝等5种情况提起诉讼法院应当受理,在举证责任分配问题上突出了对行政相对一方的倾斜,以求得实质上的平衡。如被告拒绝向原告提供政府信息的,应当对拒绝的根据以及履行法定告知和说明理由义务的情况举证;因公共利益决定公开涉及商业秘密、个人隐私政府信息的,被告应当对认定公共利益以及不公开可能对公共利益造成重大影响的理由进行举证和说明;被告主张政府信息不存在,原告能够提供该政府信息系由被告制作或者保存的相关线索的,可以申请人民法院调取证据;等等。该规定通过细化统一诉讼规则,合理分配举证责任,以提高诉讼效率,助推政府信息公开。

四、司法政策关注覆盖边缘公正

法律作为规则体系,其中心地带的规范含义是清楚的,但却是不能完全覆盖所有经济社会领域的,而且还存在规范含义模糊的边缘地带,司法政策成为司法活动可资利用的重要因素。如立法对管制犯、缓刑犯的监管问题规定得比较原则,在司法实践中操作较为不便。最高人民法院、最高人民检察院、公安部、司法部于2011年4月28日联合出台了《关于对判处管制、宣告缓刑的犯罪分子适用禁止令有关问题的规定》,规定判令在

---

❶ 李文:"司法的正义",载《人民法院报》2011年8月26日第5版。

管制或者缓刑期间不得从事特定活动,不得进入特定区域或场所,不得接触特定的人。明确禁止令不是一种新的刑罚,而是对管制犯、缓刑犯具体执行监管措施的革新,要求对符合判处管制、适用缓刑条件的,要依法判处、适用禁止令。司法活动是依据规则解决具体纠纷的活动,司法公正天然地和每一个当事人的主观感受联系在一起,这启发我们关注弱者的公正,必须对那些处于社会底层、缺乏最起码的诉讼能力与经济能力的当事人进行必要的司法援助,以避免某些弱势社会群体在司法过程中"失语"乃至被"边缘化"。❶ 2003 年 12 月 2 日最高人民法院《关于落实 23 项司法为民具体措施的指导意见》中要求对于被告人是盲、聋、哑人或者限制行为能力的人,开庭审理时不满 18 周岁的未成年人,可能被判处死刑的人,没有委托辩护人的,人民法院应当为其指定辩护人。对于被告人符合当地政府规定的经济困难标准或者本人确无经济来源的,被告人家庭经济状况无法查明,且其家属经多次劝说仍不愿为其承担辩护律师费用或者共同犯罪案件中其他被告人已委托辩护人的,被告人具有外国国籍的,案件有重大社会影响的,在没有委托辩护人的情形下,人民法院认为起诉意见和移送的案件证据材料可能影响正确定罪量刑的,可以为其指定辩护人。这 23 项措施包括从诉讼风险告知、立案、调解、信访、申诉、减轻诉累、司法援助、保护刑事被告及其他当事人合法权益等诉讼的各个领域中与人民群众利益密切相关的事项,通过法律援助和个案辅导保障弱势群体在诉讼中享有平等地位,维护了司法公正。

五、司法政策积极回应社会需求实现公正的动态平衡

法律一旦制定并实施就成为调节利益关系的基本规则,其独立地位使其制定及实施具有严肃性。而司法政策是一个处于动态发展过程中的实践性课题,古往今来,历朝历代的统治阶级治国理政都有与当时的政治、经济、文化等因素相适应的司法政策。如"刑罚时轻时重"即是中国古代社

---

❶ 苗鑫:"和谐社会的司法追求",载北京法律信息网,2012 年 1 月 27 日访问。

会根据具体政治情况、社会环境等因素决定刑罚的宽严轻重,其标准是"刑新国,用轻典;刑平国,用中典;刑乱国,用重典"。

当前社会主义和谐社会的建设强调刑法调控力度科学,社会稳定而富有活力,"宽严相济"刑事政策是我国现阶段社会转型期惩治与预防犯罪的基本刑事政策,目的就是将有限的司法资源集中在处理严重危害社会秩序、破坏社会安定、侵犯合法权益的犯罪上。如2010年幼儿园惨案频发:3月23日"福建南平案"、4月12日"广西合浦案"、4月28日"广东雷州案"、4月29日"江苏泰兴案"、4月30日"山东潍坊案",等等。中国人民公安大学的李玫瑾教授针对这连续发生的五起以幼儿园为侵害对象的突发性、集聚性恶性案件指出,有些犯罪在特定时期往往具有"传染性"。这里的"传染"当然不是医学上的概念,而是犯罪学抑或社会学上的范畴,指的是某种犯罪行为的始作俑者采取一种新的犯罪方式、使用新的犯罪手段、侵害特殊的法益,以引起足够的社会关注或者满足行为者内心扭曲的动机,这种新式的犯罪形态能吸引其他类似内心需要宣泄的行为人进行模仿。❶ 对于此类性质恶劣、严重侵害法益且不可恢复、民怨极大的犯罪,应该发挥"宽严相济"刑事政策的基本功能从严从快惩处。

"宽严相济"的刑事司法政策在本质上是一种功利主义的社会防卫政策,对于庞杂的犯罪案件的处理应该有所区分,该宽则宽,该严则严。对于某些性质轻微、侵权结果不大且通过一定补救措施能够恢复的犯罪行为要坚持从宽标准。

六、司法政策统一裁判尺度促进司法公正

在普通法系的法律体系中,法庭对个案作出的判决被视为法律的正式渊源之一,上级法院判决形成的先例为下级法院裁判的标准,各个不同法院严格而谨慎地遵守先例造就了法律规则的统一适用。我国是以成文法为

---

❶ 庄绪龙:"幼儿园惨案与刑事司法政策的适用反思",载北大法律信息网,2012年1月26日访问。

主的国家，在没有判例法的约束下，司法政策的宏观性、前瞻性发挥了统一裁判尺度的作用，司法政策可以快速灵活地反映社会发展对法律调整提出的不同要求，不仅考虑立法时的社会价值标准，而且从保持法律的稳定性和连续性角度出发，及时确立合乎社会需要及发展的法律规范，弱化了成文法抽象的表述和严谨的结构带来不易理解和把握的问题。司法政策还为成文法预留的法官自由裁量空间设定了限度。

司法政策一经颁布，司法机关在适用法律的同时将考虑政策需求，虽然在裁判文书中没有直接引用司法政策的有关内容，但法官在司法审判中已经无形中进行了司法政策的权衡和考量。尤其是在出现法律规定不明确或者部门法规定出现冲突时，甚至是法律规定出现不合理之处时，司法政策的协调性可以调整法律偏颇，形成公平正义的价值标准，成为法官裁判案件时的明确判断标准。裁判尺度的统一维护了法律的权威，促进了司法公正。

第四节　司法政策实践公正价值的实证分析

对司法政策的公正价值进行探讨，就在于谋求公正价值的更好实现，公正价值也是在司法政策的实践中进行和完成的。下面择取市场经济条件下司法政策、转型期的合作性司法政策、和谐社会构建中的回应性司法政策对公正价值的具体实践进行分析。

一、市场经济条件下司法政策对公正价值的实践

1993年11月，党的十四届三中全会通过了《关于建立社会主义市场经济体制若干问题的决定》，从此社会主义市场经济体制的建立进入了全面性的推进阶段。与传统计划经济资源配置主要来源于计划和审批不同，市场经济是指市场机制对社会资源的配置起基础性作用的经济体制，需要公平规则、可预见性的规则、具有普遍效力的规则、与国际惯例相协调的规则，因此市场经济又被称为法治经济。期货市场是市场经济的一个重要

组成部分，资本市场发展 20 年来，随着期货市场市场规模的扩大，最高人民法院专门针对证券期货市场发布了专项司法政策，其中《关于审理期货纠纷案件若干问题的规定（二）》入选 2011 年"十大司法政策"。现以期货司法政策变迁来分析公平价值在市场经济条件下的实践。

本书以人民法院内网→中国法律法规规章司法解释全库→最高人民法院颁布→司法解释为依据，选择关键词"期货"，共检索到符合条件的司法解释 8 条。具体内容如表 5-1 所示。

表 5-1 人民法院内网以"期货"为关键词检索结果

编号	标题	公布日期
1	最高人民法院印发《关于审理期货纠纷案件座谈会纪要》	1995.10.27
2	最高人民法院关于冻结、划拨证券或者期货交易所证券等级结算机构、证券经营或者期货经纪机构清算账户资金等问题的通知	1997.10.27
3	最高人民法院关于贯彻《关于冻结、划拨证券或者期货交易所证券等级结算机构、证券经营或者期货经纪机构清算账户资金等问题的通知》应注意的几个问题的紧急通知	1998.07.22
4	最高人民法院关于严格执行对证券或者期货交易机构的账号资金采取诉讼保全或者执行措施规定的通知	2001.07.17
5	最高人民法院关于审理期货纠纷案件若干问题的规定	2003.06.18
6	最高人民法院关于浦发期货经纪公司未按规定强制平仓是否承担责任问题请示的答复	2003.07.29
7	最高人民法院、最高人民检察院、公安部关于公安证券犯罪侦查局直属分局办理证券期货领域刑事案件适用刑事诉讼程序若干问题的通知	2005.02.28
8	最高人民法院关于审理期货纠纷案件若干问题的规定（二）	2010.12.31

从司法政策对期货市场调整进程来看：司法政策在期货市场的调整中不可或缺。目前我国尚没有任何一部法律、条例能够对投资者从开户到办理交割完毕的交易流程所产生的权利义务关系的民事法律责任做出详细界定，因此最高人民法院持续出台司法政策的目的就在于填补法律空白，通过出台司法解释、编发会议纪要，通过对审判实践中具体案例请示答复，使得人民法院审理期货纠纷案件具有充分的可供执行的司法政策依据。

1995 年《最高人民法院关于审理期货纠纷案件座谈会纪要》确定的"风险和利益相一致、过错和责任相一致"的原则，即在审理期货纠纷案件中与一般民商事案件一样归责,这对于期货合同的当事人是公平合理的。2003年的《关于审理期货纠纷案件若干问题的规定》明确期货交易是各个民事主体之间的经济活动,既然是参与市场竞争,民事主体居于同等法律地位,在平等的法律环境中进行竞争,必然要受到民法通则、合同法等加以调整和规范。此外还规定了交易所在交易和交割过程中的履约保证责任,以及交易所处理异常情况时采取紧急措施的免责条款,此规定坚持遵循市场规律、符合行业惯例及规则要求,维护了市场公平。2010年12月31日最高人民法院发布的《关于审理期货纠纷案件若干问题的规定(二)》对期货交易所履行职责案件的指定管辖、新的分级结算制度和有价证券充抵保证金制度下保证金诉讼保全和执行、新型结算财产结算担保金的特殊司法保护制度进行了明确规定,以确保资本市场在一个公平高效的司法环境下稳定健康发展。

由此可见,市场经济机制重在解决效率问题,而司法政策围绕公正价值制定市场经济条件下竞争主体平等的规则、健全公平正当的规则、完善公平合理的分配规则,以公正分配社会公共利益,弥补市场缺陷,防止社会两极分化,实现社会公正。公正是市场经济条件下司法政策的重要价值取向。

二、转型期的合作性司法政策对公正价值的实践

我国当前处于传统向现代的转型期,经济体制深刻变革、社会结构深刻变动、利益格局深刻调整、思想观念深刻变化,社会矛盾高发频发,传统司法机制无法满足社会的司法需求,导致一方面可能因诉讼的快捷忽视了当事人的合法权益,另一方面可能因固守程序引发诉讼迟延放纵了侵权行为。司法界为寻求新的司法途径和完善司法制度引入了合作性司法,合作性司法在司法实践中包括民事调解、刑事和解、行政和解、执行和解等多方面内容,尤其因刑事和解"以金钱换刑期""以金钱换缓刑"的表象挑战了传统司法中"罪刑法定、罪刑相适应"的刑法基本原则而备受人们关注。本书拟以刑事和解为例进行分析,因刑事和解制度的主要方式为调

解，故以人民法院内网→中国法律法规规章司法解释全库→最高人民法院颁布→司法解释为依据，选择关键词"调解"，共查到符合条件的刑事司法解释10条。具体内容见表5-2。

表5-2 人民法院内网以"调解"为关键词检索结果

编号	标　题	公布日期
1	最高人民法院印发《关于破坏军人婚姻罪的四个案件》的通知	1985.07.18
2	最高人民法院关于印发《全国法院维护农村稳定刑事审判工作座谈会纪要》的通知	1999.10.27
3	最高人民法院关于审理刑事附带民事诉讼案件有关问题的批复	2000.12.01
4	最高人民法院、最高人民检察院、公安部等关于严格依法及时办理危害生产安全刑事案件的通知	2008.06.06
5	最高人民法院、最高人民检察院、公安部、国土资源部关于在查处国土资源违法犯罪工作中加强协作配合的若干意见	2008.09.28
6	最高人民法院关于印发醉酒驾车犯罪法律适用问题指导意见及相关典型案例的通知	2009.09.11
7	最高人民法院印发《关于贯彻宽严相济刑事政策的若干意见》	2010.02.08
8	中央综治委预防青少年违法犯罪工作领导小组、最高人民法院、最高人民检察院等关于进一步建立和完善办理未成年人刑事案件配套工作体系的若干意见	2010.08.28
9	最高人民法院、最高人民检察院、公安部等关于加强协调配合积极推进量刑规范化改革的通知	2010.11.06
10	最高人民法院印发《关于充分发挥刑事审判职能作用深入推进社会矛盾化解的若干意见》的通知	2010.12.31

我国当前所面临的社会现实，包括我国的基本国情和正在经历的社会转型，这种特殊社会现实所导致的对公正价值的解读及实践是当前法的价值体系的重要来源。处在社会转型期首先应当承认司法资源与司法能力的有限性，在化解矛盾时应综合运用法律手段与政治行政手段。2010年12月31日最高人民法院印发《关于充分发挥刑事审判职能作用深入推进社会矛盾化解的若干意见》的通知，要求充分发挥刑事审判的依法审判与化解矛盾的能动作用，综合运用法律和政策等手段与教育和疏导等方法全力化解案件矛盾，促进社会和谐稳定。在司法实践方法上，在社会转型期必须十分注意"软性的"司法手段的运用，即多用调解、和解等协商性司法手

段，通过谅解与必要的妥协化解矛盾，解决纠纷，真正做到"案结事了"。❶ 表5-2中《关于贯彻宽严相济刑事政策的若干意见》强调转型期刑事司法的基本政策要求是：贯彻"抓大放小"的刑事政策，"时轻时重"的应对方法，以期"宽严相济"。《最高人民法院关于审理刑事附带民事诉讼案件有关问题的批复》明确对刑事附带民事赔偿部分可以依法进行调解。刑事和解作为一种刑事案件的解决方式，就是一种以协商合作形式恢复原有秩序的案件解决方式，它是指在刑事诉讼中，加害人以认罪、赔偿、道歉等形式与被害人达成和解后，国家司法机关对加害人免除刑事处罚或者从轻、减轻处罚的一种制度。❷

刑事和解作为我国刑事司法领域的一种新理念，体现了公正价值由潜在到现实的动态性。首先，人民法院组织被告人和被害人调解，意味着被告人和被害人的主观意愿在诉讼中得到了国家机关的尊重，强调了被告人与被害人在诉讼中的主体地位，完善了刑事诉讼中的利益表达机制。其次，被告人和被害人由"对抗"改变为"对话"，因为协商和沟通形成了交往正义，从心理上抚平被害人的创伤，感化了被告人的内心，弱化了社会冲突。再次，刑事和解提升了被告人和被害人对纠纷的自主处理度，经过协商达成共识的解决方案，将合情、合理、合法因素结合起来，利于在普遍公正的基础上进一步实现个案的相对公正。最后，是建立了利益均衡机制，被告人因受害人的谅解减少了刑期，被告人履行能力的增强使受害人的损害得到实质性赔偿，实现了司法的社会效果与法律效果的统一。

三、和谐社会构建中的回应性司法政策对公正价值的实践

国家管理社会的体制模式可以分为两种模式，一种是"能动型政府管理体制"，另一种是"回应型政府管理体制"。基于"能动型政府管理体

---

❶ 龙宗智："转型期的法治与司法政策"，载《法商研究》2007年第2期，第61页。
❷ 罗莉："浅析刑事和解"，载人民法院网，2012年1月28日访问。

制"的立场，国家追求特定的关于美好社会的理念并指引社会迈向可欲的方向，并因而形成干预主义的政治原则，能动型国家的法律不是源于市民社会并反映其惯例，而是更多源于国家政策，导致司法政策对国家政策的影随。❶ 执政党为完成一定的历史任务和执行一定路线会不断出台新政策，党的政策在实现自由、公正、秩序等价值目标的过程中，对司法活动同样具有深刻的影响，并且这种影响比法律规范来得更为直接。❷ 胡锦涛同志在"十七大"报告中提出，推动社会主义文化大发展大繁荣，建设社会主义核心价值体系，增强社会主义意识形态的吸引力和凝聚力，在法学界和司法实务界引起了极大反响。中共中央政法委员会确定依法治国、执法为民、公平正义、服务大局、党的领导作为社会主义法治理念五个方面的基本内容。其中依法治国是社会主义法治的核心内容；执法为民是社会主义法治的本质要求；公平正义是社会主义法治的价值追求；服务大局是社会主义法治的重要使命；党的领导是社会主义法治的根本保证。

司法政策时限性、机动性的特征是相对稳定的灵活与相对机动的结合，对于解决执政党新主张的流变性与法律的稳定性之间的冲突，实现党的政策与司法活动的良性互动有着重要意义。人民法院深刻认识法院文化与整个社会主义文化共生共融的内在特性，是中国特色社会主义先进文化的重要组成部分，是社会主义法治文化的重要内容，更加自觉主动地将法院文化建设纳入到法院整体中进行部署实践。为认真贯彻落实中央关于加强社会主义先进文化建设的要求，最高人民法院出台了《关于进一步加强人民法院文化建设的意见》，积极开展"人民法官为人民"主题实践活动，大力弘扬公正、廉洁、为民的司法核心价值观。

公正是司法活动的永恒主题，是法治文化的核心。2010年7月初，王胜俊院长在全国法院文化建设工作会议的讲话中明确法院文化是人民法院

---

❶ 张尚谦："'系统论'范式下的司法政策功能定位及其作用"，载《青年法苑》2011年第2期，第109页。
❷ 齐恩平、李超："党的政策、司法政策与民事司法嬗变"，载《学习论坛》2010年第26卷第12期。

在长期审判实践和管理活动中逐步形成的共同的价值观念、行为方式、制度规范以及相关物质表现的总称。法官作为法院文化的主体，公正是其最基本的良知和道德要求。在司法实践中要充分发挥司法职业道德建设对培育司法良知、塑造法官行为的重要作用，认真践行"为大局服务，为人民司法"的工作主题，不断强化对人民群众的深厚感情，坚持深入群众调查走访、开展巡回审判、送法到基层等举措，倡导法官提高把握社情民意的能力，以群众听得懂能接受的方式妥善处理案件，将司法为民思想贯穿于审判和执行的全过程。其次，公正价值观的指引要求法官具有法律至上的审判理念和超然中立的思维模式。坚持以事实为根据，以法律为准绳，做到实体公正和程序公正，着力实现法律效果、社会效果和政治效果的有机统一，牢固树立对法律的忠诚和对公平正义的信仰与追求。再次，法院文化对法官群体廉洁高效的行为规范要求是公正司法的底线。秉公执法、弘扬正气的司法廉洁文化，营造了廉荣贪耻的思想道德基础和文化氛围，有助于法官群体不断增强反腐倡廉意识，提高拒腐防变的能力，以维护司法公正。

第五节　制约司法政策公正价值的瓶颈及表现

司法政策中的公正价值也可以如同其他学科一样进行正价值、零价值和负价值的优劣评判。司法政策的制定追求更高的公正价值是一种理性选择。目前对司法政策的科学制定过程有待进一步研究，现实中仍存在制约司法政策公正价值的瓶颈，具体表现为以下情形。

一、少数司法政策所蕴含的公正价值难以被多元价值体系所认可

转型期中国法的价值体系主要由以下因素构成：法律移植而带来的外来法律价值，中国传统文化的法律价值，社会转型特别是市场经济建设中形成的新的法律传统和价值，还有中国当前特殊的国情决定的一些法律价值取向。这些因素之间有良性互动和动态均衡的一面，也常常存在着种种

冲突，主要表现为文化冲突，包括外来文化与传统文化的冲突、新传统与旧传统的冲突、基本国情所决定的特有法律价值与传统文化和外来文化的双重冲突等。❶ 如2011年12月21日公布的《最高人民法院关于民事诉讼证据的若干规定》通过庭前证据交换、举证时限等制度安排提倡"一步到庭""当庭宣判"，以程序公正固定法律事实保障司法公正。但有的案件当事人因为举证不能、超过诉讼时效等情形败诉，虽然裁判符合程序正义，但因挑战了社会公众和当事人最低限度的公正标准，形式正义导致实体正义的失落而遭到抵制，该规定对英美法系诉讼程序的移植遭到了中国传统文化下追求客观事实、实体公正的冲击，在实际操作中遇到很多障碍。

二、司法政策制定制度本身可能隐含着对公正价值权威的否定

中国的权力运作模式是行政主导型，司法显示出回应性特征，如金融危机背景下，最高人民法院出台了一系列司法文件，服务"保增长、保民生、保稳定"工作大局，展示了其积极司法的一面。全国人民代表大会常务委员会《关于加强法律解释工作的决议》规定，"凡属于法院审判工作中具体应用法律、法令的问题，由最高人民法院进行解释"，这说明着我国的司法解释类司法政策由最高人民法院统一集中行使。集中型模式的司法政策制定机制使司法政策极具权威性、广泛性，但应防止司法政策的功能异化，一方面司法政策的过度扩张可能导致司法政策介入政府行使宏观调控和管理职能，引发群体性诉讼及涉诉上访。另一方面频繁地制定和适用阶段性、临时性司法政策，可能让社会公众对司法政策的价值、作用及其权威性产生怀疑，从而阻碍社会公众法治观念的形成。

除最高人民法院的年度工作报告、公报等，以及党和国家领导人的有关讲话精神和文件外，司法政策的主要对象和内容载体是最高人民法院在不同历史时期颁布的"意见""规定""复函""解释""批复""答复"

---

❶ 黄家亮："混合型法律价值体系及其内在冲突——对转型期中国法律价值体系的社会学分析"，载《湘潭大学学报（哲学社会科学版）》2008年第32卷第5期。

"解答""通知""会议纪要"等。部分司法解释就个案的认识问题作出"批复""答复"等,这不仅与我国"二审终审"根本司法制度相悖,在价值多元的社会中存在着众多不同的阶层和利益团体,司法政策能否惠及社会所有阶层和利益团体,便上升为司法政策的公正立场问题;而且司法政策具有一定程度上的可变性,可能造成原来裁判变得无据可依甚至对立,进而影响司法公信力。

三、现有的司法政策价值理论研究对实践不具备指导性

从现有的普通高校法律专业教程来看,无论是李龙教授主编的《法理学》还是张文显教授主编的《法理学》,都没有对司法政策设立专章进行系统阐述。关于司法政策价值研究的文章也较少,在同方知网(北京)技术有限公司论文库中国知网搜索"司法政策",择取与此相关的10篇论文(见表5-3)。

表5-3 中国知网以"司法政策"为关键词搜索结果

编号	论文题目	作者
1	"系统论"范式下的司法政策功能定位及其运用	张尚谦
2	2008年以来人民法院司法政策实证研究——以最高人民法院司法解释为主要对象的分析	张大海
3	党的政策、司法政策与民事司法嬗变	齐恩平等
4	经济危机下的司法政策:以《合同法解释》(二)为分析视角	谈建俊等
5	论法律效果与社会效果的统一——一项基本司法政策的法理分析	孔祥俊
6	论司法政策在宏观调控中的障碍及其优化	冯磊
7	能动司法视野下的民事二审审查范围如何确定——司法政策的变迁对审判工作带来的影响	刘凤等
8	司法理性与司法国情:审判权功能之实证探究——以民事司法政策变迁为视角	郭建勇
9	司法政策与司法改革	曾令健
10	转型期的法治与司法政策	龙宗智

从上述论文来看,司法政策的概念、特征、分类等方面的研究已展开,但缺乏对司法政策制定过程中价值取向、逻辑步骤、操作性问题、评价标

准的研究。司法政策的理论研究与现实中的司法政策制定存在断层。

四、社会公众对司法政策的公正价值尚停留在感性认识上

司法政策的价值认同与法律的价值认同一样,有一个潜移默化的过程,对司法政策价值的认同才能带来对司法政策的信守。司法活动是法制化的生活事实,司法公正自然与每一个当事人对司法的感受、已有的经验评判联系在一起。如公众对债务人不履行法律义务常常能够保持宽容,而对法院依法采取强制执行措施却容易心生抵触。因为在公众的潜意识里,被执行人更多地被视为值得同情的弱者,而非藐视法律尊严、损害司法权威的违法者。❶ 透过近年来网络热炒的许霆、彭宇、邓玉娇、李刚等案件,我们可以清晰地看到网络舆情对司法裁决结果的影响及作用。司法追求的是法的公正价值,而社会公众、传媒表达的则是自身观念上的、道德意义上的公正。因此司法政策中尤其是答复类司法解释,应当将决策理由公之于众,主动寻求社会公众的理解与认同;保持司法政策的稳定性和连续性;注意司法政策的清理,以强化司法政策的公信力。

第六节 探寻公正价值在司法政策中的降解路径

一、司法政策关注特定语境的公正

当前每一个社会群体都有自己的公正价值观,公正以多元的、局部的多种方式存在,在法律无法兼顾的角落,司法政策应当关注弱势群体的利益、关注特定语境中的正义。一方面通过司法政策阐释复杂的专业化的法律程序和术语,疏通法律逻辑与生活逻辑的障碍,使法律的运作成为普通

---

❶ 李群星:《司法权威缺失的原因及对策分析》,系全国法院十八届学术讨论会三等奖论文。

民众能了解把握的知识，满足社会公众对法治常态化需求。另一方面把公正摆在主体诉求的基础之上进行思考，尤其是弱势群体的利益诉求。司法政策在价值设定与价值指向层面应能反映并代表社会不同阶层、利益团体的价值取向与偏好，满足社会公众的利益诉求，从而获得社会公众的理性认同。司法政策的公正价值通过一个个经验性的联系最直接、最有效地融入普通人的价值观和认知、评价体系之中。

二、加强司法政策理论研究与实践的对接

高价值的司法政策离不开科学的制度保障。首先，有必要从司法公正角度出发研究"如何制定高价值司法政策"的科学程式，为司法政策的制定提供目标、思路、程序和方法，形成司法政策研究与实践的资源整合，以减少司法政策制定的随意性和盲目性，提高其公正价值含量和社会公众的接受度。其次，建立司法政策反馈机制，透过纷繁复杂的司法政策现象，提炼、选择、界定和评价旨在主导一切司法政策的基本理念，就司法政策过程中的价值取向达成基本共识。再次，把握司法政策的"能动"与"克制"之间的平衡，减少司法政策的实用和功利需要各取所需的做法，尽量减少临时性、阶段性司法政策的制定，以维护司法政策的公正权威。

三、矫正和提高社会公众对公正价值的认识

根据法律价值体系内部不同性质的冲突，分别采取妥协和兼顾、加大宣传和动员的力度、强制推行、放任自流等策略，以维持法律系统内在平衡。❶ 充分体现法的价值体系是一个不断扩充、不断丰富的开放体系。明晰以客观事实为根据、以法律为准绳的司法公正，所追求的是法律之内的公正，让社会公众认识到程序公正与实体公正，法律事实与客观事实的价

---

❶ 黄家亮："混合型法律价值体系及其内在冲突——对转型期中国法律价值体系的社会学分析"，载《湘潭大学学报（哲学社会科学版）》2008年第5期。

值取向和现实意义，以及上述不同组合产生的诉讼结果，公正价值达成共识后，在化解矛盾时各方有了共同遵守的底线，利益趋于平衡，公正价值再次得以实现。在网络时代推行以公开促公正，容许不同的公正价值观进行博弈，得出一套比较客观的、主流的认识标准，提高社会公众对司法政策公正价值的认同度。

第六章　司法公正与法律适用

第一节　法律基本原则之维：寻求立法原旨与社会现实的统一

【典型案例类型1】在当前劳动争议类型案件的审理中大量出现交通肇事侵权损害赔偿与上班途中因交通事故工伤赔偿相竞合的案例，这些案例给我们提出一个损害事实能不能同时得到两个赔偿的难题。根据法理，一个损失只能得到一个填补性的损害赔偿，填补的方法是填平，而不是双倍赔偿。由于立法的缺失，加之最高法院关于损害赔偿的司法解释是单向的，并不能及于工伤待遇纠纷，各地中基层法院对此问题的理解不一致，因此，目前全国各地法院对于这种竞合赔偿案件有三种不同的判决方法：单项赔偿、双项赔偿、单项赔偿加部分内容双项赔偿。这是典型的同案不同判案例，这类案例体现的问题提示我们思考如何基于法律的基本原则来处理相同类型的案件。

　　过去法官适用法律往往是在具体的法律文本中寻找可对号入座的法条，法律适用的方法和过程非常简单，法官自由裁量的范围也非常小；当前法官面临的纠纷日益纷繁棘手，而立法速度也始终跟不上社会矛盾和纠纷的发展步伐，法律自身又常常因有漏洞或冲突而难以取舍、难以适用，法官不得不尝试多种方法理清法律的脉络，探索法律背后的意义，法官自由裁量权的空间也日益拓展。我们思考如何确保法官正当行使自由裁量权与统一法律适用问题，首先应当从立法的精神与社会现实的需要相统一的维度来展开。法律基本原则和法律精神不仅是统一法律适用基础，也是法官正当行使自由裁量权的戒律和基础，创造性地运用法律基本原则和法律精神来审理裁判案件是司法技能中的技术核心，这不仅是一种理念，也是一种实用的思维路径和方法。法官在理解法律基本原则内蕴法律精神的适应性基础上适用法律，以及在法律基本原则的基础上正当行使自由裁量权是法官在现代社会创造性司法的基本方法。

传统之中，主流的观念是将法律基本原则排除在法律体系之外，很少有法官在适用法律时认真考虑法律的基本原则。法官在裁判案件时能否适用法律基本原则，取决于法律基本原则是否具有法律效力。西方分析主义法学派代表人物哈特提出了"规则模式论"，将法律看作是一个规则的集合体，把法的要素全部归结为各种"规则"，而将"原则"等要素排除在外，是一种典型的"规则中心主义"。❶ 在规则中心主义理论框架下，法律基本原则被排除在法律体系之外，且没有法律效力，法官只能适用具体的条文，而不能适用法律基本原则。规则中心主义理论最大的缺陷是导致了"恶法亦法"的后果，使法官的法律适用只能囿于具体法条而无法拓展和创造。新分析法学派的规则中心主义理论受到了美国新自然法学派和社会法学派的批判。美国新自然法学派代表人物德沃金提出了"规则—原则—政策模式论"，他认为，法律除了规则成分之外，还包括原则和政策的成分，而且在疑难案件的处理过程中，后两种成分往往起着更重要的作用。❷ 而美国社会法学派代表人物庞德提出了"律令—技术—理想模式论"，他认为，如果把法律理解为一批据以作出司法或行政决定的权威性资料、根据和指示，那么，法律就是由律令、技术和理想三种要素或成分所组成。其中"律令成分"本身仅是"由各种规则、原则、说明概念的法令和规定标准的法令组成的"。❸ 庞德和德沃金所倡导的原则中心主义理论对哈特把

---

❶ 周佑勇：《行政法基本原则研究》，武汉大学出版社2005年版，第274~275页。
❷ 同上书，第274页。
❸ ［美］庞德著，沈宗灵等译：《通过法律的社会控制、法律的任务》，商务印书馆1984年版，第24页。

法的要素归结为规则的观点持批判态度，认为法律基本原则同样也是法的要素，德沃金甚至认为原则是比规则更重要的一种法律要素构成。原则中心主义理论将原则引入法律体系，使法律体系从一个在逻辑上和正当性上自立自足的体系转换到一个流动的、开放的体系。审视规则中心主义理论与原则中心主义理论，两者都有一定的缺陷。规则中心主义理论为了克服绝对自由裁量主义的弊端而产生，但它力图从司法过程中排除法官的自由裁量权，否定法官的自主创造性，使法律陷于僵化而不能满足社会生活的需要，使法官的司法过程毫无生气甚至压抑公正的需求。原则中心主义理论虽然克服了规则中心主义理论的不足，但因过分强调原则至上的权威，又可能忽视规则的权威，因赋予法官更多的自由裁量权而可能导致绝对自由裁量权的弊端重现。因此，我们应当正确认识引入法律基本原则的目的与价值。

法律基本原则的引入是人们为了摆脱"绝对自由裁量权"和"绝对严格规则主义"这两种极端的主张而寻求严格规则与自由裁量相结合之路。❶基本原则的引入一方面弥补了成文法规则的不足以应对法律适用的机变之需，另一方面承认了法官在法律适用上的自由裁量权，承认了法官适用法律的创造性和主观能动性。当规则无法适应法律适用需要时，隐居在幕后的法律基本原则便走到了前台。将法律基本原则引入法律体系之中，既是为了弥补成文规则之不足，也是为限缩自由裁量权；它既为司法能动性提供了依据，也为司法能动性界定了合理的范围。❷ 近几年来，各个法理学派几乎都将法律基本原则纳入法律体系之中，承认法律基本原则是法律的一部分，认为法律原则与法律规则一样具有法律效力。法律基本原则体现了立法的基本精神，是整部法律的精神之所在，应当与法律的具体条文共同构成完整的法律体系。只有把价值、形式、事实结合起来才是完整的法律，法官适用法律必须综合考虑法律的价值、形式和事实的统一。法律基

---

❶ 周佑勇：《行政法基本原则研究》，武汉大学出版社2005年版，第278页。
❷ 同上书，第279页。

本原则是法律价值的抽象与综合,是法律精神在法律中的外化,必须得到充分的理解与重视。

受规则中心主义理论的影响,法官在审理裁判案件时普遍将法律适用理解为法律条文的适用,法官在裁判文书中"认为"部分的说理也仅限于对制定法具体条文的解释与适用。就司法审判的现状而言,制定法的法律条文所调整的范围是有限的,而法律事件和纠纷却是无穷的,任何制定法都存在不周延性和局限性,都无法包含对所有讼争的对应性、适用性。一些法学家甚至戏称制定的成文法一经颁布就落后于现实需要。为了补救成文法天生的"落后"性,法官必须具备正确解释法律和弥补法律漏洞的司法技能。法官最重要的司法技术之一就是灵活运用法律基本原则,如何在审判中学会适用法律基本原则是法律适用的关键所在,也是正当行使自由裁量权的基础。法官应当能够根据法律基本原则以及其中蕴含的法律精神来推导案件事实,作出符合法律原则和精神的裁判,自由裁量权的行使也应当以法律的基本原则为基础。法律基本原则的引入为法官正确理解和解释法律提供了一条路径,运用法律原则来说理必然需要法理的延伸,需要对法条进行综合性和整合性解释。法官是否具有开拓创新精神,法官裁判案件是否能够并善于适用法律基本原则判案,是判断现代法官法律适用水平的重要标准。目前,我国法官运用法律原则裁判案件还存在一些问题,有一些缺陷。究其原因,主要有两点:(1)长期受规则中心主义理论的影响,法官的司法理念局限于简单的法条适用。(2)由于体制上的原因,法官思维长期受现行司法解释体制的禁锢,不知、不愿、不能发挥司法的创造性。我国法院体制的设置只将司法解释的权力赋予最高法院,而将个体法官在审理具体案件时的法律解释排除在外,最高法院垄断司法解释权,排除了地方法院和法官的司法解释权,使法律适用成为机械的逻辑三段论的一环,造成法官无法正当行使自由裁量权,这也是当前司法审判中同案不同判的根源之一。典型案例类型1现实处理结果中的同案不同判现象就是机械的逻辑三段论导致的,这种模式不符合现实需要,也违背了司法审判的运行规律,应当予以改变。

倡导法官对法律原则的适用能力，首先体现的是法官对法律精神的理解与解释的能力。法律解释包含三方面内容：（1）指确定法律规范内容，探求立法意图（包括立法者立法时的主观意图和法律本身所反映出的客观的立法目的与意图），说明法律规范的一种行为和过程；（2）指规定法律解释的主体、权限、程序、方式和效力等问题的独立解释制度；（3）指法律解释过程中作为技术所运用的一系列规则和方式。❶ 对法律基本原则的解释与适用实际上就是对立法意图的探求，法官寻找最佳法律规范的过程实际上也就是寻找法律精神与立法宗旨的最佳阐释的过程。司法中所说的法律解释，其最终目的不限于对法律（文本）的理解，或者说不是为理解而理解。法律解释者对某个法律文本进行解释，不只是限于理解该法律文本，而是要将该法律文本作为判决的准据，亦即为了解决具体案件即正确适用法律而理解。换言之，法律解释以法律适用为目的。❷ 法官适用法律应当对法律所蕴含的法律精神和立法意图有个整体把握，只有先弄清了法律条文和原则之中的法律精神才能更好地适用法律，才能在裁判中体现法律的精神，也才能在法律的基本原则之内正当行使法官自由裁量权。德沃金曾在其名著《法律帝国》中说道："法院是法律帝国的首都，法官是帝国的王侯。"❸ 这句至理名言道出了法官适用法律之重要。离开了法官的法律适用，法律是一纸空文，而法律非经解释不能适用。现行司法解释权力设置体制对法官解释法律权力的控制与限缩，导致法官适用法律的教条化与弱化，遇有疑难案件，无法正确解读。目前要完全改变这种状况尚需时日，特别是体制的问题还依赖于司法体制甚至政治结构的有效调整。但是，法官在法律适用和行使自由裁量权的过程中完全可以先行尝试通过对法律基本原则的解释与适用来提高法律适用能力。适用法律基本原则裁判对法官司法能力提出了挑战，这种法律适用方法完全可以作为法官能力培养的

---

❶ 陈金钊：《法治与法律方法》，山东人民出版社2003年版，第323页。
❷ 梁慧星：《民法解释学》，中国政法大学出版社1995年版，第201~202页。
❸ [美] 德沃金著，李常青译：《法律帝国》，中国大百科全书出版社1996年版，第361页。

良好开端。法官适用法律能力的提高与法律基本原则的适用应当形成一种良性互动关系,由此推动法律适用的统一。

法律基本原则系宪法的具体化、法律之抽象化,其在法律体系中并非仅仅只起宣示性作用,而是具有实在的法律拘束力量。法律基本原则的适用价值在于:首先,法律基本原则是法官进行法律解释的基本准则。法律解释的内容不得与立法的宗旨或基本原则,也即法律精神相违背。成文法的局限性是指法律基于其防范人性弱点的工具特质在取得其积极价值之同时不可避免地要付出的代价,是法律由于其技术上的特点不能完善地实现其目的的情况。法律局限性包括:不合目的性、不周延性、模糊性和滞后性。❶ 由于成文法的局限性,必须要求法官在适用法律的过程中通过法律解释的方法来加以弥补和矫正。所谓法律解释就是法官对法律精神和立法意图的阐明。德国法学家萨维尼曾对法律解释以高度评价,他说:"解释法律,系法律学之开端,并为其基础,系一项科学性之工作,但又为一种技能。"❷ 法律解释的方法多达十几种,包括文义解释、法意解释、扩张解释、限缩解释、当然解释、目的解释、合宪性解释、比较法解释、社会学解释等。如此众多的解释方法,法官在适用法律的时候究竟以哪一种解释方法为主呢?学者的认识并不一致。我们认为所有的解释方法都应当是在法律原则基础上的解释,都是体现法律精神和立法宗旨的解释。法律解释应当以法律基本原则所蕴含的法律价值为基准,法律解释应取向于价值,而这些价值则以法律原则的方法表现出来。❸ 以法律原则为标准,有助于法官正确认识法律的精神实质,准确理解立法的目的,从而减少法律解释超出合理界限的可能。其次,法律基本原则是法官补充法律漏洞的根据。相对于制定法,法律漏洞就是"制定法漏洞",即对于需要解决的法律问

---

❶ 徐国栋:《民法基本原则解释——成文法局限性之克服》,中国政法大学出版社2001年版,第176~182页。

❷ 梁慧星:《民法学说判例与立法研究》,法律出版社2003年版,第5~6页。转引自王泽鉴:《民法实例研习·基础理论》,第125页。

❸ 黄茂荣:《法学方法与现代民法》,中国政法大学出版社2001年版,第286页。

题,在制定法中通过法律解释来得到答案,而要对其是否有漏洞进行探讨;如果相对于"法",即把"法"思考为整个实证法,除制定法外还包括习惯法,那么在制定法和习惯法均不能提供答案的地方,才可能出现漏洞。❶对于"开放的"漏洞要用类推适用来填补,对于"隐藏的"漏洞要用目的论限缩来填补。❷法律原则以其极为弹性的规定授予运用者广泛的价值判断空间,实际上等于承认法官在必要的情况下有补充立法的权责。对法律漏洞的补充应当是法官适用法律原则的一项重要内容,法律漏洞的补充,是法律解释活动的继续,在性质上属于一种造法的尝试,而非立法活动。❸法律漏洞的填补方法大体上可以分为三种:(1)依习惯补充方法;(2)依法理补充方法;(3)依判例补充方法。其中依法理补充方法就是依据法律原则补充法律漏洞的方法。杨仁寿先生认为,所谓法理,指法律之原理,亦即由法律之根本精神演绎而得之法律一般原则。❹依法理补充方法即指法官必须以法律基本原则作为补充法律漏洞的工具。

综上所述,法律基本原则的适用是法官准确适用法律裁判案件的重要职业技能。正如丹宁勋爵在《法律的训诫》中引喻:"法官应该向自己提出这么个问题:如果立法者自己偶然遇到法律织物上的这种皱褶,他们会怎样把它弄平呢?很简单,法官必须像立法者们那样去做。一个法官绝不可以改变法律织物的编织材料,但是他可以,也应该把皱褶熨平。"而法律基本原则就是熨平这皱褶的"熨斗"。回到"典型案例类型1"的处理,应当依据民法公平原则确立统一的适用法律方法,即只能得到填平的补偿,而不能是双倍的赔偿,这样才是公平的判决,也只有依据法律的基本原则公平原则才能相对统一此类典型案例的法律适用方法。

---

❶ 孔祥俊:《法律规范冲突的选择适用与漏洞填补》,人民法院出版社2004年版,第362~363页。

❷ [德]卡尔·拉伦茨:《法学方法论》,商务印书馆2003年版,第258~272页。

❸ 梁慧星:《民法解释学》,中国政法大学出版社1995年版,第265页。

❹ 同上书,第270~271页。

第二节 法条整合解释之维：寻求法条
逻辑体系与法意的统一

【典型案例类型2】在实际生活中出现了较多的公民代理诉讼索酬类型的案例。民事诉讼法规定公民可以代理诉讼，律师法规定公民不得以代理牟取利益，司法行政管理规章也有条件限制公民代理诉讼。对没有律师资格的公民以个人名义代理诉讼是否能够收取报酬的争议案件，根据法律位阶的不同，不同法律之间，不同条文之间确有一定的冲突和矛盾，导致各地各级法院法官对此问题的理解各异。各中基层法院法官对此类案例的处理有三种判决结果：按合同约定给报酬、不给报酬、按照实际付出代理劳动适当给报酬。这也是同案不同判的典型案例类型，这类案例体现的法律适用问题提示我们思考如何整合各不同位阶的法律、法规来整体性解释法律的基本精神和原则，从而相对统一地适用法律。

对法条的整合理解是法官在适用法律的过程中经常用到的一种重要的思维路径和法律方法。法官常常会碰到这样的情况，不同的法律对同样问题有互相矛盾的规定，或同一部法律前后条文之间有明显冲突，或几部位阶相同或不同的法律对同一事实的法律适用都有不规则、不系统、不完整的表述，或既有法律，也有政策。此时法官适用法律就需要进行法条整合。所谓法条整合是指将不完整的、不规则的、不协调的法条整合为完整的、规则的、统一的可适用的法律规定。法条整合的目的在于清楚表述法律规定的主项和谓项，使之形成一个从形式十一看便知的完整逻辑规范，从而便于法官将案件法律事实与判断的主项法律要件进行比较，为适用法律做好准备。现行有效法律规范是一个由法律规则、法律原则和一般的法律思想及法理念构成的复杂"体系"。只是，这一"体系"并不是概念发现学所致力建构的那种封闭的、逻辑自足的体系，而是一个开放的体系。它在个案裁判中逐渐形成，并且内容被不断地具体化和填充。❶ 波斯纳法官认为现行法规范的开放结构虽然产生了疑难案件，但也正是由于法规范的这种开放性，才使得疑难案件得以解决。❷ 法、法规范的这种开放性决定了法官适用法律时需要发现法律。法律发现是指在某一特定的制度内用来发现与解决具体问题或在具体问题上确定与案件相关的法律原则、规则的意义而使用的方法。❸ 法律发现包含了法的整合技能，是法律方法之一种。法律方法是以某个特定的，在历史中逐渐形成的法秩序为基础及界限，借以探求法律问题之答案的学问，❹ 是法官在现行的法律规范群落之中寻找最佳法律规范的裁判方法。

法律规范的开放性构建了法条整合的逻辑性，当一个法条明确表述一项完整的法律规定时，我们不需要进行法条整合，只需直接适用。当一个法律条文表述多项法律规定时，就需要法官将拟适用于案件裁判的法律规定从中抽取出来，并按"主项、模态词、谓项"的逻辑结构进行整合。当一个法律条文虽然在形式上表述了一项法律规定，但实际上需要与其他相关法条整合之后才能构成一项完整的法律规定时，就需要法官在适用时将几个法条整合成具有完整逻辑结构的法律规定。当一个法律条文表述法律规定的主项，一个法律条文表述法律规定的谓项，则需要把两个条文整合起来才能构成一项完整的法律规定。当一部法律之中的法律条文表述法律规定的主项，而其他一部或几部法律中的法条表述法律规定的谓项，或一部法律条文虽然同时表述了一项法律规定的主、谓项，但实际上还是需要与其他法律中与其相关的法条整合之后才能构成一项完整的法律规定，则需要将不同法律中的条文进行整合构成逻辑结构完整的法律规定。

---

❶ 葛洪义：《法律方法与法律思维（第二辑）》，中国政法大学出版社2003年版，第115页。

❷ ［美］波斯纳著，苏力译：《法理学问题》，中国政法大学出版社2002年版，第54～59页。

❸ 陈金钊：《法治与法律方法》，山东人民出版社2003年版，第261页。

❹ ［德］卡尔·拉伦茨：《法学方法论》，商务印书馆2003年版，第19页。

从法官完成对案件事实的认定以后,法官就开始适用法律的过程。法官适用的过程就是一个法官寻找最佳适用法律规范的"寻法和找法"的法律发现过程。在这个过程中,法官以审理查明的法律事实为依据,凭借自己对法律体系及法律规范的理解,为案件的处理寻找可适用的最佳法律规范。英美法系国家是判例法制度,法律规范寓于无数法官创造的判例之中,只要法官找到了与本案事实基本相同的前案判决,也就找到了可适用于本案的法律规范;而在大陆法系国家,实行的是成文法制度,法律规范寓于预先制定的成文法条之中,法官必须找到足以解决本案争议问题,能够形成完整逻辑结果的全部相关的法律条文(包括法律基本原则),并进行整合,"寻法和找法"才算是基本完成了任务。

在成文法国家,法律体系的特征、形式与内容的相互关联,既给法律适用带来了方便,也给法律适用造成了一定的困难。成文法体系在形式上通常由基本法和若干特别法组成,如我国的民事制定法就是由《民法通则》和《合同法》《继承法》等各单行民事法律以及具有(或包含)民事性质的综合法规组成,每一项法律或法规之内又有基本原则与具体条文之分,其中有的还细分为编、章、节、条、款、项等,这无疑给法律适用提供了"寻法和找法"的线索。但是,成文法的体系化要求又常常使法律规范的实质内容与表述形式发生错位,从而使得处理某一具体问题的相关法律规定常常被分置于不同的法律法规或分置于同一法律不同的编、章、节之中,从而给法律的协调适用制造了非故意的障碍。要克服成文法之找法的困难,为案件的公正处理寻找最接近的法律规范,要求法官必须掌握寻找最接近法律规范的技能,必须全面掌握法律体系知识,善于运用法律解释方法,理解法律规范的结果及与法律条文的相互关系,娴熟运用找法的操作技巧和法条整合的基本方法,其中全面了解法律规范的结构与法律条文的关系是找法的基础和前提。

解决某一具体纠纷的法律规范可能由多个相关法律规定构成,这种现象表明按照相应完整的逻辑结构来进行法条整合是一项重要的法律适用技能。一项完整逻辑结构的法律规定包括主项、谓项和模态词三个组成部分,主项表述法律要求，谓项表述法律效果，模态词是将主、谓项连接起来的判断性词语。法官适用法律需要找到相对应的完整逻辑结构的法律规定，而成文法的体系化又造成了法律规范的不规则和不完整。因此，法官在适用法律时必须掌握法条整合的技能，法条整合是法官找法的重要法律适用技能，是法官在某一特定的法律制度内用来发现与解决问题或在具体问题上确定与案件相关的法律原则、规则的意义而使用的方法。❶法条整合的过程实际上也是一个法律发现的过程。

成文法并非对所有纠纷的解决都给出现成的答案，事实上法律完全对应事实的情况都很少，法条必须经过法官的思维加工，对可适用法律进行法律识别并结合法律与事实之间的互动关系对法律进行重新理解和解释才能构建适用于个案的裁判规范。法律的模糊性、不周延性甚至是法律漏洞需要在司法过程中由法官来发现，法律之规范内容有待法院之解释适用而具体化、生活化。因此，法院的判决不论其是仅为法律解释，或进一步法律补充，事实上最后皆赋予法律以与时俱进的生命力。结果法院裁判工作的重点越来越从单纯根据法源、适用法律，移至法的发现。❷法律条文之中有时没有直接可适用的条文，这就需要法官运用法律方法在现成的成文法中找寻可供适用的法律，现实生活中的案件有许多是新颖、复杂、疑难案件，单个的法律条文有时难以涵摄相对应的法律事实，法官只有在现实的法律规范之中运用法律整合的方法来发现法律。法条整合的法律方法一方面保证成文法的安定性，使法官在具体的案件中不得为独立之评判，在一定程度上恪守成文法本身的固有法律精神和立法意图；另一方面又发挥了法官的主观能动性，使法官能够通过法律方法创造性地适用法律。回到典型案例类型2的处理，应当依据法律的立法基本精神和原则运用法条整合的方法来整体性解释和适用法律，只有将所有相关的法条整合成一个整体来解释和阐释才能真正地正确体现法律的精神和原则，据此作出的判决

---

❶ 陈金钊：《法治与法律方法》，山东人民出版社2003年版，第261页。
❷ 陈金钊：《法治与法律方法》，山东人民出版社2003年版，第268页。转引自黄茂荣：《法学方法与现代民法》，台湾大学法学丛书编委会1993年版，第6页。

才是公平合理的判决，也只有依据整体性的法律精神和原则才能相对统一此类典型案例的法律适用方法。

第三节　情理法交融之维：寻求社情民意与法律效果的统一

【典型案例类型3】在近十年间，知假卖假索赔的各种类型案例花样不断翻新，但案例所体现的社会矛盾却日益激烈。案例中有确实不知假而索赔的，也有知假买假索赔的，但审查判断是否"知假"的标准比较难以把握。因此，对于与"王海打假"相同性质的典型案例，究竟能否获得双倍赔偿的争议持续了多年，目前国内对此类案例也有两种判法：判双倍赔偿、驳回诉讼请求。怎样解决此类案例同案不同判的问题？我们在什么层面可以统一此类案例的法律适用？两种决然相反的判决结果提示我们需要寻求运用情理法交融的裁判思路和法律方法来解决统一法律适用问题。

法律要求社会公众来遵守，社会公众如果不尊重法律，或者法律的价值与社情民意相悖，那么法律就失去了价值与作用。法官适用法律裁判案件应当充分考虑法律效果与社会效果的统一，应当适度考虑社情民意价值取向与判决的契合。强调案件处理的两个效果的统一是我国法院审判工作的重要司法原则或者司法政策，司法审判工作强调群众路线也是适度考虑社情民意的重要司法政策依据。在法律适用中强调两个效果的并重和适度考虑社情民意要求法官适用法律不能机械呆板，而必须有灵活性、创造性，要能够根据具体的案情运用不同的法律方法来创造性地适用法律，弥补法律漏洞，达到最佳的效果。法律效果并不是指机械地适用法律，社会效果也不是随意创制和废除法律规则。社会效果是裁判技能的度量衡，是对案件处理结果的评价尺度，对于法律效果和社会效果的判断必须具有客观性，追求"两个效果的统一"是法官适用法律的一条重要经验法则。"两个效果的统一"不是应时的提法和权宜之计，而是具有深刻法理内涵的科学命题。从社会学解释来看，强调"两个效果的统一"是法律适用的基本原则和方法。古今中外的司法审判实践经验都证明，机械地适用法律有时会带来荒谬的错误结果。

法官适用法律要避免两个极端：一是机械地理解现行法律，把现行适用法律变成僵化呆板的教条；二是完全无视法律的基本原则和法律精神，把现行适用法律变成法官裁判案件随心所欲的工具。强调"两个效果的统一"则能有效地校正这两种极端。法律效果和社会效果并非截然对立，相反是统一的，社会效果本身是法律效果的有机组成部分，两者不是两种效果，而是一种效果的两个侧面，两者之间根本就不存在着所谓对立的关系。虽然法律解释的方法是多种多样的，但无论采用哪一种解释方法，都应当最终阐释法律的精神和立法的意图，无论是从纯理论的角度，还是从社会学的角度，其解释的要旨和结果应当是趋同和一致的。在进行法律解释时曲解"两个效果的统一"，将原本统一的法律价值和功能人为地分离，并以此作为背离法律的托词或借口，其本身就是错误的解释方法。在前提错误的情况下所作的解释必然是对法律精神和原则的曲解。法官解释法律的真正作用就是要运用法律解释的正确方法来创造性地解释和适用现行法律，而绝对不能曲解法律。强调"两个效果的统一"实际上是运用社会学解释方法来对现行适用法律所作的解释，是为了追求正当的社会效果而对现行适用法律条文作出更为符合法律精神和民意的解释，这种解释本身不但没有偏离法律效果，而恰恰就是对法律效果应有文义的正当性诠释。正如丹宁勋爵在其名著《家庭故事》中所论述的那样："法官的真正作用就是在他的当事人之间做到公正。如果有任何妨碍实现公正的法律，那么法官要做的全部本分工作就是合法地避开——甚至改变那条法律，以便在提交给他的紧急案件中做到公正。他不用等立法机构来进行干预：因为这对紧急案件不会有任何帮助。但是，我要强调"合法地"这个词。法官自己应该服从法律，并且必须坚持法律。❶ 强调"两个效果的统一"实际上是对法

---

❶ ［英］丹宁勋爵著，刘庸安译：《家庭故事》，法律出版社 2000 年版，第 226～227 页。

官法律解释的合法性的强调。

  法律具有安定性和稳定性，一般不能随意突破法律的安定性和稳定性的界限，即使法律在适用于某个特定的案件时可能会存在不公正的情况，也不能轻易违反法律的精神和原则。但如果这项法律遭到民意的普遍反对和抵制，或是经常造成不公正的判决结果，那么法官在适用法律的时候就应当考虑运用社会学解释方法来更好地解释这项法律所蕴含的法律精神和基本原则，将其作合宪性解释。但是，法官的社会学解释不是随意创制立法或废除现有法律规则，而是正确诠释法律的立法宗旨和原则，其实质还是一种法律发现。正如卡多佐法官所说："试图使每个案件都达到绝对的公正就不可能发展和保持一般规则；但是如果一个规则不断造成不公正的结果，那么它就最终将被重新塑造。"❶ 但是，即便是为了赢得民意的支持，也"并没有授权法官随意按照变化着的关于便利或明智的看法来制作或废除规则"。❷ 提出"两个效果的统一"的法理蕴意表明：法官解释和适用法律的目的是为了实现社会福祉，能否达到真正实现社会福祉的目标是衡量法官解释和适用法律的重要衡量标准，因此，"法律效果和社会效果相统一"是检验法官解释、适用法律的重要参数，在法律解释和适用上追求"两个效果的统一"是与法律的终极目标相一致的。

  社会效果从某种意义上讲是民意的反映，社会学解释方法是一种适当关注民意的解释方法，社会正义感往往萌生于民意和民间习俗的历练。法官在审理裁判案件的过程中应当适度考虑社会可能的态度与过往的价值经验与偏好，这将有助于法官正确理解和解释现行法律的道德基础，也有助于法官正确适用法律作出拥有公正内涵的裁判结果。法官在适用法律的时候，应当适当考虑现行法律的解释与适用所体现的法律人文精神和法律所体现的终极关怀，适度考虑法律是否合乎民间正义和平常人的良心，是否符合当下社会公众普遍所持道德观念与价值判断标准，是否符合现实法律

---

❶ 卡多佐：《司法过程的性质》，商务印书馆 2000 年版，第 10 页。
❷ 同上书，第 41 页。

文化所蕴含的法律精神和原则。只有在充分考虑上述诸因素的基础之上，法官的法律解释才符合现代社会学解释的要求。

在基层法院的许多法官看来，"办案不是判决，而是一种办法，平衡各方利益的办法"，❶ 其实就是用社会学解释方法在表述"两个效果的统一"的社会学意义和价值。但我们对于社会效果的价值判断一定要建立在合法的基础上，一定要坚持客观性的判断标准。当前在司法审判实践中常常碰到以"两个效果的统一"为借口来干涉法官正当审判案件的外部阻力，对此，法官对于"两个效果的统一"要有合法、客观的理解和应对，一定要坚持合法、客观的价值判断标准。

所谓合法性标准是要确保法律规范和法律适用的"确定性、统一性、程序性和连贯性"❷，在法律解释与适用过程中，法官裁判案件大都是根据既定的原则通过类推定案，这就是法律解释和适用的逻辑方法。只有通过逻辑的方法，才能保证法律解释和适用的确定性、统一性、程序性和连贯性。法官即便是考虑法律的社会效果也应当是在合法的基础上来考虑，这种考虑必须符合法律的逻辑。所谓客观的标准是指法官对法律的解释和适用不能是法官恣意专断和随心所欲，而必须是遵循法律的逻辑和民意的普遍性价值观的判断标准，绝不允许借社会效果而背离法律的精神和原则，甚至达到媚俗的境地。遵循法律的精神和基本原则是法官解释、适用法律的客观性标准。法官对法律的解释适用不能违反国家利益或社会公共利益，同时，也不能违反法律的逻辑方法，当法律规范有两种以上的合理解释时，法官应当选择适用那种能够使社会效果最大化的解释。"两个效果的统一"的法律解释方法应当始终在法律的基本精神和原则的范畴内展开，是"两个效果"的统一，而不是法律效果的让步。法官对法律的解释必须以善意的方式进行，而合乎民意的解释才能

---

❶ 葛洪义：《法律方法与法律思维（第二辑）》，中国政法大学出版社2003年版，第333页。

❷ 孔祥俊：《法律解释方法与判解研究——法律解释·法律适用·裁判风格》，人民法院出版社2004年版，第463页。

称之为善意的解释，非善意的解释则是滥用解释权。裁判技能之善就是要求法官在裁判过程中以善意来解释和适用法律，讲求"两个效果的统一"为法官追求裁判技能之善提供了更广阔的空间和领域，使得法官能够在法律之内以人性的善谋求更大的社会福祉。这是法律适用的一种技能境界，是真善美标准的统一，也是幸福价值观的具体表达。回到典型案例类型3的处理，我们认为应当依据情理法交融的方法来解释和适用法律，只有将情理法交融才能正确体现法律的基本精神和原则，据此作出的判决才是公平合理的判决，也只有依据情理法交融原则的思维路径和方法才能相对统一此类典型案例的法律适用。

统一法律适用同案同判其实还有很多的思维路径与方法，本书论述的三种思维路径与方法仅仅是笔者在中基层法院审判实践中积累的心得体会和感悟，法律的科学总是与经验携手共进的，法律的成长也总是与职业法官群体的实践经验携手共进的，未来还有许多值得我们去探索的路径和方法。正如卡多佐所言："在时事不断变化、亟须法律发展或延伸之时，法官如何发展和延伸我们前面所谓的一致性的法律体系？当我作为法官开始应付这个问题时，才从一个新的角度理解它。我发现，创造性因素多得超乎我的想象；曲径分叉司空见惯，路标也若隐若现。我试图将应当服从的力量和运用的方法分为四种：逻辑或者类比的力量，为我们带来哲学的方法；历史的力量，指示着历史的或进化的方法；习惯的力量，产生传统的方法；正义、道德和社会福利的力量，宣示或显现为社会学的方法。"[1] 统一法律适用同案同判的裁判技能与法律科学的成长也是同步的，大部分的法律都是经过不断的司法裁判过程才具体化，才获得最后清晰的形象，然后才能适用于个案，许多法律条文事实上是借法官的个案裁判才成为现行法的一部分。[2] 愿我们法官群体的统一法律适用同案同判技能能够尽早地趋同和

---

[1] [美]本杰明·N.卡多佐著，董炯、彭冰译：《法律的成长——法律科学的悖论》，中国法制出版社2002年版，第34～37页。
[2] [德]卡尔·拉伦茨著，陈爱娥译：《法学方法论》，商务印书馆2003年版，第20页。

共同提升，愿统一法律适用同案同判的思维路径和方法成为推动法律科学不断发展的强劲力量，更愿职业法官群体统一法律适用同案同判的司法技能能够成为提升司法公信力、维护社会秩序稳定及推进构建和谐社会的强劲力量。

第七章　司法公正与审判公共关系

第一节　审判公共关系应用之法理基础

所谓司法审判公共关系，是指人民法院在日常工作运行中为使自身与公众相互了解，相互合作而采取的一种行为规范和传播活动。而司法审判公共关系学实际上是一门介于审判和公共关系之间的边缘学科。❶ 笔者认为，正义和法律应当像美丽的星空一样指引着人们前行的路，也照耀着法官明净的心灵。法官不只是法律的裁判者，也是法律精神的宣传者和传播者，法官对法律精神的宣传与传播应当贯穿于司法审判的全过程。法官不只是公正司法，还应当弘扬和传播法律和法治的精神，通过司法审判公共关系和法制宣传的技巧与方法使社会公众理解、支持和尊重司法裁判的过程和结果。司法审判公共关系与法制宣传实际上也是一种审判力量，是通往司法公正高效权威的桥梁。❷ 构建公正高效权威的社会主义司法机制，必须充分发挥司法审判公共关系机制这一桥梁作用。

公共关系活动的过程，其实主要就是一个组织与公众之间进行信息传

---

❶ 杨凯："公共关系与审判工作"，载武汉市中级人民法院编：《审判工作参考》2003年第3期，第6~7页。

❷ 从法理学的视角来审视，东方的和谐社会与西方的法治社会的理想和价值追求在法理层面是相一致的，我们构建和谐社会既是对中国传统文化的新的回归，又是传统文化在融入现代法治文明时的一项创新。回归使我们找到了自己的传统文化之根；创新使我们的理念、思想和制度重新焕发活力。

播和沟通的过程。能否有效地利用各种传播媒介，遵循传播沟通活动的基本原则，造就有利的舆论环境，是组织开展各类公共关系活动成功的关键。❶ 司法裁判的过程实际上与公共关系之间有着千丝万缕的必然联系和相互促进的作用，人民法院作为司法裁判的主体与诉讼当事人及社会公众客体之间的关系形态要保持和谐与稳定，离不开公共关系。司法裁判作为一种治理手段的发展与公共关系的发展具有一定的同步性，在司法裁判过程中讲求公共关系是追求司法公正高效权威价值的必要方法，司法审判在社会治理结构中的作用越大，公共关系在审判工作中的地位和作用就越重要；而公共关系在审判工作中的作用发挥越充分，司法裁判就会取得更大的成效。❷ 公共关系与司法裁判之间是一种辩证关系，司法裁判过程中公共关系的技巧与方法实际上就是司法审判公共关系学理论在司法裁判过程中的具体贯彻和运用，公共关系实务的操作水平，在某种意义上可以说就是对现代传播观念的领悟、把握和运用的程度。❸ 现代传播观念对司法审判公共关系实务最大的贡献就是使人民法院在司法裁判的过程中，对于信息收集、信息处理、传播策划、信息发布、信息反馈、效果评测等信息传播的全部过程及其各个环节都有科学的理论和方法。

一、司法审判公共关系建构与应用的理论基础

公共关系是一个社会组织或个体在运行中使自身与公众相互了解，相

---

❶ 熊源伟：《公共关系学》，安徽人民出版社1997年版，第209页。

❷ 司法的法制宣传和公共关系的能力不仅是驾驭庭审能力、调解能力、证据审查判断能力、适用法律能力的延伸和拓展，而且是法官应当具备的一项基本的审判技能和司法能力，法制宣传和公共关系是人民法院法官整体司法裁判技能和能力的重要组成部分，是现代中国法官必须具备的裁判技艺。司法审判公共关系艺术的技巧方法是法官裁判的一种传播和协助的操作方法，它的目的是在法院和社会公众之间建立一种信任、理解、和谐、协调、支持、配合的良好关系。这种和谐的良好关系不是自发形成的，必须经过司法裁判的公共关系协调功能来策划和操作才可能形成。

❸ 居延安等：《公共关系学》，复旦大学出版社1989年版，第157页。

互合作而进行的传播活动和采取的行为规范。❶ 将公共关系与司法审判联系起来是人民法院审判工作的现实需要，公正高效权威的司法审判在一定程度上就是良好司法审判公共关系的体现，树立公共关系意识是司法公正高效权威价值的手段与方法。公共关系是现代社会发展的产物，而公共关系的发展，又在不断推动现代社会的发展，从这个意义上讲，公共关系的研究和应用具有非常重要的现实意义。对于建立公正高效权威的社会主义司法机制而言，公共关系的现实意义在于：我国目前正处于社会主义初级阶段和社会转型时期，国家正在加快法制化进程；几千年儒家伦理主导下的法律文化正与西方法律文化传统发生着强烈的碰撞与融合，这样的社会背景要求人民法院的审判工作必须与现实国情、社情与民情相适应，走出保守、顽固、落后的思想牢笼，寻求对话的出路。司法审判公共关系在现代社会的发展有着深邃的哲学基础。从宏观方面考察，审判公共关系是现代社会的一种法律文化现象；从微观方面考察，审判公共关系是人民法院依法文明裁判的价值理念之一。审判公共关系实际上是一种裁判过程中的待人接物指导，是现代法官必备的职业技能与素质要求，是现代人民法院与社会公众交流的文明程序；从中间层次考察，审判公共关系是现代社会整体运行过程中必要的润滑剂。人民法院运用法律这种刚性手段调整各种权利义务关系，需要有审判公共关系

---

❶ 它包括以下几层含义：(1) 公共关系是一种社会关系，是社会组织与公众之间的关系，其中社会组织是主体，公众是客体。(2) 公共关系是一种传播活动。社会组织与公众之间的联系纽带是传播活动，这种传播活动具有一定的行为规范，以保证其正常而有效地开展工作。(3) 公共关系是一种信息交流关系。社会组织与公众之间进行着双向的信息交流，社会组织不断发布信息给公众，并不断地从公众客体那里获取反馈信息。(4) 公共关系具有一定的控制管理职能，从某种意义上讲，社会组织就是一个控制系统，这个系统能够根据不断获取的反馈信息随时调整自己的行为及其规范，以便与公众进一步交流与合作。(5) 公共关系是一种有目的的自觉活动。作为传播活动行为的公共关系具有明确的目的性，其目的在于使社会组织与公众相互了解与相互合作，使社会组织在公众面前树立良好的形象，并与公众获得共同利益。(6) 公共关系是一种关系、一种技术、一种将"要使自己发展必使他人也同时得到实惠和效益的思想"转化为实践的一种专业技能。(7) 公共关系是现代社会的一种文化现象，"尊重、理解、支持、合作"是这种文化现象的基本概念。(8) 公共关系是一种职业，是一种使社会组织与公众之间保持和谐、稳定关系的职业。参见居延安等：《公共关系学》，复旦大学出版社 1989 年版，第 9 页。

作为缓冲、润滑和协调，才能达到最佳效果。

世界上所有国家的法律都是用来调节复杂的利益关系，但相对而言，当代中国法律所调整的利益关系具有特别的复杂性。这种复杂性源于以下几个方面的现实：首先，中国是一个人口众多、地域辽阔的多民族国家，生态环境和自然资源并不优越，经济文化的发展很不平衡，东西、南北、城乡地域差距较大。人民法院司法审判工作的整体性和法律适用的统一性与国情社情民意状况之间的不平衡性需要借助外向型的公共关系予以特别协调。其次，中国正处于社会主义初级阶段，社会生产力相对落后，市场经济不发达。在这样的条件下，建设社会主义必须要经历特殊的积累阶段。人民法院的司法审判工作必须与初级阶段的特殊要求相适应，理解公众在这个特殊时期的特殊需求，并为之服务。公共关系的推广与应用将有助于法官体察公众的特殊需求并使司法水平能够满足社会需求。再次，我国现正处于社会转型时期，正在进行的经济体制改革和政治体制改革必然会触动一些既得利益，也会打破原已成型的各种利益关系。国家、集体和个人之间的利益矛盾，地域、部门、行业、企业、个人之间及彼此之间的各种利益纠葛，多数与少数、长远与近期、整体与局部之间的纷争不断加剧；各种经济利益关系的固有模式在新的利益要求的冲击下渐趋分崩离析，利益分配呈现多元性、分散性、流动性的特点。同时，由于经济转型时期尚未形成完善的市场经济体系和有力的宏观调控机制，法制建设也还在不断探索、接近健全当中，这就决定了我们的改革不可避免地充满矛盾。那些无法通过经济手段自然调和的矛盾最终走向司法。人民法院在面对纷繁复杂的利益冲突的时候，仅仅依靠法律的刚性调节手段是远远不能满足现实的需要的，必须充分借助公共关系这种富有弹性、间接的、略带温和的调节手段来调整，刚柔相济地解决问题。最后，社会转型时期的各项改革对过去的传统观念和习惯势力形成了有力的冲击，并催生新观念及新的思维方式。同时，我们并不否认，改革带来了极端利己主义、拜金主义、享乐主义的副产品以及一些反常的、破坏性的心理因素，必然会加剧各种利益关系的矛盾冲突，损害社会稳定与和谐。法院是社会公正的最后一道防线，人民法院必须通过司法审判手段调整和平衡这些纷繁复杂的利益冲突，充分研究和运用公共关系的各种技能和方法，突破现实条件的限制，取得最好的效果。司法审判若能注重运用公共关系，将使法院与人民群众之间实现双向的信息交流与沟通，让社会公众更加了解和支持法院的审判工作，从而使法院审判能以公开、公平、公正的形象展示于社会面前。从这个意义上说，公共关系就是司法审判职能的一个层面。

伴随着全社会的进步与发展，以及新知识、新理念的传播，现代社会公众呈现新的心理特征：独立意识普遍增强，群体交流日渐活跃、广泛、深入，公众的自发活动已经形成一股潜在的、独立的社会力量，其能量与势力足以与社会组织对峙，传媒多次报道的涉法涉诉上访和暴力抗法事件就是最好的例证，是法不责众的心态和公众自发活动形成势力结合的结果。现代社会公众对司法审判公共关系是持欢迎、合作态度的，人民法院讲求公共关系在一定程度上就是尊重社会公众的存在价值，审判公共关系机制的建构与运用可以协调、平衡法院与公众之间的关系，有利于司法审判的法律效果与社会效果的统一。民主政治的建立为司法审判公共关系的发展奠定了基础，市场经济的高度发展为审判公共关系的应用提供了现实的土壤，现代传播技术的日新月异为大规模开展司法审判公共关系实践提供了技术手段。

二、关照国情社情民情与审判公共关系之协调辅助功能

建构公正高效权威司法机制应当包含司法审判公共关系机制的内容，这是因为中国特殊的国情、社情和民情所决定的。在中国推行法治必须考量中国的历史文化传统和社会现实状况，事实上在中国审理裁判案件需要比发达国家付出更多的智慧艰辛和努力。西方法官有一句座右铭："既使世界毁灭也得维护正义"，❶ 其表达的是一种法律职业信念。信念需要法律

---

❶ ［德］叔本华著，文良、文化编译：《人性的得失与智慧》，华文出版社2004年版，第257页。

精神的传播才能将信念转化成法官的意志力,法官裁判案件不仅仅只是考虑法律上的公正与否,还应当考虑如何更好地将裁判结果所体现的法律精神和原则让诉讼当事人和社会公众所认知、理解和接受。所以宣传、传播和推广法律的精神也成为中国法官的司法能力之一,是法官裁判技能的必修课目。

现实社会中有一种错误的观念,认为法官只管依法审判,法官职业是孤独的职业,法官不能抛头露面地搞法制宣传,更不屑于开展司法审判公共关系之类的活动,法制宣传应当是人民法院宣传部门和新闻媒体的事情,司法审判公共关系也只是人民法院综合部门的协调工作,这种观念完全曲解了司法制度应有的真正内涵和法律职业应有之义。司法裁判不只是依法作出判决,其精妙之处在于让人民法院的判决引导和规范人们在社会生活中的行为,使判决所蕴含的法律精神和原则成为社会规范和行为准则,这也是实现司法公正高效权威价值的目的和意义之所在,司法审判公共关系机制实际上也是司法裁判的组成部分之一,是裁判者弘扬法治理念和法律精神的途径和场域,是司法公正高效权威价值观的闪光点。我国宪法和人民法院组织法明确规定了法官进行法制宣传的义务,这是建构审判公共关系机制的法律依据之一。❶ 建立与应用司法审判公共关系机制的是建构公正高效权威社会主义司法制度的重要内容之一,是司法裁判的基础性与辅助性工作,是现代人民司法工作的群众路线。❷ 构建司法审判公共关系机制,归根到底是为了促进中国的法治化进程。世界法治发展的历史清楚地表明,现代法治国家必须同时具备主观和客观两个方面的条件。客观条件是指完备的法律规范体系和健全的法律执行和法律监督制度,主观条件是

---

❶ 《中华人民共和国法院组织法》第 3 条第 2 款规定:"人民法院用它的全部活动教育公民忠于社会主义祖国,自觉地遵守宪法和法律。"

❷ 这是由中国几千年传统和合文化、儒家传统和社会主义初级阶段的基本国情所决定的,是由中国特色社会主义法治建设的阶段性与过程性所决定的。

指广大公民自觉依法办事的观念和遵纪守法的自觉性。❶ 中国的现实情况离法治社会所要求的主客观条件尚有一段距离，在此前提和环境之下，对于法官裁判的水平技巧和方法就提出了更高层次的要求。提高全社会的法律意识绝不是一个简单的过程，既需要新闻媒体的宣传教育，也需要在全社会开展的普法教育，更需要法官在裁判中的法制宣传和审判公共关系机制建构与应用的教化作用。

在审判实践中，常常可以看到有的法官因为案件多，压力大，工作繁忙，总是认为当事人难缠，不懂道理，因而不愿做法制宣传工作；在处理社会各界关注的重大复杂疑难案件时，不能正确看待审判权的地位和作风，因此也不愿意通过做公共关系工作来协调平衡各种利益和关系，争取裁判取得最佳的效果，对于案件往往是一判了之，遇到诉讼当事人不服或有疑问时，缺乏耐心做宣传和服判息诉的公关协调工作，一句"不服你去上诉吧"或"不服判去申诉吧！"就把当事人打发了。由此，简单粗暴的司法必然导致上诉率和申诉率居高不下，上访缠诉的比例也在增加，这是司法审判制度缺乏司法审判公共关系机制所造成的后果。如果我们的司法制度能够建构司法审判公共关系机制，我们的法官能够树立宣传和公关是司法裁判职能的延伸和拓展的理念，能够在司法裁判的过程中注重法制宣传和公共关系艺术方法的应用，那么司法裁判将会上升到一种更加符合国情社情民意和更加有利于构建和谐社会的美妙的司法艺术境界。

三、弘扬法律精神与审判公共关系之法律宣示功能

建构与应用司法审判公共关系机制的法理基础在于充分发挥司法的法律宣示功能，让司法更加全面深刻诠释法律的精神。现代法官如何认识法律、如何认知法律、如何感悟法律、如何诠释法律，对于司法公正高效权威价值的实现非常重要和关键。我们建构公正高效权威司法机制的首先一

---

❶ 刘瑞川：《人民法庭审判实务与办案技巧》，人民法院出版社2002年版，第755页。

个重要的问题就是对司法价值观和司法理念的重新理解的问题,也就是如何重新理解"法律是什么"这样一个法理学永恒的问题。❶ 对于"法律是什么"这一问题的回答:每一位职业法官的答案可能都不会完全相同,因为不同的司法职业个体在司法理念层面认识和认知的角度、深度、广度都是不同的。过去我们的教科书上习惯从政治学的要素对法律的定义为:法律是上升为国家意志的统治阶级的意志。而社会学家、经济学家对法律的定义则与此并不相同,当代法学家对此问题的解释也各不相同。实际上,如何回答"法律是什么"的问题永远没有统一固定的答案,因为法官司法理念的建构是一个不断感悟和进化的问题,"从认识论的角度讲,认识主体都是从自己已有的立场、观点、方法、科学文化知识、历史经验等等的基础上去反映客观存在并进行理论思维的"❷。我们虽然无法给出简洁明确具体的答案,但我们可以从认识和认知的方法上来解构。❸ 一是"盲人摸象"的认知方法。❹ 在哲学认识论上"盲人摸象"并不是讽刺笑话,而是一个认识论的哲学问题,司法理念建构和重塑应当提倡"盲人摸象"的认知方法。每"摸"一次都是一次认识和认知的进步!只有不断完善和发展我们的认识论和方法论,法官的司法理念才能够不断的更新和进步。二是

---

❶ 作为法律职业人,作为法律共同体中的一员,作为从事法律职业工作的人,在司法审判实践中天天在与法律打交道,然而,我们有没有思考过法律究竟是什么这样一个问题?其实,我们在自觉与不自觉中,在主动与被动之中,都有过不同层面和不同深度的思考。法理学研究中关于法律是什么的问题既是法理学研究的永恒问题,也是社会主义法治理念及司法理念需要建构的主要内容。

❷ 李国光:《怎样做好书记员工作》,人民法院出版社1992年版,第200~201页。

❸ 司法公正高效权威价值理念的建构需要掌握一种思考、学习和总结的方法,需要学会运用方法论和认识论,需要追求一种认识上的境界和达观。

❹ 盲人们摸到大象的尾巴就认为大象是绳子;摸到大象的腿就认为大象是柱子;摸到大象的耳朵就认为大象是芭蕉扇;摸到大象的肚子就认为大象是墙;摸到大象的象牙就认为大象是弯刀;摸到大象的鼻子就认为大象是蟒蛇。其实,每次摸的发现都是一次认知上的进步,都向真实的概念和认识在迈进。

我国禅宗里"三重境界"的认知方法。❶ 中国现代社会说到底还是一个哲学社会,禅宗是中国传统文化中最高深的哲学思想,司法者只有学会运用"禅"的智慧来思考和认识司法理念问题,才能够更加深刻地认识和认知"法律是什么"的问题。掌握这两种认知哲学方法,法官就能在司法审判实践中不断去摸索、体验、感悟、总结和思考,也就能在每一天的庭审和审判事务中自觉地去运用司法审判公共关系技能与方法宣示"法律是什么",从而实现当今实质法治主义背景下司法公正高效权威的法律精神与价值追求。

司法理念作为精神性的存在来自于我们的司法实践和制度实践,是人们对司法的本质及其规则和对法的价值的解读而形成的一种观念模式,其作用在于能够指导司法者的行为和思维,能指导特定价值观下的司法应然与实然模式的构建,最终目的是为了指导司法实践。司法理念是司法制度的灵魂之所在,是制度建构的合理基础和深刻内涵。没有成熟的价值理念就没有合理的制度建构,制度的设置没有理念的支撑,就像没有灵魂的躯壳一样!建构公正高效权威的社会主义司法制度首先应当是司法制度价值理念基础的确立。而司法制度理念基础的确立需要法律宣示功能的辅助。我们需要从法理与实践两个层面来认真思考司法制度建构的深刻价值内涵和理念基础,❷ 社会主义法治理念是马克思列宁主义关于国家与法的理念与中国国情和现代化建设实际相结合的产物,是中国社会主义民主与法治实践经验的总结,是中国改革开放和社会主义现代化建设的重大思想和理论成就,是建设社会主义法治国家的思想指南。❸ 也是社会主义法治的精

---

❶ 第一重境界是"看山是山,看水是水";第二重境界是"看山不是山,看水不是水";第三重境界是"看山还是山,看水还是水"。这是一个螺旋式上升的认识进化的过程。

❷ 党的"十七大"报告提出:"深化司法体制改革,优化司法职权配置,规范司法行为,建设公正高效权威的社会主义司法制度,保证审判机关、检察机关依法独立公正地行使审判权、检察权。"这是今后一段时期内人民法院司法审判工作的发展方向。

❸ 《求是》杂志政治编辑部:《社会主义法治理念教育学习读本》,红旗出版社2006年版,第1页。

髓和灵魂,是立法、执法、司法、守法、法律监督等法治领域的基本指导思想,党中央提出的社会主义法治理念就是当代社会转型时期司法公正高效权威的价值理念基础。❶ 社会主义法治理念不仅对于现代公正高效权威司法制度的理性构建具有重要的理论与实践指导意义,而且对于建构与应用司法审判公共关系机制也同样具有重要的理论与实践指导意义。"法律意识是人们基于法律知识而升华的、对法律这一客观现象的最高形式的反映,是人们对法的信仰和崇敬感,可以表现为一种信念、传统和习惯,也可以表现为系统的理论,它强调的是对'法治精神'的理解和领悟。"❷ 法官裁判的过程实际上就是对"法治精神"和司法理念的阐释过程,法官的裁判是"活动着的法典",是活生生的法律。❸ 从一定意义上讲,司法裁判的过程就是法律宣示的过程,宣示的是法律的精神和基本原则,司法裁判的过程就是开展公共关系的过程,是人民法院通过公共关系推广、传播和实现"法治精神"的过程。

四、继承优良传统与审判公共关系之群众路线功能

"密切联系群众,从群众中来,到群众中去",是新中国成立以来人民司法工作的宝贵经验,是人民司法工作的优良传统。走群众路线是传统的

---

❶ 党中央作出在政法系统开展社会主义法治理念教育和大学习大讨论的重大决策,是党中央在新形势下,加强党对司法工作的领导的重大举措,是提高党的执政能力和领导水平的一项战略举措,意义重大深远。社会主义法治理念的提出是现代司法理念的理念体系的完善和发展,是对司法理念研究的深化和总结,是社会主义法治理论和人民司法工作的新经验、新理论、新成果。开展大学习大讨论是在政法系统贯彻社会主义法治理念的重要途径。

❷ 刘瑞川:《人民法庭审判实务与办案技巧》,人民法院出版社2002年版,第755页。

❸ 从一定意义上讲,法官裁判的过程就是法制宣传的过程,宣传的是法律的精神和基本原则;法官裁判的过程就是公共关系的过程,是法官通过公共关系推广、传播、实现"法治精神"。法官裁判之法制宣传和公共关系艺术的指导思想应当以通过审判阐释"法治精神",推广和传播法律精神与原则为目标,促进社会公众知法、懂法、守法,树法治观念,致力于培育全体公民的法律意识,致力于繁荣法律文化,推动中国的法治化进程。

人民司法工作经验，❶ 随着法治化进程的推进，现代民事、行政诉讼诉辩审判方式改革和刑事诉讼控辩式审判方式改革与传统的群众路线的操作运行存在一定的矛盾和冲突。当今司法改革给我们提出这样一个现实问题：群众路线的传统如何与现代司法机制相融合？应当赋予传统群众路线什么样的新内涵和新要求？传统的群众路线必须适应新的形势而有所发展，需要建构和应用司法审判公共关系机制来继承和发展优良传统。在裁判过程中树立和普及公共关系的意识，注重公共关系技巧与方法在裁判中的研究与应用，就是新时代的人民司法工作的群众路线，是对传统群众路线的继承和发展，是新的历史条件下对优良司法传统的"扬弃"。在裁判案件的过程中，应当运用司法审判公共关系艺术对整个裁判活动发挥监测作用。通过不断地收集相关涉案审判信息，及时处理和反馈，便于主审法官及时掌握法院内部和外部的各种变化和最新信息，对案件审判工作进展状况和审判工作任务顺利实现的可能性进行监测。同时，通过各种信息传播媒介的信息反馈监测作用准确把握社会公众对司法裁判的态度，防止民意产生对人民法院不利的影响和变化。司法审判公共关系是一门"内求团结，外求发展"的裁判艺术，司法审判公共关系机制的凝聚功能可以让人民法院内部的内耗和分离倾向等负向作用不断向正向作用转化，从而使人民法院内部组织上下一心，团结一致，正常运转。❷ 人民法院在党的领导下依法独立行使审判权的运行过程中，必然会产生各种摩擦，司法审判公共关系的调节功能具有减少各种摩擦系数的职能作用，可以避免矛盾的发生或激化，达到防患于未然的效果，最大限度减少摩擦给法官和法院带来的危

---

❶ 法官深入群众，调查了解，充分征求群众对案件的处理意见，使案件的最终判决建立在广泛调查的基础之上，注重判决的社会效果，这是过去传统的职权主义审判方式的成功之处，是"马锡五审判方式"的精髓之所在，是与当时特定的历史条件相适应的，过去在司法工作中走群众路线是人民司法工作成功的经验，是法官裁判的主要工作方法，是社会主义司法审判工作的实践真知。

❷ 司法审判公共关系机制能够起到增强凝聚力和内部团结与和谐的作用。

害,❶ 使人民法院与社会公众之间处于一种相互理解、相互合作的融洽关系之中。随着社会的进步与发展,人民法院的审判工作越来越发挥起重要的社会治理作用与功能,因此,在现代更加应当注重做好群众工作,特别要注重转换现代群众工作的方式与方法以适应时代的需要,继承和发扬党的群众路线优良传统是新时期司法裁判的需要。❷ "审判工作中忽视群众工作,脱离群众,孤立办案,不仅不利于查清案件事实,在许多情况下还会导致审判工作迷失正确方向,造成很坏的影响"。❸ 构建公正高效权威的社会主义司法机制必须贯彻群众路线,只是现代社会的群众工作方法已然有所改变,袭用传统的群众工作方法已经不能满足现代司法审判工作的现实需求,必须不断改进群众工作方法,建构与应用司法审判公共关系机制就是在社会转型时期对党的人民司法工作群众路线的传承与创新。

第二节 审判公共关系应用之基本原则

建构与应用司法审判公共关系机制的目的是通过司法审判阐释"法治精神",推广和传播法律精神与原则为目标,促进社会公众知法、懂法、守法,树法治观念,致力于培育全体公民的法律意识,致力于繁荣法律文化,推动中国的法治化进程。司法审判公共关系机制建构与应用的基本原则,是指人民法院在裁判过程中,运用司法审判公共关系方法促进法治精神终极目标实现过程中必须遵循的基本准则。

---

❶ 在司法裁判遭到误解和形象受损,人民法院与社会公众之间的良好和谐关系遭到破坏时,运用司法审判公共关系艺术可以进行抵御和应变,从而改变这种不良的紧张关系。

❷ 坚持走群众路线是人民法院审判工作的优良传统,法官高水平的裁判艺术也离不开群众工作,唯物史观告诉我们,一切纠纷总是发生在群众之中,群众了解案情、了解当事人的思想情况,有明辨是非的能力,人民群众是历史的创造者,他们有智慧、有责任、有能力帮助人民法院查明事实,分清是非,处理好案件。许多疑难案件依靠群众就能得到正确、及时的解决。

❸ 马原:《民事审判的理论与实务》,人民法院出版社1992年版,第259~260页。

一、秉持法律思维与兼顾常识常情常理之原则

法官的职业思维是"职业法官在事实与规范之间形成法律判断，正确适用法律解决纠纷的一种思维方向"。❶ 司法职业思维首先应当秉持规范性的法律，坚持法律至上的信仰和原则，把法律思维作为思维的逻辑起点，把合法性作为第一位的考虑因素，注重逻辑推理的缜密和连贯，谨慎对待情感因素及其他因素。❷ 然而，面对社会转型时期中国农村乡土社会以及城市基层社区，基层法官仅仅运用法律思维来解决纠纷是远远不够的，司法必须融合天理人情国法等生活经验和智慧来协助法律思维在具体个案件中的展开。所谓"法律不外乎人情"，❸ 审判更多的是在法律思维的逻辑起点上开展实用性的递进思维和综合思维，兼顾常识常情常理，融法律思维、道德思维、政治思维、经济思维、情理思维等于一体，才能最终解决纠纷。正如梁治平先生所言："法律就像语言，乃是民族精神的表现物。它们是一个民族的生命深处流淌出来，渐渐地由涓涓细流，汇成滔滔大河，这样的过程也完全是自然的。就此而言，法意与人情，应当两不相碍。"❹ "社会不是以法律为基础的，那是法学家们的幻想。相反的，法律应该以社会为

---

❶ 吕忠梅："职业化视野下的法官教育——法官职业化·法律思维·法官职业教育"，见《法官职业道德与职业建设（第1辑）》，人民法院出版社2003年版，第82页。

❷ 法律思维不仅是具有规范性，而且是一种确定的单一思维，也就是说，法官在运用职业思维审理裁判案件时，只能作出确定的单一的裁判结果，因为法律思维排斥模糊运用和"两可"判断。

❸ 其实，在情与法的问题上，人情历来是大于法律的。古代法律的弊端是以情代法，导致法律没有权威，统治者治国无常，人存政举，人亡政息。而现代法律的弊端则是以法代情，人情被法律淹没。人情干扰法律可能会导致司法不公正，但法律没有了人情同样也不行。现代法律确有伤害人们正常健康感情的趋势。我们现行的法律多半是从西方移植和借鉴来的，西方价值观念的核心是个人主义，把个体当作法律的逻辑起点，优点是保障个体的利益与尊严，短处是缺乏对整体的和谐的关注，把本来亲密无间的人类群体拆成一个个孤立的分子。社会主义司法理念，倡导的是一个情、理、法交融的境界，讲求法律与情理的统一，这也是现代法律职业应当具备的职业技能。

❹ 梁治平：《法意与人情》，中国法制出版社2004年版，第233页。

基础。"❶ 司法审判的法律思维不应当与人情社会的现实需求相悖,因为,司法审判的法律思维毕竟还是建立在人情之上的。❷ 中国古代"历来关于明敏断狱的记载,总少不了善体法意,顺道人情这一条。❸ 古代法官断案,依据法律,却不拘泥于条文与字句;明于是非,但也不是呆板不近人情。他们的裁判通常是变通的,但是都建立在人情之上,这正是对于法律精神的最深刻的理解"。❹ 司法审判只有深刻领悟人情所蕴含的法律精神并兼顾常理常情常识的运用,才能更好地将法理与情理相融合,从而更加公正高效权威地解决纠纷,促进社会和谐。

二、确立实质法治主义与形式法治主义相结合之原则

司法过程主要是经过正当程序审理查明有合法证据证明的案件事实。法官开展法制宣传只能是依据法律事实,必须立足于审判实践。在法制宣传和审判公共关系的范畴,应当建立一种以审理查明的法律事实来衡量裁判结果的事实观,司法审判公共关系作为一种传播及管理活动,必然建立

---

❶ 《马克思恩格斯全集（第6卷）》,人民出版社1961年版,第291~292页。

❷ 在中国传统民间社会的法律观念中,立法是一个总结"人情"、整理并尊崇升华"人情"的过程;司法是"人情"在争讼事件中的演练或操作过程;守法是以法制化的"人情"约束个人私欲的过程。

❸ 法律必有人情,法官必须具有人情味,必须要有深刻领悟人情的技能才能提高自身素质和职业技能。从古到今,从形式上看,法律是愈来愈复杂了;从社会对法律的认同态度上看,法律愈来愈受重视,法律至上的信仰正在逐渐形成。然而,如果我们把法律看简单一点,法律其实就是平常人的良心。西方司法制度中最初设立陪审团的原因就是为了帮助法官找回平常人的良心！法官做久了,难免会产生一定的职业病,只知道法律条文,而忘却了社会良心,刻板固执,不通情达理。从事法律职业的也是人,干这一行时间长了,同样会犯这样的毛病！为了克服这个毛病,西方创立了陪审团制度,让"法盲"摸着心口凭良心来判断被告的行为是否犯罪或有过错。法律必须要和平常人的良心保持一致,因为,它是靠人们的普遍认同、遵守才会发生作用。如果人们在良心上拒绝它,那法律就只是一种形式而已。老子曾说过一句至理名言:"民不畏死,奈何以死惧之",其实,法律职业从事时间长了很容易犯傻,容易偏激和固执,同样会犯类似"刻舟求剑"之类的错误,容易背离平常人的良心。法律需要符合社会人之常情和天地良心,才能得到社会的普遍认同和遵守。做一个有平常人良心的法官,其司法裁判才能被社会公众理解和信服。

❹ 梁治平:《法意与人情》,中国法制出版社2004年版,第236页。

在这种事实观的基础之上，司法审判公共关系是法律事实观的产物。法律事实是经过法官审理查明之后的事实，它需要通过一定的方式和途径让各方当事人和社会公众知晓、认知和掌握，也面临着通过法制宣传和传播让社会公众接受这一事实的现实需要。司法审判公共关系的具体开展应当以法律事实为依据，法制宣传和审判公共关系是一项应用性、实践性很强的裁判艺术，尽管这一活动离不开传播学的艺术与宣传技巧，但是如果以为仅凭传播艺术与宣传技巧就能争取公众，❶ 达到推广与传播"法治精神"的目的，那就大错特错了。与任何高超的戏剧表演离不开具体的故事情节一样，司法审判公共关系的传播与宣传也同样不能超脱法律事实和实质法治主义的公平正义理念。缺少了法律事实和司法审判实践的基础，法制宣传和审判公共关系也就成了无源之水、无本之木了。因此，实质法治主义与形式法治主义相结合的原则是审判公共关系建构与应用的基本原则。人民法院应当尽可能地全面客观掌握法律事实，实事求是地传播相关审判信息，传播的前提是有利于当事人和社会公众掌握知晓审判信息，为裁判结果更加接近实质正义作铺垫。

三、坚持法学理论与司法审判实践相结合之原则

建构与应用司法审判公共关系机制需要坚持理论联系实际的基本原则，一是坚持联系司法审判实践宣传法律精神的原则，使社会公众能够真切感悟到法律的宗旨和原则，用人民群众看得见、摸得着、感受得到的方式传播法律的精神，使法律在全社会的范围来得到理解、遵从和信仰。霍姆斯大法官认为："在决定人们应当遵循的规则时，现实感知的需要，盛行的道德与政治理论，对公认或不自觉形成的公共政策的直觉，甚至法官与其同僚共有的偏见，比演绎推理起更多的作用。法律体现了一个民族诸世纪以来的发展历程，不能将它视作似乎仅仅包含了公理以及一本数学书中的定

---

❶ 居延安等：《公共关系学》，复旦大学出版社 1989 年版，第 128 页。

理。"❶ 法律科学是一门实践性、经验性很强的科学，法律科学的成长总是与司法审判实践的经验携手共进的。"审判并不是一种毫无拘束的司法意志行为，而是一种要把判决立基于那些被认为是审判活动的合法工具的正式和非正式渊源资料之上的有意识的努力"。❷ 只有让社会公众感受到法律在他们生活中的实际效果，才能在人们心中真正树立起法律和司法的权威，从而引起人们对法律和司法的重视，不至于等闲视之。也只有联系周围的现实生活和具体案例，才可以使接受法制宣传教育的人获得真切的认识和感受；同时，法制宣传教育工作本身还负有预防违法犯罪行为的使命，❸ 只有真正做到法学理论与司法审判实践相结合，才能通过司法审判公共关系的传播途径实现法律预防功能。

四、注重法律的科学性与确定性相结合之原则

法律的精神，也是法的本质。对法律家而言，追求法律本质的实践，"既是一种现实的期待，也是一种永恒的追求"。❹ 科学性就是坚持马克思主义的法学观点，坚持运用历史唯物主义的思想方法去看待和说明法律问题。❺ 确定性就是完整准确地解释立法者的真实意图，准确地讲解和传播法律规范的内涵和外延。❻ 司法审判公共关系是一门具备完整体系的科学，法制宣传以文字、图片、声音等各种符号借助各种媒介向人民传播法制信息与观念，以影响人们思想和行为的一种社会活动。正如波斯纳大法官所

---

❶ ［美］本杰明·N. 卡多佐著，董炯、彭冰译：《演讲录法律与文学》，中国法制出版社 2005 年版，第 75 页。

❷ ［美］E. 博登海默著，邓正来译：《法理学法律哲学与法律方法》，中国政法大学出版社 2004 年版，第 86 页。

❸ 刘瑞川：《人民法庭审判实务与办案技巧》，人民法院出版社 2002 年版，第 756 页。

❹ 谢晖：《法的思辨和实证》，法律出版社 2001 年版，第 148 页。

❺ 刘瑞川：《人民法庭审判实务与办案技巧》，人民法院出版社 2002 年版，第 756 页。

❻ 同上。

说"法律是一种艺术，但也还是一种神秘"，[1] 揭开法律和司法神秘的面纱，法律的精神在熠熠闪光。坚持法律的科学性与确定性相结合的实质是追求法律之真，法律之真是法律的科学性与法律的确定性的统一。从法的三维结构角度来思考，法律之真是法的科学性与确定性相结合的自然结论；从法哲学的角度透视，法律之真实质上表达的是法作为真理的科学性与确定性。在法的真、善、美之间，法律之真是法律之善和法律之美的基础，法律之真是公正高效权威的根基，"真，是从世界的运动、变化发展之中表现出来的客观事物自身的规律性"，[2] 真是获得了真理、达到了真理的境界，即主体在思想和行为上充分接近和适合于客体的必然性。[3] "法律之真"指"法是由事物的性质产生出来的必然关系"，[4] 法律之真就是法的本质属性，即法的科学性。为追求真理，"立法者应该把自己看做一个自然科学家。他不是在制造法律，不是在发明法律，而仅仅是在表达法律，他把精神关系的内在规律表现在法律之中"。[5] 法律之真指法官"把法律当真，以毕生精力去实践和捍卫法律这个'真'"，[6] 以追求法的科学性与确定性为价值取向，通过司法裁判坚持真理、追求真理，并引领向往法治理想的人民大众走上寻善、寻美乃至寻找幸福的道路。从本质上讲，司法审判公共关系是一种有目的、有计划的传播行为，它传播的内容既包括静态意义上的法制，也包括以国家管理形式出现的动态意义上的法制，前者主要涉及该国法律体系原则、精神、规范的具体内容，后者主要涉及法的创制、适用与实现等所有与法有关的现象与活动。[7] 法制宣传学是研究人类社会

---

[1] ［美］理查德·A. 波斯纳著，苏力译：《超越法律》，中国政法大学出版社 2001 年版，第 66 页。

[2] 王朝闻：《美学概论》，人民出版社 1981 年版，第 32 页。

[3] 李秀林：《辩证唯物主义和历史唯物主义》，中国人民大学出版社 1995 年版，第 373 页。

[4] ［法］孟德斯鸠著，孙立坚译：《论法的精神（上）》，陕西人民出版社 2001 年版，第 1 页。

[5] 《马克思恩格斯全集（第 1 卷）》，第 183 页。

[6] 范忠信：《信法为真》，中国法制出版社 2000 年版，第 2 页。

[7] 牛克等：《法制宣传学》，人民法院出版社 2003 年版，第 10 页。

法制宣传现象、探索法制宣传活动发展规律的一门社会科学。❶ 法制宣传和司法审判公共关系都有各自独特的学科体系和工作原则与方法,这两门学科运用于审判实践之中有其特殊的科学性,在运用之中应当遵循其学科规律,科学地运用其学科内容,促进司法公正高效权威价值的升华。建构和应用审判公共关系机制的目的在于将法律的精神和立法者的真实意图完整地贯彻到全社会之中,通过法的科学性与确定性相结合使法律成为全社会的行为准则。

五、贯彻法律公正性与司法程序合法性相结合之原则

司法审判公共关系是一种技术,此种技术在于激发大众对于任何一个人或一个组织的了解并产生信任。❷ 公共关系就是促进善意。❸ 这种善意就是一种客观公正,运用司法审判公共关系的目的就在于促进法律的公正性。❹ 法律公正性要求在法制宣传过程中对于法律条文和司法解释的运用必须严格依照其内容和精神,不得有任何的随意编造和曲解;对于涉及的案件事实应当始终保持客观公正的态度,不得有所偏私。进行法制宣传切忌感情用事,应当以法律事实为客观的依据,不能先入为主、偏听偏信,凭主观感觉妄断是非,作出与案件事实不符的虚假报道;更不能借法制宣传之名行个人私利之实,肆意煽动舆论,故意向司法机关施加舆论压力,造成"舆论审判"的恶果。❺ 运用司法审判公共关系艺术的目的在于通过公关艺术促进客观公正的裁判结果,通过社会和谐关系,消解对司法裁判的各种阻力达到一种顺利实现司法审判职能的境界。因此,在运用司法审

---

❶ 牛克等:《法制宣传学》,人民法院出版社2003年版,第15页。
❷ 熊源伟:《公共关系学》,安徽人民出版社1997年版,第4页。
❸ 同上。
❹ 公正是法律的必然要求,"法律面前,人人平等"是法律公正性最基本的要求之一,建构和应用司法审判公共关系也要遵循这一基本的司法原则。
❺ 牛克等:《法制宣传学》,人民法院出版社2003年版,第59页。

判公共关系策略处理各种复杂关系和矛盾时应当贯彻客观公正的原则。❶司法审判程序的合法性原则是程序正义的基本要求，建构和应用司法审判公共关系机制必须严格遵守法定的诉讼程序，符合程序正义的基本精神，保证法制宣传报道活动的合法性。❷应用司法审判公共关系的目的在于更广泛地阐释法的精神和原则，在于促进人们的真善美的情感，促进人们对司法裁判的理解、支持和信赖，促进全社会的法律信仰。

六、重视开展审判公共关系适时性与适度性相结合之原则

适时性原则指司法审判公共关系要达到一定的目的，必须把握好宣传与公关的最佳时机。宣传和公关都有很强的时效性，有些宣传时机和公关解决危机的时机稍纵即逝，必须及时准确把握。法制宣传的适时可以分为提前、及时和延时三种。对于有些重大的法制事件应当提前进行宣传，通过提前宣传为重大法制事件与法制举措的顺利推行营造良好的氛围。对于大多数宣传任务而言，宣传行为必须做到内容新颖、反应敏捷、传播及时。对于那些新近发生的、大多数群众尚未知晓且渴望知晓的最新审判信息，要及时予以宣传报道。❸而对于有的法律事件当时予以报道可能会产生负面效应的，则应当"冷处理"一段时间，等时机成熟以后再加以宣传报道。❹适度性原则就是指司法裁判对司法审判公共关系的运用应当根据人民法院审判工作的实际需要来展开，做到恰到好处，而不能完全依赖宣传和公关，因为这两项艺术毕竟只是辅助性裁判艺术，真正的裁判艺术还应当是法官审判业务的艺术。法制宣传和公共关系的目的就是要通过传播手段为广大人民群众提供更丰富的法律信息和法律理论知识，增强全社会的

---

❶ 这个美好的目的必须要有一种程序合法性作为基础和前提，司法审判公共关系机制程序的合法性不仅要求公共关系程序设置内容的合法性，而且要求应用司法审判公共关系艺术的全过程必须严格遵循司法程序合法性要求，并注重贯彻程序公正的法治理念。

❷ 牛克等：《法制宣传学》，人民法院出版社2003年版，第60页。

❸ 同上书，第62页。

❹ 司法审判公共关系的运用必须注重一定的时效性原则，必须针对司法裁判过程的实际需求来确定司法审判公共关系应用的最佳时机。

法律意识，因此，需要重视依据审判工作的实际需要适时适度来广泛开展宣传与公关活动，促进司法公正高效权威价值的实现。

七、强化司法裁判法律效果与社会效果相统一之原则

司法裁判充分考虑"两个效果的统一"和适度考虑民意价值取向与判决的契合是裁判艺术的另一种社会学艺术解读，也是人民法院审判工作的重要司法原则和司法政策。司法裁判强调两个效果的并重和适度考虑民意的原则，要求法官适用法律不能机械呆板，而是讲求灵活性与创造性，根据具体的案情运用不同的法律方法来创造性地适用法律，弥补法律漏洞，达到最佳的效果。法官对法律的解释适用不能违反国家利益或社会公共利益，同时，也不能违反法律的逻辑方法，当法律规范有两种以上的合理解释时，法官应当选择适用那种能够使社会效果最大化的解释。❶ 法官对法律的解释必须以善意的方式进行，而合乎民意的解释才能称之为善意的解释，非善意的解释则是权力的滥用。❷ 法律适用的裁判艺术与法律科学的成长是同步的，大部分的法律都是经过不断的司法裁判过程才具体化，才获得最后清晰的形象，然后才能适用于个案，许多法条事实上是借裁判才成为现行法律的一部分。❸ 法律的成长与司法审判公共关系艺术也是携手共进的，法律与司法的未来还有许多值得探索的东西，正如卡多佐所言："在时事不断变化、亟须法律发展或延伸之时，法官如何发展和延伸我们前面所谓的一致性的法律体系？当我作为法官开始应付这个问题时，才从一个新的角度理解它。我发现，创造性因素多得超乎我的想象；曲径分叉

---

❶ 遵循法律的精神和基本原则是法官解释适用法律的客观性标准，"两个效果的统一"的法律解释方法应当始终在法律的基本精神和原则的范畴内展开，是"两个效果"的统一，而不是法律效果的让步。

❷ 法官裁判艺术之善就是要求法官在裁判过程中以善意来解释和适用法律，讲求"两个效果的统一"为法官追求裁判艺术之善提供了更广阔的空间和领域，使得法官能够在法律之内以人性的善谋求更大的社会福祉，这是法律适用的一种艺术境界。

❸ ［德］卡尔·拉伦茨著，陈爱娥译：《法学方法论》，商务印书馆2003年版，第20页。

司空见惯，路标也若隐若现。我试图将应当服从的力量和运用的方法分为四种：逻辑或者类比的力量，为我们带来哲学的方法；历史的力量，指示着历史的或进化的方法；习惯的力量，产生传统的方法；正义、道德和社会福利的力量，宣示或显现为社会学的方法。"❶ 司法审判公共关系方法的运用已经成为推动法律科学不断成长的一股力量，法官创造性适用法律的方法已经演绎为一种司法审判公共关系的智慧和裁判艺术表达方式。

第三节　审判公共关系应用之实践路径

社会主义法治理念将公平正义确立主要内容就是为了真正实现法律的精神。❷ "公平正义，是人类共同的追求，是社会主义法治的价值追求，是构建社会主义和谐社会的重要任务"。❸ 我们的司法制度是维护社会正义的一项重要制度设置，自古以来，司法制度是公平正义的助推器和校准仪，建构和应用司法审判公共关系机制能够更好地发挥司法制度作为公平正义助推器和校准仪的功能作用。美国大法官格雷曾说："法官的判决就是法律，是活生生的法律。每一份判决书都是法官运用司法职业技能正确适用司法程序、正确分析推理认定事实、正确解释和适用法律所作出的裁判，是法律在社会生活中的具体运用。"❹ 法律不是"刑"、不是"律"、不是"铁"，法律是人类的一种智慧，法官是智慧的思考法律问题的人，法官是解读人类这种智慧的人。法律的精神、法律的智慧要得以实施，靠法官的

---

❶ [美] 本杰明·N. 卡多佐著，董炯、彭冰译：《法律的成长——法律科学的悖论》，中国法制出版社2002年版，第34~37页。

❷ 合法原则、平等对待、及时高效、程序公正等诉讼原则实际上都包含了公平正义理念的丰富内涵。我们需要从法律的目的来理解法律和法律的精神，法律的目的在于公正，而不在于法律本身，当法律不能实现公正时，公正本身就是超越法律的判决依据。

❸ 中共中央政法委：《社会主义法治理念教育读本》，中国长安出版社2006年版，第54页。

❹ [美] 本杰明·N. 卡多佐著，董炯、彭冰译：《法律的成长——法律科学的悖论》，中国法制出版社2002年版，第67页。

智慧和职业技能。从这一层面上看,我们可以说法官的判决才是真正的法律,才是活生生的法律,法律就是法官的智慧、职业技能和公共关系技能。"徒法不足以自行",❶ 法律再好也还是要靠法官的司法审判实践来实施,离开了法律职业群体的智慧和技能,再美好的法律也只能是立法者的空想而已。作为职业法官应当有这样一种认知和认识的境界,只有当我们真切地感受到自己所作出的每一份判决就是活的法律,只有当这种理念和价值观形成法律职业人的心灵确信时,我们才会对自己所从事的司法职业产生神圣和崇敬的心灵感应,才会去不断应用司法技能和司法审判公共关系技能,使自己所作出的判决更好地体现法律精神,更好地体现法律的公平正义价值追求。

一、运用典型案例诠释法律精神之技巧与方法

建构和应用司法审判公共关系机制首要的技巧和方法就是选择典型案例诠释法律精神。典型案例就是"活动的法典",以案讲法实际上是法律精神最为现实的传播方式。❷ 运用典型案例开展法制宣传有助于提高公民法律意识和法律素质,有助于加深社会公众对法律的理解和加强法律规范的应用,促进公民自觉做到遵法、守法,并能积极运用法律武器,维护自身权益,监督司法公正,捍卫法律尊严。❸ 通过选择有法制宣传意义的典型案例开示范庭,以案说法,能够最大限度扩展司法裁判的社会效果和法律效果。

(一) 典型教育和示范意义案例之选择

运用司法审判公共关系需要注重选择社会影响大社会公众普遍关注且具有典型教育意义的案件作为开展法制宣传的主要内容。采取一个案例诠释一个法律条文内容的形式,使社会公众得到最直观的法制教育。例如,

---

❶ 《孟子》。

❷ 典型案件具有极强的示范教育作用,通过典型案例的法制宣传教育能够起到审结一案,教育一片,解决一个方面问题的良好社会效果。

❸ 李振宇:《边缘法学探索》,中国检察出版社 2004 年版,第 77 页。

中央电视台所举办的"今日说法"栏目就是因为选择典型案例作为法制类栏目的主要内容，才深受电视观众的喜爱，从栏目开办至今经久不衰，其生命力就在于对典型案件的选材上，典型案例就是一部"活动着的法典"，其中所蕴含的法律精神和原则在一个又一个典型案例中的亮点，成就了中央电视台的经典法制类栏目。由此可见，选择典型教育和示范意义的案例开展法制宣传具有全面诠释法律精神的作用和意义。

（二）巡回审理与庭审直播方式之运用

应用典型案例开展司法审判公共关系宣传，需要因时因地因案采取恰当的公关和宣传方法与技巧。一是可以选择到案发地巡回开庭的宣传方法，起到审结一案教育一片的法律宣示作用；二是可以选择由电视台进行庭审直播来进行法制宣传，庭审直播等于是在全社会范围内开庭审理案件，其传播范围之广是其他传播手段所不及的，能够直观、客观和及时迅速地反映典型案例的庭审情况，其受众覆盖面十分广泛，宣传与传播的范围突破了传统文字传播的概念，具有极强的社会性。庭审直播具有推动司法程序的公开化和普及法律知识的功能，能够将典型案例所蕴含的法律精神在更广泛的范围内传播和推广。庭审直播既可以让社会公众迅捷了解和监督国家司法权的运作过程，切实有效地保障社会公众的知情权，也能对广大人民群众进行生动直观的法制教育，这是庭审直播得以在司法实践中立足的根本原因。❶

（三）纸质媒介与电子媒介之交替运用

除巡回开庭和电视直播这两种直观传播和宣传的方式之外，还可以通过纸质媒介和电子媒介更加广泛地应用司法审判公共关系诠释法律精神和传播法治理念。在审理典型案例时，要注意将庭审延伸和演绎为一种司法审判公共关系和法制宣传的方法，将庭审的功能延伸到法制宣传与法意传播的空间，使典型案例的庭审过程演绎成为一场生动的法制教育课。一方面，通过报刊杂志纸质媒介的文字报道、案例评析、理论研讨和展开讨论

---

❶ 康为民：《传媒与司法》，人民法院出版社2004年版，第145页。

等多种方式扩大审判工作法律效果；另一方面，通过广播、电视、网络等电子媒介进行法律精神的宣传和传播，在更加广阔的领域里辨法析理。在庭审过程中要坚持"六讲清"，即讲清诉讼权利，使当事人明确法律地位；讲清定案证据，使当事人明确事实真相；讲清是非曲直，使当事人明确责任过错；讲清权利义务，使当事人明确法律后果；讲清法律政策，使当事人明确裁判依据；讲清利害关系，使当事人明确应汲取的教训。[1]只有做到"六讲清"，才能使胜诉方赢得堂堂正正，让败诉方输得明明白白，使旁听群众，包括电视直播的观众都能够真切地感受到法律传导的公平与正义。通过典型案例纸质媒介与电子媒介继续宣传之交替运用，把公开开庭审判演绎为生动现实的法制教育课堂，把庭审的功能延伸拓展到法制宣传教育传播的领域，透过庭审功能将典型案例所蕴含的法律精神传播到全社会。

二、运用宣传沟通艺术诠释法律精神之技巧与方法

法律领域作为艺术的发挥人为理性之所，不但需要深厚的法律知识和娴熟的司法职业技能，更重要的是需要有丰富的各学科知识和社会生活经验作为司法裁判的辅助，包括运用公共关系、法制宣传和心理、思想、语言沟通艺术等学科知识技能弘扬法治理念传播法律精神。

（一）法律与司法是一门生活的艺术

民国时期的法学家吴经熊博士在其论文集《法的艺术》里得出法律、司法是艺术的论断。他认为："正义是真善美的复合体，而正义是法律、司法紧密相连的，所以法律、司法也是真善美的复合体，真是正义的基础，善是正义的材料和目标，美是正义的品质。"他有这样一段论述："当我把法律与其他艺术做比较的时候，我并非在比喻或修辞的意义上来讲话。我知觉到一方面是法，另一方面是音乐、诗歌、绘画，二者是相同的……表

---

[1] 刘瑞川：《人民法庭审判实务与办案技巧》，人民法院出版社2002年版，第758页。

达手段在音乐是声音，在诗歌是词语，而在绘画是颜色，说到法律则是利益。不同只在于表现的材料和媒介，所有艺术的最重要方面都是一致的，那就是一种对称的、有秩序的、和谐的排列和对表现元素的有机组织。如果法律不是艺术，那它就什么也不是。"❶ 美国法学家富勒认为，法律制度是一项实践艺术。波斯纳则认为，法律是一种以法律进行社会管理的艺术及受过法律训练有法律经验的人来实践。法官应当把法律职业看做是一门生活的艺术，看作是创造真善美的艺术创造过程，才会在平凡的工作中时时体现真善美，传导幸福的感受和体验。法官在审理裁判案件过程中的心理、思想、语言沟通与交流也是一种非常积极有效的法制宣传技巧和方法。我国《人民法院组织法》明确规定了法官具有法制宣传的法定义务，因此，法官在审理裁判案件的过程中时刻要牢记这一法定职责和义务，在当好审判员的同时还应当做好宣传员。从某种意义上讲，法制宣传也就是一种信息交流与沟通的艺术，再好的法制宣传也应当是建立在信息交流与沟通的基础之上的宣传，缺乏交流与沟通的宣传永远只是单边的宣传，永远也不会取得好的宣传效果。例如，法官在立案阶段的咨询接待就是一个法制宣传的过程，在咨询接待过程中既要释明相关法律法规，又要适时进行面对面的法制宣传，通过咨询接待传播更多的"法治精神"。法官在裁判过程中注重审理裁判的同时做好宣传沟通工作，能够使司法裁判得到全社会的理解、支持和配合。

（二）审判方式蕴含司法沟通交流艺术

就中国的法律文化传统和现实国情而言，马锡五审判方式在基层法院和法庭仍然具有深厚的社会基础和强大的生命力，我们的审判方式改革既要考虑历史文化传统因素，又要考虑国情和经济因素。"马锡五审判方式"之所以能够在很长一段时间适应中国社会的现实需要，就在于其契合了中

---

❶ 转引自吕世伦：《法的真善美——法美学初探》，法律出版社 2004 年版，第 554 页。

国法律文化传统。❶ 今天中国的广大农村乡土社会和城市社区仍然需要"马锡五审判方式"中的巡回审理、就地开庭、方便当事人诉讼等审理方法和审判原则，仍然需要法官善于运用地方性知识、善于发挥个人人格魅力的审判方法，仍然需要群众路线式的贴近民生的审判方式。从经济学的视角来看，我国的城乡差别、地区差别都很大，毕竟还是一个农业大国，毕竟还是发展中国家，农村社会和城市社区更需要的还是成本低廉的司法和审判方式。"马锡五审判方式"不仅能高效率、低成本地解决纠纷、稳定社会秩序，还使国家司法权的行使深入社会底层，从而将法治与法律意识逐渐推广至社会的每一个角落。❷ 就审判方式的运用而言，基层人民法庭的审判方式应当有别于基层法院普通程序的审判方式，更应当有别于中级、高级法院的审判方式。在简易程序的审理方式上，法官的职权还是需要有一定的主动性，通过发挥司法主观能动性实现司法实质正义。基层人民法庭的审判方式应当还是以职权主义为主，当事人主义为辅；以纠问式和引导式为主，诉辩式为辅。❸ 法官在办案过程中仍然需要开庭与庭外工作并举，不仅把调查证据和对当事人的释明当作审判的需要，而且将其作为自己的道德义务和职业义务。法官办案注重乡村习俗、风土人情等地方性知识，注重与其他社会解纷机制的衔接与配合，在审判过程中注重运用道德、社会舆论、情理判断事实，说服当事人、教化当事人，积极发挥调解的特殊作用。在依法办案的前提下，为当事人着想，讲求司法的人性化和人情味，在审判中与当事人保持一种良好的对话和交流关系。

---

❶ 现代中国仍然是一个以儒家思想和传统为主导的国家，审判方式不能脱离我们的历史文化传统而存在，更不能割裂我们的传统文化而施行。

❷ 诉辩式的审判方式最大的缺陷就是成本过高，职权主义审判方式也有其优点，因为具备灵活便利和乡土化特点的审判方式始终贯穿"两便"原则，而以最小的诉讼成本收到最大的诉讼效益，节约司法资源。

❸ 在审判方式中还可探索温情审判方法，对于审判庭中原被告的座位，可以由原来的对立摆成并列的方向，也可以改成原告坐第一排，被告坐第二排；甚至还可以改成圆桌审判的方式。

(三) 公关宣传沟通艺术的应用方法

(1) 依靠地方党政机关和基层组织。司法审判不仅要就审判工作情况及时与地方党政机关沟通情况,以取得地方党政机关的支持与配合,而且需要加强与民调组织、基层单位组织、相关行政执法部门、社区管理组织的联系与沟通,发挥基层组织的职能作用和解决纠纷的积极作用,促进审判工作法律效果与社会效果的推广与传播。❶ 进行法制宣传有一个最不可疏漏和忽视的宣传对象,那就是基层组织,当事人其实都是各基层组织的一分子,都有其生活和生存的"圈子",而在中国特殊的社会结构之中,这种基层组织的影响和作用是不可忽视的,有时基层组织的作用力甚至还强于法律的强制力威慑,因此,应当加强与基层组织的交流与沟通,将法制宣传的触角一定要延伸到基层组织、社区、街道和乡村。特别值得注重的是要加强对基层民调组织的宣传与培训,民调组织在解决社区和乡村等基层的纠纷方面具有非常重要的作用,通过法制宣传与培训提高他们的业务素质,不仅可以减轻法院的工作压力,而且可以使基层民调组织在从事人民调解的过程中也能够以法律的精神来调处纠纷,使法治的精神在更大的范围内得到弘扬。基层组织作为国家政权组织的基础,在预防突发事件方面有着非常重要的作用,长期以来的审判实践经验证明,凡是依靠基层组织来调处纠纷总是很容易获得成功,而离开基层组织的帮助、协调和配合,则很难调处民间纠纷。因此,法官在审判实践中应当注重通过交流沟通和法制宣传调动基层组织参与协助调处纠纷的积极性,促进基层组织协助人民法院顺利审理和裁判案件。

(2) 发挥传媒的法律精神宣示功能。有时一件具有普遍教育意义和示

---

❶ 纠纷案件在来法院起诉之前,可能在公安机关、基层民调组织和仲裁部门或其他行政机关已经调处过,虽然在上述环节并没有最后解决纠纷,但是由于他们曾经处理过纠纷,对纠纷的性质和本质内容有最直观最真切的感受,因此,法官在裁判过程中的公共关系运用一定要重视这一环节,及时与上述部门或机关或组织联系,取得他们的支持、协作与配合,便于法官了解审理前的处理情况,了解相关政策和行政法规,调取有关的诉讼证据材料,听取他们处理纠纷的体验与感受,从而更加有利于案件的顺利审理结案。

范作用的典型案例，若只在法院审理裁判的范围内运行，而不作法制宣传，则只能对涉案当事人、当事人的近亲属，以及来法院旁听的群众有宣传教育的作用，法制宣传和教育的范围非常有限，法律精神传播的范围也非常有限，而如果通过媒体进行适时适度的法制宣传和报道，则可以百倍千倍地扩大法官裁判所阐释的法律精神，让案件审理所蕴含的法律规则的理念深入社会公众的心中，让法理之光在全社会闪耀。应用司法审判公共关系需要积极主动与传媒进行沟通，通过传媒宣传报道各类案件审理和裁判的情况，以此来教育群众，达到法律的预防和规范功能，这些都有待于法院与传媒的合作。人民法院应当积极主动与媒体就案件法制宣传内容进行沟通，赢得媒体的理解、支持和配合，将审判的功能通过传媒更好地作用于社会，❶ 这也是一种扩张裁判功能的沟通艺术。

（3）注重民间社团组织行业协会职能作用。在案件审理过程中注重及时与案件所涉及的工会、共青团、青联、学联、侨联、妇联、民主党派、各种学会和研究会以及各种行业协会等社团组织、民间组织和行业协会组织的联系、沟通，就案件审理情况与上述组织及时进行沟通和交流，及时宣传相关的法律知识，取得它们的理解和支持配合，促进案件的顺利审结。

（4）关注审判公共关系预防矛盾激化的功能。法官在案件审理裁判过程中，可能会遇到当事人及其近亲属与对方当事人及其近亲属之间产生矛盾激化，或当事人与法官之间产生矛盾，采取极端方式伤害对方当事人及证人或法官的矛盾激化情况，因此，运用司法审判公共关系艺术应对和预防矛盾激化的情况是法官裁判必须掌握的审判工作艺术和方法。应用司法审判公共关系的方法防止和预防矛盾激化，要善于疏导，运用调解和其他审判策略及时变逆为顺，通过与基层组织的配合与协作，及时化解矛盾，把可能产生矛盾激化的各种诱因消灭在萌芽状态，使案件审理工作顺利开展。司法审判公共关系策略艺术在司法裁判中的运用，十分有助于化解和

---

❶ 与传媒的沟通传播是人民法院更好地向社会公众传播审判信息和法律精神，与社会公众进行沟通与交流的主要渠道，是人民司法工作坚持走群众路线在现代社会的体现和发展，是司法裁判方法作为一种社会治理功能的实际运用。

预防诉讼中的各种矛盾，使法官审判工作能够在一个相对和谐和理性的环境中展开。

三、运用裁判文书公示诠释法律精神之技巧与方法

"裁判文书是人民法院在刑事、民事、行政诉讼中，适用法律，就案件的实体问题和程序问题制作的具有法律效力的司法文件。裁判文书可以说是整个司法文书体系的核心组成部分，也是特定时代、特定法律制度下法律文化的载体"。❶ "我国现行的裁判文书包括各类判决书、裁定书和调解书"。❷ 法官裁判中所蕴含的法律精神主要是通过裁判文书的说理部分来阐释的，裁判文书公开本身就是一种法制宣传的方式，各级法院应当按照最高人民法院的要求，将生效裁判文书及时在适当地点定期向社会公示。❸ 裁判文书公示在现代一般均是采取网上公布的形式，❹ 为增加其传播的渠道和范围，还可选择在报刊上登载和在辖区繁华地带张贴的方式来进行公示，❺ 公示裁判文书的同时，还可以针对典型案例的程序适用、证据认定、法律适用作出适当的宣传解释说明，使老百姓能够更加直观和深刻地了解裁判文书所蕴含的法律的精神。当今社会互联网对人类社会生活的影响是

---

❶ 唐文：《法官判案如何讲理——裁判文书说理研究与应用》，人民法院出版社2000年版，第1页。

❷ 同上。

❸ 刘瑞川：《人民法庭审判实务与办案技巧》，人民法院出版社2002年版，第759页。

❹ 各地各级法院目前开办网站的很多，很多法院也已经开始在网上公示部分质量较高的裁判文书，这实际上就是一种法制宣传的方式，利用网络传播技术进行法制宣传是现代法制宣传的重要方式，是法院开展法制宣传应当重点掌握的宣传方法。将法院生效裁判文书在网上进行公示，实际上就是真正从社会公众的利益、愿望和要求出发，将法官裁判的法律信息以最现代的方式向全社会公开展示，让社会公众能够了解和知悉更多的法律信息，消除怀疑和猜疑，能够真正理解法律的基本精神，从而在内心形成对法官裁判的信任和认同。

❺ 公示裁判文书是一种最直观最真切最形象宣传法治精神的法制宣传方法，法官的裁判过程和裁判理由及结果全部都展示在裁判文书之上，通过公示的方式可以将法官裁判的法律意义全方位地向全社会传播。

多方面的,它涉及社会结构、政治形态、思想观念、文化传统、交往方式等各方面,它以极快的速度,把社会各部门、各行业以及各国、各地区联结为一个整体,形成了一个与现实世界紧密联系、相互作用的"虚拟社会"。❶ 互联网对人类社会生活的影响是全方位的。它涉及各个国家和地区现有的生产与生活方式、经济基础与上层建筑、价值观念、文化传统与社会交流意识形态等各个方面,它带来的不仅仅是社会或民族本身结构和经济状况的改变,更重要的是,它还冲击着我们最基本的认知习惯、思维习惯和生活习惯。❷ 法制宣传应当学会运用最先进最现代的现代网络宣传手段来扩大宣传的效果。❸ 法律宣传要从公众的利益、愿望和要求出发,让公众了解法律信息、消除疑虑、理解法律基本精神,在欣赏过程中接受宣传的法律观点和主张。❹ 司法判决是"活动着的法典",将生效裁判文书在网上予以全部公示其实就是在公布"活的法典",是将活生生的法律向社会公众展示和诠释的宣传与传播的过程。

四、运用行为艺术诠释法律精神之技巧与方法

宣传的方式分为有形的宣传和无形的宣传,法官在审判过程中的一言一行、一举一动是无形宣传的最佳载体,法官谨言和慎行本身就是法律精神的广告。无形宣传的影响虽然没有有形法制宣传的影响大,但法官言行的影响意义深远。职业法官谨慎的言行所展示的良好形象和高尚人格会影响和感染周围所有的知情者。当前,农村乡土社会对司法还有一个重要的不满就是司法不贴近老百姓,司法不亲民。为此,构建贴近民众的机制也是司法为民理念的一个重要体现。重视涉诉信访工作的司法为民的司法理

---

❶ 魏永征等:《西方传媒的法制、管理和自律》,中国人民大学出版社2003年版,第266页。

❷ 同上。

❸ 法制宣传若能借助因特网的传播途径,必将取得更好的传播与宣传效果。法制宣传是实现法律传播目的一个重要手段,法律宣传的过程就是对公众施加法律影响的过程。

❹ 李振宇:《法律传播学》,中国检察出版社2004年版,第102页。

念价值功能，需要针对基层农村涉法上访、涉诉信访管理机制，建立符合社会现实需要的科学规范实用的信访上访管理制度，推行法官判前释法、判后释疑制度，注重信访上访信息通报与调研，注重信访上访内容与诉讼（执行）程序的协调，注重对信访上访案件的调解协调工作，力争把信访上访工作中所暴露的问题都解决在基层，消化在基层，真正做到案结事了，避免基层矛盾的扩大化，通过信访上访制度的协调促进社会和谐。司法审判工作不只是居中裁判和公正司法，还需要传导一种法律精神和法律思想，还需要把恢复性司法的心理矫正功能作为审判工作司法为民的一个重要环节来把握。[1] 在法制宣传的过程中要善于运用法官言行的无形宣传作用，无形的宣传是让事实说话，能够产生"此时无声胜有声""此时无言胜万言"的宣传效果。如果再利用有形的宣传来扩大无形宣传的传播效果，慎言的法官、慎行的法官的形象将会更加高大，人格魅力将会更加感人。[2] 人们对于法官个体的言行举止所起到的法制宣传的作用较为轻视，总是认为个体的力量是微不足道的，其实这是一种错误认识，没有认识到事物的本质和规律，假如设定一个法官为一个法制宣传员，而全国 20 余万法官的总和就是一个非常大的数字，20 余万法制宣传员的法制宣传能量有多大是难以想象的，所以重视个体法官言行的宣传作用，充分发挥法官个体宣教的主观能动性，使法官的个体人格魅力都变成法制宣传的力量。

五、运用传媒宣传诠释法律精神之技巧与方法

在现代社会开展法制宣传需要大众传播方式的运用，所谓法制宣传的大众传播就是借助报纸、杂志、书籍、广播、电影、电视、网络等大众传

---

[1] 对审结的案件进行跟踪回访是司法下乡贴近民众的一个好方法，人民法庭法官或利用下乡办案的间隙，走村访户的方式，或利用电话、短信和网络等现代通信联络方式，对判决或调解达成协议的案件当事人进行回访，既能够安抚当事人的纠葛心理，觉得法官是在为民做主，又能够督促给付义务的当事人自动履行裁判文书确定的法律义务。

[2] 杨凯："公共关系与审判工作"，载武汉市中级人民法院编：《审判工作参考》2003 年第 3 期，第 6 页。

媒来更广泛地传播法律信息，影响社会公众对法律精神和基本原则的认知理解态度，使司法裁判的效果达到最佳。大众传播媒体是具有现代气息的重要传播模式，能够运用强大的法律传播网络，使社会形成一种舆论导向，有效地抑制社会歪风邪气的盛行，使作恶者有所收敛；能够弘扬社会正气，鼓舞人们依法办事的信心，把握社会政治现实，推动法制建设向纵深发展。❶法制宣传要充分利用大众传播媒体组织开展多种形式、广泛深入的法律宣传教育。❷人民法院可以通过与报社、电视台、电台和网站联合办法制宣传栏目的形式来扩大法制宣传的效果。法官作为案件的审理和裁判者对于案件有最深刻的感悟和体会，应当鼓励法官在办案之余积极撰写法制宣传稿件、编写典型审判案例进行法制宣传，倘若每一个法官都有进行法制宣传的意识和积极性，都能结合本职工作开展法制宣传，那么将会极大地促进法治精神在全社会得到推崇。此外，利用传媒广泛开展法律文化的传播也是一种法制宣传的方式，结合审判实践和典型案例，采用法律文学与法制文艺等宣传方式将会更加有利于法律基本精神在全社会的广泛传播。

---

❶ 李振宇：《法律传播学》，中国检察出版社 2004 年版，第 83~85 页。

❷ 大众传播媒体具有人民群众喜闻乐见的宣传方式，更容易让社会公众接受法制宣传的内容。大众传播的载体可以分为纸质传媒和电子传媒两类，法律图书、法制类报纸、法学期刊等印刷类纸质传媒是法律传播的传统的传播方式；电影、电视、广播、网络等电子类传媒目前已逐步发展为现代法律传播的主要传播方式。大众传播渠道的这两类媒体各有优势和不足，需要综合运用，取长补短，才能从整体上提高法制宣传的效果。

第八章　新媒体时代的舆论监督与司法公正

随着"大数据""云计算"概念的出现，以互联网为主体的现代信息技术呈现出迅猛发展的趋势，当今的信息社会媒体已经步入传统媒体、网络媒体与自媒体并驾齐驱的新媒体时代。所谓"新媒体就是利用电脑、手机、网络等数字化信息技术，进行多对多或所有人对所有人传播的媒体"。❶ "传播方式和传播领域已经发生翻天覆地的发展和改变。新媒体（New Media）一词最早出现于1967年，由美国哥伦比亚广播电视网技术研究所负责人F. Godmark，在一份关于开发EVR（电子录像）产品的项目计划书中提出，后经美国传播政策总统特别委员会主席E. 罗托斯，通过向尼克松总统提交报告时多处使用该词而开始自美国社会推广，并逐步扩展到全世界"。❷ 新媒体已经成为人类社会生活方式的一个重要标志和社会生活的主要领域，现代社会新媒体信息资讯网络的发达已经逐渐影响并改变着整个社会生活方式及人类生活方式，新媒体网络舆论所反映的社情民意正不知不觉地主导着整个社会生活的方方面面，无论是政治、经济、社会生产和生活，亦或是道德、宗教、文化、传媒，司法审判也概莫能外。自媒体作为新媒体时代的代表形态，其概念是美国新闻学者在2003年7月提出的，对自媒体的定义是："自媒体是普通大众经由数字科技强化、与全球知识体系相连之后，一种开始理解普通大众如何提供与分享他们本身的事实、

---

❶ 展江、吴薇主编：《开放与博弈——新媒体语境下的言论界线与司法规制》，北京大学出版社2013年版，第8页。

❷ 同上书，第3页。

他们本身的新闻的途径。"❶ 十几年前，有冤无处诉的老百姓首先想到的就是去找媒体曝光，如广州的《南方周末》、中央电视台的《焦点访谈》、北京的《新京报》，等等。现如今，他们可能就会直接去发博客、微博或微信。关于微博、微信的自媒体功能网上流行这样一段话："当你的粉丝超过1000，你就是个布告栏；超过1万，你就像一本杂志；超过10万，你就是一份都市报；超过100万，你就是一份全国性的报纸；超过1000万，你就是电视台。"微博、微信的传播影响力可见一斑。特别是微信的迅猛发展把自媒体功能又提升到一个新的境界。微信是一款通过互联网快速发送语音、视频、图片和文字，支持多人群聊的手机聊天软件，同时还有实时对讲系统软件，几乎取代移动通讯电话和短信的基本功能。相对于微博的开放性、公众性，微信作为一个社交工具，信息传播形式有其隐蔽性和针对性。当每个人都有了平等快速的发言渠道，微博与微信从单纯的社交工具到舆论监督利器，就这样悄悄地完成了一次华丽的转身。法国思想家狄德罗曾说：质疑是迈向哲理的第一步。尽管发端于微博和微信的质疑声可能有些只是误解，但接受公众的监督是人民法院管理者的天职，回应社会公众的疑问更是他们应尽的责任和义务。让强势一方做事时不得不考虑到民众的反应，自媒体工具所推动的，其实正是整个社会的生态平衡。在任何实行民主政治和法治的社会中，言论自由和公平审判皆为国家和社会生活中不可缺少的基本价值。❷ 新媒体网络舆论所代表的民意、思潮、对司法公正价值的评价和监督，对法院审判工作和裁判结果的影响作用越来越大，除以国家机器、社会组织、党派团体等的司法监督，以及上级司法机关的审级监督、检察机关的法律监督和人民群众的社会监督之外，在对司法审判的诸多监督之中，新媒体网络传媒的舆论监督已经悄无声息地发展成为一种至关重要的司法监督形式。过去的"传媒舆论审判"演化为当今的"新媒体网络舆论审判"，新媒体网络传媒逐渐侵蚀司法审判的权力界域，并有愈演愈

---

❶ 王文军："法治新闻报道的传播学分析"，载《法学》2011年第9期。
❷ 卡特等：《大众传播法概要》，黄列译，中国社会科学出版社1998年版，第4页。

烈的发展趋势。诸如大家正在热议的"上海高院法官集体招嫖事件""李将军公子涉嫌轮奸案""薄熙来三宗罪济南中院公审案""一言不和摔死幼童案",等等,每一个都被新媒体爆炒。从河南"张金柱案"的网上喊杀声一片,到沈阳"刘涌案"网民每天10万人跟帖监督司法公正,两颗人头的落地无一例外与网络传导的民意和民愤相关。广州"孙志刚案"通过网络传媒终结了侵犯人权的收容遣送行政法规,重庆"最牛钉子户拆迁案"通过网络传媒的持续报道牵动了全国人民的宪法神经并点燃了老百姓的物权法情结,广东"许霆案"由无期徒刑改判为五年有期徒刑缘于网络舆论对过于重刑裁判的一片哗然,杭州"富二代飙车交通肇事案"、成都"孙伟铭无证驾车构成以危险方法危害公共安全案"等通过网络传媒掀起"罪与非罪""轻罪与重罪"的刑法学思考及全国严查酒后驾车的执法浪潮,网络"人肉搜索"对社会正义的维护与侵犯公民个人隐私权的价值冲突,还有一些"民间维权"组织和个人专门针对法院审判工作和法官行为规范开办所谓的"监督网"网站进行监督,诸如此类一个又一个网络舆论对法院审判工作和结果影响的实例,不得不引发我们开始认真思考当前的新媒体网络舆论与人民法院司法公正的冲突与平衡的诸多问题:法院审判如何应对无孔不入的新媒体舆论监督?新媒体网络舆论所代表的社会公正与司法审判所维系的社会公正究竟是不是一回事?司法审判作为社会公正的最后一道防线是否需要网络舆论的评判与矫正?法院审判如何既合理采纳网络舆论传导的民意又适当避免网络舆论对司法的不当干预,二者之间的正确界限、价值判断与追求究竟达到一种什么样的平衡关系状态才符合司法公正、法的精神和社会正义的内涵?

  本章从网络舆论监督与法院审判的矛盾与冲突入手,以社会主义法治思维为价值取向,在价值层面对网络舆论监督和法院司法公正进行选择和判断,对新媒体网络舆论与法院审判关系之间的平衡进行法理分析和理性思考,探究司法审判法治理念与新媒体网络舆论道德观念的沟通与融合,进而提出:新媒体网络舆论监督必须加强法律政策规制、网络自律和正确的舆论引导,应在现行法律制度和社会发展现实需要的框架内对法院审判活动进行正面有益的报道和监督;法院审判一方面对于网络传媒涉及司法审判案件及审判工作报道和监督应当及时构建法院的快速反映机制和机构,另一方面对于网络舆论应在保持必要的宽容克制和理性对待的基础上及时依法采取法院适当的应对策略、处置方法和舆论正确引导措施,防止"新媒体舆论审判"现象,建构符合现代民主法治需要,并协调新媒体网络舆论与人民法院司法公正之间良性互动、和谐发展的相关制度,建构和完善人民法院审判工作积极应对新媒体网络舆论的组织机构人员设置和处置引导程序制度设计,规范和促进新媒体网络舆论的公正报道与人民法院司法审判工作的公正性,真正实现网络舆论监督和法院审判关系的平衡,维护司法公正和社会正义。

第一节　新媒体时代的舆论监督

"以大众为传播对象的新媒体至今已走过了约五百年漫长历程"。[1] 当今社会已经步入信息时代,传媒与现代社会是紧密联系在一起的。由于传媒业的发展和发达,人们在日常生活中已经习惯于从报纸、广播、电视和国际互联网等各类纸质、电子、网络媒体所构成的庞大传媒体系中获取各种传播的政治、经济、文化等信息,新媒体已经成为当代社会生活中不可或缺的生活必需品和生活方式。新闻和各类信息的迅速传播将地球演化为"地球村",人类社会因为信息的快速传播而变得更加现代和文明。当前的生活可以缺乏其他物质,但绝对不能没有新闻舆论信息的传播,信息传播的迅捷和全面已经成为衡量社会文明进步的主要标志。信息在现代社会变得如此重要,以至于人们将现代社会称为"信息社会"。生活在信息社会,人们的生活与新媒体息息相关,生活中的每件事情都与信息传播紧密相联,司法审判同样也与新媒体紧密联系在一起。

当今社会传统媒体、网络新技术和自媒体一体化整合构建的新媒体,

---

[1] 康为民主编:《司法与传媒》,人民法院出版社2004年版,第6页。

特别是当今热门的微博和微信两种新网络技术产生所引发的媒体传播功能的拓展，让整个社会不经意间驶入"微时代"。微博，这一网络驱动型的公民参与，让滥用权力和违背公正的人更加难以藏身，一条微博在半天之内可以传到国内各地及多个国家；而"前浪"微博方兴未艾，"后浪"微信更是以迅雷不及掩耳之势崭露头角，作为移动互联网时代一种全新的沟通交流方式，如今微信在中国已拥有超过 4 亿的用户，是个极具发展潜力的公共与私密兼容的信息共通平台。自媒体的高速发展渐渐演变成为一种新型的舆论监督，它参与司法讨论中便呈现出一种舆论审判的趋势。新媒体是"在一定的社会历史条件下产生、存在和发展的，因而其社会功能在不同的社会体制下、在不同的社会历史时期中会有不同的表现，会不断发展变化，人民对它的看法有着十分鲜明的时代烙印，并且也在不断更新和深化"。❶ 随着现代社会传播技术发展的日新月异，新媒体业也随之不断发展，新媒体在国家社会政治文化生活中的作用越来越重要。在西方社会，传媒甚至被称为立法、司法、行政之外的"第四种权力"。这种"权力"实际上就是指新媒体的舆论监督权。当代社会，新媒体的各种社会功能同样体现为传播信息、代表舆论、创造舆论、引导舆论和实施舆论监督。中国传统传媒功能观中实际上是缺乏舆论监督功能的，儒家历史文化传统的传媒观念主要指的是"下情上达"传媒功能，缺乏监督的功能意识。而当今社会的新媒体功能观念则主要是指舆论监督功能。"舆论监督作为一种社会政治现象，在现实中早已存在，并随着舆论载体的形式的发展变化，在不同时期呈现出不同的表现形态，发挥着不同的政治作用"。❷ "从历史上看，舆论监督一开始就是作为一种社会控制手段而出现的。在人类创造法律制度之前，舆论就是调控社会的'司法行为'。所'司'之'法'就是人类在共同生活中形成的习惯与道德"。❸ 随着现代社会法治化进程的加快和新媒体传播功能的拓展，舆论的社会控制功能已经逐渐让位于司法，

---

❶ 康为民主编：《司法与传媒》，人民法院出版社 2004 年版，第 23 页。
❷ 周甲禄：《舆论监督权论》，山东人民出版社 2006 年版，第 2 页。
❸ 同上。

司法通过法的社会控制已经成为当今社会管理的主要治理方法，而新媒体舆论监督则逐渐演化成为监督司法的主要形式之一，是以监督手段确保司法公正的重要方式。现代社会，新媒体已经演化成为社会公众舆论监督最有效的载体，舆论对司法的监督主要表现为新媒体对司法的监督。传媒与司法是现代法治社会的标志，作为两种不同的社会评价体系，新媒体的舆论报道与司法审判的公正裁判相互影响，媒体报道的新闻舆论监督在促进司法公正的同时，又具有对人民法院依法独立行使审判权的天然侵犯性。当今社会新媒体舆论监督与人民法院司法公正的冲突大部分可以归结为习惯、道德与法律的冲突以及不同利益之间与正义观之间的冲突，法律与习惯、道德各自都有其不同的理念、规则和思维模式，新媒体以习惯、道德和自身利益为基准进行舆论监督来追求社会的基本公正；人民法院以法律精神和原则为基准进行司法裁判来追求社会的基本公正。同样是追求社会正义和公平，但各自的基准不同，习惯、道德追求的是普遍的社会正义，法律追求的是经过提炼的法律意义上的社会正义。

关于"舆论监督"的概念和含义有多种解释，主要包括：第一种解释观念认为："舆论监督是指新闻媒体运用舆论的独特力量，帮助公众了解政府事务、社会事务和一切涉及公共利益的事务，并促使其沿着法制和社会生活共同准则的方向运作的一种社会行为。"[1] 第二种解释观念认为："舆论监督是运用新媒体干预社会的政治现象，是生产力和民主政治发展的产物。"[2] 第三种解释观念认为："舆论监督是公众通过舆论的意见形态表达对社会的看法。"[3] 第四种解释观念认为："舆论监督是指公众利用大众传播媒介对国家机关、国家机关工作人员和公众人物的与公共利益有关的事务进行揭露、批评和提出建议的行为；是通过舆论行使监督，是公民言论自由权利的体现，是人民参政议政的一种形式。"[4] 由此可见，所谓舆

---

[1] 顾理平：《新闻法学》，中国广播电视出版社1999年版，第39页。
[2] 唐惠虎：《舆论监督论》，湖北教育出版社1999年版，第178页。
[3] 田大宪：《新闻舆论监督研究》，中国社会科学出版社2002年版，第1页。
[4] 周甲禄：《舆论监督权论》，山东人民出版社2006年版，第25～26页。

论监督，就是社会公众通过大众传媒对于国家立法、司法和行政管理等公益事务以及社会公共事务的如实报道、批评、评价或表达意见、建议的一种参与宪政的言论自由的权利。

所谓舆论监督权，是指"公众或新闻媒体有权利用大众传播媒介披露应当公开的与公众利益相关的事务并对公共事务和某些社会现象提出批评、建议，不受非法干涉"。❶ 舆论监督权，实际上就是一种社会公众参与宪政的公民权的真正体现，是人权的实现方式之一。新媒体对司法的舆论监督，特指新闻媒体通过对各类司法新闻舆论信息的公开报道传播来监督人民法院司法审判工作，并对司法公正与否进行如实公开报道、评价和监督。舆论监督是司法监督中必不可少的监督方式，新媒体在此具有不可替代的作用和功能。新媒体能够通过对司法审判工作中的新闻报道和新闻评论及时反映民意对司法的意见和建议，反映社会公众对司法审判的呼声，监督可能发生的司法腐败现象，监督徇私枉法的司法官员，从而保障司法审判沿着公正与效率的主题发展。舆论监督代表了民意，发展了民意，彰显了民意，是民意的一种表达方式，具有正义性、神圣性、权利性的特点，因而成为司法监督的主要形式之一。虽然人民法院的司法审判与新媒体的舆论监督是两种不同的社会评价方式，司法审判缘于政治体制的制度功能设计，新闻舆论监督则缘于言论出版自由之宪政人权。人民法院依法独立行使审判权是现代法治国家对司法权力配置及运行的基本要求，其目的是实现司法公正，定纷止争，维持社会生活秩序的和谐、稳定。新闻媒体对司法审判活动的如实公开报道有助于实现司法公正，防止司法审判权走向司法专横。但若司法审判权的合法行使屈从于新媒体的舆论压力，则不仅丧失司法体制自身的独立性，还会产生新媒体的"舆论审判"，即由新闻媒体的报道而非司法机关的审判判定社会的是非善恶。在近几年来发生的几起著名的重大法治事件中，司法公正均与舆论监督紧紧联系在一起，诸如著名的"张金柱案""沈阳黑社会犯罪集团首犯刘涌案""广州孙志刚被殴致死

---

❶ 周甲禄：《舆论监督权论》，山东人民出版社 2006 年版，第 27 页。

案""宝马车撞人案",等等,现在正在微博、微信热议的"李将军公子参与轮奸案""薄熙来三宗罪济南中院公审案"等新媒体关注的案件,我们都能从中发现媒体的舆论报道对司法审判的深刻影响。如何处理新媒体的舆论监督与人民法院的司法审判之间的关系,实现司法公正与公开报道的平衡,最终促进司法公正,是值得我们现代司法审判工作者认真深入思考的现实问题。

第二节 舆论监督与司法公正的冲突

"正义如果有声音的话,裁判才是正义的声音"。司法公正作为人类普遍公认和追求的、至高无上的价值理念,体现在社会纠纷的司法解决机制上,就是司法对纷争各方权利、义务的分配具有公正性。在现代社会,司法不仅具有解决各种冲突和纠纷的权威地位,而且司法审判作为解决社会矛盾与纠纷的最终手段,法律精神的公平与正义价值在很大程度上需要司法公正来具体体现,因此,人民法院司法审判活动最终就是为了实现司法公正。司法公正既是司法机关恒久追求的价值目标,也是法治国家社会治理方式的衡量标准。只有实现司法公正,才能引导社会公众通过司法审判途径寻求公平正义,而被诉的一方也能够减少应诉的心理障碍,积极运用法律维护自己的合法权益。司法制度必须保障在全社会实现公平和正义才是良好的司法制度。能否在全社会实现公平和正义,在于司法审判是否做到"公正与效率",在于社会公众的合法利益在司法审判活动中是否能够得到有效的保护。法谚云:"正义不仅应得到实现,而且应以看得见的方式加以实现。"意指司法审判中实体正义与程序正义的关系。其实,新闻传媒的舆论监督与人民法院的司法公正之间的关系也正如这句法谚所述:如果说司法审判是让公平正义得以实现的途径,新闻传媒对司法审判活动的公开报道和舆论监督则是让社会公众看见公平正义得以实现的方式。同时,新闻传媒对司法审判活动的公开报道和舆论监督不仅是简单地报道司法审判的结果,而且通过新闻信息传播功能和评价功能对社会公平正义及法律精神予以表达和彰显,推动社会公平正义和法意的实现。因此,在现代法治国家,舆论监督与司法公正是如影相随,相伴而存的。正如美国电子新闻业的巨头爱得华·R.默罗所说:"只有独立的司法和自由的出版才是识别自由社会和所有其他社会的标准。"❶ 新闻传媒作为传达民意、宣扬民主的喉舌,自由地公开报道社会公众感兴趣的法制新闻并对人民法院司法审判活动进行舆论监督是其权利所在。

然而,在我国新闻传媒对司法审判进行舆论监督过程中,产生了一些现实难题:一方面,新闻传媒以空前的热情对人民法院的司法审判活动予以采访和报道,试图充分体现大众传媒和公众舆论对司法审判工作的监督,进而体现社会公众对司法权力的监督和制约,努力促进司法公正;另一方面,由于新闻传媒对司法审判活动的公开报道与新闻评论没有明确的法律界限,导致大量的法制新闻报道和新闻评论时而偏颇或失实,使社会舆论对人民法院的司法审判工作产生诸多负面的不良影响,而人民法院对新闻传媒的采访和公开报道司法审判活动及裁判文书的过分控制又导致司法对传媒舆论监督权的限制。因此,新闻传媒的舆论监督与人民法院司法公正之间的矛盾与冲突日显突出。

新闻传媒以习惯和道德为基准,追求的是自身或受众观念上的道德意义的社会公正,其评判司法公正的标准是习惯和道德;而人民法院以法律为基准,追求的是法律公正,其评判司法公正的标准是法律精神。二者之间的冲突大多可归结为习惯、道德与法律的冲突,传媒与司法的矛盾与冲突是客观的、必然的,因为习惯、道德与法律的冲突是客观存在的。新闻传媒的舆论监督所依据的是社会公众普遍认同的习惯、道德标准,同时也夹杂着一些最基本的法律常识和法律原则,比如公平原则。可以毫不夸张地说,新闻传媒的公开报道和舆论监督可称为"社会习惯和社会良心法庭"或"道德法庭";而司法审判本身是一个主观认识客观,从已知探求

---

❶ [美]巴顿·卡特著,黄列译:《大众传媒法概要》,中国社会科学出版社1997年版,第4页。

未知的法律推理和逻辑判断思辨活动，法律思维与独立判断是法官审判案件时正确认识法律事实和准确适用法律的基础，司法审判要求通过法官的理性判断与逻辑推理形成裁判结果，司法审判追求的是经过提炼的法律意义上的公正，二者之间必然存在矛盾与冲突。新闻媒体的评价标准是习惯、道德而非法律。法学是一门规范、严谨的科学，有着自己独特的术语和思维。司法则是这门学科的具体运用，繁琐的司法诉讼程序，枯燥的法律概念，缜密的法律思维和逻辑推理，对于从未受过法律专门知识和司法审判技能训练的人而言，是陌生而遥远的。新闻媒体的受众是普通社会公众，这一特点决定了新闻媒体不可能将司法审判程序的过程全部公开报道或再现于媒体。出于迎合社会公众的目的，媒体的评价标准是习惯、道德而绝非法律。司法审判通过依靠社会公众同意的公共准则——法律来解决纠纷，保障当事人的合法权益，以追求法律上的公正；传媒则通过激发公众内心的价值标准——习惯、道德来评判是非，批评不法行为，以追求习惯、道德上的公正。新闻媒体有时很难理解司法审判机关依据法律事实所作的与习惯、道德情感或社会公众情绪不一致的司法裁判结果。相对司法而言，传媒在表述某种认识和见解时，更缺乏事实基础、程序性制约、技术性证实或证伪手段。[1] 司法审判权在权力属性上来说是一种判断权，而法庭是一个进行司法救济和实现法律公正的场所，作为公平和正义化身的法官要避免来自新闻媒体的舆论强势力量的牵引和干涉。当媒体所宣扬的习惯、道德"舆论审判"铺天盖地而来时，法官得出的事实结论很难是如康德所言的"发自内心的道德命令"，而是迫于社会舆论压力的结果。新闻传媒与司法公正的矛盾与冲突的根本原因在于习惯、道德与法律的恒久冲突，追求公正的基准不同必然导致矛盾的产生，法律和习惯、道德虽然都在向一个方向努力，但毕竟是两种不同的途径，这种矛盾与冲突是客观的、必然的。

首先，新闻传媒报道的自由性原则与人民法院司法审判独立性原则的

---

[1] 顾培东："论对司法的传媒监督"，载《法学研究》1999年第6期，第25页。

矛盾，导致新闻舆论监督与司法公正之间的矛盾和冲突。传媒报道注重的是记者所见所闻或采访所得的新闻事实，更多的是从客观事实和社会公众情理思维角度出发进行舆论监督和评判；法院审判必须以法律为准绳，注重的是经过审理查明有确凿证据证明的法律事实，并通过法律事实的逻辑推理和判断作出公正裁判。新闻传媒的舆论监督缺乏明确的法律定位，而法院的司法公正代表着国家强制力与终局裁量权。

其次，新闻的特性要求传媒从社会公众心理考虑，抓住新颖、奇特、典型、重大、疑难、复杂案件进行报道，引起社会公众关注与参与，形成舆论热点。在片面追求轰动效应、提高发行量、收视率、点击率的利益驱动下，新闻传媒可能会对某些案件或法律事件的情节过于渲染、炒作或妄加评论，从而对法官判案形成强大的舆论压力和心理负担。❶ 新闻传媒的职业特征就是报道动态的东西、超常的事情；而司法对待纠纷的态度是消极的，严格按照法律规定的管辖权限和程序去消弭纠纷。❷ 新闻传媒报道的新闻和评论在语言上力求通俗易懂、标新立异、扣人心弦；而法院裁判文书讲求用词严谨，法言法语，前后一致。司法裁判不考虑社会公众的心理因素，只服从于法律，只注重是否符合法理；而新闻传媒舆论监督是民意的呼声和表达。民意虽然可以告诉我们民众在想些什么、支持什么、反对什么，但民意毕竟不是法律，民意可以随时改变，民众也不必对民意负责，民意的准确性和正义性有时也值得商榷，因此，有"民意如流水"的谚语，法律与民意之间有时还是有一定距离的。

再次，新闻传媒公开报道的及时性原则要求尽可能在第一时间以最快速度完成报道，新闻报道不仅要及时，而且最好在现场报道，才能反映新闻的应有价值；而司法审判活动的过程和程序具有很强的特殊性，对时效性的要求要宽松得多，经得起时间和历史的考验。不合时宜的新闻报道和评论可能会对审判的公正性造成消极影响，如审判前对案件事实和相关证

---

❶ 卞建林："媒体监督与司法公正"，载正义网。
❷ 马闻理："舆论监督与司法公正——对《人民日报》'社会观察'专栏的观察"，见《新闻与传播评论（2001年卷）》，武汉大学出版社2002年版，第238页。

据及线索的大量披露，审判过程中对诉（控）辩双方举证和辩论的轻率表态，都可能对诉讼当事人的合法权益造成伤害，可能对法官依法独立行使审判权裁判案件造成负面影响和形成心理压力，从而影响司法公正。

最后，在传媒报道和评论的舆论监督之下，作为被监督对象的司法审判人员对舆论监督有一种本能的排斥心理，传媒的舆论监督有时被认为是对他们的不信任，于是人民法院以妨碍司法独立为由，对于新闻传媒的舆论监督进行过分的控制和打压，导致舆论监督和司法公正之间的矛盾和冲突。一方面，新闻传媒和自媒体不断地通过一种对个案的渲染，使得司法的公正性受到伤害，侵犯了审判的独立性；另一方面，人民法院对新闻传媒采访和公开报道司法审判活动及裁判文书的过分限制和控制，影响了新闻传媒舆论监督政治社会功能的实现，导致自媒体舆论传播的过度泛滥。

第三节 舆论监督与司法公正的价值分析

在我国，新闻传媒的舆论监督与人民法院司法审判在终极价值追求上具有同一性。传媒与司法的最终价值都在于追求社会公正。新闻媒体主要是通过激发公众内心的价值标准——习惯、道德来评判是非，批评侵权者的侵权行为，以追求社会习惯、道德上的公正；随着新媒体功能的发展，这种标准更加体现出习惯和道德的力量；而人民法院司法审判则通过依靠社会公众同意的公共准则——法律来解决矛盾纠纷，保障诉讼当事人的合法权益，以追求法律意义上的公正；正是由于传媒与司法的价值追求统一于社会公正这样一个共同的终极目标，因而现代法治国家均将司法独立与新闻自由作为社会基本价值予以推崇。西方法治国家以社会契约论作为界定国家与人民关系的基础，对国家这种必需的社会强制机构保持足够的警惕，既要维护正常的社会秩序，赋予国家机器以强制力，又防止公权力对公民权利的侵犯，是其宪政体制的出发点。新闻传媒被称为立法、司法、行政外的"第四种权力"，天然地站在国家的对立面，对公权力的运行进行舆论监督。而在我国，新闻传媒被视为党和人民的"喉舌"，维护社会公正是其必然的功能和职责。在分析与思考我国新闻传媒舆论监督与人民法院司法公正的关系时，应从二者之间关系的最基础最根本的体制角度来考察，而不应仅仅只局限于新闻传媒对人民法院司法审判的舆论监督这一层面。❶

新闻传媒舆论监督与人民法院司法审判之间固然存在一种监督与被监督的关系，但最根本的是一种相容与互补的关系，二者之间在终极价值追求上的同一性和功能职责上的相容性、互补性远远超过两者之间的排异性和冲突性。将我国传媒与法院的关系简单地与西方传媒与司法关系内容相比较，仅仅概括为新闻自由与司法独立类似的关系未免过于简单和生硬，完全忽略了中国的现实和实际情况。中国现行政治体制的制度设计与西方国家的政体是不同的，只有把传媒与司法放到具体的政治体制框架结构中来分析，我们才能真正厘清二者之间的关系。

当下讨论中国新闻传媒与法院司法的关系应首先着眼于政治体制的框架结构分析，中国最高权力机关是党领导下的具有立法职能和监督职能的全国人民代表大会及其常委会，行政权和司法权均产生于人大，对人大负责并报告工作。从政治学的角度分析，立法权明显高于行政权和司法权，立法机关可以监督司法机关，而司法机关对立法机关却没有司法审查权。另外，由于行政权在中国长期处于至上的地位，相对于行政权的无限膨胀而言，司法权明显势单力薄，经常受制于行政权，现实情况中的各级人民法院的人事编制、财经预算均受制于同级人民政府就是明证。这种政治体制对司法而言，直接后果便是导致法律的治理化，人民法院的司法审判被作为直接的政治体现形式，成为维护政治统治的一种治理工具。政治等同于法律，随机的政治权力策略取代法律知识的推理与判断，法律逻辑被抛弃，审理裁判案件以满足社会公众的常识为转移。❷ 所以，在某种程度上，

---

❶ 考察各国政治体制的不同制度设计是一种重要的研究舆论监督与司法公正的分析方法。

❷ 强世功："权力的组织网络与法律的治理化——陕宁边区的审判与调解"，见《中国乡土社会的法律研讨会论文集》。

我国法院的司法审判是与行政、立法相配合的社会治理手段，是执行政策的工具，我国的司法权与行政权、立法权具有本质和功能上的相同性，它不具有或不完全具备掣肘立法与行政的制度性功能。❶ 我国人民法院依法独立行使审判权与西方国家的司法独立是有区别的。法院独立审判是在党的领导和人大监督下进行的，各级法院均设有中共党组、支部；法院院长的任免是由同级党委提名后经同级人大批准通过的；法院依法独立行使审判权是指法院以整体形式的独立审判权，而不是法官个人的独立审判权。

因此，西方意义上的独立审判在我国基本不存在。我国的新闻自由与西方也是名同实不同，我国意识形态领域的话语权掌握在权力部门手中，但凡有影响的报刊、广播、电视均为政府所支配，占绝对优势的"机关报型"主流新闻传媒同样不可避免地成为党和政府的"喉舌"，各级党委政府和法院原则上的一致性使传媒传播的新闻和公共舆论呈现一元化发展的趋势。新闻传媒在我国具有准国家机关的权力和地位，新闻传媒从业人员也具有"准公务员"的身份或公共职责，新闻传媒的财产一般都属于国家财产，新闻传媒的主要负责人员也基本上是由组织人事部门任命或审核审查。因此，我国新闻传媒不具备西方新闻传媒的非官方性和民间化的主体身份。此外，我国的新闻传媒还具有较强的地域性和行业性特征，往往代表着一个行业或地区的利益。例如，广东的《南方周末》是国内最敢于"揭短"的媒体，但它一般不揭广东的短，这就是地域性限制的原因。❷ 我国新闻传媒这些与西方完全不同的特征决定了其独特的行为方式和运行模式，也注定了中国新闻传媒不具有与主流政治相抗衡的身份和态度。实质上，主流政治与传媒、法院是"一主二仆"的关系，新闻传媒与法院司法均属国家政治体制内的社会治理手段，新闻传媒与法院司法之间不存在根本性或非常严重的冲突，即使新闻传媒对法院司法有限的舆论监督也是以主流政治主体的心理承受能力为限度的。所以，不能用西方传媒新闻自由

---

❶ 左卫民、汤火箭："传媒与司法关系新探"，载 http：www.chinajudicialreform.cn。
❷ 《南方周末》虽然在国内开展的新闻舆论监督是较有名气的，但很少见到其对广东地域的各类事件进行舆论监督，这就是新闻传媒地域性特点的显著性表现。

与法院司法独立关系的理论来分析中国新闻传媒舆论监督与人民法院司法公正的关系，而应从中国社会的政治制度视角来分析。我国新闻传媒与法院司法审判呈现高度的一致性，二者之间并无根本性的矛盾，新闻传媒舆论监督与法院司法公正的目的均在于追求党中央所拟定的构建社会主义和谐社会的宏伟蓝图，传媒的社会功能与法院的司法权能是一种相容与互补的关系。新闻传媒与法院司法在现代社会中都是维系社会统治集团利益的工具，都是统治者进行社会治理的工具，也是现代国家政治制度不可或缺的重要支柱。然而，新媒体功能对此增加了一项检测功能，自媒体的传播渠道扩展，使得新闻媒体只能报道真实的事实，而无法掩饰虚假新闻。

社会统治存在权威、交换、说服三大基本要素，传媒属于"说服"范畴，司法属于"权威"范畴，都是主流社会统治阶层掌握的，为统治阶级利益服务的社会组织形态。❶ 我国传媒舆论监督与法院司法公正追求的终极目标相同，传媒在社会总的发展趋势要求下，将民主与法治作为自己主要价值目标；法院从司法审判的职能出发，对民主与法治的目标更是格外关心。法院以执行法律、维护法治为己任，传媒以弘扬道德、宣传法治为其重要任务，法律与习惯、道德在大部分场合都是相容的，二者发生矛盾和冲突的场合相对较少。以体现公众意志为其存在的主要理由的传媒与密切关注人民利益和社会利益的法院在对待人民的态度上也是一致的，二者在主要价值层面上并无大的矛盾和冲突。传媒与法院都具有共同的社会理念和价值观念，理念上的一致性决定了二者之间的相容性大于冲突性。

新闻传媒以社会公众代言人的身份自许，为社会公众求得社会公正是其宗旨；人民法院以追求司法公正为其奋斗目标，社会公正与司法公正具有理念最终的趋同性和一致性。新闻传媒与法院司法在公开和透明原则上也存在一致性，法院审判公开原则要求审判活动必须依法"公开"，合乎正义的司法诉讼程序对审判的透明度有着越来越严格的要求；新闻传媒舆

---

❶ ［美］林德布洛姆著，王逸舟译：《政治与市场世界的政治—经济制度》（第一部分），上海三联书店1994年版。

论监督也要求审判活动的公开与透明,传媒的新闻传播还可以大大增加司法活动的公开性和透明度,二者对审判活动都有"公开"的共同期盼和共同的内在动力。

第四节　舆论监督与司法公正的关联性

新闻传媒的舆论监督与法院司法审判之间在运行程序上具有极强的关联性和互动性,新闻传媒的舆论监督与法院司法公正在民主与法治的进程中都有各自漫长的路要走,双方在各自发展壮大和成熟的进程中需要相互帮助、相互依赖和相互提携之处很多,舆论监督与司法公正是一种关联与互动的相辅相成的博弈关系。

第一,法院的审判工作和司法判决要让社会公众知晓,法院要扩大判决的震慑力和法制宣传的效果,离不开传媒舆论监督和评论的帮助,司法审判需要借助新闻传媒的舆论监督推动司法公正和社会公正的实现,形成二者的良性互动。法院判决追求法律效果和社会效果的统一,必然要借助传媒社会功能的发挥。由于道德与法律的差距、法律本身的局限性、司法活动的局限性和法律自身的逻辑性,使判决的法律效果与社会效果常常出现差距,法院要追求审判工作法律效果的最大化,要追求法律效果与社会效果的统一,需要依靠传媒的传播和宣传功能的辅助。现代社会已经进入信息时代,大众传媒正以前所未有的速度迅猛发展,从手抄传媒到印刷传媒再到广播电视等电讯传媒,直到今天的网络传媒,人类的传播方式已经经历了四次革命。在信息时代里,信息的传播功能非常重要,法院审判工作离不开信息传播,更离不开传媒的法制宣传和舆论宣传。司法审判有其自身的活动规律和程序性要求,相对社会公众而言,神秘而又封闭。同时司法又与社会公众的权益保护密切相关,人民法院及其审判人员具有的司法审判权和自由裁量权让社会公众不安。舆论监督将司法审判暴露于社会公众的视线之下,拉近了司法与普通民众的距离,成为两者交流沟通的媒介载体。一方面,新闻媒体将司法审判和司法审判活动向社会公众公开,宣传法律知识和法律精神，提高司法的公信力和公信度。另一方面，媒体将民众的声音——民意反馈于司法，修正司法行为，形成司法与传媒的良性互动。以美国的实践为例，尽管美国联邦最高法院居于政治枢纽的地位，甚至美国的传媒被戏称为"九个老人的专政"，但专门研究美国最高法院历史的学者则认为："法官的判决造就了法律，而创造历史的常常正是民众对司法判决的看法。""一个不容否认的事实是，如果说法律通过司法判决的官方报告传致法律家，那么可以说法律传致则是通过报刊传媒的过滤，尽管报刊传媒往往带有党派的偏见，而且还常常采取夸张、扭曲和充满政治色彩的方式。"❶ 社会公众对司法宣告的法律（判决）的反应，一直是美国社会发展过程中一个非常重要的因素。在著名的辛普森案件审判中，其实90%的美国民众都认为辛普森就是凶手，但是大家接受了法官和陪审团共同作出的无罪判决结果，因为社会公众相信辛普森受到了程序公正的审判，无罪是因为证据问题。克拉克也指出："在审判尤其是刑事审判过程中，反应灵敏的新闻界常常被视为有效司法的助手。"❷ 新闻传媒不仅报道有关司法审判的信息，而且使司法审判活动服从广泛的社会公众舆论监督和批评，反映社会公众的意愿与呼声，使法官司法行为符合社会公众和民意的认同标准，让社会公众相信社会正义由于司法公正得以实现。孟子云："徒法不足以自行。"条文中的法律变成生活中活生生的法律，除了要有高素质的法官之外，还应当借助新闻传媒的传播和舆论宣传功能大力弘扬法治精神。把法律规范和原则变成社会公众的信念和普遍遵守的规则，同样需要传播媒介的宣传、引导和教化。法院审判案件只能对涉案当事人有所影响，而如果借助传媒传播、宣传功能则可以将案件审判的法律效果和社会效果几倍、几百倍，甚至几千几万倍地扩大，法律的精神才能在全社会得以彰显。

第二，新闻传媒具有对司法审判进行公开监督的社会职能作用。司法

---

❶ Elder Witt (ed.), *Guide to the U.S. Supreme Court*, Congressional Quarterly Inc., 1979, p. 705.

❷ Ibid., p. 440.

公正是法治社会的本质要求，但行使司法审判权的人并不会天然地追求司法公正，法官的司法审判活动总要受到外界和内心的影响和制约。同时，法官的司法审判行为与其个人素质也密切相关。"法官虽然是独立地根据自己的良心去从事司法行为，但法官受到来自主观的法律感觉、正义感、世界观、道德信念等的影响"。❶ 法官也是普通的凡人，在司法审判活动中同样有非理性、非理智的一面，即在适用法律过程中不可能不受到自身具有的性格、经历、习惯、道德、宗教、情绪等各种非理性因素的影响，从而使司法裁判呈现复杂的特点。加上各种各样的物质利益诱惑，司法审判的变数很多，更容易偏离司法公正的本来面目。这样，要实现司法公正，对法官的约束是必要的。这种约束，包括法官自身的理性、道德修养，也包括其他有权机关的制约和各种社会监督等。新闻媒体因其具有的开放性和广泛性，使社会上任何一个想要了解社会现象的人都可以通过新闻媒体获取相关信息。将司法审判活动公开展现在社会公众面前，不仅满足了社会公众的知情权，而且对法官也形成戒律，促使他们理性地去思考和裁判案件，杜绝非理性因素对司法公正的影响。"阳光是最好的防腐剂"，很难想象，在众目睽睽、光天化日之下，徇私舞弊、枉法裁判、司法不公、司法不廉会有存在的空间。从某种意义上来说，司法公开是司法民主本身的要求，同时也是实现司法公正的有力保障，而媒体的报道则大大增加了司法活动的公开性和透明度。贝卡利亚曾指出："审判应当公开，犯罪的证据应当公开，以便使或许是社会唯一制约手段的舆论能够约束强力和欲望；这样，人民就说，我们不是奴隶，我们受到保护。"❷ 新闻传媒因为公开报道和舆论监督的职能而具有天然的监督制约司法审判不公不廉的功能和职能作用。

第三，法院审判工作是传媒新闻报道和评论的重要新闻线索和内容。迈向民主与法治的社会，社会的治理手段已经由过去的行政治理方式转变

---

❶ [日] 川崎武夫：《法哲学与法解释学》，晃洋书局1975年版，第331页。
❷ [意] 贝卡利亚著，黄风译：《犯罪与刑罚》，大百科全书出版社1993年版，第20页。

为法律治理方式，现代社会的变革实际上是法律逐渐作用于全社会的变革过程。新闻是新近发生事实的报道，法院审判涉及社会生活的方方面面，大到社会的稳定和安宁，小到公民的家庭生活等都是法律调整的范畴，这些都是新闻报道的重要内容，法制类新闻是整个新闻报道中不可或缺的重要部分，如何把法制类新闻报道好是传媒面临的重要课题。现实情况是具有新闻价值的司法资源被不合适地封锁，法院对传媒舆论监督的过分封锁和管制，影响了传媒业的进一步发展和壮大。法制类新闻是社会公众历来最为关注的新闻内容，作为重要的新闻来源，传媒舆论监督非常需要法院的支持和协助。怎样既符合新闻报道的规律，又不超越法律界限把法制类新闻报道好，在实现传媒传播最新信息功能的同时又彰显法律精神非常值得传媒和法院来共同研究。

第四，传媒的舆论监督被各类新闻侵权官司所苦，直接影响和阻碍了新闻传媒的发展。宪法确立的名誉权保护原则与言论自由原则如何平衡与协调？新闻传媒如何在不侵犯公民或法人名誉权的前提下实现新闻的公开自由报道？我国宪法确立了公民的名誉权受法律保护的原则，《中华人民共和国民法通则》就名誉权侵权问题专门进行了规定，而对于新闻传媒在何种情况下的新闻报道构成侵权则没有规定统一的标准，由此给新闻传媒的舆论监督留下隐患，新闻报道和新闻评论一不小心就构成了新闻侵权[1]，新闻传媒被诉名誉侵权案件已非常普遍，大量的名誉权侵权纠纷案件使新闻传媒在进行舆论监督和进行法制类新闻公开报道时变得心惊胆颤，而对于此类案件的公正裁判则是传媒能否实现其社会功能的重要保障。宪法规定的言论权与名誉权之间如何平衡也是传媒与司法互动关系的重要内容。由于现阶段没有新闻法规对于新闻传媒的舆论监督设定明确的法律界限，使得新闻舆论监督侵权成为时有发生的事实，这使得新闻传媒的舆论监督在一定范围内受到限制和阻碍，也不利于新闻传媒的舆论监督对司法公正

---

[1] 新闻机构在传播新闻的过程中由于主客观条件的限制造成对他人民事权利的损害就是新闻侵权。

的促进。

第五，新闻传媒恰当的舆论监督有助于促进司法审判的程序公正和实体公正。司法公正可分为实质公正与程序公正，实质公正是目的，程序公正是手段。鉴于新闻媒体在促进司法公正，进而促进社会公正的职能作用，学者们对新闻传媒的舆论监督给予了很高评价。杰佛逊指出："人民是其统治者的唯一监督者，——民意是政府行为的根据，——如果让我在没有报纸的政府和没有政府的报纸之间做选择，我会毫不犹豫地选择后者。"[1] 1994 年在西班牙马德里制定的《关于在新闻媒体与司法独立关系的基本原则》第 1 条规定："媒体有职责和权利收集情况，向公众传达信息，并在不违反无罪推定原则之前提下，对司法活动进行评论，包括对庭审前、庭审中和庭审后的案件。"我国是一个最为强调追求实质公正的国家，对实质公正的追求成为司法审判的终极价值追求，甚至可以为此牺牲程序公正。新闻传媒的舆论监督有助于促进司法审判的两种公正价值的实现。法律为公民提供一体的法律保护，公民在法律面前人人平等。但不同当事人因为财产、地位、职业、学识、能力、家庭背景等差异，在司法审判中实际上很难做到法律面前人人平等，即使勉强做到了程序意义上的法律面前人人平等，也难以真正做到实质意义上的法律之内的人人平等。个别有钱有势的当事人，可以聘请优秀的律师为其提供法律服务，甚至贿赂法官或管法官的官员以迫使法官作出对自己有利的司法裁判结果。新闻传媒的社会功能之一就是为贫困民众和弱者撑起法律保护的天空，通过广泛的公开报道，形成强有力的社会舆论，表达贫困者和弱势群体的正义呼声，约束富人和强者的恣意行为，推动司法审判实质公正的实现。新闻媒体的舆论监督可以为弱势群体提供道义和舆论上的帮助，从而推动司法审判实质公正的实现。虽然新闻传媒也有被有钱人收买贿赂或屈从于强权的可能，但毕竟有这样一个为贫困者和弱势群体讲话的渠道和途径；再者，案件事实一经公

---

[1] Elder Witt (ed.), *Guide to the U.S. Supreme Court*, Congressional Quarterly Inc., 1979, p. 423.

开报道，收买舆论和强制舆论都是非常困难的事情，社会公众的良心和习惯、道德就是抑制贿赂和强权的最好途径。

第六，传媒舆论监督与法院审判独立的相互作用和影响。现代司法审判作为一种解决社会矛盾纠纷的最终手段能够得以正常有效地运行，司法独立和司法中立功不可没。这是因为现代社会一般都将司法审判作为公民权利行使及社会公正实现的最后一道防线，因而也就必然要求"司法机关应不偏不倚、以事实为依据并依法律规定来裁决其所受理的案件，而不应有任何约束，也不应为任何直接或间接不当的影响、怂恿、压力、威胁或干涉所左右，不论来自何方或出自何种理由"，而法官则应"除了法律就没有别的上司"。从政治治理的角度来看，司法审判独立也是现代法治国家政治体制正常运作的基本要求，正如约翰·亚当斯所指出："司法权应当从立法和行政两部门中分离，并独立于它们，使得它能对这两个部门形成制约。"孟德斯鸠也指出："如果司法权不同立法权和行政权分立，自由也就不存在。如果司法权和立法权合二为一，则将对公民的自由施行专断的权力，因为法官就是立法者，如果司法权同行政权合二为一，法官便将握有压迫者的力量。"新闻自由是指宪法和法律赋予公民所享有的从事、利用新闻活动而不受非法干涉的民主权利，是宪法规定的公民的言论自由、出版自由在新闻活动中的体现。❶ 新闻自由已是当今几乎所有国家所保障的基本人权，新闻自由保障了媒体为了满足人民"知"的需要，发觉、采访以及批评一个事件的权利。而同样是被现代立宪国家视为不可不备的"司法独立"的宪法理念，除了保障法官可以依据法律独立审判，不受行政或立法权力的干涉，使法官可依据自己的良知与法律素养，就承审案件作公正的裁判外，也包括建立相关的配套制度。在此，必然会产生新闻行为与司法行为发生"交集"的情形❷。新闻自由与司法独立如何能够达到"双赢"的效果是传媒与法院互动关系中最为关键的问题。传媒的舆论监

---

❶ 董炳和：《新闻侵权与赔偿》，青岛海洋大学出版社1998年版，第11页。
❷ 陈新民："新闻自由与司法独立——一个比较法制上的观察与分析"，见北京大学法学院人权研究中心编：《司法公正与权利保障》，中国法制出版社2001年版，第175页。

督与法院的司法审判活动都同时发挥着惩恶扬善、匡扶正义的功能，但二者毕竟是性质迥异的两种价值评价体系，传媒与司法分别以习惯道德与法律为中心来发挥自身的功能，二者在社会中所起的作用以及各自的运行规律都表现出明显的差异，传媒的舆论监督与法院的司法公正之间不可避免地会产生冲突和对抗。一方面，传媒舆论监督的舆论监督功能可能超过法律界限干扰法院公正审判，可能导致社会公众对司法的不信任，从而损害司法的权威性，最终使人们丧失对法律的信仰；另一方面，如果传媒的舆论监督受到过多的限制，又将影响社会公众对公共权力的监督，包括对司法权的监督，如果司法权力得不到必要的监督，则容易导致司法权的滥用，这更加危险。如何平衡传媒新闻报道的舆论监督功能与人民法院依法独立行使审判权的互动关系，促进司法公正和实现社会正义，成为新闻传媒和司法审判亟待解决的现实问题，这也是最高人民法院新近司法改革力推三大信息公开平台举措的真实动因。❶

第五节　舆论监督与司法公正的无序性

新闻传媒的舆论监督与人民法院的司法公正之间的矛盾与冲突问题的提出，要找出求解答案和对策不仅需要对舆论监督与司法公正的关联性进行理性分析和法理思考，还应当从不同的维度全面分析新闻传媒舆论监督与人民法院司法审判之间在制度设计安排上存在的无序性和相互制约性。当我们思考新闻传媒舆论监督与人民法院司法公正辩证关系中存在的关联性和互动性的同时，还应当清醒地看到传媒与司法之间目前最值得去调整和规范的无序性。

从目前的现实状况来看，新闻传媒舆论监督与人民法院司法公正之间存在大量的无序性及相互制约性关系问题亟待研究解决。在人民法院

---

❶　所谓"三大信息公开平台"，是指审判管理流程信息公开平台、生效裁判文书信息公开平台、执行信息公开平台。

的司法审判实践中,由于现行法律和相关规范对于新闻传媒关于诉讼的公开报道和舆论监督缺乏有效的合法性限制,新闻传媒的自律机制也难以发挥作用,造成新闻传媒和舆论经常就未决案件发表不受约束、不负责任的评论,出现"舆论干扰司法"的"舆论审判"现象,当传媒舆论监督的舆论功能有意无意对审判的干扰行为具有一定的普遍性时,就必然对宪法赋予法院的独立审判权造成一定的侵害,给法院审判工作造成一定的负面影响,这是目前传媒舆论监督与法院司法审判关系无序性的普遍表现形式。

更为严重的是现在新闻传媒的舆论监督普遍存在一种把法院和法官群体"妖魔化"的倾向,具体体现在:一方面,新闻传媒过分渲染司法审判领域少数法官的腐败现象,把少数、个别法官的腐败行为经过渲染演化扩大为整个人民法院和法官队伍的腐败行为;另一方面,新闻传媒的舆论监督过分渲染和暴露人民法院审判工作中的负面内容,通过对阴暗面的曝光丑化人民法院和法官队伍的整体形象。例如,某媒体报道的某地基层法院开庭审判案件时审判长当众接听手机、主审法官不穿法袍、书记员不穿制服的新闻,且不说法律和庭审的纪律有明确规定非经法庭准许不准照相、录像,偷录、偷拍的新闻是否该公开报道,单从过分渲染法院和法官的负面影响来讲,实在是有失于新闻传媒的道德规范要求。由于长期以来新闻传媒的舆论监督的过分渲染和把人民法院"妖魔化"的新闻报道倾向,导致社会公众对人民法院司法审判工作的误解和不信任,从而损害司法的权威性和公信力,最终的结果就是使社会公逐渐丧失对法律的信仰,人们对法律的信仰和对司法权威的崇尚一旦丧失,司法作为维系社会正义的最后一道防线也就变得毫无价值可言,整个社会将会陷于一种混乱的无政府状态。新闻传媒与法院司法关系的无序性必将导致整个社会的无序性,这是非常危险的。

为什么新闻传媒的舆论监督在行使舆论监督的过程中有将人民法院"妖魔化"的倾向?为什么传媒通过舆论有意无意地打压法院?为什么传媒通过舆论监督有意无意地阻碍法院的司法体制改革?究其原因无非是

两个方面：一是行政权对司法权的天然抗拒和政法系统内部职能划分不合理、不科学和本能的争权行为所致；二是传媒舆论监督缺乏必要的法律规制所致。传媒对司法舆论监督问题是在中国司法体制改革的大环境中提出，并且作为司法体制改革的一项具体措施来认识和讨论的。传媒对司法的舆论监督目的在于加强和保证司法的公正性、民主性，更为广泛、有效地保障社会成员的权利。❶ 但新闻传媒的舆论监督是一把"双刃剑"，在有助于实现司法审判公开的同时，又可能对司法审判独立构成威胁。司法审判本身是一个以主观认识客观，从已知探求未知的活动，法官的理性思维与独立判断是正确认识案件事实和适用法律的基础。法官在理性判断与逻辑推理的过程中，排除各种形式的干扰和影响，包括来自传媒的渲染和影响，对于公正裁判是十分重要和必须的。由于新闻传媒舆论监督对法院司法审判表现的公开报道与评价没有明确的法律界限，而传媒新闻公开报道所遵循的自由性原则、典型性原则以及及时性原则又对司法审判权的独立行使具有天然的侵犯性；而且，由于价值评价标准与评价体系的不同，在促进司法公正的同时，新闻传媒的舆论监督同样也对人民法院司法审判权的依法独立行使具有天然的侵犯性。这导致实践中，新闻传媒因过多的强调新闻自由，而对法院司法审判活动的公开报道和评论往往超越了法律的界限，从而对审判独立和司法公正造成侵害，正如有的学者所言："现代大众传播工具如新闻报道、无线电与电视之发达，往往对于法官独立性构成威胁，由于大众传播工具对于司法领域之报道，而对司法之影响程度亦日渐上增，因为整个社会舆论，均为大众传播工具所控制，有些法官之审判，就可能受此等组织之传播系统控制之舆论所左右，而失去独立审判之立场。"❷

新闻传媒的舆论监督对人民法院依法独立行使审判权的侵犯性主要体现在如下几个方面：（1）新闻传媒的新闻舆论监督追求新闻的轰动效

---

❶ 顾培东："论对司法的传媒监督"，载《法学研究》1999年第6期，第17页。
❷ 卞建林："媒体监督与司法公正"，载《政法论坛》2000年第6期，第124页。

应以及新闻的及时性行业要求对人民法院依法独立行使审判权构成的侵犯。新闻传媒的舆论监督具有两个最为显著的新闻行业特征：①新闻的轰动性效应，"狗咬人不是新闻，人咬狗才是新闻"的新闻判断标准使新闻传媒在报道司法审判时注重"新、奇、怪"的案例，注重首例案例，注重案件的新闻性和故事性。人们之间的纷争具有内在的冲突性与司法裁判的不确定性，一些大案要案的敏感性往往把司法活动推向社会关注的焦点。为了追求新闻报道轰动性，新闻媒体对案件的细枝末节大肆渲染，把一些与案件定性无关联的事实无限夸大，把犯罪嫌疑人描写的无恶不作，以达到众人皆曰可杀的程度。②时效性。新闻报道重在一个"新"字，没有时效性的法律事件是不具备新闻价值的。在查明事实真相、核对案件事实上，司法审判程序与媒体新闻报道程序有天壤之别。媒体在短时间内不可能遵循严格而繁琐的司法审查调查程序，对所有相关证据和细节一一调查举证质证认证核实，这样，新闻传媒舆论监督的新闻报道事实与司法审判认定的法律事实之间就会存在一定的差距或者出入，不可能完全一致，有时甚至出现完全相反的结论。但新闻媒体对案件事实的公开报道已经给社会公众造成了先入为主的印象，当司法审判最终作出的司法裁判与社会公众的价值和事实判断标准不一致时，社会公众就会误认为司法裁判不公正。新闻传媒的舆论监督所追求的轰动性与时效性的行业特别要求，在一定程度上扭曲了案件的事实真相，人为地造成社会公众与司法审判机关在认定案件事实上的差异。而社会公众先入为主的事实和价值判断无疑给法官审判造成巨大的舆论压力，影响法官依法独立审判作出公正裁判。（2）新闻传媒因为自身的利益需求而造成对司法公正的侵犯。从新闻媒体的投资主体性质来分析，虽然当今新闻媒体的主体性质呈现出多元化的格局，但主流媒体仍然以公立传媒为主。公立媒体因具有国家政府机关的背景，大多表现为某地党委政府或部门的"机关报型"媒体。有学者对我国当代主流新闻媒体进行深刻剖析："机关报式媒体的最大特点是它要以所隶属机关的意志为意志，而不能够单纯地以新闻事业的规则去运作。在一定程度上说，机关报式媒体不过是我们古典的邸报型官式媒介在现代的翻版。"❶ 地域或部门的局限性决定了新闻媒体不可能以维护社会公平与正义为主旨。对于本地方、本部门的种种丑恶不良现象,在其他媒体大张旗鼓讨伐时,机关报只能哑口无言,默默以对。而公立媒体又由于其投资者来自民间,自然以投资利益的最大化为出发点,社会公平、司法公正只是为了实现其传媒企业营利目的,增强传媒企业自身影响的手段而已。"媒体的本质,不是维护正义的组织而是传播信息的组织。换言之,正义不是媒体的目的,信息才是它的目的"。❷ 媒体在追逐、传播信息的同时也会产生维护社会公正的效果,但这并非舆论监督的本质,媒体绝非社会正义的化身。因而,"用低调的眼光来看,传媒对司法的监督只是传媒追求自我目标的副产品,传媒实施监督的内在动因包含在传媒对自身利益的追求之中。"❸ 我国社会公众有从报纸、广播、电视了解政策文件的习惯,在许多人的心目中,新闻媒体的报道就是官方的声音,是毋庸置疑的。当新闻媒体具备司法机关才拥有的权威性时,司法独立性就不复存在了。现实中,新闻传媒也往往以社会正义的化身自居而凌驾于司法之上。因为社会公众更容易相信舆论监督的道德正义,而不是司法裁判的法律正义,即使这种新闻报道有报道者的私利因素。(3) 新闻传媒的舆论监督通过加剧其他部门对人民法院依法独立行使审判权的干预,从而影响司法公正。正如汉密尔顿所言:"就人类天性而言,对某人的生活有控制权,等于对其意志有控制权。"❹ 从我国现行的政体来看,我国司法机关由人大选举,对人大负责并报告工作,人大及其常委会有权监督司法机关的工作。而在现实的政治体制制度设计中,由于司法审判机关在人、财、物上均

---

❶ 贺卫方:"传媒与司法三题",载《法学研究》1998年第6期,第22页。

❷ 李咏:"媒体与司法的紧张与冲突——制度与理念的再分析",载《中外法学》1999年第6期,第178页。

❸ 顾培东:"论对司法的传媒监督",载《法学研究》1999年第6期,第22页。

❹ [美]亚历山大·汉密尔顿、约翰·杰伊、詹姆逊·麦迪逊等著,程逢如、在汉、舒逊译:《联邦党人文集》,商务印书馆1980年版,第396页。

受制于地方党委政府,司法审判机关不可能不受其控制和影响。当新闻传媒的舆论监督将某一案件置于社会舆论的巨大压力时,各级领导和地方党委、政府、人大、政协等党委、权力机关、社会团体组织为表示对案件的关注或重视,层层批示,限期审结,或要求"从重、从严、从快",或要求"考虑法律效果与社会效果的统一",或要求"考虑民生问题",或要求"依法公正处理",或要求"依法审理,并报结果"。司法机关在审理案件时,不可能不考虑各级领导机关及领导个人的意图和指示,因为自己的前程、利益或法院的利益均受控于领导及领导机关,等等。从这个意义上讲,司法审判机关由于受到各级相关权力部门的干涉而丧失独立性和中立性,或者说新闻媒体通过借助相关权力部门的权力而构成对人民法院依法独立行使审判权作出公正裁判的侵犯或影响。

由于审判活动的严肃性、程序性和法院判决在社会上的重要影响,新闻传媒的公开报道、评论的范围和程度应当受到一定的限制。不仅新闻的采集、发布和传送要遵照有关法律规定进行,而且对案件的评价意见和批评更应该慎重。从事司法新闻报道和舆论监督的记者应当具有社会主义法治理念和司法程序意识,以及对法律精神的理解和对法律的信仰,应当持有对法律负责和对法律事实的真实性负责的谨慎态度,应比一般的社会新闻承担更重的法律责任。新闻传媒与司法公正之间的关系在现实情况下的无序性以及新闻传媒的舆论监督对司法公正的侵犯必须通过合理的制度建构来规范和调整。

第六节 习惯、道德观念与法治思维价值矛盾的理性分析

新闻传媒的舆论监督与人民法院司法审判之间的矛盾和冲突既反映了二者之间存在相互依存的互动关系,也反映了传媒与司法关系之间的无序现状,二者之间的矛盾与冲突证明传媒舆论监督与法院司法公正之间缺乏一个清晰、完整的法律制度来规范和协调。反思传媒的新闻报道和法院的

司法审判在建设民主与法治社会的历史使命和社会责任,透视习惯、道德与法律两种社会规范的社会定位与互动关系,我们需要对中国的传媒与法院之间的特殊关系进行理性思考和法理分析,以社会主义法治理念与传媒习惯道德观念的冲突与契合为视角,澄清理念和制度上的误解,以求在二者之间关系上建构更为合理的制度安排和进行更为恰当的规范,从而促进舆论监督与司法公正在我国得到更广泛的发展和更切实的保障,真正实现新闻传媒的舆论监督社会功能和人民法院的司法公正。

我们把新闻传媒舆论监督与人民法院司法公正之间的矛盾和冲突的主要原因最终归结为习惯道德与法律之间的冲突,是基于对社会主义法治理念及司法理念与传媒道德观念存在的差异和冲突的理性分析。所谓司法理念是指导司法制度设计和司法实际运作的理论基础和主导的价值观,也是基于不同的价值观(意识形态或文化传统)对司法的功能、性质和应然模式的系统思考。❶现代社会法治理念及司法理念与传媒习惯道德观念之间的矛盾与冲突,构成了人民法院司法公正与新闻传媒舆论监督的矛盾和冲突;法律与习惯道德作为社会调整的基本规范,数千年来,交融与制约并存,互补与互动同在,矛盾与冲突始终交织其中,传媒与司法之间的冲突实质上就是习惯道德与法律的冲突。传媒以社会公众习惯道德为基准来追求社会正义。习惯道德是调整人与人、人与社会关系的行为规范的总和,习惯道德理念在新闻传媒舆论监督的总体思维中占据了主导地位,新闻传媒信奉的社会公众习惯道德理念是以善与恶、正义与非正义、公正与偏私、诚实与虚伪、高尚与卑劣、光荣与耻辱等价值评价标准为基准的思维观念,并以此标准来评价、判断和约束人们的思想和行为,从而达到调整社会关系,维持一定的社会秩序和社会公正,保障正常的社会生活秩序的目的。习惯道德是有别于法律的社会行为准则,它对人们思想和行为的调整,从范围上讲更宽泛,其本身所具有的特点使对它的遵守往往依赖于行为人的内心自律,新闻传媒习惯道德观念是凭借舆论监督的舆论功能来影响和调

---

❶ 范愉:"现代司法理念漫谈",载http:www.jus.cn.

整人们的思想和行为的。而法律是以国家意志形式表达的对公民行为的最低要求，其所保证和体现的是基本的和最低限度的道德，即法律本身内涵的道德底线，层次比较单一，着眼点在于社会基本的安全、秩序、稳定、效率和公平。法律的国家强制性要求法院在审判案件时只能按照社会道德和秩序的最低标准——法律规则来作出公正裁判，法院审判是以法律为基准来追求社会正义的，法治理念及司法理念在法院的司法审判活动中占据主导地位。透视法律与道德存在矛盾的内在原因和根据，探索二者之间不断冲突的机理，我们可以准确把握这两种规范的社会定位，探求当代社会主义法治理念及司法理念与传媒习惯道德观念的沟通与融合，缓解和平衡传媒舆论监督与法院司法公正之间的矛盾和冲突；通过当代社会主义法治理念及司法理念贯彻始终的制度建构建立传媒与司法之间的协调互动关系，促进新闻传媒舆论监督与人民法院司法公正的"双赢"。当代社会主义法治理念及司法理念与传媒习惯、道德观念作为人民法院司法公正与新闻传媒舆论监督各自特有的基本价值观念，虽然在一定的范畴和程度上具有一致性、共同性和交融性，但毕竟是分属于两种不同的社会规范系统的价值观念，两种价值观的价值层次、价值内容和价值实现均存在较多的差异和矛盾。对两种价值现有的矛盾和冲突进行理性分析和思考是实现二者沟通和融合的基础和前提。

首先，当代社会主义法治理念及司法理念与传媒习惯、道德观念在价值层次上存在矛盾与冲突。法律是社会公众道德的最低底限，两种价值观的价值层次是不一样的。在法院的审判中，只能依据最低的习惯、道德标准——法律来裁判案件，而不能依据更高层次的道德观念来裁判。有时法律价值观与道德价值观在价值层次上是重合的，此时司法与传媒的标准也会重合；而有时道德价值观的层次则高于法律价值观，在此情况下，只能牺牲较高层次的道德观而以法律维护最基本的道德和秩序。此时新闻传媒的舆论监督与人民法院的司法公正在价值层次上必然会出现一定程度的冲突和错位。法律追求经过提炼后的社会正义，是最低的道德标准，目的在于维系整个社会的秩序的稳定和安全。习惯、道德追求理想和高尚的社会正义，体现着社会公众对美好生活的向往和追求。法律可以也应当成为公民普遍遵守的法律义务，高尚的道德则不能也不应成为公民普遍的法律义务。在司法审判和传媒报道中，我们可以倡导扶危济难、公而忘私、见义勇为等利他行为和有利于社会的行为，却无法作为公民的法律义务，此类行为虽有助于道德文明和社会进步，但毕竟是层次较高的道德要求，对社会先进分子如共产党员、领导干部适宜，要求普遍公民则过于苛求，脱离实际的过高道德要求有背于法律的性质、功能以及公民自由的维护与发展。❶ 正如富勒所言："法律没有办法可以用以强迫一个人做到他力所能及的优良程度。"❷ 在高尚的习惯、道德观念与法律的价值观感价值层次上出现冲突和错位的情况下，当代社会主义法治理念及司法理念与新闻传媒的习惯、道德观念也必然会产生价值观念上的冲突和矛盾。

其次，当代社会主义法治理念及司法理念与新闻传媒习惯道德观念在价值观内容上存在矛盾与冲突。当代社会主义法治理念及司法理念与新闻传媒的习惯道德观念在各自价值观的内容构成上存在一定的差异和距离，由不同的价值内容所形成的习惯、道德价值观和法律价值观必然会出现思想上的混乱和多元以及行为上的错位和矛盾。法院审判依据的是法律规则，法律强调权利与义务的平衡，对公益和私利并重，鼓励竞争和对利益的正当追求，法律以权利为本位，以权利背后的利益为利导机制，关注行为的合法和利益的平衡，法律关于权利与义务的规定是双向并对立统一的。法律规则以国家强制力作后盾，是通过利益导向影响和调整的意识和行为；新闻传媒报道依据的是习惯、道德规范，习惯、道德以义务为本位，强调奉献和义务，追求忠义至上和公共利益，忽视权利和利益，要求人们从思想到行为上的自律、纯洁和不断完善，强化个人对社会、集体和他人的责

---

❶ 中国共产党关于《公民道德建设实施纲要》规定："积极鼓励一切有利于国家统一、民族团结、经济发展、社会进步的思想道德，大力倡导共产党员和各级干部带头实践社会主义、共产主义道德，引导人们在遵守基本道德规范的基础上，不断追求更高的道德目标。"这项规定只是鼓励和倡导，并没有任何的强制。

❷ ［美］富勒：《法律的道德性》，耶鲁大学出版社1997年版，第7页。

任，习惯、道德规范缺乏利导机制，宣扬的是对利益的舍弃和牺牲。习惯、道德与法律在价值内容上的差异使新闻传媒舆论监督与人民法院司法公正之间自然产生矛盾和冲突。

最后，当代社会主义法治理念及司法理念与传媒道德观念在施行上存在矛盾与冲突。新闻传媒的舆论监督报道和人民法院司法审判各自的依据和诉求不同，功利选择不同，二者在实践中的冲突也就在所难免。"道德作用的有效发挥更多的依赖于熟人的社会"，"一个熟人社会以及形成熟人社会的许多社会组织（例如，单位、街道、村落）都实际构成了对人们的不道德、不轨行为的一种下意识的制约"。❶ 而法律的有效作用范围不仅是"熟人社会"，而且包括"陌生人社会"，法律稳定社会秩序和公平的强制效果远甚于道德。道德实施的标准是不确定的，很难统一；而法律实施的标准是统一和明确的，并且是强制的、理性的和程序化的。法律具有强制性，追求的是权利与权利之间、权利与义务之间、利益与利益之间的平衡与协调，以公平为目标，以利益为手段；道德则缺乏强制性，追求的是内心的纯洁与思想境界的高尚，以内心信念、认同和舆论为实施的手段，二者在实施手段上的差异也必然使传媒的舆论监督与法院的司法公正在实施过程产生矛盾和冲突。法律的发展与道德发展并非时时都是同步和协调的，因而二者的实施和协调也并非易事，法律与习惯、道德在实施过程中的互相冲突和矛盾，必然造成两种理念价值观上的冲突，也必然使传媒舆论监督与法院司法公正在各自实现其价值功能的过程中产生矛盾和冲突。

第七节　舆论监督与司法公正价值观念的沟通与融合

虽然当代社会主义法治思维及司法理念与新闻传媒习惯道德观念之间的矛盾与冲突难以避免，但在新闻传媒与人民法院司法关系的协调与平衡

---

❶ 苏力："把道德放在社会生活的合适位置"，载《阅读秩序》，山东教育出版社1999年版，第50页。

方面，两种理念价值观的沟通与融合不仅是必要的，而且是必须的。

首先，应当促进当代社会主义法治思维及司法理念与新闻传媒习惯、道德观念在价值观念层次上的沟通与融合。在习惯、道德观念的基本价值层面推进二者的渗透与互动，使习惯、道德规范与法律规则在更大的价值观层面上获得统一，以法律规则保障道德规范的实现，以习惯、道德规范充实和发展法律规则，从而使两种价值观念在更多的层次上面趋同，进而促进新闻传媒舆论监督与人民法院司法公正的沟通与融合。人民法院依法独立行使审判权及审判中立是现代司法审判活动自身必不可少的特点之一，否则司法审判难以正常运行。审判权的独立和中立从本质上来说，是当事人在司法审判中获得公平对待的最基本要求，也是司法审判公正原则的根本保证。因此，舆论监督应当致力于维护审判权的独立和中立，而不能侵犯审判权的依法独立正当行使，否则，它也会因失去其基础公平正义价值观的支撑而失去其监督的意义。具体而言，则是要求新闻传媒的舆论监督应当遵守司法的独立性和中立性的要求，按照戈尔丁的标准，即要求"任何人不能作为自己案件的法官；冲突的解决结果中不含有解决者个人的利益；冲突的解决者不应有对当事人一方的好恶偏见"。司法审判活动自身的特点和法定程序可以说是司法审判正常运行的最基本的要求，很难想象效率十分低下的司法审判能够适应现代经济社会生活的迅速发展。因此，司法审判要维持其正常有效的运行，就必须追求公正和效率，而新闻舆论监督就应努力做到公开报道和评论等舆论监督行为不致侵害到人民法院司法审判的公正与效率价值追求的实现。所谓"迟来的正义非正义"外，在市场经济条件下，经济主体将纠纷的解决视为交易关系的延续，其目的是通过法院使自己的合法正当利益尽快地回归，使之更好地投入市场领域，获取效益。如果效率十分低下，审判是很难获得当事人的信任并亲近的。因此，新闻传媒的舆论监督必须特别注意对司法效率的价值追求。司法裁判只有具有权威性和公信力才有现实意义。很显然，如果司法审判没有权威性和公信力，社会公众是不会尊重并执行它的，而司法审判作为公民权利行使和社会公正实现的最后保障也是难以实现的，更为重要的是，司法审判在市场经济体制下创立用以引导社会成员遵从的行为模式和社会秩序也必然落空。因此，司法审判的正常运行，没有司法裁判的权威性和公信力是不行的。故新闻传媒的舆论监督也应当维护并不致侵犯司法裁判的权威性和公信力。这就要求新闻传媒在进行舆论监督时不仅要注重维护人民法院司法裁判的即判力和稳定性，而且要求舆论监督注重对司法公正性和权威性的维护，从而使司法审判获得社会公众的普遍信任与遵从。没有社会公众普遍信任与遵从的司法裁判是没有权威和强制力的。

其次，应当促进当代社会主义法治思维及司法理念与新闻传媒习惯、道德观念在价值观念内容上的沟通与融合。习惯、道德与法律在价值内容上虽然有所区别，但仍然具有同质同向性，这是两种理念在价值观念内容上能够沟通和融合的基础。从社会需求和发展的角度来看，法治及司法理念需要习惯、道德观念在价值观内容上的不断充实才能满足司法审判的需求和获得可持续发展，社会主义法治理念实际上是一个开放的价值观念体系，当代社会主义法治理念及司法理念的形成实际上也是源于现代社会习惯、道德观念不断发展而促成的，习惯、道德是立法的基础并引导着法律进步和发展。习惯、道德与法律的沟通与融合，必须立足于二者价值观念内容上的相互交融和区别。既不能将道德与法律的内容完全合一，不分彼此；也不能将道德与法律的内容完全隔离开来。而应该充分发挥德与法的同质同向性，在二者的价值内容上以道德融入法律的指导性和先进性，引导和推进法律的完善与发展。当代社会主义法治理念及司法理念首先应确立宪法至上的法律信仰价值观理念，在二者价值观念内容上的融合上，把理想的习惯、道德通过立法表现为宪法中的原则性、指导性和倡导性规范，从宪法和宪政这一根本法角度来确认和宣告理想习惯、道德的地位、性质和目标；同时，通过习惯、道德的导入来完善法律的形式和实质内容，完成理想习惯、道德从应然到实然的跃进。中国古代"道之以政，齐之以刑，民免而无耻；道之以德，齐之以礼，有耻且格"的思想与行为，就是法与德在价值内容上的融合。理想道德所主张和倡导的价值观，往往会融合为法律价值所追求的内容。当代社会主义法治理念及司法理念不仅表现于外在的司法审判制度的运行，而且更代表了一种内在的价值追求和价值评判。当代社会主义法治理念及司法理念主导下的人民法院司法公正是以法律和诉讼制度来扶植正气、压制邪气，使社会公众切身感受到国家法律以具体司法审判活动对高尚道德习惯的推崇和推行，从而弘扬理想习惯、道德价值观念。司法审判的价值观念实际上是追求代表人民的利益，司法审判最终要以代表人民利益为依归，这一点非常重要，是司法审判获得人民信任的关键。正如美国学者 E. 博登海默所指出："一个法律制度之实效的首要保障必须是它能为社会所接受，而强制性的制裁只能是作为次要的和辅助性的保障。否则，这种制度的存在也不可能期望维持多久，因为要少数政府官员将一个不为人们接受的法律制度强加给广大人民实是极为困难的。因此，审判要得到社会大多成员的信任与遵从，也要求它服务于他们的利益、为他们所尊重、或至少不会在他们心中激起敌视或仇恨的情感。"法律促进道德建设的实际方式有两种，一是法律确认或吸收道义标准，使之成为法定标准而直接促进道德目标；二是法律借助于自身机制和内在准则，以间接促进道德目标。❶ 当代社会主义法治理念及司法理念与传媒道德观念之间的沟通与融合首先应是在价值观念层次上的沟通与融合，当代社会主义法治理念及司法理念的形成实际上就是法的精神的转化，而法的精神的转化在一定价值层次来看实质上就是道德观念和精神的推广。道德习惯观念的推行需要司法理念将其转化为具体的法律原则、规则、概念和技术，才能在更大的价值层面上彰显良好道德习惯的精神价值，这也正如 E. 博登海默所言："那些被视为是社会交往的基本而必要的道德原则，在一切社会中都被赋予了具有强大力量的强制性质。这些道德原则的约束力的增强，是通过将它们转化为法律规则而实现的"。❷ 道德习惯价值观念在价值观念层次上应与法律价值观念相重合，法律是维系社会运转和发展的最低和最

---

❶ 孙笑侠："法治对待道德的态度和方式"，见《依法治国与精神文明建设》，浙江大学出版社 1999 年版，第 259 页。

❷ [美] E. 博登海默著，邓正来译：《法理学——法哲学及其方法》，华夏出版社 1987 年版，第 368 页。

基本的道德要求，道德观的基本要求不仅是法律构成的基础，而且在很多层面上直接表现为具体的法律规范。在这一价值层次上，道德与法律一脉相承，司法理念与道德观念趋于融合。新闻传媒的舆论监督与人民法院的司法审判在价值观念层次上是相互促进，相得益彰的，新闻传媒对司法审判的公开报道就是在传播和普及现代法的精神，同时是在传播和普及道德习惯价值精神，使之成为民众普遍遵循的秩序精神和社会理想。新闻传媒报道和舆论监督要在基本道德习惯纳入法律的价值观念层次上作出自己的贡献。

第三，应当促进当代社会主义法治思维及司法理念与传媒道德习惯价值观念在实施过程中的协调与融合。在两种价值观理念主导下的新闻传媒报道与法院司法审判实践中，应严格区分法律与道德习惯的界限，确立法律至上的理念维护司法权威，通过公正司法弘扬道德风尚，尽可能缓解和平衡传媒舆论监督与法院司法审判关系上的矛盾与冲突。（1）要警惕泛道德主义对传媒和司法的侵蚀与影响。目前司法审判的道德化倾向和传媒法制新闻报道将道德凌驾于法律之上的倾向均在不同程度有所显现，这种倾向混淆了法律与道德的界限，扩大了法律的调整范围。从事司法审判工作的法官把个人的道德情感上升为法律，以"法律的名义"推行个人道德，施加于人乃至社会，在目前法官队伍整体素质偏低和监督制约不力的背景下，极有可能演化成司法的专横与独断。从事新闻工作的记者编辑把对法律的价值判断与评价上升到道德价值层面，以传媒理想中的道德评判法律调整的范畴，一方面会干扰和影响司法审判的公正与权威，另一方面则会形成在道德的旗帜下对个人自由和权利的粗暴强制与侵犯。道德的问题应通过道德自治解决，法律无需也不应干预；法律的问题应通过法律途径解决，导入过多的道德因素同样背离法治精神和道德本质，让道德的事归道德，法律的事归法律，这是处理好传媒舆论监督与法院司法公正之间矛盾和冲突最好的方法。（2）法官在行使自由裁量权和新闻工作者在行使自主报道和自由评价的过程中要注意区分法律的道德裁量和道德的法律裁量。立法者为了尽量使法律在调整社会关系时具有较大的适应性，有意采用一些模糊性的条款,让司法者拥有一定幅度的自由裁量权,能够具体问题具体分析、处理。❶ 宪法规定的言论自由原则也使新闻工作者有自主报道和自由评论的自由。社会转型和时代变迁使道德与法律相互间的渗透和制约不断加剧,在司法审判和传媒报道实践之中皆有各自自由裁量的范畴。但法律的道德裁量并不表明道德可以替代法律,道德的法律裁量也不表明法律可以替代道德,德与法之间的界限必须明确,公正的审判和公开的报道应当明确道德与法律之间的界限。(3)要注重协调与平衡法律价值观念与道德习惯价值观念两种价值理念主导下的传媒与司法的之间关系,保障社会实践中两者的相互促进和互动。在法与德的冲突与矛盾的现实中,以法律为基准,以道德为进退,将道德问题转化成技术问题、法律问题,运用法律解释的方法对法律事实进行重构和剪裁;对某些无法为法律调整的领域,将道德习惯调整作为法律的充实和补充,使当代社会主义法治理念及司法理念与传媒道德习惯价值观念既有明确的界限又相互促进、相互作用和相互补充,才能推动法与德的共同进步,缓解和协调传媒舆论监督与法院司法审判之间的矛盾和冲突,从而达到舆论监督与司法公正真正的平衡。

第八节 舆论监督与司法公正之合理制度建构

新闻媒体和自媒体在现代社会中的巨大杀伤力使得新闻传媒和自媒体本身已经成为一把双刃剑,正面可以刺伤邪恶犯罪,反面又可能会误伤公平正义。正如民间所云"新闻职业就是刀笔职业","记者之刀笔有人命关天之功效,记者之刀笔有财产千万之利益"。新闻传媒的舆论监督适当,有助于维护司法公正,弘扬社会正义。反之,则会影响司法公正,给正常的司法审判活动制造障碍。托克维尔说得很深刻:"在出版问题上,屈从和许可之间没有中庸之道。为了能够享用出版自由提供的莫大好处,必须忍受它所造成的不可避免的痛苦。想得好处而又要逃避痛苦,这是国家患病时

---

❶ 公丕祥主编:《法理学》,复旦大学出版社2002年版,第254页。

常有的幻想之一。"❶ "报刊是把善与恶混在一起获得一种奇特的力量，没有它自由就不能生存，而有了它秩序才得以维持。"❷ 新闻媒体舆论监督对于司法公正的消极作用在于，当其公开报道不当或过度，就会侵犯人民法院依法独立行使审判权和司法公正。司法公正是人类历史长期发展过程中筛淘出来的社会治理良方，是现代法治国家普遍的价值追求。司法审判权必须由司法审判机构按照严格的法律程序行使，并得到全社会的遵从。而新闻媒体所行使的大众传播权来源于公众的知情权，新闻媒体的社会功能应限为社会学家所概括的告知、启迪、监督，它仅是社会正义的守望者，新闻媒体本身并不具有裁判是非、解决纠纷的社会治理功能，新闻媒体在化解社会纠纷中所起的作用应限于如实公开报道和恰当评论，以引起社会公众和国家政府的关注，促使正常的社会机制来解决，包括最终由司法部门裁决。新闻媒体不能，也不应该将自己定位为社会正义的裁判者，对未决案件恣意发表评论。当新闻传媒的新闻报道和舆论监督被人们认定是与立法、司法、行政三大权力相提并论的第四种权力时，在社会公众的意识之中，新闻传媒的公开报道和舆论监督已被视做一种力量——一种捍卫社会公正、推动社会进步的力量时❸，就必须从制度层面合理构建舆论监督与司法审判的关系。要充分发挥好舆论监督与司法裁判在维护社会公平与正义中的作用，必须合理建构二者有序互动的制度协调关系。如何发挥舆论监督这种传媒力量对人民法院司法公正的促进作用，如何建构传媒与司法之间良性互动并和谐发展的制度和规范是目前新闻法制尚不完善的条件下亟待研究和解决的现实问题。对于传媒与司法的关系的协调与平衡，除了理念层面的思考之外，还必须着手从制度层面上建构一套协调传媒舆论监督与法院司法公正的平衡机制，才能有效保证宪法赋予的言论自由原则

---

❶ [美]托克维尔著，董果良译：《论美国的民主》，商务印书馆1995年版，第206~207页。
❷ 同上。
❸ 张文显主编：《新视野 新思维 新概念——法学理论前沿论坛》，吉林大学出版社2001年版，第308~309页。

和依法独立行使审判权原则这两大不可偏废的价值观理念在传媒报道与司法审判中得以实现。因此，要真正实现新闻传媒舆论监督与人民法院司法公正关系的有效协调与平衡，关键在于从制度层面建构一个良性互动的和谐发展的平衡机制。

一、建构传媒舆论监督法院审判活动的制度保障规范

现代意义上的审判既是独立性的审判，也是回应性的公开审判，不同的声音是公众保持理性的前提，人民法院判决应当适度考虑社会公众的意见，人民法院的司法公正不应拒绝也无法拒绝新闻传媒和自媒体的报道传播，比如，"药家鑫杀人案——民众投票审判"的微博民意调查、"长沙中院执曾某死刑未及时通知家属引发的媒体风波"。法院凡公开审理的案件均应允许传媒采访和报道；依法应予公开的法律文书和相关案卷材料均应允许传媒为报道而查阅；传媒报道对于社会有重大影响的案件时，人民法院应当提供必要的便利条件和配合，如查阅案卷、采访当事人等，便于传媒和自媒体及时、公正、舆论监督；人民法院的新闻宣传部门应通过建立新闻发言人制度等方式，保持与传媒的双向沟通与交流；确立人民法院对其作出的判决以及所采取的法律措施的解释与说明的释明责任，通过正当渠道的解释与说明满足公众的知情权，便于传媒正确引导公众的舆论导向，以更加宽容的态度对待传媒机构及其从业人员。在当代法学思潮和外国的司法实践中，总的趋势是加强对人权的保障，在传媒与司法的关系上，更加重视言论自由、新闻自由的保护，并对传统法中对这些自由的限制的合理性和可取性进行自我检讨和反思，从而建构一个更符合现代民主开放社会的需要的法律体系。❶此外，司法审判机关对舆论监督应当予以必要的容忍与克制。近几年来，我国发生多起司法机关状告媒体事件，大多以媒体败诉告终。这一方面说明我国法治的进步，媒体与司法机关能够对簿公堂，另一方面也反映了媒体与司法的紧张关系。笔者认为，司法机关即使

---

❶ 陈弘毅：《法理学的世界》，中国政法大学出版社2003年版，第149页。

胜诉，也不能提高自身的权威性，司法机关应对舆论监督保持必要的容忍与克制：（1）无论从新闻自由还是从维护司法公正的角度来看，媒体与司法之间并非平等主体的民事关系。司法的目的是定纷止争，维护社会稳定与秩序，而舆论监督是满足人民的知情权，是社会监督的一种形式。"这些都不是私法，而是公法"。❶（2）法院起诉媒体侵犯名誉权，等于把自己已经审结的案件是否正确和合法交由另一法院重新审理，这就从根本上否定了法院对生效判决的确定力。（3）在媒体与司法的诉讼中，法院作为一方当事人，无论裁判结果如何，都会给人一种裁判员作运动员的印象，这就使司法原本意义上的功能发生畸变，公众认为其正义之象征的普遍心理认同将发生动摇。在国外，尽管有藐视法庭罪，但真正以此罪来追究媒体责任的案例少之又少。以英国为例，"只有在有关报道或评论产生严重的风险，可能对公平审讯造成真正和严重的危害时，才会构成藐视法庭……不过案件一经判决后，公众的批评不论多尖锐，一般也不会构成藐视法庭"。❷据考证，这项罪名的使用在普通法系十分罕见，"英国已有70年没提出中伤法庭的检控，澳洲、加拿大和新西兰在过往100年也只有寥寥数宗检控，美国则不允许这类检控，而香港开埠以来至今仅有一宗检控"。❸

二、建构传媒舆论监督与正常法律监督渠道的衔接制度

传媒不断强化道德代言人的形象，强化传媒是正义的化身，实际上是一种误区，混淆了道德与法律的实现途径。应当从制度上畅通传媒向权力机关、检察机关反映舆论的渠道，建立传媒的舆论监督向人大的监督和检察机关法律监督正常转化的机制。通过传媒的舆论监督将舆论所代表的民意反馈给人大和检察机关，转而通过法律的监督机制进行深层次的合乎法

---

❶ 魏永征："法官状告媒介侵害名誉权：这场官司打了白打"，载《检察日报》2000年8月2日。

❷ 陈文敏："公平审判：公开审讯、传媒监督与藐视法庭"，见《司法公正与制度保障》，中国法制出版社2001年版，第230页。

❸ 同上书，第233页。

律和程序的追究和处理。不能将问题的解决寄希望于某某领导的重视和批示，更不能官司输了找记者解决，新闻与法律的解决途径是不同的。必须形成全社会依法办事的理念和制度，只有这种制度的建构才是传媒舆论监督和舆论监督的正道。在一个法治国家，如果说法院是法律帝国的首都，法官则是法律帝国的王侯，应成为法律的化身，再没有比司法更具有权威性和正义性。所以，不应当允许有司法之外的"司法"，司法必须具有独立性。司法独立性意味着法官依照自己对事实的认定及对法律的理解，独立自主地作出裁判。在司法过程中，排除任何形式的干预和影响，包括来自媒体的渲染和影响，对于法官而言是必须的。德国学者曾将司法独立具体化为八个方面，其中一项即明确规定"独立于新闻舆论"❶。美国学者本杰明，在考察了中国媒体与司法的关系后，著书《中国的媒体与争议解决》。他认为，中国媒体影响司法的基本模式是媒体影响领导，领导影响司法。由于我国司法机关在人、财、物上受制于当地党委及政府，司法与其说受到舆论监督的影响，莫如说受到党政部门的干涉。一旦媒体曝光，各级领导层层批示，司法机关不可能不受其制约。媒体借助于领导批示介入司法，左右司法进程。要合理构建司法与媒体的关系，最根本的出路在于减少司法对党政机关的依赖，增强自身独立性。同时，法官也应加强自身修养，以事实为根据，以法律为准绳，避免受到舆论监督的干扰。在 Craig v. Harrey 案中，美国最高法院指出："有关藐视法庭罪之法律的创设目的并非在于保护可能对公共舆论潮流敏感的法官。法官应当是意志坚强、有能力在逆境中前进的人。"❷ 加拿大一位法官也曾指出，虽然由于法官的重要角色也可能会被批评和攻击，"但重要的是法院并非弱不禁风的娇嫩小花，不会因抵抗不了激辩的风暴而凋谢"。❸ 传媒作为"第四种权力"，要真正发挥对公权力的制约作用，应尽快出走半国家权力状态，形成传媒作

---

❶ 卞建林："媒体监督与司法公正"，载《政法论坛》2000 年第 6 期，第 124 页。
❷ Craig v. Harrey, 331 U. S. 392（1947）.
❸ 陈文敏："公平审判：公开审讯、传媒监督与藐视法庭"，见《司法公正与制度保障》，中国法制出版社 2001 年版，第 282 页。

为人民喉舌的社会权力制度建构。❶ 我们应逐渐建立以各级党委和政府的机关报为主，以社会各团体报刊为辅，以民营报为补充的多元体系的传媒新格局，调动社会公众参与舆论监督的积极性和主动性，拓宽信息源，通过舆论监督将一切腐败现象都暴露在光天化日之下，将法律的精神根植于民心，将高尚的道德风尚和社会理想在全社会推崇，充分发挥传媒的报道和舆论监督的社会功能。传媒舆论监督和舆论监督的终极关怀应当是制约权力的腐化与滥用，维护社会正义与公平，维护公民的合法权利不受侵犯，为社会公众谋取更大的福祉，而不是滥用舆论监督权利为私利服务。建构传媒的自律机制，明确界定传媒舆论监督法院审判活动的合理界限，就是要求传媒不能侵犯和干扰法院的独立审判，不能侵犯司法审判的独立性，尤其是法官审理案件的自主性，不能误导舆论或者向法院施加负面影响和压力，防止"传媒审判"对法院司法公正的干扰。因此，应明确界定传媒舆论监督和舆论监督的权限、范围和原则，明确大众传媒对受众承担的底限责任与义务❷，从而对传媒的舆论监督和舆论监督行为进行规范和引导。首先，传媒舆论监督必须遵循维护司法权威与司法独立的原则。记者对司法审判活动应予充分尊重，避免因采访、报道而干扰审判，新闻自主报道不能侵犯司法权威和司法独立。对审判过程的报道要慎重和严谨，要遵循审判程序和审判的特殊规律客观报道审理的进程及相关新闻背景；对正在审理中的案件不得作倾向性报道，对案件的新闻报道应不偏不倚，不得带任何道德方面的倾向性，更不得充当一方当事人的代言人。其次，要遵循客观真实原则。法院审判案件关注的是法律事实，讲求证据和法司程序，传媒在舆论监督法院审判活动内容时要遵循客观和法律真实的原则，在舆论监督中严肃报道符合法律真实的客观事实和审判过程，绝不允许有新闻炒作的成份，更不得为追求轰动效应而编造或变造新闻。再次，要遵循无罪推定原则，对于刑事案件在法院作出有罪判决之前，不得在舆论监督中

---

❶ 目前，国家已明确应将各级报刊作为企业对待，并明确党政领导不应在报刊企业中兼职，这应是淡化传媒行政化、国家权力化的重要步骤。

❷ 宋小卫：《媒介消费的法律保障》，中国广播电视出版社 2004 年版。

作出有罪或无罪的确定性表述或暗示。对民事案件在法院作出判决之前，也不宜在舆论监督中先予明确、预测或推定判决结果。最后，传媒舆论监督必须遵循与程序同步的原则。司法审判有严格的程序性规范要求，传媒舆论监督必须树立程序正义的当代社会主义法治理念及司法理念，所有报道必须严格与司法审判程序相一致，避免"传媒审判"的发生，维护司法的尊严。

三、建构新闻传媒和新媒体传播报道的自律机制和他律机制

在目前新闻法制尚不健全的情况下，新闻传媒和自媒体应通过自律规范自身的报道和舆论监督行为。严格地说，新闻自律属于新闻道德的范畴，传媒以道德代言人地位自居，就更应该强调新闻报道的自律性。❶ 传媒虽有自主报道和监督的自由，但这种宪法赋予的自由不能滥用，不得与其他宪法原则相冲突。通过自律规范传媒自身的行为，主要是针对传媒报道与舆论监督不规范、不到位及滥用监督权的情况。传媒要通过自律机制提高舆论监督和舆论监督的水平，提高传媒的职业化程度，提高传媒从业人员的法律素质，树立当代社会主义法治理念及司法理念，提升舆论监督的质量和水平。传媒还应引进和配备法律专业人才，便于与法院沟通配合，避免对审判活动产生不必要的重大误解；同时，也可以对即将刊发的文章进行审查，防止可能影响司法独立与权威，干扰公正审判或造成侵权的不良报道流向社会，防患于未然。从事法制新闻报道的记者编辑必须既懂新闻又懂法律，必须牢固树立当代社会主义法治理念及司法理念来开展法制类的新闻报道和涉法舆论监督活动。

首先，新闻媒体和自媒体均应加强自律，将新闻传播控制在法律允许的范围内。英国丹宁勋爵在谈及媒体与司法关系时，有一段著名的论述："新闻自由是宪法规定的自由，报纸有——应该有——对公众感兴趣的问题发表公正意见的权利，但是这种权利必须受诽谤法和蔑视法的限制。报

---

❶ 顾理平：《新闻法学》，中国广播电视出版社1999年版，第59页。

纸决不可发表损害公平审判的意见,如果发表了就会自找麻烦。"❶ 没有任何一种权力能凌驾于法律之上,媒体也不能例外。媒体在满足人民知情权的同时,要将报道控制在法律许可的范围内。正如美国学者韦尔伯·施拉姆所言:"如同国家发展的其他方面一样,大众传播媒介发展只有在适当的法律和制度范围内才会最合理、最有秩序地进行。"❷ 各个国家或地区对舆论监督的限制程序差异很大。我国台湾地区"出版法"第33条明文禁止媒体"评论"一个未决案件。英国法院严格禁止新闻媒体对于法院尚未审结的案件作出带有暗示或明显倾向性的报道或评论。黑格先生因涉嫌杀人被捕,除了遵守法律的限制外,新闻媒体所要做的还应加强自律,提高对司法活动报道的质量。在我国频频发生媒体审判,舆论监督侵犯司法独立性的一个重要原因即在于记者缺乏基本的法律知识或偏听偏信,对尚未审结的案件妄加评论,误导公众舆论,自媒体的传播更加剧了这一现象。我国的新闻媒体可以借鉴美国做法,在不影响司法独立的前提下,配备专职的法律事务人员,充当类似"法院之友"的角色,对即将发表的文章和自媒体已经在传播热议的文章进行审查和纠偏,防止可能妨碍司法机关独立行使审判权的文章影响社会公众的理性思维,影响人民法院的公正判决。

其次,设计防止新媒体舆论监督侵犯司法审判独立性的程序。司法裁判与舆论监督是两种不同的社会评价体系,为了司法免受舆论监督的干扰与影响,有必要设计一套完整的程序,让司法独立于媒体,这些程序包括:(1)延期审理。舆论监督具有轰动性与时效性,在一段时间内如某一案件成为媒体关注的焦点,有关的评论铺天盖地,势如潮水,法官面临巨大的社会压力。为免受媒体的非理性影响,不妨延期审理,采取冷处理。待舆论监督的风头过后,慎重裁判。(2)变更案件管辖。一般而言,媒体对本地发生的案件较为关心,因为本地案件与媒体受众联系密切,领导机关对案件的批示也仅针对其辖区内。将案件移送到尚未受到舆论压力的其他法

---

❶ [英]丹宁勋爵:《法律的正当程序》,群众出版社1984年版,第39页。
❷ [美]韦尔伯·施拉姆著,金燕宁译:《大众传播媒介与社会发展》,华夏出版社1990年版,第240页。

院管辖，不失为保持司法机关独立性的良策。易地审判的是为了让被告远离媒体，远离渲染的案发地，以便使被告得到一个相对公正的审判。（3）隔离或变更法官。为了防止法官受到舆论监督的不利影响，让法官远离媒体，可以有效地保证司法独立性。被称为"世纪审判"的辛普森案，12名陪审员和几十名候补陪审员被封闭隔离达半年之久，直到案件审结后才与外界接触。当法官在裁判前已经接触舆论监督、可能会受到舆论影响时，变更法官，让位于一个中立、无偏私的法官继续审理，就不得不为之了。（4）赋予司法限制舆论监督的权力。这在美国被称为"限制令"。它是法院签署的旨在限制某种信息流通的命令。限制令有针对诉讼参与人和针对大众传媒两类。前者旨在限制诉讼参与人向外界泄露有关案情，后者则旨在禁止媒体传播有关信息。

总之，新媒体时代的舆情对人民法院司法审判和司法公信力产生了前所未有的冲击力，恪守法律的精神和原则要求我们不能让狂热的网络情绪替代法律的理性思考，应充分发挥新媒体网络舆论监督对于司法的正能量，及时有效地防范其对司法公正和公信力的负能量，使二者在互动中交融，在博弈中和谐，理想状态是，富有理性和建设性的新媒体舆论不仅不会妨碍司法公正，而且能够通过正当的民意表达渠道保障司法公正。人民法院可以通过审判管理流程公开查询信息系统、热点案件网络庭审直播公开、生效判决书上网信息公开查阅系统、执行信息系统等诸多信息化平台的司法公开方式，增强审判工作的透明度，提高司法公信力，获得社会公众的真正信赖。新闻传媒的新闻报道与法院的司法审判都有其行使权利的明确界限，没有绝对的言论自由和新闻报道自由，也没有绝对的司法独立，平衡传媒舆论监督与法院司法公正的关系是不断调整的过程。对于传媒舆论监督和司法公正之间的矛盾，究竟应如何协调、平衡和解决，最终来说还是一个道德价值判断的问题，各个国家都要根据自己的历史、社会和文化情况，作出自己的抉择。在这方面，并不存在放之四海而皆准的标准。❶

---

❶ 陈弘毅：《法理学的世界》，中国政法大学出版社2003年版，第149页。

在道德与法律的冲突与碰撞中，作为社会调整的基本规范，法与德冲突与互补同在，矛盾与互动并行，致力于以道德为基准的传媒道德观念与以法律为基准的当代社会主义法治理念及司法理念之间的沟通与融合，是缓解及部分消除传媒舆论监督与法院司法公正的矛盾与冲突，建立两者之间良性协调互动关系的关键所在。新媒体时代舆论监督与司法公正的关系说到底还是司法与社会的互动问题，不过切入的角度换成了新媒体网络舆论。事实上，新媒体网络舆论并不能作为民意的代名词，因为新媒体网络舆论既包括大多数无名网友的表达和自媒体的无数个人的自由表达，又涵盖了各类专家对于各种事件的评论。无论是网友、个人，还是专家，都可能与司法权的行使发生互动。前者汇聚了不特定甚至一般是匿名的网民意见，被认为是民意的一种表达方式。但是实际上，微博微信个人或网民意见只能代表具备上网经济和技术条件的一小部分人中间的更小部分，在整个有权参与民主意见形成的人民整体中微乎其微。由他们的言论推及民意，必须要注意到其中类似案件选择（case selection）的效果，即样本本身（网民）的某些特性可能极大减损了研究对象母体（人民）的代表性。后者彰显着具有专门知识的人对事件的看法，但是也要注意到，我国不少专家对自己不熟悉的领域也会很有自信地发表观点，此时所谓专家与普通人无异。即使是真正的专门领域的专家，其发表的意见也只能成为法官专门知识的补充，而不可能僭越司法权的边界、"分享"法官对于案件的裁判权。司法机关尽其所能试图关注人民的呼声固然是一个好的开始，但就谨慎的科学态度而言，司法与社会互动的稳定基石在于对社会意见常态化、科学化的吸纳。这也是司法民主中的讨论多集中在民意的法定代表（人民代表或议员）和随机产生的陪审人员（人民陪审员或陪审团）的部分原因。

第九章 刑事审判中的司法公正现实问题实证调研

第一节 研究背景和概况

一、研究背景

当前中国社会构成已经发生了深刻变化,社会价值的多元状态为大多数人所公认,人们逐渐地将自己定位于不同的阶层,并在该阶层面临的冲突结果对司法公正与否作出评价,从而导致如下结果:一方面多种价值观念的冲突和交织,尚未形成统一的关于司法公正的价值评价标准;另一方面弱势阶层的相对剥夺感和不公正感成为引发社会冲突的关键视角。在刑事审判中,法官对案件审理的公正性评价标准,与当事人、辩护人、检察官甚至社会公众对司法公正性的评价标准的冲突,是导致不少涉法上访、信访案件、群体性事件等矛盾激化的直接动因。因此,有必要对刑事审判实践中的司法公正的评价标准进行调查评估,以总结司法改革的成败经验,为司法公正评价指标的确定奠定理论基础。

二、调研概况

本次调研采取法院阅卷和面向监狱服刑人员、从事刑事审判工作的在职法官发放调查问卷两种方式,获取了当前各个群体对司法公正评价的第一手实证资料。

在法院阅卷方面，调研课题组在武汉市中级人民法院调阅二审案件卷宗 1 983 份，分别是 2009 年 646 份，2010 年 643 份，2011 年 694 份，并针对特定类型案件随机调取案卷 200 份。

在发放调查问卷方面，共向武汉市女子监狱、武昌监狱、汉西监狱、蔡甸监狱、琴断口监狱的服刑犯人发放调查问卷 1 000 份，回收有效调查问卷 916 份，回收率为 91.6%（见表 9－1）。同时在武汉市中级人民法院向刑事审判庭法官发放问卷 50 份，回收有效调查问卷 50 份，回收率为 100%（见表 9－2）。

同时，课题组在发放和回收调查问卷时对填写调查问卷的被调查人的自身情况也进行了相应的调查和统计。

表 9－1　被调查犯罪人群体　　　　　　　　　　（份）

原判刑期	5 年以下	超过 5 年不满 10 年	10 年以上不满 15 年	15 年以上至 20 年	无期徒刑
人数	11	23	46	99	737
服刑时间	3 年以下		超过 3 年		
人数	412		504		

表 9－2　被调查法官群体　　　　　　　　　　（份）

身份	文化程度		从事刑事审判工作年限		
	本科以下	硕士以上	5 年以下	5～10 年	10 年以上
法官	23	27	11	12	27

第二节　对司法公正评价的实证调研

课题组问卷调研中，列举了司法公正评价标准的四个指标：对司法公正的总体评价、对刑事审判裁判结果的评价、对法官素质的评价、对审判环境的评价。然后根据各个指标所具有的内涵发展出具体的指标，每个指标下再涉及数个问题。

一、被调查人对司法公正的总体评价

（一）关于司法机关的形象的调查

课题组回收有效问卷966份，其中犯罪人916人，法官50人。调查问卷中，要求被调查人对当前司法机关的形象给予一个整体性的评价，调查结果显示（见表9-3）。

表9-3 司法机关的形象的调查结果

身份 对司法机关形象的评价	犯罪人（人）	比例（%）	法官（人）	比例（%）
公正	413	45.09	43	86
廉洁	272	29.69	42	84
高效	216	23.58	30	60
规范	373	40.72	36	72
徇私枉法	72	7.86	3	6
腐败	126	13.76	2	4
低效	115	12.55	5	10
无能、随意	73	7.97	3	6
其他或不好说	11	1.20	2	4

表9-3可以说明两个问题：

（1）对于司法机关的形象，只有略过半数的犯罪人群体给予了肯定性评价，还有接近半数的犯罪人群体给予了否定性评价或者表示不予置评。由此我们可以看出，案件当事人群体对司法机关的总体评价并不高，还有不尽如人意的地方。而相反，法官群体基本对自身形象总体持肯定态度。

（2）犯罪人群体中，有四成多的犯罪人对司法机关给予"公正""规范"的评价。从对犯罪人群体的调查来看，其对司法公正的需要更多地体现在廉洁和效率方面。而法官群体对于司法的效率的认同感也是最低的，仅有60%。

同时，在调查问卷中还可以反映出对司法公正的评价，法官和犯罪人群体的观点存在较大差异,甚至有的是完全相反的。这也提醒法官群体,有必要从当事人角度反思司法工作的不足,全面考虑案件当事人的需求,从司法制度内部以及法官自身的原因上寻找对司法公正的认识冲突的原因。

(二) 关于影响司法公正的主要因素的认识的调查

课题组整理了影响司法公正的几大因素,要求被调查人进行多项选择,调查结果见表9-4。

表9-4 影响司法公正的主要因素的认识的调查结果

影响司法公正的主要因素	身份			
	犯罪人(人)	比例(%)	法官(人)	比例(%)
司法不独立	441	48.14	41	82
司法权威不足	318	34.72	39	78
法官素质不高	454	49.56	24	48
司法腐败	373	40.72	26	52
法律不完善	665	72.59	47	94
新闻舆论的不当报道	263	28.71	23	46
其他	23	2.51	—	—

其中,被调查法官群体选择最多的三项因素为:(1) 法律不完善;(2) 司法不独立;(3) 司法权威不足。而被调查犯罪人群体选择最多的三项因素为:(1) 司法腐败;(2) 法官素质不高;(3) 司法不独立。调查显示案件当事人对司法腐败的关注远超过了对司法改革的关注,"人情案""关系案""金钱案"动摇了案件当事人对司法公正的信心。

同时,调查也显示,被告人更多地认为司法不公的根源在于司法系统本身的腐败和法官素质的低下,而法官群体则更多倾向于通过完善法律、增强法院的司法独立性来保障司法公正,两个群体虽然都承认社会舆论的不当报道会对司法公正造成一定不良影响,但都没有将其列为主因。

二、对刑事审判裁判结果的评价

（一）对法院刑事判决的评价

对于法院刑事判决的评价，绝大多数法官认为法院作出的裁判的事实证据清楚，量刑适当，程序也是合法的。而对判决裁判结果，犯罪人群体35.59%选择了"事实清楚，量刑适当"，50.98%选择了"事实清楚，量刑偏重"，13.43%选择了"事实不清，定性错误"或"冤假错案"（见表9-5）。

表9-5 对法院刑事判决的评价的调查结果

对法院判决的评价	犯罪人（人）	比例（%）
事实清楚，量刑适当	326	35.59
事实清楚，量刑偏重	467	50.98
事实不清，定性错误	97	10.59
冤假错案	26	2.84

从表9-5可以看出：（1）从武汉市全市法院的整体判决情况来看，大部分被告人对法院裁判的基本罚罪事实还是认可的，对裁判的不服主要体现在对量刑不服上；（2）当事人对其诉讼权利的保障问题，更多的是随着对裁判的实体处理结果不服一并提出。如果当事人对法院的实体部分的处理结果基本满意，一般不会就程序问题单独地提起上诉。❶

（二）对审判独立性的评价

从调查的情况来看，包括法官在内的大部分被调查人对独立刑事审判权评价不高。一方面大部分被调研人都承认各种监督对审判的独立性有一定的负面影响，尤其是对审判过程中的各种案外因素的干预，不少

---

❶ 武汉市法院2010年受理上诉案件643件，2011年受理上诉案件694件，均无仅以程序违法、要求发回重审作为上诉理由的上诉案件，而在上诉理由中涉及程序违法的案件共21件，占全部上诉案件的1.57%。

法官都明确表示了反对。但是同时绝大部分被调研人都认为这些监督本身对保证司法公正是有必要的，其中法官群体对检察监督、法院内部管理职权监督都持肯定态度，而犯罪人在调查中针对司法不公的问题则更多地选择向纪律检察、新闻媒体、网络平台等方式寻求监督和救济。这也表明，司法公正既依赖司法独立，也离不开监督司法，二者是对立统一的。

（三）对诉讼权利保障的评价

调查显示，在被调查的犯罪人中，认为诉讼权利得到保障的不超过一半，而被调查的法官群体中，有80%的法官选择了"给予了被告人及其律师充分表达自己观点和意见"，并表示会充分考虑被告人和律师的观点和意见。显然部分法官对当事人诉权保障的认识，和刑事审判工作的基本要求还是存在一定差距的。

三、对法官素质的评价

（一）对疑难案件的处理的方式

对于审判实践中遇到的事实认定和法律疑难问题，有近76%的法官选择与同事或法律专业人士探讨，或请教专家学者后独立拿出自己的审判意见，有8%的选择向院、庭领导汇报后按照领导意见拿出自己的审判意见，有16%的法官选择呈报庭务会、审委会讨论后服从庭务会或者审委会的意见。

（二）关于司法礼仪的评价

调查显示有32%的犯罪人表示对法官和书记员的工作作风和态度"满意"，53%的犯罪人选择对法官和书记员的工作作风和态度"可以接受"，16%的犯罪人表示对法官和书记员的工作作风和态度"不满意"。其中49名犯罪人选择了"办案方式简单粗暴，没有尊重我的人格"作为其理由。而对人民法院司法警察提押、值庭和还押工作作风和态度34%的犯罪人表示"满意"，53%的犯罪人表示"可以接受"，12%的犯罪人表示"不满意"。

(三) 关于法官的法律专业水平和职业道德评价

调查显示 97% 的法官选择了"基本能够适应审判工作的需要"。而对于法官职业道德，大多数被调查犯罪人认为大部分法官职业道德良好，但也有 16% 的被调查人认为法官职业道德水平不高。

四、对审判环境的评价

(一) 刑事案件执行和救济途径的调查

关于法院刑事判决审结后的财产权刑和赔偿能否执行到位的问题。绝大多数的被调查人选择了"很难执行到位"。18% 的犯罪人表示如果对减刑有帮助，其愿意缴纳罚金；32% 的犯罪人在调查过程中表示如果不能获得从轻处罚或者减刑，能否缴纳财产刑或者赔偿被害人的损失，只能视家庭的经济环境而定；4% 的犯罪人在明确表示如果不能获得从轻处罚或者减刑，其拒绝缴纳财产刑或者赔偿；只有 46% 的犯罪人会承担应负的刑事责任，尽最大的努力缴纳财产刑或者赔偿。

调研数据显示，被调查的犯罪人和社会公众群体在对判决不服的情况下，82% 的被调查人选择"申诉、上诉"，5% 的被调查人选择"信访、上访"，5% 的被调查人选择"求助新闻媒体"。章武生《司法公正的路径选择：从体制到程序》中的调查表明，大多数人对目前上诉制度在保障司法公正方面的作用持不乐观态度，67.8% 的人认为，当事人提起上诉只是在一定程度上能够获得更加公正的裁判，还有 18.8% 的人认为当事人的上诉没有多大意义，或者根本不可能通过上诉获得公正判决。类似的评价出现在再审程序上，有 53.4% 的人认为当事人申请再审在一定程度上能够获得更加公正的裁判，而认为再审程序没有意义或者根本不会让当事人获得更公正的裁判的人比例更高，达到 34.6%。

当然，必须注意，二审和再审的改判本来就是对原审的否定，如原审是依法作出裁判，上诉或再审的改判率当然就维持在一个较低的水平，不能当然地得出上诉或再审无用的结论。当事人异议权是否充分行使，主要可以从当事人的上诉权、申请再审权能否正常行使，上诉

审程序和再审程序是否在保障当事人获得公正裁判上面发生作用进行考察。❶

（二）社会舆论监督和司法独立关系的评价

近年来，"媒体审判""舆论审判"成为人们关注的社会现象。舆论和司法看似对立其实是统一的，因为它们都为保障社会正义；但舆论与司法的关系又是复杂和微妙的，很多案件刚刚发生，社会舆论就积极介入。如"宝马车撞人案""邓玉娇案"等，社会舆论一次次将司法部门推向风口浪尖。调查中对于社会舆论监督，30%的法官选择了"对司法独立有一点负面作用"，62%的法官选择了"不影响司法独立"，8%的法官选择了"不仅不影响，而且还应加强"。犯罪人群体和社会公众群体有63.1%选择了"不仅不影响，而且还应加强"。

（三）审判人员工作环境的评价

对于上访、信访是否影响司法公正问题。调查显示，认为信访制度对司法公正有益无害的仅为少数人，多数法官认为信访制度对实现司法公正是有益处的。其中，认为信访、上访对司法公正有利无害的占34%，认为信访、上访对司法公正利多弊少的占52%，不过认为信访制度对司法公正弊多利少的占14%。而68%的被调查的犯罪人群体选择了信访制度对司法公正"有利无害"。

在从事司法工作是否有安全感的问题上，72%的法官选择了"基本安全"，还有28%的选择了"没有安全感"。而在法院和当事人的关系如何的问题上，56%的法官、48%的犯罪人选择了"缺乏相互信任感"，24%的法官、18%的犯罪人选择了"对立比较严重"，只有20%的法官、34%的犯罪人选择了"关系比较和谐"。

---

❶ 武汉市中级人民法院2009~2011年受理上诉案件1 983件，改判438件，改判率为22.09%，应该是较为正常的水平。

第三节 司法不公感的几个命题分析

一、"赎刑"的困惑：预缴财产刑的普遍存在与"执行难"的司法现实冲突

在刑事审判实践中，对于一些拟判处财产刑的案件，往往存在被告人预缴罚金或者没收财产，而将预缴财产刑作为从轻处罚的量刑情节予以考虑的现象，预缴财产刑能否获得从轻处罚是一个不容忽视的问题，这关系到司法的公正与正确量刑。❶ 对此社会公众与司法工作人员、服刑的犯罪人在认识上有很大不同（见表9-6）。

表9-6 法官、犯罪人对预缴财产刑获得从轻处罚的不同认识

	如何看待预缴财产刑获得从轻处罚			
	可以接受（人）	比例（%）	反对"花钱买刑"（人）	比例（%）
法官	39	78	11	2
犯罪人	797	87.01	119	12.99

同时可以注意到，虽然有接近八成的刑事审判法官选择了支持将是否预缴财产刑作为评价被告人是否认罪、悔罪表现的因素之一，但大部分法官也表示"应综合考虑被告人的犯罪事实、情节以及认罪、悔罪表现，才可对被告人从轻、减轻处罚"。而犯罪人群体中，通过调查显示，仅有4%的犯罪人明确表示如果不能获得从轻处罚或者减刑，其拒缴财产刑，接近一半的犯罪人都认识到财产刑作为一种刑罚措施，是其应当承担的刑事责任，表示其会尽最大的努力缴纳财产刑或者赔偿。

通过发放调查问卷和法院阅卷，可以说明几个问题。

---

❶ 以某中院2009~2011年上诉案件为例，改判的438件案件中，有159件案件二审期间原审被告人预缴罚金或没收财产，二审作为酌定从轻情节予以考虑，占全部二审改判案件的36.3%。

(一) 财产刑的执行难问题，是导致法院将当事人积极预缴财产刑，作为酌情从轻处罚的依据的根本原因

从统计数据来看，财产刑执行问题是目前全国法院比较普遍的现象，见表9-7。

表9-7 2001~2005年广州中院、成都中院、东莞市法院、金堂县法院罚金刑判处及执行情况

项 目	广州中院	成都中院	东莞市法院	金堂县法院
罚金刑案件（件）	1 903	619	342	523
标的额（万元）	23 418.96	738.88	185.2	—
执结数（件）	807	184	9	131
执结标的额（万元）	16 506.74	291.16	40.8	—
执结率（%）	42.4	29.72	2.63	25.04

资料来源：厦门法院："罚金刑执行的困境及改革建议"，载 http://www.xmcourt.cn/pages/contentView.aspx?Cmslist=97&CmsID=96。

罚金刑缴纳分为案前预缴财产刑和案后缴纳财产刑两种情况，案前预缴财产刑基本上发生在被告人刑事责任较轻，期望通过缴纳罚金判处缓刑的情形；案后缴纳财产刑基本上发生在监狱执行期间，罪犯期望通过缴纳财产刑获取减刑、假释的情形。除此之外，犯罪人一般不会主动缴纳。❶而且，从相关调研分析来看，财产刑执行率同财产刑数额、被告人经济承受能力、犯罪人职业、身份等并没有显著关系，而同财产刑适用方式、是否适用缓刑等密切相关，即在单处而非并处财产刑或者适用缓刑的同时并处财产刑的情况下，财产刑执行率极高；而大多数自由刑并科财产刑的判决和实刑的判决，财产刑几乎都没有得到执行。❷

因此，一方面我国大多数财产刑没有得到有效执行，"空判"现象较

---

❶ 从武汉市中院执行局了解的情况来看，2009~2011年以来该院基本不存在刑事案件审结后强制执行财产刑的案件。

❷ 葛磊："罚金刑执行问题的实证展开"，见《刑事法评论（第14卷）》，中国政法大学出版社2004年版，第276~287页。

为普遍，罚金刑的适用在很大程度上流于形式。罚金刑不能得到很好地贯彻落实，严重损害了法律的权威性和严肃性。一方面执行到位率是法院绩效考核的指标之一，必然导致不少刑事法官在案件审理过程中督促当事人预缴罚金，并承诺在量刑时对这一情节予以考虑。

(二) 预缴财产刑后酌定从轻处罚缺乏法律依据

《刑法》第61条规定："对于犯罪分子决定刑罚的时候，应当根据犯罪的事实、犯罪的性质、情节和对于社会的危害程度，依照有关规定判处。"《最高人民法院关于适用财产刑若干问题的规定》第2条规定："人民法院应当根据犯罪情节，如违法所得数额，造成损失的大小等，并综合考虑犯罪分子缴纳罚金的能力，依法判处罚金。"从上述规定可以看出罚金是刑事判决的结果，是量刑的结果，而不是酌定从轻处罚的条件和依据，预缴罚金不能认定为被告人认罪伏法、从轻处罚的根据，如果预缴罚金作为从轻处罚的根据，就不适当地扩大了酌定从轻处罚的情节范围，只能导致案件还未审理就已经定刑。因此，虽然不少法院在实践中对预缴财产刑的被告人酌情从轻处罚，但一般不会在判决书中明确表示"当事人积极预缴罚金（没收财产），可以酌情从轻处罚"，而是通过法官自由裁量权在幅度内对被告人酌情予以从轻处罚。

(三) 预缴财产刑从而获得酌定从轻处罚情节存在一定的弊端

(1) 对预缴财产刑与从轻处罚存在认识错误，财产刑是一种刑罚，是惩罚犯罪的一种重要手段，有着不可替代的作用。但是，有相当一部分人认为预缴财产刑就是积极主动认罪的一种态度，应该得到从轻处罚，甚至一部分被告人的家属到法院预缴财产刑时，对量刑进行讨价还价。

(2) 法院对预缴财产刑与从轻处罚存在随意性，法律对财产刑的规定比较简单，法院在操作中为了解决财产刑空判和减少被告人对法院的矛盾，避免上访告状，对预缴财产刑的被告人不是根据案件的情节和被告人的经济能力来判决财产刑，而是根据被告人的预缴多少来定，多缴少判，少缴多判，出现自由刑和财产刑判决的随意性。

(3) 预缴财产刑与从轻处罚存在司法不公现象，在审判实践中存在这样的现象,即基本相同或类似的两个案件在同一个法院,被告人预缴财产刑和没有预缴财产刑的出现判决结果相去甚远的情况,预缴财产刑的自由刑相对较轻,没有预缴财产刑的自由刑相对较重,同罪异罚现象比较明显,社会公众认为可以"以罚代刑""拿钱买刑",从而使人们对法律的公正产生怀疑,影响了司法的权威性。

二、"知情"的保障:审判公开和社会公众知情权的认识冲突

对审判公开的看法上,多数法官自认审判公开做得很好,而检察官、律师及其他人普遍觉得只是"一般",不少律师和其他人甚至认为做得很差。❶ 审判公开是指审判过程和结果对当事人和社会公开。由于法律只就哪些案件可以不公开或者不准公开审理作出明确规定,但没有对诉讼过程的公开作出详细规定,法院实际上在决定哪些诉讼过程可以公开,哪些环节不公开。可见,关于审判公开的范围法院有很大的决定权,而当事人和律师即便有不同看法,也没有表达不满的途径。

(一)对审判公开范围的认识

(1)对法官的心证过程的公开,八成的法官认为是有必要的。部分法官也表示有的法官受到法学素养的制约,对判决结果不能从法理的高度作出令当事人信服的阐述;有的关于裁判理由的论证比较欠缺;还有的法官对证据的采信与否,仅仅一笔带过,未予阐明理由,上述种种情形,影响了审判公开的效果。近年来,刑事法官们开始越来越注重审判实质公开,即在判决书、裁定书中说明作出判决、裁定的理由,强调裁判文书的辨法析理部分,同时要求承办法官做好判后答疑工作,只有这样,才能使被告人对人民法院作出的判决、裁定予以真正理解和接受,从而服判息讼,进而减少不必要的上诉或申诉,有效地实现刑事审判公开所蕴含的公正与效率的价值与目标。

---

❶ 章武生等:《司法公正的路径选择:从体制到程序》,中国法制出版社2010年版,第48页。

（2）对于法官的刑罚的裁量和评议过程是否需要公开，大部分的法官认为是有必要的，但有五成的法官认为即使适用了量刑规范化，各种量刑幅度的选定依然属于法官自由裁量的范围，不宜公开，否则容易引起不必要的麻烦。事实上从审判实践来看，各区人民法院实践中将量刑规范化评议表均是归档在副卷之中，不对当事人及其辩护人公开，更不会在裁判文书中写明如何适用量刑规范化进行刑罚裁量。

（3）在回答"对于'复函''批复''解答'等不公开的操作规程，您认为是否符合'刑事审判公开'的要求"调查中，大部分刑事法官们还是认为这类文件应该向当事人和社会进行公开。但不少法官也表示，虽然这些复函、批复、解答作为裁判的依据理论上应当公开，不过如果公开这些文件，将会给已经不堪重负的法院带来更重的负担。

（二）刑事审判公开原则未能深入贯彻的原因

在回答"从司法实践来看，刑事审判公开制度在我国的实施未能充分实现其制度价值，您认为造成这种现象的最主要原因是什么"这一问题时，见仁见智（见表9-8）。

表9-8 法官对"审判公开未能较好实施的原因"的见解

审判公开未能较好实施的原因	法官（人）
刑事审判公开现有法律规定方面的问题	13
对刑事审判公开制度缺乏理论认识	5
法院整体没有得到充分重视，还是按照以往形成的司法实践套路进行	6
担心新闻媒体采访报道影响案件	10
担心社会公众的旁听影响法庭判断	8
检察机关的庭审或庭外监督没有完全到位	2
缺乏审判公开法庭设施、技术装备的物质保障	6

通过以上数据，可以说明：

（1）刑事法官们认为造成公开审判制度未能充分实现其制度价值的首要原因在于刑事审判公开法律规定方面的问题，认为现行法律的不完善导致审判公开缺乏制度上的可操作性，导致法律规定在实际执行中的偏差。

（2）通过对比发现，随着新闻舆论媒体的迅猛发展，很多刑事法官表示了媒体的压力对判决结果造成的影响的担忧。对大多数的刑事法官来说，媒体监督对刑事审判公开的消极影响还是令刑事法官们避忌的。甚至约占28%的刑事法官认为"新闻媒体"是推进刑事审判公开最明显的阻力，并有三成以上的刑事法官表示了对媒体报道影响案件审判的担忧。

（3）"和谐社会"避免矛盾激化的现实需求，是部分案件审判公开未得到很好地贯彻执行的原因之一。调查中，不少法官表示，对于部分当事人情绪较为偏激或矛盾比较尖锐的案件，其更倾向于通过调解工作分别化解矛盾，而直接公开开庭审理，让更多的社会人员或家属直接参与案件，往往会导致案件矛盾的激化，给案件审理和调解工作增加障碍，也给法庭秩序和安全增加隐患。

三、"量刑"的不公：同罪同罚问题

"类似案件类似处理""同罪同罚"是当事人和社会公众考察司法公正的直观指标，也是法律上的正义的应有之义，也是司法公正的基本内核。而就调查的结果来说，59%的被调查律师和犯罪人觉得法院对类似案件所作的裁判结论"存在一定的差异"，接近三成的人认为"大体上是一致的"。

以武汉市全市法院的运输毒品和非法持有毒品案件为例，对于毒品犯罪案件中携带毒品甲基苯丙胺搭乘运输工具从甲地到乙地的毒品犯罪的认定：各区人民法院有着不同的掌握标准，有的区法院以携带甲基苯丙胺50克为标准划定运输毒品罪与非法持有毒品罪的界限，有的区法院以携带甲基苯丙胺30克以上认定为运输毒品罪，有的区法院携带毒品甲基苯丙胺10克以上即可认定为运输毒品罪。还有的区法院内部划定非法持有甲基苯丙胺35克以上为非法持有毒品罪情节严重的标准。由于现行刑法和有关司法解释并未作出明确的、具有可操作性的规定，各地法院对部分罪名的定性和量刑情节的把握不统一，实践中一旦出现犯罪人具有减轻或加重处罚的情节时，判决结果就有可能超出人们对减轻或加重处罚的心理承受力，从

而使社会公众对判决结果产生合理质疑,进而导致当事人无休止地上诉申诉甚至信访,这对司法资源是极大的浪费。

对于上述案例的看法,在座谈中,大部分的法官认为现行立法过于宽泛,立法与司法解释的滞后性导致法官审判案件缺乏明确的法律依据,是导致部分案件出现"同罪不同罚"现象的根本原因。同时,部分法官也表示:地域差别的存在,类似案件不可能绝对地类似处理。刑事审判实践中,部分基层法院为适应当地打击犯罪的需要,或加大了对某类案件的打击力度,或以内部规定的形式对现行法律规定不明确的地方予以细化。如上述毒品犯罪案件的掌握标准不同,原因之一还在于各区打击毒品犯罪实际情况不一样,有的区毒品犯罪案件较多,为适应当地打击毒品犯罪的需要,较早地制定了毒品犯罪量刑的内部标准,对毒品犯罪的处刑也较为严厉,有的地区毒品犯罪案件数量较少,在量刑上的随意性则较大;又如有的区非法经营卷烟案件一直是该区重点打击的对象,该区非法经营案件的罚金刑也远高于其他区法院;而在近年来经济发展较快、建筑施工项目较多的地区,对涉黑案件、敲诈勒索案件的打击力度明显高于其他区法院。

四、"特权"的存在:职务犯罪非监禁刑适用率偏高的问题

从案件惩处力度来看,武汉市全市法院2008~2009年贪污、贿赂类罪案件和渎职类罪案件生效判决共计427案544犯,28人被判处免于刑事处罚,免刑率达5.15%;253人被判处缓刑,缓刑适用率达46.50%;87人被判处3年以下有期徒刑,占全部案犯人数的15.99%。但是与同期其他类罪比较,2008~2009年全市法院各类案件生效判决共计15 700案23 184犯,其中99人被判处免于刑事处罚,免刑率为0.43%;1935人被判处缓刑,宣告缓刑的比例仅为8.35%。也就是说,同期渎职类犯罪案件和贪污、贿赂类犯罪案件占全市法院生效判决案件数的2.72%,案犯数占全部生效判决案犯数的2.34%,免于刑事处罚和宣告缓刑的比例却比全市平均值分别高出了5%、38%。职务犯罪量刑偏轻现象的大量存在,必将大大降低刑罚的效益,降低了犯罪成本,使得刑罚一般预防的社会功能难以实现,影

响社会公众对法律的信任。

虽然社会公众普遍表示希望加大对职务犯罪的惩罚力度，不少刑事审判法官也承认职务犯罪量刑偏轻这一事实。但是不少法官和律师也表示在现行法律下，职务犯罪量刑偏轻并非没有法律基础。一般而言职务犯罪的被告人相比其他犯罪，具有更高的知识文化水平和经济实力，他们能够及时地退出赃款，能够聘请到较好的辩护人，在诉讼过程中能够最大限度地保障自己的合法权益。职务犯罪的特殊性也决定了被告人往往能够交代其他犯罪线索争取立功或坦白表现，同时职务犯罪的被告人一旦被法院宣告有罪，一般不会有再犯的危险。我国立法关于渎职犯罪的法定刑幅度一般为3年以下有期徒刑或者拘役，情节严重的，处3年以上7年以下有期徒刑。按照有关刑罚裁量的规定，一旦犯罪嫌疑人具备法定从轻、减轻情节，便具备在3年以下量刑的可能性，从而具备了适用缓刑的前提条件。而目前法院适用缓刑的条件或者理由，一般是犯罪情节较轻、被告人确有悔改表现、能够主动坦白交代犯罪事实、积极全部退赃、没有再犯罪危险、宣告缓刑对所居住社区没有重大不良影响等，但是从现实角度来说，职务犯罪的被告人基本都能够做到以上条件，从而导致大量的职务犯罪犯罪人被判处缓刑或者免于刑事处罚。

第四节　对策：司法公正评价的契合与认同

一、正确应对舆论媒体，增加司法公正评价标准认同感的前提

舆论监督之于司法公正是一把双刃剑，两者之间既有冲突也有契合，在当前舆论监督缺乏相应规范的现实面前，我们应重视对司法公正与舆论监督的关系进行合理的构建，加强对舆论监督介入司法行为的规范，并明确对不规范行为的责任追究，从而将司法公正与舆论监督的关系纳入法治轨道，依法加以保障、引导和监督。

（一）健全新闻舆论的监督环境

良好的新闻舆论环境是新闻媒体有序、高效、合法、公正地行使监督

职能的前提,为了使司法独立与新闻监督保持良好的互动关系,首先要健全新闻舆论监督司法的制度环境,具体表现如下。

(1) 保持新闻舆论的相对独立性,赋予媒体活动以"张力"。❶ 我国的主流媒体具有浓厚官方和半官方性,权威媒体往往还有很强的政策导向性。在实践中许多久拖不决或处理不公的严重违法犯罪案件,一旦经媒体曝光、领导批示,党政各部门紧急动员,从而使问题获得较好的解决。表面上看,舆论确实发挥了监督的功能,但不正常的是,使人觉得舆论决定一切。中国的新闻媒介存在的对上监督力度较小和对下监督"杀伤力"过大,以及个别新闻媒介的舆论监督有时取行政和法律的功能而代之,表现出凌驾于其他社会机构和监督部门,甚至法律机构之上的倾向,出现超越应有功能、不当干预,特别是影响司法操作的现象。要保持传媒的独立性扩大媒体的行为空间,具体来说,就是要建立以各级党委和政府的机关报为主,以社会各集团的报刊为辅,以民报为补充的多元体系的办报格局。❷ 多元的办报格局能调动广大人民进行舆论监督的积极性和主动性,拓宽信息源,将一切腐败现象都暴露在光天化日之下,改政府对新闻媒介的直接控制为人民代表大会、政治协商会议等立法咨询机构中的专业委员会对媒介的间接监控,减少媒体对行政机关的这种依附性。

(2) 健全有效的传媒内部自律机制,内化记者的职业角色。传媒的记者编辑是一种社会行业,由于历史的原因,其职业意识还是较为欠缺的。传媒的职业精神,在学术上即"新闻专业主义",其内涵不同于政治权力对传媒的要求,也不同于市场经济行为对传媒的要求,而是一种服务行业的专业化意识、一系列职业规范,以及评判标准。它包括专业知识的积累、获取专业知识和技能的训练、专业资格的认可、彰显专业精神的范例,以及专业内部的自律。

(3) 保证媒体的正常报道行为的特许报道免责权保护舆论监督。当媒

---

❶ 贺卫方:"传媒与司法三题",载《法学研究》1998 年第 6 期。
❷ 《第三届"新世纪新闻舆论监督"研讨会文集》,2003 年 12 月。

体被诉新闻侵权时可以借鉴美国的经验❶,坚持以下几条原则。

①把能够提起名誉权诉讼的主体划分为两类:一类是普通公民,另一类是国家公务员和其他公众人物,通过限制国家公务员和公众人物起诉来保护舆论监督。

②在处理名誉权纠纷时,无论起诉者是普通人,还是公务员或公众人物,都不可要求媒体新闻报道的所有细节完全真实,媒体只要做到基本情况真实就属于正当履行职责。因为时效性是新闻报道的最大特点,编辑没有可能去审查报道涉及的每一项事实要素,不能要求媒体依照与其特质相对立的准则从事业务。

③给媒体报道侵权一个具体的定义,防止该起诉理由滥用。所谓媒体侵权❷应符合以下几点:首先,记者要有主观上的故意,即记者明知自己所散布的虚假事实可能损害他人的人格和声誉,又决意追求这种效果;其次,记者通过报道有捏造事实,诋毁他人的行为;再次,造成损害他人人格和声誉的后果;最后,在行为和后果之间存在必然的因果联系。这四个要件缺一不可,缺少一个也不能构成侵害他人名誉权。

(4) 新闻单位应配备专门的法律事务人员,同时还应该提高记者等媒体人员的法律素质,以免对司法活动产生不必要的重大误解。

(二) 舆论监督司法的合理界限

"不受约束的权力必然会产生腐败",舆论监督权也不例外,否则,舆论监督权就可能被滥用,滋生腐败。如何更好地发挥舆论监督的正面效应?具体而言,要注意以下几个方面:

(1) 在立案、侦查、起诉和审判的任何阶段,新闻媒体都可以对案件进行报道,但传媒不得超越司法程序抢先报道,更不得发表具有倾向性的评论,对司法机关的审判活动施加压力;在立案、侦查和起诉阶段,对司法机关尚未认定的证据材料,媒体不得向社会公开,以免妨碍案件侦查和

---

❶ 张西明:《张力与限制——新闻法治与自律的比较研究》,重庆出版社2002年版,第293页。

❷ 赵莉芳、魏毅:《新闻工作者系列访谈》综述。

起诉活动；等等。

（2）保密原则。对涉及国家安全和国家秘密的不公开审判的案件，媒体应按照《保密法》和《新闻出版保密规定》不作报道或不作具体内容的报道；对涉及商业秘密的案件不得报道，泄漏商业秘密将会承担刑事或民事责任；对涉及当事人隐私的不公开审理案件不得报道；对涉及性犯罪案件中受害人的身份、离婚案件中涉及当事人隐私的内容均不得披露。

（3）传媒对报道的案件进行评论，要努力做到了解案件的全貌和问题实质。对于案件审判中运用法律、法规有不同的理解时，不要轻率发表肯定或否定的结论性意见，可先在内部提出或登内参反映，待达成共识后于适当的时间予以发表。应该说，评论是新闻报道的点睛之笔，新闻媒体在报道案件事实之时，也可以适当地发表评论。

（三）加强对网络环境下新媒体舆论监督权的规范

在网络上人人都是记者，人人都可以手握麦克风，因此有学者将这种新兴的媒体称为自媒体。新媒体具有个人化、个性化、交互性强、传播更自由的特点。但伴随这些特点新媒体也存在片面性、主观性等先天不足。在网上不乏身披多个"马甲"的网络"水军"、网络推手等群体隐藏在普通网民中，他们在网上歪曲事实，制造舆论，大有挟网络以令司法之势。对这个问题如何规范，在我国现行的法律中几乎还是一片空白。

在法律空白的情况下要规范新媒体舆论监督的权利，一方面要加强立法，另一方面主流传统媒体要迅速反应，针对新媒体曝光的事件进行核实、报道、监督，防止不实消息的散布，做到以正视听，用舆论来监督舆论。同时要提高新媒体的自我约束力，建立自我约束制度。如网站微博建立专门的甄别和辟谣部门，对不实信息予以曝光，对发布不实信息的用户予以网上曝光等处罚。在网站上设置举报入口，向社会公布举报电话。网站在显著位置设置用户须知页面，加强对网民的教育，提高网民对不实信息的甄别能力。发动网民自主参与清理虚假信息。如新浪微博为抑制谣言的传播成立了微博辟谣小组，24小时不间断工作，负责微博中谣言的发现、甄别和处理；推出了"不实信息曝光专区"，专门曝光虚假信息。

二、完善审判公开制度：增加司法公正评价标准的认同感的保障

依现代法治理念，审判公开制度是三大诉讼法学的一项基本制度，是现代民主法治国家构建的重要组成部分和必然要求。法院通过审判公开制度，将法官和案件相关的全部活动置于民众监督之下，充分发挥了公众的民主参与意识，便于发现违法现象，增强诉讼的透明度，保证了诉讼的公正性，致使各项活动按程序有序运行，提高了审判效率，彰显了司法价值。司法公开是司法民主的必然要求，也是人民法院人民性本质的必然要求。

（一）以强化法官告知义务为重点，加强裁判过程的交涉性

1. 强化法官释明义务

在诉讼过程中，尤其是对弱势群体案件和民生类案件，承办法官对诉讼请求的明确、举证责任的分配、证据的认定、案件所涉法律和司法解释等规范性文件的规定以及其他对诉讼结果会产生重大影响的事项，均要承担释明的义务，满足当事人的选择权、知情权与参与权，及时消除当事人的疑惑。

2. 强化法官审前沟通义务

对重大、复杂、疑难或者当事人争议较大、易引发投诉上访的案件，在开庭审理之前，合议庭须将案件审理焦点和主要法律问题，与当事人或其辩护人进行沟通，听取当事人或其辩护人的意见，并根据反馈意见进行释明，或作出调整，以提高庭审效率和质量。

3. 强化法官判后答疑义务

承办人法官在宣判后及时回答、解释当事人对证据认定、事实认定和适用法律所提的疑问或者质疑，减少投诉上访事件的发生，最大限度地增进当事人对裁判结果的认同。

（二）以加强裁判文书的回应性为重点，加强裁判文书的静态司法公开功能

1. 强化裁判文书对当事人诉辩意见记载的全面性

对诉讼中当事人的起诉或上诉意见、答辩意见等诉讼意见的要点，裁

判文书要确保记载的全面性和准确性,确保完整体现各方当事人起诉权、上诉权以及辩论权等诉讼权利的行使情况。

2. 强化裁判文书对法官重大程序处置行为记载的全面性

对案件审理过程中追加当事人申请、证据调取申请、评估鉴定申请、不公开审理申请、回避申请以及变更诉讼请求申请等重大程序行为,裁判文书均应记载申请的提出时间、内容以及法官的处置情况。

3. 强化裁判文书在证据认定和判决理由中论理的充分性,以及对当事人诉讼意见的回应性,最大限度地赢得当事人和社会公众的认同

在证据认定方面,对于当事人提交的主要证据的名称、提交时间、证明的内容,裁判文书均要详细记载,并充分说明法院的认证意见、不予采纳的意见、对举证责任分配的意见和相应的法律依据。在判决论理方面,要对援引的法律依据为何适用于本案详细说明理由、进行论证,论证过程与判决结果之间应该具备相应的逻辑关系;对于当事人全部诉讼理由和抗辩主张是否成立,裁判文书均要进行回应,尤其是当事人未被采纳的诉讼意见,裁判文书要进行有针对性的说理和论证,说明该意见不能成立的理由。

(三)以完善裁判文书公开制度、探索典型案例指导制度为重点,强化当事人和社会公众对裁判结果的监督

(1)完善裁判文书公开制度。要继续定期发布部分已审结案件的裁判文书,重点公布具有法律解释、规范填补、规则指引和公众较为关注案件的裁判文书,逐步实现裁判文书按类公开、按案由公开,并公开本院裁判文书的公开标准、部分裁判文书不予公开的原因和查询本院未公布裁判文书的具体方法。

(2)建立典型案例指导制度。要在进一步调研的基础上制定指导意见,规范和明确典型案例编发的具体负责部门、选择标准、确定程序、制作格式、发布程序、公开载体和废止程序,定期将本院审结的具有典型意义和指导价值的案件,在抽象出相应的裁判规则的基础上,通过本院网络平台等方式向社会公开,引导民众理性诉讼,并促进执法尺度的统一。

三、量刑规范化试点工作的推进：对法官自由裁量权的规范

《量刑指导意见》实施细则自试行一年以来，取得了较好的效果，但在司法实践中，也存在不少亟须完善的地方。

（1）在量刑情节调节基准刑的方法中，细化调节基准刑的情节层级顺序，明确列举更多的"其他情节"。

（2）细化各罪名的相关情节调整幅度。

例如，交通肇事罪的自首情节，由于其与一般犯罪的自首差别较大，被告人报警、抢救被害人以及留在现场等待公安民警到来等，既是其法定义务，同时也构成自首，而且自首情节在交通肇事罪中基本可以类型化，那就应当细化对该罪自首的量刑幅度。

例如，交通肇事罪，在死亡1人负事故主要责任的情况下，其他受伤人数的多少也应该相应增加刑罚量。

（3）共同犯罪中的量刑情节问题。

例如，共同故意伤害中，有人持凶器作案、有人直接致被害人伤残，是否对所有同案犯均在量刑起点的基础上增加相同的刑罚量？如果个别被告人全部赔偿被害人的经济损失并取得谅解，是否其他共犯也认定具有该赔偿、谅解情节？如果不认定，还会出现主犯邀约他人共同伤害被害人，主犯全部赔偿被害人并取得谅解后，对主犯的处刑会明显轻于从犯，这是否偏离了罪责刑均衡。

（4）数罪的量刑情节计算问题。

例如，在某职务侵占犯罪中，被告人作案2次，第一笔是既遂（涉案金额为10万元），第二笔是未遂（涉案金额为29万元），第二笔未遂中赃物已当场全部追回，而被告人案发后全部退赔了第一笔犯罪的10万元，庭审中自愿认罪。

对职务侵占罪，数额巨大达30万以上的，量刑幅度为5年以上，在上述案例中，被告人具有的量刑情节有三个：1）未实行终了的未遂，且未造成后果，依据《量刑指导意见》实施细则为减50%以下，假设取减30%；

2）全部退赔，假设取减20%；3）自愿认罪，取减10%。那么，如何对被告人量刑则成为疑难。主要有两种量刑方法：

第一种方法是，对两次犯罪分别量刑计算出每次的刑期，然后再将两次犯罪的刑期予以相加，以此作为对被告人的处刑。具体如下：

①对第一笔职务侵占10万元的量刑计算。因为职务侵占罪数额较大的起点为1万元，量刑起点幅度为4~6个月，取5个月。

超过1万元的部分，每增加5500元，可增加1个月，即增加16个月。

即，基准刑 = 5 + 16 = 21（个月）

全部退赔，取减20%。

自愿认罪，取减10%。

经计算：21 ×（1 – 20% – 10%）= 15（个月）

②对第二笔职务侵占29万元未遂的量刑计算。计算方法同（1），也即：

职务侵占罪数额较大的起点为1万元，量刑起点幅度为4~6个月，取5个月。

超过1万元的部分，每增加5500元，可增加1个月，即增加51个月。

即，基准刑 = 5 + 51 = 56（个月）

未实行终了的未遂，且未造成后果，减50%以下，取减30%。

自愿认罪，取减10%。

经计算：56 ×（1 – 30%）×（1 – 10%）= 35（个月）

因此，第一种方法对被告人的量刑，计算出的刑期为（1）+（2）= 15 + 35 = 50（个月）。

第二种方法是，将第一笔既遂的10万元和第二笔未遂的29万元相加后作为一笔犯罪加以量刑，也即对39万元的职务侵占进行量刑。具体如下：

职务侵占罪数额巨大的起点为30万元，量刑起点幅度为5~6年，取5年6个月。

超过30万的部分，每增加3万，可增加1个月，即增加3个月。

即，基准刑 = 5 年 6 个月 + 3 个月 = 69（个月）

未实行终了的未遂，且未造成后果，减 50% 以下，取减 30%。

全部退赔，取减 20%。

自愿认罪，取减 10%。

经计算：69 ×（1 – 30%）×（1 – 20% – 10%）= 34（个月）。

因此，依据第二种量刑的计算方法，对被告人的处刑为 34 个月。

综上，依据上述两种量刑方法，对该被告人所处的刑期相差 16 个月，将近 1 年半，如此悬殊的不同量刑结果让人咋舌。究其根源，只因第二种量刑方法中，将被告人第二笔的未遂情节视为了全案的未遂，对第一笔既遂的 10 万元也予以减轻了 30%，同样，被告人只退赔了第一笔既遂的 10 万元也被视为全案的退赔，而对第二笔未遂的 29 万也减了 20% 的基准刑。显而易见，第二种量刑方法的未遂和退赔量刑情节的适用出现了重复，进而导致最后的量刑结果不合理，所以，第二种量刑方法是合理的，这个问题在最高人民法院的《量刑指导意见》和省高级人民法院的实施细则中均属空白，亟待完善。

四、规范财产刑、非监禁刑的执行：避免法院判决成为空判

根据调研情况，罚金、缓刑是引发司法公正较多争议的焦点，重点应对上述问题进行规范。

（一）罚金刑的完善

随着刑罚逐渐趋于轻刑化、人道化和社会化，作为非监禁刑主要刑种之一的罚金刑在世界各国刑罚体系中的地位越来越重要，实践中罚金刑的适用率也越来越高。国外多数国家的罚金刑适用率都在 60% 以上，有的国家甚至达到 80%~90%，反观我国，尽管近些年来罚金刑适用率有所增加，但总体适用率还是很低，特别是单处罚金的比例更是如此。除了执行难的原因之外，造成这一现象的另外一个重要原因就是罚金刑的立法滞后，已显然不适应当前世界刑罚发展趋势和社会形势的需要，为此有必要作进一步的完善。

1. 提升罚金刑至主刑地位，进一步拓宽罚金刑的适用范围

至今，罚金刑在我国刑法中仍处于附加刑的地位，且主要适用于贪利性、经济性犯罪，较之于西方国家对罚金刑的重视程度及其广泛的适用范围，我国仍有相当大的差距。笔者以为，在未来进行刑法改革时，可以考虑将罚金刑升格为主刑，以凸显其在惩治和预防犯罪的刑罚体系中的重要地位，同时，"将罚金刑的适用范围由贪利性犯罪、经济性犯罪扩大到所有的轻微犯罪行为"，❶ 并扩大单科适用罚金刑条文的比例，最大限度地拓宽罚金刑适用范围，以适应世界刑罚轻缓化、非监禁化的发展趋势。

2. 创设罚金刑执行保证金制度

罚金刑执行难是世界各国面临的共同问题，我国也不例外。而罚金刑得不到有效执行，正是罚金刑在一定程度上被虚置而较少被单独适用的主要原因。为了确保罚金刑的有效执行，笔者建议可在刑法中创设罚金刑执行保证金制度。所谓罚金刑执行保证金，是指对于可能将被判处罚金刑的被告人，法院在判决前可根据其犯罪情节命令被告人或者其亲属向法院缴纳一定数额的金钱，以作为罚金刑判决生效后予以执行的保证。被告人或者其亲属及时向法院缴纳保证金的，判决生效时保证金可依法相应地抵消部分罚金的数额，同时，将及时依法缴纳保证金的情节作为从轻处罚的情节之一。没有或者未能缴纳保证金的，则不享受从轻处罚这一待遇。❷

3. 增设罚金刑换处制度

即便法律果真按照笔者的设想而建立罚金保证金执行制度，也未必能保证罚金刑的执行最终得到落实。其理由就在于很难排除犯罪人本身无财力或者事先转移、隐匿财产而使财产不能被发现，无法强制执行的情形存

---

❶ 阮齐林："再论财产刑的正当理由及其改革"，载《法学家》2006年第1期。

❷ 为了防止可能会被判处罚金刑的犯罪嫌疑人、被告人或者其家属逃避罚金刑的执行而转移、隐匿财产，可考虑在刑事程序法中创建保障罚金刑执行的"财产先行扣押、冻结或查封"制度，以便司法机关能够及时、有效地控制行为人财产，从而为事后罚金刑的执行创造有利的条件。钱叶六："论中国罚金刑的改革与完善——以探寻罚金刑执行难之解决方案为视角"，载《法学论坛》2006年第4期。

在。笔者以为，西方国家广为推行的、作为罚金刑未能执行的救济手段之罚金换处或者易科制度，对于有效地保证刑罚的威慑力和有效性、强化对罚金刑的执行具有举足轻重的作用，因此，有必要在我国刑法中创设这一制度。在罚金刑易科制度的具体设计上，应考虑行为人未缴纳罚金的具体原因：对于那些超过判决期限，有支付能力而恶意逃避缴纳者，应予易科剥夺自由刑。对于确实无力缴纳罚金或者只能部分缴纳罚金的犯罪人，对其可以考虑易科公益劳动（社区服务）。❶

（二）缓刑完善之新思路

1. 缓刑实体刑的量刑新思路

笔者认为，应制定缓刑实体刑的量刑规范化规定。根据刑罚轻缓化趋势，将缓刑放宽至判处 5 年以下有期徒刑或拘役，同时符合其他缓刑条件的，可以适用缓刑，但实际羁押期限必须满所判刑期一定比例后再执行缓刑，笔者暂称其为"半缓刑"。

如果法定刑为 3 年以上且判 3 年以内并适用缓刑的，必须羁押满所判刑期的 1/2 再执行缓刑，如有法定减轻处罚情节，则不受此限制。

例如，判 3~5 年并适用缓刑的，必须羁押满所判刑期的 2/3 后再执行缓刑。

法定刑应为 3~10 年量刑幅度而判 3 年并适用缓刑的，必须最终羁押满 2 年以上再执行缓刑。

法定最低刑应为 10 年以上幅度的犯罪，一般不适用缓刑，除非有两个以上法定减轻处罚情节（将缓刑作为实体刑以下的另一个量刑幅度）。如确有两个以上法定减轻处罚情节而适用缓刑的，必须最低判处 5 年有期徒刑，然后缓刑 5~10 年，且实际羁押满 3 年才能执行缓刑。

2. 缓刑考验期的量刑新思路

例如，判处拘役、1 年以内有期徒刑的，缓刑考验期限 = 所判刑期 + （3 年 − 所判刑期）×1/3。

---

❶ 林亚刚、周娅："罚金易科制度探析"，载《法制与社会发展》2002 年第 1 期。

如判处 1~3 年的，缓刑考验期限 = 所判刑期 + （3 年 − 所判刑期） × 1/2。

如判处 3~5 年的，缓刑考验期限 = 所判刑期 + （5 年 − 所判刑期） × 1/2。

当然，为应对特殊案件，赋予合议庭 10% 以下的调整幅度。

3. 缓刑后再犯的处理

判处有期徒刑以上刑罚而适用缓刑，缓刑考验期满后 5 年以内再犯的，视为累犯，应当从重处罚。

缓刑期间再犯新罪的，可从重处罚，明确从重量刑的百分比幅度，如可增加按数罪并罚规定计算所得刑期的 20% 以下。

第十章　非监禁刑折射的司法公正现实问题

第一节　引　言

在一个小案件中如何体现司法公正？

例如，在甲致一人轻伤、乙致一人重伤（一般残疾甚至严重残疾）的两个故意伤害案中，甲、乙在判决前均已被实际羁押了6个月，后因刑事附带民事诉讼达成调解、取得被害人的谅解，且被害人明确请求法院判处缓刑，最终甲、乙均被判处缓刑，甲被判处有期徒刑1年缓刑2年，乙被判处有期徒刑3年缓刑3年，这实际上是否导致对乙量刑畸轻的处刑不均衡？

因为从被告人、被害人和社会群众的角度看，甲、乙其实均是只被关押6个月便予释放，而在我国的司法实践中，此后的缓刑考验期基本为虚设，再被撤销缓刑并执行原判刑期的情况基本没有。唯一有实质区别的则是甲、乙各自因伤害行为造成被害人受伤和经济损失程度的不同，两人在附带民事调解中赔付的经济数额也就有别。而现实中的调解，往往是被害人为了获得赔偿款而被迫以"对被告人表示谅解并请求法院对其从轻、减轻处罚或判缓刑"为代价，这最终导致一个社会恶果——"以钱买刑"的存在，社会舆论必将质疑刑事司法乃至整个司法体制的公正性。

另外，就公民个人来讲，对人身权利的侵害是最严重的犯罪行为，乙致使被害人重伤的行为（甚至造成严重残疾），会比多次盗窃等侵财行为的社会危害性严重得多,对乙可以适用缓刑,那能否考虑扩大侵犯财产罪适用缓刑的比例?这就涉及适用缓刑的罪名分布均衡问题。

可见,缓刑制度中尚有不少需要完善之处。笔者认为,宜修订缓刑的法律规定,将缓刑适用的范围扩大到判处 5 年有期徒刑以下的犯罪分子,但明确规定判处缓刑必须根据不同情形执行完一定刑期后才能执行缓刑。如对法定刑为 3 年有期徒刑以上,最后判处 3 年并适用缓刑的,必须实际羁押满一定比例的刑期(如 3 年的 2/3,即 2 年)后才能执行缓刑,暂称为"半缓刑",等等,以便能区分上述两种情形的处罚程度,避免造成不管罪行如何严重均可"以钱买刑"的社会恶果,进而达到罪责刑相适应、实现缓刑的量刑均衡和刑事司法公正。

第二节 非监禁刑发展概况及其价值

非监禁刑的兴起是 20 世纪的非刑罚化运动的结果。非刑罚化源于刑事实证学派的目的刑论刑罚思想对报应刑论刑罚思想的批判和否定。第二次世界大战后,基于监禁刑的弊端,各国纷纷规定了犯罪的各种非刑罚化措施:罚金刑、缓刑、转向制度、社会服务命令、社区保护、刑事和解等制度。以致非刑罚化与非犯罪化共同成为世界性刑法改革的重要内容。

大约从 20 世纪 70 年代开始,在刑事立法和司法实践中非监禁措施明显增加,非监禁刑在刑事制裁体系中的地位显著增强,刑事制裁进入自由刑与罚金、缓刑、假释等非监禁刑并重的新阶段。

当今世界各国的非监禁刑运动,主要通过以下方式避免监禁刑的适用:

(1) 罚金刑。进入 20 世纪以后,由于自由刑,尤其是短期自由刑的弊端日益显露,因而罚金刑成为取代自由刑的理想刑种,这也是刑罚轻缓化的必然要求。❶

(2) 社区矫正。社区处遇体系中的某些具体制度,如缓刑、假释等,

---

❶ 陈兴良:《刑法哲学》,中国政法大学出版社 1992 年版,第 408 页。

实际上有很久的发展历史,但社区矫正成为系统的思想却是二战以后发展起来的。现代社区矫正观念源于"二战"结束之初对退伍军人的心理辅导。

美国学者塞哲尔(Siegel)指出,社区矫正较之传统的监狱矫正的优点在于:(1)社区矫正较监狱矫正对犯罪者更人道,且能协助其复归社会;(2)社区矫正可避免犯罪者进入传统行刑体系中,打上监狱经验之不良烙印;(3)由于社区矫正能维系犯罪者与家庭、朋友、同事及邻里之联系,因此较监狱能更有效地协助其改善更生;(4)社区矫正不需要如监狱那样在机构设置、安全管理等方面的巨大负担,比较节省国家经费。❶

缓刑、假释在传统上被认为属于自由刑的执行方法而不是独立的刑罚种类,但是从实际效果来看,它们充分体现了使罪犯在社区中得到教育改造的思想,因而属于社区矫正制度的重要组成部分。而且,随着缓刑、假释在一些国家的大量使用,它们表现出演变为刑种的趋势。因此,缓刑和假释也是社区矫正的典型措施。

目前,世界各国的社区矫正方兴未艾,西方国家更是发展迅猛。以美国为例,目前实际在社区服刑的人犯比例,已占所有接受判决人数的3/4,并且有持续扩大的趋势。在加拿大,联邦惩教系统中,罪犯在监狱服刑与在社区服刑的比例为2:1。在瑞典,1998年刑罚执行系统共有罪犯1.9万余人,其中有近1.6万人在社区执行。在日本,近年来大约有3/5受到矫正处遇的罪犯被放在社区,接受缓刑官的监督。我国台湾地区借鉴欧美立法,将修订刑法,引进社区服务、假日监禁、电子监控等社区处遇措施。由机构性处遇转向社区处遇,被各国学者普遍认为是现代刑事政策的重要趋势,代表着犯罪矫正的未来走向。

我国缓刑制度属于缓执行,其建立历史不长,发展相对缓慢,与国外还有相当差距,这也是与我国的政治、经济和文化发展相适应的,未来的改革完善和适用空间还非常大。

---

❶ 转引自冯卫国:《行刑社会化研究》,北京大学出版社2003年版,第182页。

第三节　我国缓刑适用的基本国情

一、2010 年我国缓刑适用情况

2009 年我国刑事一审案件总数为 768 507 件，而贪污贿赂犯罪案件数为 22 233 件，渎职犯罪为 4 003 件，分别占刑事案件总数的 2.9%、0.5%。

2010 年全国法院判决生效的刑事案件为 656 198 件、1 007 419 人。其中，判处缓刑的有 265 230 人，约占全年判决人数的 26%；判处 5 年以下有期徒刑（不含缓刑）的有 461 523 人，约占全年判决人数的 46%；判处拘役（不含缓刑）的有 63 848 人，约占全年判决人数的 6%（见图 10-1）。

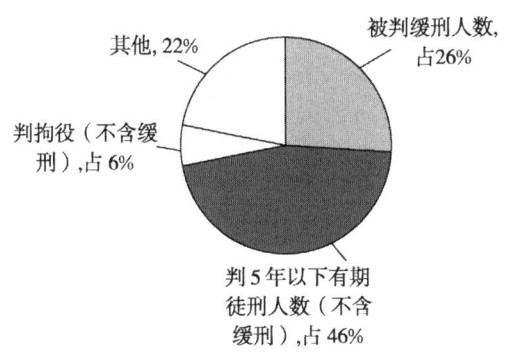

图 10-1　全国 2010 年判决刑事案件人数比例

2010 年，我国贪污贿赂犯罪案件数为 23 889 件，渎职犯罪为 4 489 件，分别占刑事案件总数的 3.6%、0.7%。但是，根据相关资料表明，职务犯罪的非监禁刑适用比例却是高居各类犯罪的榜首，如 2007 年 5 月 22 日最高人民检察院《检察机关立案查处事故背后渎职犯罪情况》报告所显示的 2006 年检察机关立案侦查的渎职犯罪嫌疑人被判处免于刑事处罚和宣告缓刑的比例高达 95.6%。社会舆论对此现象久有诟病，反映了我们刑事司法公正存在的不足。

从 2010 年的统计数据可见，判处缓刑的罪犯占全部罪犯的 26%，缓刑制度的适用直接关系我国刑事司法的方向与刑罚社会功能的充分发挥,其在刑罚体系中地位举足轻重。但是这与国外充分发挥缓刑社区矫正功能的状况差距还非常大,如前文所述,加拿大、日本、美国和瑞典适用社区矫正罪犯占总罪犯人数的比例分别约为33%、60%、75%和84%。如果处刑范围条件改为,判处5年以下的罪犯,只要同时符合其他条件即可判处缓刑,那么,按照前述统计的2010年全国判处5年以下有期徒刑(不含缓刑)的有461 523人,约占全年判决人数的46%,我们的缓刑适用范围将大幅提升至72%左右(其中的少部分犯罪恶性大不适用缓刑的则坚决不予适用),由此,缓刑的功能将发挥得淋漓尽致,同时也是符合刑罚轻缓化的世界发展趋势的。

二、某省缓刑适用情况

某省2009年刑事案件适用缓刑的案件有5 598件(见表10-1),在这些适用缓刑案件涉及的罪名里,危害公共安全罪有1 237件(约占缓刑案件总数的22%)(见图10-2),侵犯人身权利罪有1 422件(约占25%),侵犯财产罪有1 687件(约占30%),妨害社会管理秩序罪有672件(约占12%),贪污贿赂罪有419件(约占7%),破坏市场经济秩序罪有145件(约占3%),渎职罪有16件(约占1%),危害国防利益罪有0件。

表10-1 某省2009、2010年缓刑适用情况　　　　(件)

年份 适用缓刑类罪罪名	2009年缓刑案	2010年缓刑案
危害公共安全罪	1237	1432
侵犯人身权利罪	1422	1575
侵犯财产罪	1687	1412
妨害社会管理秩序罪	672	811
贪污贿赂罪	419	488
破坏市场经济秩序罪	145	206
渎职罪	16	19
危害国防利益罪	0	3
合计	5598	5946

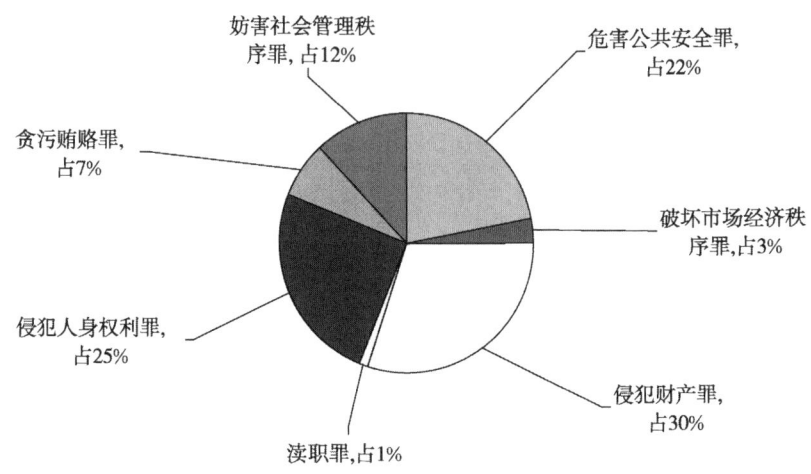

图 10-2 2009 年某省适用缓刑类罪分布比例

某省 2010 年刑事案件适用缓刑的案件有 5 946 件，比 2009 年增长 6%。其中，危害公共安全罪有 1 432 件（约占缓刑案件总数的 24%）（见图 10-3），侵犯人身权利罪有 1 575 件（约占 26%），侵犯财产罪有 1 412 件（约占 24%），妨害社会管理秩序罪有 811 件（约占 14%），贪污贿赂罪有 488 件（约占 8%），破坏市场经济秩序罪有 206 件（约占 3%），渎职罪有 19 件，危害国防利益罪有 3 件。

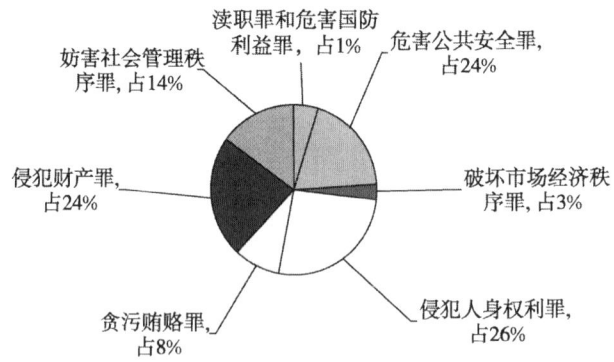

图 10-3 2010 年某省适用缓刑类罪分布比例

该省的某市 2005～2009 年一季度渎职犯罪案件生效判决共计 27 案 39

犯，6 犯被判处免于刑事处罚，免刑率达 15.4%；20 人被判处缓刑，缓刑适用率达 51.28%；宣告无罪 1 人，占全部渎职犯罪案犯人数的 2.6%；判处实体刑的 11 人，占全部渎职犯罪案犯人数的 28.2%；单处罚金的 1 人，占全部渎职犯罪案犯人数的 2.6%。数据分析显示，生效判决中，渎职犯罪案件案犯被判处免于刑事处罚和宣告缓刑的比例高达 66.7%。

在危害公共安全罪中，适用缓刑的案件主要涉及交通肇事罪。该罪是过失犯罪，《刑法修正案（八）》将醉驾和飙车等行为入刑，标志着我国对交通违法方面的行为处罚正日益加重。

在破坏市场经济秩序罪中，适用缓刑的案件主要涉及职务侵占罪、非国家工作人员受贿罪、挪用资金罪。

在侵犯人身权利罪中，适用缓刑的案件主要涉及故意伤害罪。由于侵犯人身权利的犯罪危害性普遍很大，沿用现行缓刑制度"一放了之"的作法其弊端显而易见，亟须修订缓刑适用方法，对不同的缓刑情况加以区分，须羁押满不同刑期后才予执行缓刑考验。

在侵犯财产罪中，适用缓刑的案件主要涉及诈骗罪、敲诈勒索罪、故意毁坏财物罪。

在妨害社会管理秩序罪中，适用缓刑的案件主要涉及寻衅滋事罪，掩饰、隐瞒犯罪所得、犯罪所得收益罪。

在贪污贿赂罪中，适用缓刑的案件主要涉及贪污罪、挪用公款罪、受贿罪、行贿罪，贪污贿赂罪是缓刑涵盖罪名最广的类罪，这也是职务犯罪量刑过轻、缓刑过多广遭诟病之处。如一个国家的政治系统腐败，其腐蚀危害必将深入社会的各行各业（包括司法系统），波及人们生活的方方面面，危害之大不言而喻。因此，职务犯罪在反腐形势严峻的当下，应严格限制适用缓刑，缓刑条件中的"没有再犯罪危险"不宜普遍适用于职务犯罪。

基于缓刑适用类罪分布不均的现状，应加以调整我们的缓刑政策，根据类罪和具体罪名的危害性来指导缓刑的适用方向，如，侵犯人身权利罪一般比侵犯财产罪的危害性严重，而贪污贿赂、渎职犯罪对整个国家的危害过大,其应是适用缓刑更严的类罪。

三、某区缓刑适用情况

某区法院2010年审结刑事案件总数为221件、347人。判处3年以下(含本数)有期徒刑、拘役的案件有146件、205人,分别约占全年刑事案件总数的66%、59%,其中,盗窃有48件、67人,故意伤害有23件、28人,毒品案有19件、19人,交通肇事案有11件、11人。

在刑事案件总数中,适用缓刑案件数为39件、46人,分别约占全年刑事案件总数和人数的18%、13%(见图10-4),占判处3年以下有期徒刑、拘役的案件数和人数的27%、22%。

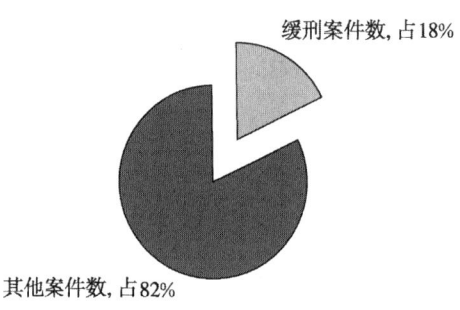

图10-4 某区2010年判处缓刑案件数占刑事案件总数的比例

其中,判处3年有期徒刑并适用缓刑的有9件、12人,分别约占适用缓刑案件总数、人数的23%、26%,均约占全年刑事案件总数、人数的4%、3%。这些案件均为法定刑幅度3年以上,为适用缓刑而拉低到3年,容易出现前文所述"以钱买刑"的罪责刑失衡的恶果。

法定刑应为3年以上有期徒刑,但最终判处3年以下有期徒刑并适用缓刑的有8件、10人,分别约占适用缓刑案件总数、人数的21%和22%,约占全年刑事案件总数、人数的4%和3%。其占缓刑案件总数的1/5强,是应严格限制的情形。

在该区2010年所有判处缓刑的案件中,故意伤害罪有17件、22人,分别约占适用缓刑案件总数、人数的44%和48%,约占判处3年以下有期徒刑、拘役的故意伤害案件数和人数的74%、79%。侵犯人身权利的犯罪危害性相对更大，对其适用缓刑比例过大是不甚合理的。

判处缓刑的案件中，交通肇事罪有7件、7人，分别约占适用缓刑案件总数、人数的18%和15%，约占判处3年以下有期徒刑、拘役的交通肇事案件数、人数的64%、64%。

判处缓刑的案件中，贪污贿赂、渎职罪有4件、6人，绝对数不多，但该类犯罪适用缓刑的比例非常高，值得反思。

第四节　缓刑制度现存问题及改革完善

一、缓刑的立法缺陷导致量刑失衡及量刑新思路

（一）立法缺陷导致量刑失衡

如上述所统计某市某区2010年的情况，法定刑应为3年以上有期徒刑，但最终判处3年以下有期徒刑并适用缓刑的有8件、10人，分别约占适用缓刑案件总数、人数的21%和22%，约占全年刑事案件总数、人数的4%和3%。

其中涉及的罪名主要是故意伤害和交通肇事，例如，根据刑法和量刑规范化规定，造成被害人重伤（未造成残疾或10～7级伤残）的，处刑幅度为3～10年，如要判处缓刑，则只能判处3年有期徒刑再适用缓刑3～5年。实践中，由于《刑法修正案（八）》前适用缓刑的条件"犯罪情节、悔罪表现和确实不致再危害社会"过于抽象，缺乏具体细化的衡量标准，所以只要不是累犯，根据法官调解考核的要求以及"案结事了"的指导方针，往往容易根据被告人对被害人的赔偿情况、被害人的谅解以及是否明确请求法院从轻、减轻或判处缓刑，来决定是否适用缓刑，客观上造成"以钱买刑"的恶果，其对整个社会的司法理念将产生颠覆性的影响。

《刑法修正案（八）》对缓刑的条件作了修改，规定为同时符合以下条件的可以宣告缓刑：（1）犯罪情节较轻；（2）有悔罪表现；（3）没有再犯罪的危险；（4）宣告缓刑对所居住社区没有重大不良影响。其实，这只是对旧条文表述方式的小改动，并不能解决前述问题。

这在故意伤害中造成严重残疾（6~1级残疾）的情况下尤为明显，其法定刑幅度为10年以上有期徒刑，如要适用缓刑，在具备法定减轻情节的前提下，须适用法定刑幅度以下的3~10年的量刑幅度，而且必须只能判3年有期徒刑再适用缓刑。

这都会导致一种实际量刑畸轻的结果，即造成被害人轻伤而判1年缓刑2年的罪犯，其在判决前实际被羁押的期限可能和上述造成重伤的两种情况被告人所实际羁押的期限相同。

比如，被告人甲造成被害人轻伤，判决前实际被羁押了6个月，达成调解赔偿被害人1万元并取得谅解，最后判决其有期徒刑1年缓刑2年。被告人乙造成被害人重伤（一般残疾或严重残疾），法定刑应在3~10年或10年以上，达成调解赔偿被害人5万元并取得谅解，判决前实际被羁押也是6个月，最后判决其最重的缓刑有期徒刑3年缓刑5年。

这两种结果对被告人以及广大群众来说基本没有区别，被告人和广大群众关心的往往只是被告人实际坐牢多久就被释放，而被害人为了获得被告人赔偿，往往只能以书面"谅解甚至明确请求法院减轻或判处被告人缓刑"作为与被告人的交换条件。这在造成重伤的案件中尤为明显。我们说，附带民事诉讼赔偿是被告人依法必须赔偿被害人的，基于执行难等因素，被害人在与被告人调解中，一般也只能获得与法律规定赔偿数额相当的赔偿，获得远多于法定赔偿额的很少，甚至只能获得少于法定的赔偿额。试想，在这种情况下，哪个被害人对被告人是真心"谅解并请求法院判处被告人缓刑"的？这必然会形成一种司法不公的现实，只要有经济能力赔偿，行为人可以致被害人轻伤、重伤甚至严重残疾而只承担很轻的刑事责任，这种倾向的极严重社会危害性则无须赘述。

（二）缓刑量刑新思路避免量刑失衡

1. 缓刑实体刑的量刑新思路

笔者认为，应制定缓刑实体刑的量刑规范化规定。根据刑罚轻缓化趋势,将缓刑放宽至判处5年以下有期徒刑或拘役,同时符合其他缓刑条件的,可以适用缓刑,但实际羁押期限必须满所判刑期一定比例后再执行缓刑,笔者暂称其为"半缓刑"。

如果法定刑为3年以上且判处3年以内并适用缓刑的,必须羁押满所判刑期的1/2再执行缓刑,如有法定减轻处罚情节,则不受此限制。

如判处3~5年并适用缓刑的,必须羁押满所判刑期的2/3后再执行缓刑。

法定刑应为3~10年量刑幅度而判处3年并适用缓刑的,必须最终羁押满2年以上再执行缓刑。

法定最低刑应为10年以上幅度的犯罪,一般不适用缓刑,除非有两个以上法定减轻处罚情节(即将缓刑作为实体刑以下的另一个量刑幅度)。如确有两个以上法定减轻处罚情节而适用缓刑的,必须最低判处5年有期徒刑,然后缓刑5~10年,且实际羁押满3年才能执行缓刑。

2. 缓刑考验期的量刑新思路

如判处拘役、1年以内有期徒刑的,缓刑考验期限=所判刑期+(3年-所判刑期)×1/3。

如判处1~3年的,缓刑考验期限=所判刑期+(3年-所判刑期)×1/2。

如判处3~5年的,缓刑考验期限=所判刑期+(5年-所判刑期)×1/2。

当然,为应对特殊案件,赋予合议庭10%以下的调整幅度。

3. 缓刑后再犯的处理

判处有期徒刑以上刑罚而适用缓刑,缓刑考验期满后5年以内再犯的,视为累犯,应当从重处罚。

缓刑期间再犯新罪的,可从重处罚,明确从重量刑的百分比幅度,如可增加按数罪并罚规定计算所得刑期的20%以下。

二、缓刑条件缺乏可操作性及其完善

《刑法修正案(八)》对缓刑的条件"犯罪情节、悔罪表现和确实不致再危害社会"作了修改,规定为同时符合以下条件的可以宣告缓刑:(1)犯罪情节较轻;(2)有悔罪表现;(3)没有再犯罪的危险;(4)宣告缓刑对所居住社区没有重大不良影响。其实,这只是对旧条文表述方式的较小改动和充实,并不能解决前述实际操作性欠缺的问题。

笔者认为,宜采用概括与列举相结合、肯定与否定相结合的立法模式,使缓刑的适用条件真正具有明确的可操作性,统一缓刑的适用标准,也避免缓刑自由裁量权的滥用。

例如,制定肯定性列举式的规定,明确可适用缓刑的情形:国家工作人员贪污、受贿数额在2 000元以上不满1万元,犯罪情节较轻,能主动坦白、积极退赃,确有悔罪表现的,可以适用缓刑;盗窃数额低于"巨大"标准的1/2,且系初犯的,可以适用缓刑等。

制定明确的否定性列举式规定,有下列所列情形之一的,一般不适用缓刑:(1)有前科,且前后罪均为故意犯罪;(2)犯数罪(含二罪);(3)多次、多笔犯罪;(4)曾3次以上治安处罚;(5)曾劳教二次;(6)造成被害人严重残疾(6级以上残疾);(7)未完全退赔;(8)犯8种重罪,故意杀人、故意伤害致人重伤或死亡、强奸、抢劫、贩卖毒品、放火、爆炸、投放危险物质罪的;(9)3人以上共同伤害致重伤;(10)贪污1万元以上,除有自首、立功等法定减轻情节外,一般不判处缓刑。

增强撤销缓刑条件的可操作性,对有下列情形之一的,撤销缓刑,执行原判刑罚:(1)吸毒、卖淫嫖娼等违反治安管理处罚法二次以上的;(2)劳动教养一次以上的;(3)缓刑期内未完全履行财产刑的;(4)犯新罪的;(5)违反判决中的禁止令,情节严重的;等等。

三、罪名间缓刑适用比例不均衡及其完善

在前述某市某区所有判处缓刑的案件中,故意伤害有17件,交通肇事有7件,贪污贿赂和渎职共有4件,分别约占适用缓刑总案件数的44%、18%和10%。

在判处3年以下有期徒刑、拘役的总案件数中,盗窃有48件,占

33%，占 1/3 强的大比例，却没有一个盗窃案适用缓刑。

虽然盗窃等侵犯公民财产权利的犯罪或许存在再犯可能性较大的社会危害性，但是，无论是从对公民权利的侵害，还是对社会的危害来看，故意伤害、交通肇事这些侵犯公民人身、健康甚至生命的犯罪都比盗窃等侵财犯罪严重得多。某省盗窃数额较大、巨大的起点分别是 1 000 元和 1 万元，对一般的被害人来说，财产的数次被侵犯都比不上人身伤害所遭受的痛苦和损失，从社会防卫来说亦然。

司法实践中的这种现象是本末倒置，与刑罚轻缓化及人权保障理念相悖的，对此应作深层次探讨、完善并加以扭转。

笔者认为，宜按照刑法性质不同的罪名类型对适用缓刑先后顺序的优先性加以排序规定，在适用缓刑所占比例中，应逐渐体现优先适用的地位。如侵犯财产权利罪、经济犯罪、妨害社会管理秩序罪、侵犯民主权利罪、贪污贿赂和渎职犯罪、侵犯人身权利罪、侵犯人身和财产权利罪、危害国防利益罪等。还可以按照下列顺序优先适用缓刑：轻微罪（1 年以下）、轻罪（1~3 年）、较重罪（3~5 年）、重罪（超过 5 年）；未成年犯罪、75 岁以上的老年人犯罪、青壮年犯罪；女性犯罪、男性犯罪；过失犯罪、故意犯罪；法定犯罪、自然犯罪。

第五节　充实缓刑量刑程序

一、充分听取被害人的缓刑意见

我们在对被告人适用缓刑的过程中，被害人也是最关心法院对被告人的判决结果的，因为这也是对被害人心理的一种举足轻重的抚慰。因此，我们有必要设置具体细化、可操作性强的被害人量刑意见调查表，囊括以下内容。

（1）被害人的人身损害、财产损失的恢复、弥补程度等。可以在调查表中给出多个选项，每个选项设置一定的百分比幅度，以供被害人填选。

比如，恢复、弥补程度为：① 20%以下；② 20%~40%；③ 40%~60%；④ 60%~80%；⑤ 80%以上；⑥ 其他情况。

（2）被害人所获赔偿的情况。附带民事诉讼中请求赔偿的数额、实际获得赔偿数额、法定应获赔偿数额、实际赔偿额占法定赔偿额的比例，将该比例纳入是否适用缓刑的考量中去。

（3）被害人的谅解程度。实践中，法官在调解的奖惩考核指标体系的高压之下，片面追求调解，其结果难免有损害一方当事人权益的情况，而且不在少数。很多被害人所出具的谅解意见，也基本都是为了尽快获得赔偿款，而所获的赔偿一般只基本相当于法定应得的赔偿。笔者认为，是否可以在被害人获得赔偿的一段时间后，再次征求其对判处被告人缓刑的意见，此时的意见才更真实，因为前文规定了缓刑必须实际羁押一定期限再执行缓刑，这也就为判决后再听取被害人量刑意见提供了保障。另外，现在被害人出具的谅解意见多不能体现谅解的程度，只是谅解或不谅解两种表述，我们应在量刑意见调查表中同样设置多个选项供被害人选择，如谅解程度："A、20%以下；B、20%~40%；C、40%~60%；D、60%~80%；E、80%以上；F、其他情况"。

（4）被害人对处刑的具体意见。实践中，被害人的处刑意见均是从轻、减轻、判或不判缓刑的两个极端。可以依照（3）中的模式，设立数个缓刑幅度，包括所判刑期和缓刑考验期的幅度，由被害人选择判几缓几的幅度以及希望对被告人实际羁押的刑期幅度。

二、充分发挥公诉机关的缓刑甄别作用

我国正在大规模进行量刑规范化改革过程中，公诉机关在量刑建议程序改革中的地位十分突出，其量刑建议的提出是量刑规范化的重要组成部分，体现了公诉权对审判权的监督和制约，我们在缓刑制度改革中同样需要发挥公诉机关的关键作用。笔者认为，应从以下几方面加以体现：

（1）公诉机关应在适用缓刑的案件中发挥主导作用，对简易案件建议判处缓刑的，须随案移送量刑建议书及缓刑调查报告。

（2）对刑事附带民事诉讼，达成调解后，公诉机关也应根据案件事实和情节变化及时做出相应的量刑建议和缓刑调查报告。

（3）对具有不符合缓刑条件的案件，公诉机关应在量刑建议中明确不符合判处缓刑的情节，以利于法官决定是否适用缓刑。

公诉机关提供的量刑前调查报告的内容应包括以下几部分：①犯罪情况；②犯罪人的情况；③被害人的情况，包括犯罪行为对被害人造成的伤害情况，被害人的个人特征、被害人对犯罪人的态度；④量刑建议，说明是否可以对犯罪人判处缓刑，判处缓刑是否恰当等，供法官在量刑时参考。

三、建立缓刑委员会体现社会意志

刑罚兼具一般预防和特殊预防的双重功能，即便犯罪人符合《刑法修正案（八）》中对缓刑的新条件"没有再犯罪的危险"，我们也要考虑到如判处其缓刑，对广大群众的影响，《刑法修正案（八）》中对缓刑适用的条件之一即增加了"宣告缓刑对所居住社区没有重大不良影响"。所以，可借鉴人民陪审员的任命程序，成立缓刑委员会，由一定数量的社会各界人士每年随机选任固定人数组成，并对可能适用缓刑的案件出具意见。

非监禁刑的科学、公正适用意义非比寻常，我们只有使在刑事司法中占据重要地位的非监禁刑日臻完善，才能对刑事司法公正的发展形成强有力的助推，进而为整个司法公正的实现打牢根基。

第十一章　刑事裁判文书功能与风格对司法公正的影响

当前，考量评价法官审理裁判案件能力和水平有很多指标，但其中有两项是最直观、最传统、最表象、最贴近社会鉴赏层面的标准：一是庭审驾驭的能力，二是裁判文书写作的能力。稍有常识与教育背景的人都可以通过对法官这两项司法技能发挥状况的纯朴感受，对法官的司法能力和水平道个长短评个高低，就连外行都是哄不了的。自最高人民法院于2012年3月29日召开全国法院系统关于开展"两评查"活动电视电话会议以来，❶庭审观摩和裁判文书评查活动的重视程度、参与广度、推进力度前所未有，在全国法院系统得到最广泛、最深入的贯彻落实。庭审驾驭和文书写作是法官司法技能最主要的两个核心，"两评查"活动不仅紧紧抓住了法官司法技能的两个最重要的评价指标，而且也为我们开展刑事法律文书的实证应用法学学术研究提供了最为直观的现实题材和研究领域。"从本质上来说，刑罚应该是公开的、及时的、必需的，在既定条件下尽量轻微的、同

---

❶ "两评查"活动指2012年最高人民法院在全国法院系统广泛开展的对法官庭审观摩和裁判文书两项技能进行的量化评比检查活动。在2013年的"两评查"活动中，每一级法院、每一个业务庭、每一名法官、书记员都没有置身事外，而是自觉融入其中，共同参与评查，共同整改落实，千方百计找差距、补短板、促提高。不仅领导干部以身作则，率先垂范，带头开示范庭、讲评法律文书，而且广大法官也自我评查、自找差距，形成了人人参与、人人接受评查的工作格局。在短短5个月内，各高院、中院、基层法院都已严格按照最高人民法院规定的比例要求，广泛开展了庭审、裁判文书评查，对评查出来的问题及时分析原因，明确责任，落实整改。

犯罪相对称的并由法律规定的。"❶ 随着裁判文书公开和上网工作的推进，社会公众对刑法和刑罚目前集中关注的焦点和热点开始转向刑事裁判文书。因此，本文选取具有典型代表意义的某市中级法院和所辖 15 个基层法院在开展"两评查"活动中对 1.2 万件刑事案件法律文书的全部评查结果为研究对象，通过对中基层法院刑事裁判文书评查存在的现实问题进行实证研究分析，进而论证当今我国刑事裁判文书应当具备的功能与风格。

第一节　中基层法院刑事裁判文书功能缺失实证分析

转型社会时期，社会公众和舆论对于刑事案件审判的关注度和影响力日益增强，特别是随着司法改革与体制改革的不断深化，社会公众和舆论传媒对刑事案件和刑事裁判文书的认知关注亦日渐增强，人们已不再把刑事裁判文书单纯看做是向被告人宣布审判结论的书面告示，而把它视为展示现代社会诉讼民主、程序公开、司法公正的重要载体之一，社会公众要求人民法院裁判文书全部上网的呼声一浪高过一浪。广州许霆案、西安药家鑫案、云南李昌奎案等多起有社会影响的刑事案件判决书都毫无例外被全部晒到互联网上，社会公众不仅评判案件审理的程序和实体公正问题，而且非常关注刑事裁判文书中的事实认定和裁判说理等文书写作问题，刑事裁判文书关乎人的生命和自由，其写作要求非常严格，稍有错误、疏漏、不妥或瑕疵都会在网上引起社会舆论的批评和批判。刑法的维持秩序、预防犯罪、保护法益、保障人权四大基本机能更多的是通过刑事裁判文书的公开来体现。❷ 因此，刑事裁判文书功能的重要性已经是一个人民法院必须引起足够重视和反思的现实问题。

鉴于我国人民法院四级审级结构和两审终审的程序制度设置，重大刑事案件的一审基本上都在中级法院，大量的普通刑事案件和刑事附带

---

❶ ［意］贝卡利亚：《论犯罪与刑罚》，中国大百科全书出版社 1993 年版，第 109 页。
❷ 马克昌：《比较刑法原理》，武汉大学出版社 2002 年版，第 13～14 页。

民事案件一审基本上都在基层法院，二审基本上都在中级法院，高级法院和最高法院一般多为死刑复核和再审刑事案件，因此，中基层法院的刑事裁判文书实际上是当今社会关注的热点和焦点。为此，在"两评查"活动中，我们有针对性地选取某市中级法院和其所辖的15个基层法院两年期间共计1.2万件刑事（包括刑事附带民事）案件裁判文书的评查结果作为实证研究的分析对象，进行刑事裁判文书功能结构的系统对比分析（见图11-1）。

根据对1.2万件中基层法院刑事裁判文书的全面评查，我们发现，在刑事文书的差错率数据统计中，事实与证据的差错率为5%，裁判理由与法条引用差错率为18%，裁判结果的差错率为12%，语言文字的差错率为46%，而这四项数据指标都与刑事裁判文书的功能息息相关，图11-1差错率数据表明目前中基层法院刑事裁判文书在多种文书功能结构上还存在着较为明显的缺失，亟待通过法律文书评查进行整改，从而强化中基层法院刑事裁判文书的各项功能。

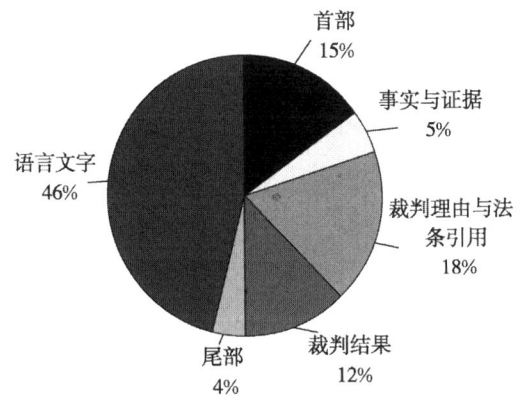

图11-1　某市中级法院及15个基层法院刑事裁判文书评查错误类型分布

根据对1.2万件刑事案件裁判文书评查结果中的典型错误集中进行类型化分析，我们发现，目前中基层法院的刑事裁判文书中的错误和瑕疵问题以及裁判文书的写作风格等对裁判文书功能的影响确实较大，表11-1所列举6大类共计25项文书错误的类型描述，涉及刑事裁判文书功能的每一个逻辑结构范畴，证明中基层法院刑事裁判文书功能的缺失和风格的不适应已经是一个不争的事实。现实存在的差错率直接影响了人民法院的司法公信力和司法权威。

表 11 -1　某市中级法院和 15 个基层法院刑事裁判文书评查部分典型错误分析

典型错误类型	典型错误描述
事实与法律关系	1. 控诉、辩称概括不简洁明了，篇章所占比例不适中
	2. 案件争议焦点归纳不准确、不精炼
	3. 法律关系表述不清晰
	4. 查明事实叙述不简洁、不完整、不客观
证据采信	1. 证据分析不够翔实充分，逻辑不严密，证据采信不得当、不合法，理由不充足
	2. 对证据证明力的判断不准确、依据不充分
	3. 证据链条不清楚、不完整，证据与事实之间的证明关系不清晰
	4. 没有完全依据证认定事实，不客观，不全面，不准确
裁判理由与依据	1. 裁判理由与案情分析没有紧扣诉争焦点，逻辑不严密，层次不分明，重点不突出，没有针对性
	2. 裁判依据不合法、不确实、不充分，说理不透彻，对法律适用论证不严密、不充分
	3. 对当事人权利、责任、义务分析不够准确，对被告人辩解及律师辩护意见剖析不够全面，说服力不强
	4. 判断推理不合情、不合理、不合法，与社会主义法治理念和社会主流价值观念契合不够
	5. 同案不同判（例如：刑附民案件对无赔偿能力的案件目前有三种判法）
裁判结果	1. 裁判结果不明确、不具体、不完整，遗漏诉求
	2. 处理不正确、不得当
	3. 适用法律错误，援引法律条文不规范、不具体、不完整
	4. 判决事项不清晰，文字表述不规范，存在歧义
语言文字	1. 行文不流畅，结构不完整，层次不分明，不能全面反映案件的审理程序
	2. 语句不通，文字不精炼，表述不准确、不规范，艰涩难懂
	3. 简称表述不准确，用词不规范
	4. 错字
	5. 病句
	6. 数字用语不规范
	7. 标点符号不规范
法律效果与社会效果	刑事判决法律效果与社会效果不统一，引起社会不良反应

反思现代中基层法院刑事裁判文书功能在一定程度上有所缺失的现状，我们应当深入思考究竟应当怎样重构刑事裁判文书的功能？考量当今社会刑事正义与刑事审判工作的发展方向，我们可以形成两个共识：一是刑事审判重回国家法治的中心，刑事审判并未衰落和边缘化；二是社会关注的变化，从"重刑轻民"到"重民轻刑"，再到"刑民并重"，认识的变化反映社会变迁的需要、国家发展和社会发展的需要，以及文化发展的需要。当前人民法院刑事审判所面临的社会和舆论的压力是前所未有的：社会公众和舆论更加关注刑事法律与刑事政策的正确适用，对于刑事案件的审判程序、审理结果和裁判文书更加敏感，社会公众和舆论对于刑事案件审判的价值认同多元复杂，刑事案件裁判尺度难以统一，由于刑事案件相似度过大、法官自由裁量权过大、司法权威的公信用度较低等原因导致民众难以信服刑事判决，刑事判决参与社会管理创新的需求与职能不对称，等等。基于上述两个共识和刑事审判工作面临的压力，笔者提出，现代刑事裁判文书应当具有：控辩事理表述功能、审理程序记录功能、证据审查表述功能、判决理由解释功能、判决结果告知功能、社会秩序示范功能、司法审判管理功能、法律文化宣传功能等多种功能。

第二节　审理程序记录与证据审查判断表述功能

中基层法院刑事裁判文书对于审理程序表述功能发挥不足是这次"两评查"活动中评查发现的突出问题之一。由于刑事案件审判的程序性要求非常高，因此，必须严格遵守刑事诉讼法的相关规定。但目前中基层法院刑事裁判文书最大的功能缺失之一就是：对于案件审理程序的如实记录和规范表述过于简单或者忽略，有的文书甚至完全不反映刑事诉讼程序的内容，刑事诉讼程序的正当性无法在刑事裁判文书中得到合理体现。我们认为，刑事裁判文书必须有体现刑事诉讼程序的功能作用，必须有案件审理程序记录的内容，必须反映整个刑事诉讼过程依法进行的全过程。具体包括：起诉、立案审查、受理、通知、组成合议庭、合议庭变更组成人员的原因、公诉人、辩护人、法定代理人、被告人羁押等强制措施情况、普通程序简易审、法律文件的送达方式和效果、证人未到庭原因、质证认证情况、延期举证、警察出庭情况、申请鉴定人和证人出庭情况、是否经过审判委员会、是否因某种原因延期审理、当事人的上诉权以及涉外程序的正确执行过程等等。审理程序的记录表述既反映刑事诉讼程序的合法性，又可以支撑实体的公正性，也便于上级法院有针对性地审查下级法院审理裁判案件的程序问题。法官在刑事裁判文书里交代程序经过的时候实际上就在检查自己的程序问题，便于发现问题并尽量采取措施弥补，同时可以通过程序问题发现实体处理的问题，争取在刑事裁判文书送达宣判前得以修正。

中基层法院刑事裁判文书中"经审理查明"部分所体现的证据审查表述功能也是存在问题较多的内容之一。以案件事实为依据是刑事审判工作的立足点和出发点，要克服来自法院内外上下左右的客观方面的干扰，就必须注意防止排除来自主观方面的主观主义、经验主义的影响。"法官的政治偏好或法律以外的其他个人性因素，例如法官个人特点以及生平阅历和职业经验，会塑造他的司法前见，进而直接塑造他对案件的回应"。❶ 区别于自由心证制度和法定证据制度，我国的刑事诉讼是要求人民检察院对被告人提起公诉，人民法院对被告人作出有罪判决，必须犯罪事实清楚，证据确凿、充分，这就是客观真实。自由心证是实质真实，证明也只要求达到法官内心的确信和符合证据高度盖然性标准。法定证据是形式真实标准，证明的要求是满足法律上的规则，达到形式上的真实。因此，凡是与定罪量刑有关的事实和情节，都必须审理查明且在刑事裁判文书中表述清楚。至于那些不影响对被告人定罪量刑的细枝末节，则没有必要搞清楚。实践中，将与犯罪有关的事实，可以概括为"七何"要素，即何人，何时，何地，基于何种目的、动机，采用何种方法、手段，实施何种犯罪行

---

❶ ［美］理查德·波斯纳著，苏力译：《法官如何思考》，北京大学出版社2009年版，第4页。

为,造成何种危害后果。在写作文书时应当仔细审查是否写清"七何"要素。

中基层法院刑事裁判文书对据以定案的事实证据表述应当有质和量总的要求。据以定罪的单个证据必须查证属实,经查实的单个证据必须有证明力,也就是和待查证的犯罪事实之间存在客观联系,可以据此推论出犯罪事实。所有证据在总体上已足以对犯罪实施者得出确定无疑的结论,并排除其他一切可能。属于犯罪构成要件的事实均有相应的证据加以证明。"如果司法行为的后果很容易就能确定,那么秘密的司法过程对理解和评价法律制度就没多大关系"。❶ 法官审理裁判案件的过程就是一个不断运用法律思维进行心证判断的过程,是针对案件审理过程中的真与假、是与非、曲与直、善与恶等问题,根据特定的证据或事实以及既定的法律和法理,通过一定的程序进行认证,并运用法律思维的方法作出判断的过程。因此,刑事裁判文书的写作应当包括对待证犯罪事实证据准确进行逻辑分析和推理论证并作出判断的过程。缺乏法律思维和逻辑分析推理判断的心证能力,是难以创造出论证严密说理充分的裁判文书的。在裁判文书写作的过程中所展现的是法官对犯罪构成和事实证据的分析判断过程。法官的办案思路与法官的法律思维能力是紧密相连的,法官对全案的整体分析与判断过程就是一个沿着办案思路来不断深入地进行推理和论证的过程,这一过程表现在刑事裁判文书之中就是对证据和事实的分析、判断、推理、认定的过程。在法律思维与逻辑分析推理判断的过程中,法官需要对审理查明的事实作出分析判断,并与裁判理由相结合,表现在裁判文书之中就是审理查明事实部分和判决说理部分。审理查明的法律事实是裁判理由之源泉,所有裁判理由都必须是根据审理查明的法律事实所作的法律解释与适用的分析判断。

关于事实证据审查认定关键在于对事实证据的论证分析。云南省高级

---

❶ [美]理查德·波斯纳著,苏力译:《法官如何思考》,北京大学出版社2009年版,第3页。

人民法院对云南烟草大王褚时健等贪污、受贿、巨额财产来历不明案审理终结后所作的刑事判决书是证据论证分析的典范。这一判决书与传统的判决书模式相比有一个最大的特点是在"事实与证据"部分告别了高度概括控辩主张之后千篇一律地叙述人民法院"经审理查明"的事实和证据的写法，而是在"事实与证据"部分开宗明义地用"评析如下"作为开头，围绕控辩主张和双方举证、质证的内容，将法官认证的过程、理由和结论予以充分表述。❶ 对证据进行说理是说理艺术的一大亮点，强化对证据进行说理有利于突出控辩双方争议的焦点并有针对性地对双方在举证、质证中涉及的问题，进行有理有据的认证。司法审判的过程在查明事实部分主要是通过对证据的审查判断来认定案件事实，裁判文书说理首先就是应当针对证据进行说理。对证据进行说理实际上是对法官心证过程的文字说明，法官的心证是法官对证据的审查判断并形成内心确信的证据认定过程，法官心证是由证据而来的，心证的形成必须先以诉讼证据的存在为前提。只有公开说明对证据认定的理由，才能让当事人信服，也才能使法官心证过程受到社会公众的监督与评判。对证据的价值评估问题涉及作为审判主体的法官对于经过调查与辩论的证据的证明效力进行价值权衡与取舍的问题，法官基于证明待证事实的考虑，对证据的审查判断，通常要依据相关的经验与逻辑思维方式，对证据的价值评估要经过一个缜密的推论过程。❷ 这个缜密的推论过程若能在说明裁判理由的内容中准确表述出来，将会十分有助于刑事裁判理由的说明。对证据进行说理，可以使法官的归纳综合和逻辑思维能力得到锻炼和提高，可以促进法官心证的规范性和程序性的限制，从一个方面人大提高裁判文书的说理水平。

---

❶ 徐安住：《司法创新——从个案到法理的展开》，中国检察出版社 2004 年版，第 232 页。

❷ 毕玉谦：《民事证据原理与实务研究》，人民法院出版社 2003 年版，第 707 页。

第三节 裁判理由解释与社会秩序行为示范之功能

说理就是讲明判决的理由,所谓判决理由是指法官根据当事人各方的主张和抗辩的取舍,认定事实和适用相应的法条或法律原则,进而得出判决结论的推理过程。❶ 判决理由具有合法性、逻辑性、实在性和连接性的特点。❷ 说理的艺术是法官创作裁判文书艺术中最重要的内容之一,是法官裁判工作顺应司法公正的时代要求,也是改革实践中产生的司法文明成果。裁判理由是整个裁判文书的灵魂,是裁判文书创作的重点内容。说理的逻辑形式为:小前提,既然查明的事实是如此;大前提,而法律规定和法理又是这样;结论,所以这样判决。裁判文书的说理在裁判文书中居于核心地位,是任何一篇裁判文书的主干和结构主体。也是防止错判的保障机制。❸ 刑法哲学的三大价值目标是公正、谦抑、人道,❹ 刑法案例判决涉及社会秩序和自由,❺ 都需要法官在刑事裁判文书中的论理进行充分的展现。

刑事裁判文书论理部分对适用法律的说理包括如下几个方面的内容:(1)援引法律条文;(2)对法律条文进行解释,特别是在澄清不确定概念、填补法律漏洞和作价值补充时,应当说明其解释方法和依据;(3)对法律与审理查明的法律事实之间的关系进行分析。之所以强调要在裁判文书中强化法律解释,一方面是为了说服当事人,促使当事人服判息诉;另一方面促进主审法官在裁判时审慎解释法律,认真研究和思考,避免恣意理解和随心所欲地解释。此外,还可使二审法院法官了解一审法官对法律精神与含义的具体把握,对一审法官所作的合理的解释给予尊重,而不是

---

❶ 叶自强:《民事诉讼制度的变革》,法律出版社2001年版,第265页。
❷ 同上书,第266~267页。
❸ 乔宪志等:《法官素养与能力培训读本》,法律出版社2003年版,第193页。
❹ 陈兴良:《刑法哲学》,中国政法大学出版社2004年版,第4页。
❺ 曲新久:《刑法的精神与范畴》,中国政法大学出版社2004年版,第1页。

任意推翻或者简单地以自己的解释替代一审法官的合理解释。裁判文书的说理，不完全等同于议论文的论证，它既不需要上纲拔高，也不具有鼓动性，更不宜长篇大论。说理必须立足于法律，以法论理，要力求客观，公正、充分、平实，真正做到上承事实，下接结论。对于案件适用法律时应以法理上、法律上进行充分论证。法律条文是据以作出裁判的法律依据。一定的法律事实决定适用一定的法律，一定的处理结果决定适用一定的法律，一定的文书制作程序也决定适用一定的法律。故裁判文书在论证裁判理由时，必须准确全面地引用有关法律条文，不能张冠李戴，错误引用。❶引用的法律条文，必须经过解释才能作为适用法律。裁判理由是法律解释与适用的重要载体，法律解释与适用的过程与结果基本上都是通过裁判理由来展现的，因此对适用法律进行解释是裁判理由的重要内容。

　　法律解释需要一定的技巧和方法，同时也要在解释过程中进行价值判断与衡量，价值判断与衡量也是法律解释的重要方法之一，在法律方法中具有重要的理论与现实意义，甚至可以说价值衡量是法律解释的灵魂之所在。法律解释不仅仅是解释的技巧和方法的问题，更是一个进行价值衡量和选择判断的问题。刑事诉讼案件的情况各不相同，法官对每一个案的法律解释及选择法律适用都要结合具体的案情来进行价值判断或价值衡量。法律方法的优势就在于超越一般的法律适用技巧，而是运用司法哲学解释法律精神和原则的真正价值所在。价值衡量无非就是一种对立法目的结合司法的具体个案的司法价值判断。立法分配正义，司法实现正义。法官在实现正义的过程中有很大的主观能动性，这种主观能动性是通过法律解释体现出来的，刑事法官的功能决不是机械地将法典上的条文与具体案件的法律适用进行对号入座，而是要能够创造性解释法律和适用法律，法官的法律解释和法律适用应当是一种创造性的司法价值衡量判断过程。刑法典上的法律条文是高度抽象的概括表述，但具体刑事案件的案情却各不相同，能够包揽和涵盖所有纠纷处理的完善的法律规范是不存在的，法律是滞后

---

❶ 乔宪志：《法官素养与能力培训读本》，法律出版社2003年版，第173页。

的,总是会有一定的漏洞、空白或是法律的冲突。因此,法官必须对适用法律进行解释和价值衡量,如何在各不相同的具体个案审判之中实现法律的正义,要求刑事法官在选择法律适用的过程中发挥创造性解释法律的司法技能。对刑法典法律条文的修改和解释总是滞后于社会发展变化的步伐,刑法的相对稳定性和刑事诉讼法的相对安定性,与转型社会时期社会发展对刑事审判的需求如何契合?对刑事法官运用法律方法的司法技能提出了很高的要求,对法官写作刑事裁判文书的水平也提出了很高的要求,要求刑事法官在解释法律和适用法律时必须及时对法律精神的价值进行衡量判断、发现法律价值、弥补法律漏洞、拓展法律精神内涵。价值衡量始终是裁判的中心,也是法律解释的中心。

法官如何进行价值衡量并作出选择?卡多佐法官在其名著《司法过程的性质》中给出了答案:"如果你们要问,法官将何以得知什么时候一种利益已超过了另一种利益,我只能回答,他必须像立法者那样从经验、研究和反思中获取他的知识;简言之,就是从生活本身获取。事实上,这就是立法者工作和法官工作相接的触点。方法的选择,价值的评估,最终都必须以类似的、用以支持不同方法和价值的考虑因素作为指南。实际上,每个法官都在他的能力限度内进行立法。无疑,对法官来说,限度都比较局促。他只是在空白处,他填补着法律中的空缺地带。他可以走多远,并且不越出这些空缺,这都不能在一张图表上为他标示出来。他必须自己学会这一点,如同从多年的某种艺术实践的习惯中他获取了什么才算得体和什么才算比例匀称的感觉一样。甚至就是在这些空白之内,某些难以界定而只能为各个法官和律师感觉到的限制——而不论它们是何等难以捉摸——都在妨碍和限定他的活动。这些限制都由多少世纪的传统建立起来的,是其他法官——他的前辈和同事——的范例建立起来的,是这一行当集体判断建立起来的,以及,是由遵从——通行的法律精神的义务建立起来的。"❶ 美国大法官对于法律解释与法律适用中的价值衡量的论证非常贴

---

❶ [美]卡多佐著,苏力译:《司法过程的性质》,商务印书馆2000年版,第70页。

合刑事审判工作实际，具有较高的引导价值，现代刑事诉讼就是需要刑事法官在裁判文书中合理解释现行刑法条文并进行价值衡量从而得出让社会公众可以接受的判决结果。刑事裁判文书的功能和价值就在于通过法律精神的解释和法律方法的运用，通过价值权衡和价值判断方法维系司法的理性与权威，通过刑事裁判文书正向功能发展法律和超越法律，真正实现转型社会时期的司法公正，维护社会公平正义。

第四节　刑事裁判文书法律文化人文关怀传播功能

西方唯实派法学家十分强调法官对于法律性质与内容的影响。在他们看来，所有的立法文件在没有得到法官的解释和适用之前，还算不上是法律，只可以说是法律的渊源。"司法不仅是立法的结果，还是立法的上游活动之一"。❶ 19 世纪末至 20 世纪上半叶，英美的几位著名的法学家如格雷、波洛克、戴雪、弗兰克等，都近乎一致地断言法官是真正的立法者，法官所制定的法律是真正的法律。❷ 法官对法律的解释除了法理解释和价值衡量之外，还有一个重要的解释内容是对法律规范中的蕴含的法律文化的解释，法律文化也是对法律精神的另一种诠释。从法律文化的视角，我们可以更好地领略刑事法官裁判文书的风格与精神。

法律观念形态包括人们对法律价值的认识，对法的创制实施监督问题的态度，经验化了的法律思想方式和行为方式，对法律的信仰程度、传统法律心理等。法制协调水平包括法律制度的存在方式、法律规范的取材意向、法制环境的处理手段、对外来法律文化因素的应变能力、立法司法行政三者功能的调节能力、法制过程诸环节的配套能力，等等。法律知识积淀包括传统化了的立法司法经验与技术、个人或集体的法律思想体系、法律教育与法学研究的水平，等等。

---

❶ 白建军：《法律实证研究方法》，北京大学出版社 2008 年版，第 183 页。
❷ 贺卫方：《司法的理念与制度》，中国政法大学出版社 1998 年版，第 188 页。

法律文化总功能包括借助文化总体功能以显现与自我强化的功能，在传统文化沉淀中自我认识、自我更新的功能，在外来法律文化的冲击下选择与调适的功能，等等。❶ 法律文化是一种非常复杂的社会文化现象，"法律文化"这一概念本身就蕴含着较为丰富的内容。要对这一概念作出较为精确的表述、限定和解释，是一件比较困难的事情。刘作翔教授认为，可以从两个角度来认识法律文化，即作为方法论意义的法律文化和作为对象化的法律文化。❷ 孟德斯鸠说过："我们应当用法律去阐明历史，用历史去阐明法律。"梁治平先生根据这一原则提出："用法律去阐明文化，用文化去阐明法律。"裁判文书是用法律去阐明文化和用文化去阐明法律的最直接的载体。从法律文化的构成内容看，法律文化中的主体成分是法律，而法律又表现为一系列的规范体系和法律制度，刑事法官写作刑事裁判文书应当充分展现法律文化，法律文化是一种具有普遍适用性、实践性、实用性的社会文化，是一种具有历史延续性、民族性和互融性的社会文化。

法官写作刑事裁判文书如果不能很好地体现法律文化，就不是一份好的裁判文书，裁判文书应当起到一种将法律文化社会化的作用。"从这个意义上说，法官释法是应然的规范与实然的社会生活之间的桥梁：通过法官的司法活动，规范才得以影响社会、变为人们的法律实践，反过来，社会成员才可能感受、服从、接受法律规范"。❸ 刑事裁判文书是刑法实践活动中将法律文化社会化的主要途径和方法。在现代社会，法学家和社会公众越来越注意到司法审判实践活动对公民法律价值观的形成以及法律意识的养成的重要作用。美国法学家埃尔曼指出：在美国，人们已越来越关心执行法庭裁判问题和由此对社会产生的影响。有的时候，一个公正的法律判决所产生的影响是巨大的，它可以一下子提高法律在人们心目中的权威地位和职业者的形象，使人们对法律产生尊敬、信赖和遵法守法的自觉性；

---

❶ 刘学灵："法律文化的概念、结构和研究观念"，载《河北法学》1987年第3期，第37页。

❷ 刘作翔：《法律文化理论》，商务印书馆1999年版，第66页。

❸ 白建军：《法律实证研究方法》，北京大学出版社2008年版，第183页。

相反，如果法律判决显失公平，便会使法律在人们的心目中投下阴影，对法律产生不信任感，影响法律的权威地位。英国哲学家培根有段格言："一次不公正的裁判，其恶果超过十次犯罪，因为犯罪是无视法律，而不公正的审判是毁坏法律。"❶ 法律文化通过裁判文书在社会中的传播，必然会影响到人们法治观念和法律意识的形成，这种法治观念和法律意识对人们的思想和行为起着潜移默化的渗透和转化作用，能够指导和规范社会公众的行为。

法院所裁判审结的刑事案件有多少件，就会有多少份裁判文书，这么多的裁判文书所传播的信息量是非常巨大的，如果每一位刑事法官在书写刑事裁判文书的过程中都有传播法律文化的意识，都能将法律文化通过裁判文书创作的技巧与方法向全社会传播与推广，其社会效果将会非常明显。一个人从出生到长大成人这一过程中，会不断受到各种文化的影响，接受社会的教化，从中吸收各种成分，形成自己的人生价值观，完成社会化过程。个人价值观的形成过程，或者说，社会化的过程同该社会流行的价值准则密切相关。❷ 法律只有得到全社会的遵从才有意义，因此，"法治的精神"的实现，需要法律文化的社会化的实现。法官创作裁判文书应当以传播法律文化为己任，裁判文书不只是对个案的判决，还应当是对法律文化的诠释与传播。判例是"活动着的法典"，也是"发展着的法律文化"，因此，法官写作的刑事裁判文书在恪守法律精神与基本原则的同时，也要阐释现代社会发展着的法律文化。

法律文化传播的正确与否直接影响着一个社会多数成员法律意识、法律心理、法律价值观的成长与状况。法律文化传播的广度和深度也同样影响着一个社会法律文化的深入大众、深入民间社会的广度和深度。❸ 法官通过裁判文书来传播法律文化应当成为法律文化传播的一条主渠道。裁判文书的创作之中重要的内容之一就是对法律文化的浸润与传播，判文的内

---

❶ 刘作翔：《法律文化理论》，商务印书馆1999年版，第204页。
❷ 同上书，第204~205页。
❸ 同上书，第208~209页。

容应当有充分的法律文化底蕴。法官在创作裁判文书的过程中，应注意运用多种方法将法律文化的传播融人其中。要充分利用裁判文书这一载体，使法律文化深入社会，深入社会公众之中，成为社会文化、公民文化中不可缺少的一部分，通过法律文化的渲染与教化作用，使全社会养成尊重法律，遵从法律，自觉地运用法律手段来维护各种正当权利的习惯和心理，使社会公众树立法律以信仰和法治的意识，树立起法律是重要的社会治理手段，法律是至高的社会利益调整手段的现代政治意识和法律价值观。裁判文书应当也必须成为传播法律文化的主渠道之一，传播法律文化也是创作裁判文书的重要技艺。

法官的裁判既是在法律文化作为理念指导下的司法审判实践过程，也是在司法审判实践中发展法律文化的过程。法律文化在经历一个不断的否定之否定的过程之后，扬弃旧文化，产生新文化，成为现代文化的一个重要组成内容，才能发挥自身的价值和功用，为现代社会所需要。❶ 法官在裁判文书中运用法律文化的技巧与方法来评判案件判决的价值取向，实际上也是对法律文化的传承与发展。目前，在中国推行法治尚欠缺一个法律文化环境的构建，中国现代法律文化的形成与发展还是处于刚刚起步阶段，人们还没有真正认识到法律文化对法官的裁判和法治的推行的重要基础性功能与作用。中国正处于社会转型时期，其间充满了汰旧建新、不断改革和变化发展，法律文化作为一个迈向民主与法治国度和社会政治、经济、社会生活方式的法律视角的概括和载体，充分记载、反映和再现了社会转型时期推行法治的历史，法官裁判应当正视这一历史。

中国是一个农耕文明较发达的国家，农业文化是中国文化的主要内容。几千年来，儒家传统思想成为中国文化的主流，社会治理的手段是"礼制"而不是法治。这种文化的影响力是巨大的。新中国成立以来，我国的法律体系是在完全推翻旧的法制体系而重新建构全新的法律制度体系，法治秩序与"礼制"秩序是截然不同的两种社会治理方法，这就是法官在适

---

❶ 刘作翔：《法律文化理论》，商务印书馆1999年版，第237~238页。

用法律裁判案件的过程中碰到许多阻力和困难的深层次的原因。法律制度是重新构建了，但法律文化并未重新构建，因而法官总是感觉法律条文与现实的脱节。当我们为如今立法速度如此之快、完备的法律体系已经通过快速大量的立法构建起来而感到欣慰时，我们是否也同时感受到我们又同时面临着一个非常艰巨但又必须完成的任务：法律文化重新建设的任务。建设现代法律文化的任务同样也是职业法官的重要任务。刑事法官裁判文书的功能只有置身于现代法律文化建设之中，才会有生命力和发展前途。

从我国古代司法判词妙判所体现的功能与风格，我们可以感悟这样一个道理，我们还可以将刑事裁判文书创作得更加精美和奇妙，裁判文书是人创作的，应当具有人性化特点和体现人文关怀精神。法官制作裁判文书从某种意义上来讲就是秉承传统和与时俱进的法律文学创作，这是刑事裁判文书的重要功能和风格。法官对事实的认定，对判理的说明都需要用书面语言来表述和表达，表达的技巧与方法就包括了文学与文艺的表达方式。板着面孔的刑事裁判文书给当事人和社会公众的感觉总是少一份亲和力，过于理性化的裁判文书实际上也就是丧失了理性，因为老百姓接受不了这种纯粹的理性。

当前中基层法院法官所撰写的刑事裁判文书缺少文学与文艺表达的技巧与方法是刑事裁判文书质量难以提高的主要原因之一。法官自己深刻理解了法理并不表明法官就能在撰写裁判文书时能够把深刻的理解传达给当事人和社会公众，法官需要运用文学与文艺的表达方式和技巧才能将精深的法理解释、演绎得通俗易懂、妇孺皆知。法官是人不是神，法官裁判同样也有自身的情感和价值判断掺杂其中。刑事法官无论将情感掩饰或埋藏多深，但其内心深处不可能没有是非标准和善恶判断，这些其实需要在刑事裁判文书之中以适当或恰当的艺术方式来表达。刑事法官应当在裁判文书之中融合法律文化，发展法律文化，才能制作出精美的裁判文书。职业法官群体如果都能够树立这种意识并掌握这种表现艺术，则法律文化将会在全社会得到传播和发展，现行法律制度的功能与作用将会在刑事审判实践中得到更好的实现。刑事法官创作裁判文书应当注重体现法律文化的人文关怀精神,一方面完善以法律制度为核心的制度性法律文化,另一方面注重发展和完善观念性法律文化,在刑事裁判文书中注重将制度性法律文化与观念性法律文化相融合,实现法律文化与法律条文的整合,从而促进刑事审判参与社会管理创新社会功能的实现。

通过对中基层法院1.2万件刑事裁判文书的实证分析,我们认为,应当从秉承传统和与时俱进两个层面来重构中基层法院刑事裁判文书的功能与风格。基于对刑事法官职业特征和审判艺术的法理解读,刑事法官是运用审判艺术将普遍化、抽象化的刑法条文转化为能够运用于具体刑事案件、富有生命与活力的法律职业,假如我们把法官裁判的职业技能和技巧定义为一门将理性的法律条文转化为程序与裁判结果的审判艺术,那么我们就可以推断主导刑事诉讼的法官是通过审理裁判刑事案件融合理性的刑法条文、刑事政策的法律与生活的法律艺术家,进而推断刑事法官书写制作的刑事裁判文书是法律文化和裁判艺术作品。法官写作刑事裁判文书的艺术创作过程,也就是法官运用法律方法将各种社会利益冲突与纠纷恢复到理性有序的和谐状态,解决各种社会矛盾,传播刑事法治精神,定纷止争,树立法律的信仰和法治的权威的司法过程。刑事裁判文书作为艺术品的功能价值在于恪守刑事审判程序,准确认定事实证据,创造性解释和适用刑法,寻找刑事案件审理裁判中的法理光辉,诠释刑罚的哲理与价值,传播刑事审判工作中的法律文化,体现刑法的人文关怀精神。

第十二章　现行立案审查制度司法公正实现问题与对策

立案工作是法院工作的"前沿阵地",是当事人进入法院的"第一站"。各级法院立案庭作为司法活动与社会公众联系的桥梁纽带,每年审查起诉、受理案件数万件,接待当事人众多,立案程序中各个环节的规范与否,直接影响着司法公信力,对于法院全局工作的有序开展及司法公正目标的全面实现都具有十分重要的意义。近年来,随着司法改革的进一步推进,人民法院的立案工作水平已经有了很大提高,立案活动也不断地趋于规范化、制度化和高效化,但由于长期以来我国立法对于立案程序及立审衔接的规定不够详尽,司法实践中也普遍存在重视不够的问题,这就使得立案工作中仍然有很多不规范的地方,一定程度上影响了司法公正和法院形象。本院在充分调研的基础上,分析了中基层法院立案程序中各个环节的基本情况、存在的不规范问题及原因,并提出加强立案程序规范化的具体建议和对策,以期能够促进立案工作的改进,加快实现司法公正。

第一节　目前立案程序不规范的主要表现形式

目前,有关立案程序的各种具体规范重点集中在审查起诉阶段,各级法院主要依据三大诉讼法来开展立案工作。然而由于立案程序并不仅仅局限于对立案材料的审查和决定是否受理,还包括立案前的准备,立案与审判之间的衔接,即整个分案的流程,乃至一审和二审之间的衔接。后者在司法实践中往往被忽视,缺乏必要的规范来约束它,也更加容易产生问题。

经过调研,笔者发现立案程序中不规范的问题主要表现为以下方面。

一、立案及预审过程中存在的问题

(1) 立案标准和对立案材料的具体要求不统一。调查显示,司法实践中不同法院对于同类型案件的立案材料要求不同,甚至有些法院不同的立案法官,对于立案材料的审查标准也不尽相同。比如:有些法院在立案预审过程中,对于由委托代理人代为立案的,除要审查授权委托书外,是律师代理的还要求出具律师事务所的所函,但有些法院则只需要查看律师执业证书;有些法院在审查被告的住址或者住所地是否在本辖区内时,对于被告为公司、企业的,只要求原告提供被告公司的营业执照、工商登记资料,而有些法院则要求原告找到有关部门开具证明或者拍照,证明该公司的实际经营地是否与工商登记的营业地一致,是否属于本法院管辖。

(2) 对于立案所需的整套材料告知不明确,不能做到一次性告知,导致当事人多次到法院立案,形成诉累。调查显示,能够做到一次性告知,即只到法院两次其立案材料就能顺利被接收的较少,多数需要三次才能立案,另外还有超过三次甚至多次到法院补充材料,才符合收件审查的标准。

(3) 立案预审阶段责任模糊,法院立案庭与基层法庭之间存在互相推诿的情况。目前,基层法庭仍然有立案的权限,对于案件的受理,其往往具有推繁留简的明显选择性。实证调查显示,当事人为了诉讼曾到基层法庭立案,但被以"案件复杂、不属于基层法庭的受案范围"等理由推到法院立案庭立案。

(4) 立案预审时间过长,司法效率低下。虽然三大诉讼法都明确规定了民事、行政和刑事自诉的立案审查期限,但实践中仍然有部分法院在实质上并没有按照这个期限来决定案件的受理与否。实证调查显示,法院按照法律规定时间立案受理的不多。实践中,部分法院将"收到起诉状"作为一个时间点,严格控制立案材料的接收,多次预审或者用较长的时间来预审,降低了立案工作的效率。甚至还有一些法院或者基层法庭,将立案材料接收之后,迟迟不给当事人答复,既不立案也不裁定不予受理,而是多次组织甚至强迫当事人进行调解，损害了法院的公正形象。

（5）立案接待工作不规范，具有很强的随意性，许多"便民措施"也只是走形式，不能达到立案指引的效果。目前，法院的立案窗口基本上实现了对案件的分类受理，分派不同的立案法官负责不同的窗口接待工作，这一部分工作基本上是规范的。但对于信访接待部分，很多法院，尤其是基层法院都没有一个单独分设的窗口，也较少安排固定的工作人员来接待，对于当事人缠访的，也存在刻意回避的情况。同时，调查表明大部分法院基本上都只采取了印刷纸质"诉讼指南"或是在立案大厅悬挂"立案须知"这两种便民措施，当事人通过对上述材料的阅读，基本上很难获取其实际需要的资料信息，便民效果难以实现。

（6）在每年年底（11月初~12月底）时，各级法院立案庭对于收案都"严格把关"，很多当事人感到在此时段立案严重受阻，并由此对司法能力产生怀疑。调查显示，只有少数当事人在年底立案没有出现受阻的情况，大多数当事人感到年底时立案很难，并且认为立案难的原因是法院年底结案，为免影响结案率等绩效考核指标，人为地拒绝收案。

二、分案过程中存在的问题

（1）立案庭分案不透明，当事人不能了解案件是否已经分至业务庭法官手中、分至哪个法官手中，其只能被动地等待法院的通知，无法就案件的有关情况及时与法官取得联系，使得当事人对司法的距离感加深，不利于司法公正的实现。随机抽样调查的1 000人中，没有一名当事人在立案后、业务庭法官与其联系前，无需自行查找就已经得知案件的承办法官是谁，并能够通过公开途径取得他的联系方式。

（2）司法实践中，长期存在分案不及时的情况。查阅有关案件材料，许多案卷中都存在诉讼费单据开具的时间早于立案审批表记载的立案时间，一般是1~2天；案卷从立案庭移交至业务庭的时间，一般为1~2周。实证调查中，多数民商事案件的被告，收到法院送达的原告起诉状副本及开庭传票等法律文书，已经是在案件受理的1个月之后。

（3）立案庭分案不科学、无规律，在把案件分派给业务庭法官承办时，大多只考察该庭各个法官已收案件的总数及其未结案数，在平衡各个法官收结案的基础上进行分案。以这种依据来分案，有一定的现实意义，但并不全面、科学，仍然具有很强的随意性。实践中，也经常存在集团案件被分给多名法官办理的情况，这与社会公众的期望也是明显不符的。

三、立、审衔接中存在的问题

（1）实践中，经常存在立案案由与案件实质法律关系所应适用的案由不一致的情况，有些时候是因为案件经过审理才能明确其内在的法律关系；有些时候是因为当事人自己希望以某种案由来审理，而在立案中隐瞒了某些细节问题；还有时候是因为法律关系的竞合使得案由的确定具有可选择性。前两种情况，在立案审查中基本上很难避免，对当事人的诉权影响也不是很大。而后一种情况，如果是法院应当释明却没有释明的，则可能给当事人的诉权造成一定程度的损害。以侵权纠纷与合同纠纷的竞合为例，案件审理中可能发现当事人的诉请和证据适用某一案由并不合适，较之另一案由而言，其非常不利于当事人实体权利的保障。向当事人询问、释明后，其可能要求以另一案由来审理，但由于一般法院都将民事案件与商事案件的审理划分至不同的业务庭，加之法官个人的因素，实践中就有可能出现法院要求当事人撤诉后再另行起诉的情况，既耽误当事人的时间，也影响司法效率。

（2）前述分案过程中存在的各种问题，实际上也是立案与审判衔接中所存在的问题，其主要表现为同一层级法院内部各部门之间工作衔接不紧密、不合理。

（3）立、审衔接中的最大问题还是一审与二审的衔接问题。某一案件在一审法院审理终结后，因为当事人上诉而要移送至二审法院，由二审法院立案庭对其进行立案，这本来应当是一个及时而迅速的过程，然而实践中这个过程却往往非常漫长。以民商事案件的上诉移送为例，在缴纳上诉费后，超过5个月才接到二审法院通知的占一定比例，一半左右的人大概是两个月接到通知,1个月以内就接到二审法院通知的只占调查人数的少数。

第二节 问题的原因分析

一、立案及预审过程中问题的原因

(1) 不同法院对于立案的松紧度把握不同,不同立案法官对于诉讼法的认识和理解不同。具体而言,有些法院为了控制收案数和立案变更率,严格把关,对于立案材料要求较高,只要认为其存在某些"问题",就将立案材料退还给当事人,要求补齐。而有些法院则在上述方面控制较松,当事人递交的立案材料如果符合立案的基本要求和条件,并且属于本院管辖的,就会予以立案。同时,不同的立案法官因为各自的知识储备、业务水平、办事风格和工作严谨的程度不同,对立案材料的细节要求不同,在立案与预审中的做法也不尽相同。

(2) 某些立案法官司法为民的服务意识不强,其考虑问题时不能从当事人的角度出发,对于当事人提交的立案材料因为疏忽或是故意,在预审时只告诉当事人已经准备的材料中有哪些是不符合要求的,却不一次性向当事人告知清楚其另外还需要补充的材料有哪些。同时,由于目前中国客观上存在司法资源不足的问题,大部分法院在一线办案的法官人数不多,而案件数量却越来越多,为了减轻法官负担和法院的压力,某些法院的立案庭逐渐养成了"能推就推"的习惯。

(3) 目前,对于某一案件,是由法院立案庭立案还是由法庭立案,没有具体的依据和标准,两者之间的权责模糊、分工不明。司法实践中,法庭为了保证高收案数和高结案率,在其审查立案材料时,就会产生很强的选择性,把它认为难处理的案件推到法院立案庭。与此同时,个别法院的立案庭热衷于案件分流,当事人到立案庭后,本可以直接受理的案件却不受理,而是将当事人引导到管辖法庭立案。而对于立案庭指引到法庭的案件，有些法庭认为标的大、难度大，应该由院业务庭审理，此时就会再将原告推到立案庭，"踢皮球"的现象就这样形成了。

（4）由于法院在控制收案的同时，不能违反有关法律对于审查期限的规定，于是其就将这个时间前移至立案预审阶段。这一阶段，时间过长的原因很多，主要包括：①法院工作人员办事拖拉，工作效率不高；②法院为了完成绩效考核指标，防止立案变更的情况发生，审查仔细，耗时较长；③当事人不懂法，也不知道立案究竟是什么程序、需要哪些材料，不能一次性将材料准备好；④某些法院立案庭或是基层法庭为完成办案数或者是为了降低办案风险，在不立案的情况下，多次组织当事人进行调解，延长了预审时间。

（5）法院在自身建设中，重点关注的仍然是司法审判工作的改进，对于信访工作，虽然也很重视，但实际投入仍然非常有限。实践中，负责处理有关问题的法官人数很少，方法不多，解决问题的能力也不强，更有一些法官在接待信访、来访人员时，抱着怕当事人闹事的心态来面对他们，不能真正帮当事人解决问题。同时，有些法院对于司法为民的认识程度不高，采取的"便民措施"都只是面子工程，并没有设身处地地为当事人着想，也没有考虑究竟什么样的"便民措施"能够真正达到"便民"的效果。

（6）由于审判管理加强，改判、发回的案件不仅影响个人，而且影响整个单位，因此，"严把立案关"是现实的做法，对于不少"难缠"的案件，立案法官往往以证据不足、不属于法院管辖为由，不予立案。而到了年底，各级法院要进行绩效考核，上述矛盾就更加突出，为了保证结案率，许多法院到了年底都会采取"不收案"的做法，或者是"收案不立案"，待年底结案之后，再对这些案件正式立案，分给承办法官。

二、分案过程中问题的原因

（1）长期以来，分案工作都是法院的内部事物，只对内不对外，既无法律规定要求法院将分案工作对外公开，也无相应的法院内部管理制度和实践先例。案件分至业务庭法官手中之后，业务庭法官会根据案件审理的具体安排，与当事人取得联系，固有的司法观念中并未就这一问题进行过思考，也不认为当事人在立案之初就有必要及时了解该项程序，认为分案本身并不影响司法活动的实质性内容。然而从能动司法的更高要求来看，实践中就必要就该项立案程序中的具体环节进行规范和公开，给当事人以更强的参与感和信任感。

（2）立案庭在受理案件后，不能及时分案，原因很多：①分案法官为了工作的相对集中，和与业务庭内勤之间交接的方便，一般不会一件一件的分案，而是将近一两天的案件信息全部录入电脑后再统一分案。②对于难度较大的案件，为了便于审理，有时候需要由立案庭庭长根据业务庭法官的具体办案经验及其收案情况来进行综合考察，然后再进行分案，这也需要一个过程。③有些法院规定由立案庭先统一采取直接送达、邮寄送达等方式对被告进行送达，立案庭送达后或者送达不到的再将案件材料移交给业务庭承办法官，这就使得实践中可能出现法院内部网站上显示案件已经分案而业务庭并未收到案卷材料的情况；对于立案庭没有送达到的当事人，承办法官需要继续查找当事人的下落，也会耽误很多时间。④分案法官手中集中了全院的案件，客观上可能因为案件数多而需要耗费一定的时间；同时部分法官也存在办事拖拉的习惯，以至于工作效率不高。

（3）分案工作本身就是一个需要发挥主观能动性的工作，很难通过具体的制度来约束，也很难确定分案的客观依据和标准，司法实践中主要依赖分案法官的经验和判断。分案法官在分案时，长期以来习惯上只考虑如何平衡业务庭法官的收案数，而没有对承办法官的办案能力、擅长办理案件的类型等问题进行全面系统的综合考察，分案过程比较机械。同时，其工作的着眼点主要还是法院内部运作的协调，并没有很好地从当事人诉讼便捷的角度出发，对于集团案件的分案，没有固定的模式，有时候为了便于承办法官审理会集中分案，有时又为了平衡收案数将其分散开来。

三、立、审衔接中问题的原因

（1）立案案由确定不合理的根本原因还是立案与审判的职能不同。在立案过程中，对于案由的确定只能基于初步的立案审查，无法根据审理接触到案件的实际法律关系，因此立案案由就有可能与案件实际所应适用的案由出现不一致，这也是客观上很难避免的。但是，对于涉及法律关系竞合应当释明却没有释明的，一方面立案法官将该部分问题归为当事人的意思自治，过高地估计了当事人行使诉权的能力，也过分忠于司法的中立；另一方面立案法官司法为民的服务精神不够，不能切实地从保护当事人的合法利益出发。

（2）一审立案与审判之间衔接不紧密的原因在于法院内部部门协作性不强，各部门分别以自身的工作为重，有时候不能站在全局的角度考虑问题。

（3）一审审判与二审立案之间衔接不紧密的原因，归结起来有如下几点：①立法对上诉移送的规定非常简单，缺乏必要的程序性规定来约束这个环节的司法活动；②现有的法院审判管理系统只针对各自层级的法院，即只单独约束一审或者二审的审限、诉讼程序的应用等，而上、下级法院衔接的过程恰恰不在其规范范围内；③部分当事人将上诉作为延迟履行义务的合法理由，采取在上诉期即将届满之日提交上诉状、最后一天缴费、缴纳上诉费后迟迟不换票或者不将票据的复印件交至一审法院承办法官处（有些二审法院要求一审法院移送案件时，必须准备的材料包括当事人缴纳上诉费票据的复印件，而当事人缴费后，只有他自己可以换票，或者将有关凭证和缴费信息告诉给基层法院，由基层法院换票）等方法，钻法律的漏洞，故意拖延时间；④年底时，二审法院的部分业务庭为了保证结案率，要求下级法院对口的业务庭暂缓移送上诉案件；⑤部分一审法院的法官办事拖拉，不及时将案卷移送至二审法院。

第三节　解决之道

一、立案及预审过程中有关问题的解决方法

（1）进一步细化立案、预审程序各环节的相关法律规定，由各中级人民法院根据本辖区的实际情况出台具体的实施办法，从审查标准、审查期限等各个方面，对本院及下级各基层法院的立案及预审工作进行规范。实践中，应当首先对立案所需准备的材料进行分类细化，做到一定区域内立案审查标准和要求的相对统一，然后对于需要特别审查的作出例外规定，允许立案法院要求有关当事人提交补充材料。

（2）加强对立案法官在法律知识、职业技能和专业素养等方面的学习、培养，使其能够更加深入、细致地分析和把握立案中的各种法律问题，避免因考虑问题不周全而增加当事人的诉累；通过培训、学习，进一步提高立案法官的服务意识，让其充分认识到司法为民的重要价值和意义，更好地为当事人提供立案服务；增加司法资源的投入和法院综合建设，从本质上提高法院的司法能力。另外，在立案时，借鉴有关企业的窗口评价机制，由当事人对立案法官的态度进行满意度评价，并将这部分评价作为立案法官工作考核的一项参考指标。

（3）由各基层人民法院确定本院立案庭和法庭的立案分工，从标的、案件类型等方面，明确二者受理案件的具体依据和标准，界定二者的权责。同时，规定法院立案庭对于案件的繁简分流应当集中在分案过程中，对于立案时认为应当由法院立案的，不能将当事人引导到法庭进行立案，应当直接受理，然后再将该案分至法庭的办案法官审理。

（4）对于庭前调解工作的开展，应当遵循当事人的自愿，经当事人签署"庭前调解申请书"的，方可组织当事人进行庭前调解，否则应当及时立案。

（5）加强法院整体在司法为民、能动司法认识上的提高，切实做好信

访接待和司法便民工作。重视对司法便民措施的研究和应用，考察立案网上预审在本院的可行性，逐步通过网络扩宽便民方式，同时，在立案大厅设置专门的咨询窗口，解答当事人有关诉讼的各种问题，对当事人实行面对面的立案引导。

（6）进一步加强对审判管理各项考核指标的思考、分析，科学设置考核依据。例如：在计算结案率时，应通过管理网络自动将因法定理由不能结案（鉴定未回、公告送达未到公告开庭日）的案件从数据中剔除，减轻法院的立案压力。同时，进一步淡化结案率的要求，从主观上阻却法院在年底"不收案"的动因，保障当事人诉权的及时行使。

二、分案过程中有关问题的解决方法

（1）实行分案公开，由立案庭在分案之后，统一向双方当事人送达开庭传票等诉讼文书，并在其中附随承办法官的联系方式，以及合议庭组成人员名单，便于当事人及时与承办法官取得联系，并且可以及时行使申请回避的权利。

（2）加强法院内部各部门之间的合理分工和协作，提高司法工作效率。针对影响分案及时性的首要问题——起诉状等文书的送达，合理安排立案庭的工作任务，由其统一进行邮寄送达，法律文书寄出之后，就及时将案卷材料移交给承办法官，由承办法官根据邮寄送达的情况，具体安排下一步的送达工作，避免案卷材料在立案庭搁置太久。

（3）针对分案工作的开展制定指导性意见，从宏观上确定分案的基本原则和依据，使分案工作能够以相对固定的模式展开。同时，加强对分案法官的业务培训，让其能够更加全面地考虑分案因素——承办法官收案平衡情况、办案能力、集团案件的合理分配等，避免因机械分案而造成当事人的诉累。

三、立、审衔接中有关问题的解决方法

（1）立案法官应加强对实体法和程序法的综合学习，把握法律关系竞合的具体情况,在适当、合理的范围内行使释明权。同时,加强对立案法官的司法为民服务意识的培养,让其能够更好地站在当事人的角度考虑问题,灵活工作。

(2) 进一步完善审判管理中有关立案与审判衔接的制度规定,并将其适用于案件流程化的网络系统管理,从而规范立审衔接。

(3) 对于一审审判与二审立案之间的衔接程序,进行立法细化,并就如下几个问题作出具体规定:①当事人缴纳上诉费后可以换票的具体期限(如本地当事人上诉的 7 天内换票,外地当事人上诉的 15 天内换票或者 7 天内将换票的凭证邮寄给基层法院),逾期不换票的视为未缴费,由二审法院通知当事人退费;②明确上诉移送的具体材料;③明确一审法院向被上诉人送达上诉状的期限(如一审直接或邮寄送达到的,可以确定为 15 天;一审公告送达的,则应在收到上诉人缴纳上诉费通知的 3 日内发出送达上诉状的公告),逾期送达不到的,说明理由后及时移送,由二审法院进行送达;④确定一审法院移送案卷的具体期限,即在准备好上诉移送的各项具体材料后(可以确定为 3 日),将案卷材料交给本院立案庭,由立案庭在 3 日内移送。

总的来说,经过此次调研,我们发现了法院立案程序中存在的一些问题,也对其进行了简要分析,并提出了一些粗浅的见解。实践中,我们还是应当立足司法权威、司法公开和司法为民,努力做到立案程序的规范化,实现立案工作的便捷化,从而更好地保障当事人的合法权利,实现司法公正。

第十三章 民商事审判中的司法公正现实问题实证调研

民商事审判是我国司法制度的重要组成部分。如果从法律体系结构的角度对司法公正的实证研究，民商事审判制度应当是需要重点考察的对象。本章以中、基层法院的民商事司法审判实践和社会调查为基础，以商事审判制度运行、民事立案程序、民商事案件改判、发回重审现状等为切入点，对司法制度、司法程序、裁判结论、法官形象、司法环境进行了初步调研，试图对我国中、基层法院民商事审判中的司法公正现状有较为全面的把握。

第一节 司法公正视角下的商事审判制度分析

一、W市中院商事审判的基本现状

在审理体制上，W市中院并没有将商事案件归口一个专门业务庭审理，而是按照审级的不同分别由民三庭和民四庭两个业务庭审理。其中，民三庭主要审理直接由中级法院受理的商事一审案件，根据有关级别管辖的规定，W中院受理一审民商事案件的标准为标的额在800万元以上。民四庭在审理商事二审案件的同时，还审理劳动争议二审案件、企业破产及公司强制清算案件等。可见，该庭业务范围较为繁杂，既有商事案件，也有普通的民事案件。

民三庭2009~2011年的商事一审案件收、结案基本情况如表13-1、

表 13-2 所示。

表 13-1　W 市中院民三庭 2009~2011 年收、结案数量情况　　（件）

年度	总收案数	总结案数	判决	调解	撤诉	其他	上诉	改判*	发回	维持
2009	213	168	75	57	25	11	47	15	11	26
2010	280	209	112	42	32	23	46	6	4	38
2011	298	201	102	57	30	12	49	10	3	53

* 此处改判、发回、维持三项数据以该庭当年度从上级法院经二审后返回该庭的案件中统计，因此上诉改判率、发回率的计算基数并非是该庭当年度的结案数。

表 13-2　W 市中院民三庭 2009~2011 年调、撤、改、发率情况　　（%）

年度	结案率	调解率	撤诉率	上诉率	上诉改判率	上诉发回率
2009	78.87	33.93	14.88	54.65	20	14.67
2010	74.64	20.10	15.31	34.07	5.36	3.57
2011	73.36	28.36	14.93	24.38	5	1.5

民四庭近三年来商事二审案件收、结案基本情况如表 13-3、表 13-4 所示。

表 13-3　W 市中院民四庭 2009~2011 年收、结案数量情况　　（件）

年度	总收案数	总结案数	判决	维持	改判	发回	调解	撤诉
2009	447	412	250	195	55	13	50	80
2010	514	485	290	208	82	16	98	58
2011	491	467	276	213	63	13	103	61

表 13-4　W 市中院民四庭 2009~2011 年调、撤、改、发率情况　　（%）

年度	结案率	调解率	撤诉率	改判率	发回率
2009	92.17	12.14	19.42	13.35	3.16
2010	94.36	20.21	11.96	16.91	3.30
2011	95.11	22.06	13.06	13.49	2.78

从表 13-5 可以看出，W 市中院的商事审判呈现如下几个特点：

（1）从数量上看，商事纠纷案件近年来呈现逐渐增多的趋势。不论是该院审理的一审案件还是二审案件，基本呈现稳中有升的态势。

（2）从案件类型上看，在买卖合同纠纷案件保持稳步增长的同时，新型的商事纠纷案件随着经济发展也呈现增多的态势。以 W 市中院民四庭受理的二审案件类型来看，保险、票据、公司诉讼等新型商事纠纷案件越来越多。

表 13-5　W 市中院商事审判收案类型及数量情况　　　　（件）

类　　型	2009 年度	2010 年度	2011 年度
买卖合同	125	126	145
供用电合同	0	1	0
借款合同	62	82	47
租赁合同	13	9	36
建设合同	14	42	65
承揽合同	15	31	29
运输合同	5	10	1
仓储合同	1	3	0
委托合同	12	12	5
担保合同	0	3	2
保险合同	25	44	53
证券纠纷	3	0	1
经营合同	9	5	2
服务合同	1	4	0
票据诉讼	4	5	7
公司纠纷诉讼	48	56	61
破产	9	10	7
其他	101	71	30
合计	447	514	491

（3）从结案情况看，商事一审案件的结案率普遍低于二审结案率，一

定程度上反映了商事一审案件的审理难度要大于二审。但一审案件的上诉率呈逐年下降趋势，也说明该院商事一审案件服判息诉情况有所好转。

（4）与其他案件相比，商事纠纷的调撤率偏低，一定程度上也反映商事案件审理难度较大。以 W 市中院民四庭为例，因该庭除审理商事案件外，还审理了大量的劳动争议纠纷案件，就全部案件而言，该庭自 2009～2011 年总体案件调解、撤诉率分别为：2009 年 13.12%、27.27%；2010 年 26.07%、22.52%；2011 年 25.23%、25.04%。这些数值均高于同年度商事案件的调解、撤诉率。

二、我国商事审判制度的反思

以 W 市中院商事审判实践为样本，并结合我国的立法制度，可以对我国的商事审判制度进行总体分析。总的来看，我国商事审判制度还存在以下几方面问题。

（一）在实体公正实现方面

1. 审理体制混乱

在国外，无论是否单独设有商事法院，民事审判与商事审判显然是区别对待的，并且对商事审判适用不同于民事审判的诉讼规则。如《法国民事诉讼法典》专章规定"商事法院的诉讼程序"、《德国民事诉讼法典》及《日本民事诉讼法典》专章规定"票据诉讼"、《日本非讼案件程序法》以及我国澳门特别行政区的民诉法规均以专编的形式规定"商事非诉案件"等。在我国，尽管"民、商审判"已正式成为主流话语，但在司法实践中，商事审判并未获独立。以 W 中院为例，该院和我国大多数法院一样，都没有设置专门的商事审判业务庭，对于大部分商事纠纷的管辖仍然是大民事审判格局，甚至将商事案件与其他普通民事案件混同审理。如该院民四庭就将劳动争议案件也列为"民商终字"的案号。在我国，仅有少数重大涉外案件及海事、海商案件成立专门的商事法院，并且对法院具有管辖权的要求过于严格。这种体制忽略了商事审判的独立性与特殊性，导致在实践中容易混用民事法律规范来裁判商事案件。

2. 商事审判理念缺失

司法实践中，法院处理商事纠纷时，欠缺商法意识和商人精神，往往无视商法的基本理念，将商事纠纷视为民事纠纷，用民法的基本意识甚至是传统的伦理道德观念来解决商事问题。如在 W 中院调研中就发现，在一些商事案件中，由于商事一般规则的缺失，受"贱商""轻商""重义轻利"等传统不利因素的制约，对于商主体的营业损失，一些判决往往以"未提供合法有效的证据"为由不予支持；对于商法普遍认可惩罚性赔偿，一些判决以"公平""等价有偿"等传统民法的原则为由不予支持。由于审理商事案件的法官常常会同时审理普通的民事案件，他们经常以社会公平替代经济公平，这种看似体现社会公平的司法判断，实际上根本性地否定了商业预期，破坏了商业规律和程序，严重损害了商主体的合法权益，不利于市场经济的繁荣和发展。在缺少公正、有效的司法的情况下，那些互利的交易只能依赖于原有的信誉，交易也只能在当事人彼此了解的情况下进行。缺少了司法的公正效率，不确定性妨碍了许多潜在的互利交易的开展——这些交易要在以前彼此不熟悉的团体或新兴企业间进行。可见我国法院或法官以民事审判理念或错误观念代替商事审判理念，损害了商事审判实体公正的实现。

（二）在程序公正方面

1. 管辖制度过于僵化

在我国现行民事诉讼管辖制度中，关于地域管辖，多以被告住所地确定，略显灵活的协议管辖也仅限于被告住所地、原告住所地、合同履行地、签订地、标的物所在地。而在日常的商事活动中，随着经济技术不断发展，交易地域越来越广泛，交易方式越来越多样化，靠现行的地域管辖标准已不足以适应现代商事争议解决的需要。如在电子交易活动中，与交易活动具有密切联系的地域具有发散性，若仍严格适用传统的民事诉讼地域管辖标准，很可能不利于纠纷的及时化解。关于级别管辖，一般民事诉讼案件多以争议标的额大小来确定。但在商事纠纷中，很多案件并没有财产标的，但案件法律关系却非常复杂。如股东会决议效力争议纠纷，表面上看仅就公司股东会决议是否有效产生争议，但股东会决议的内容很可能涉及案外债权人的重大利益。若以一般民事诉讼级别管辖的标准来确定，很可能导致一些难度较高的案件集中到基层法院，这与司法资源的配置是不相匹配的。

2. 证据制度过于严格

我国现有的证据制度强化了审判表演的对抗性，诸如举证责任，举证时限等诸多制度都在强化这种倾向，这场改革促使诉讼双方在庭审前后以及庭审中，挖空心思、竭尽全力开展一场寻找和藏匿证据的竞赛，当事人主义的改革尽管使一度慵懒的审判表演变得更加好看，但无疑混淆了一般民事审判和商事审判的区别。这种人为引导、构筑的对抗，进一步破坏了商人之间已经受到伤害的交易关系，增加了"和谈息诉"的难度。❶

3. 案件审理期限过长，诉讼成本居高不下

（1）从实践操作看，商事案件的审理周期也大于普通民事案件的审理周期。以 W 中院民四庭为例，该庭 2009～2011 年商事案件的审理周期分别为：91.32 天、77.31 天、71.38 天，而同期全庭所有案件的审理周期分别为：87.24 天、70.56 天、60.69 天。尽管在纵向上商事案件的审理周期有所缩短，审理效率有所提高，但与其他案件相比显然周期较长，这与商事诉讼程序时效性高的特点并不相符。（2）从立法制度上看，我国的民事诉讼程序，系计划经济时代的产物，它主要不是为了解决商人间的商业纠纷，而是解决婚姻、一般民事侵权等传统民事纠纷，可以将其定位于"民事型"主导的诉讼程序。❷ 这样诉讼程序很少体现对商事纠纷解决规律的遵循，缺乏对商事纠纷解决快捷、效率的考量。例如，我国现行《民事诉讼法》的规定，票据诉讼案件主要应通过普通诉讼审理程序审理。而我国现行的普通诉讼程序的设置没有充分考虑票据和票据纠纷的复杂性和特殊性，其审理程序复杂，诉讼时间较长，因而难以及时、正确地调整票据关

---

❶ 蒋大兴："审判何须对抗"，载《中国法学》2007 年第 4 期。
❷ 江伟：《民事诉讼法专论》，中国人民大学出版社 2005 年版，第 359 页。

系，不利于发挥票据的流通、支付、信用、融资功能，不利于资金的周转，提高资金使用效率。❶

4. 未针对商事非讼事件设置商事非讼程序，导致司法资源配置不当

在商事纠纷中，大量存在争讼性小、涉他性强、时效要求高、以预防纷争发生及恶化为目的的非讼事件，❷这对商事纠纷方式提出了新的要求。同时，公司、证券、保险等商事纠纷近年来呈现快速增长态势，占用了巨大的司法资源，迫切需要在司法资源的有限性和给予当事人司法保护的必要性之间求得平衡。非讼事件的特点决定了其通过诉讼程序无法进行恰当的审理，应通过设置专门的非讼程序与之相适应。现行民事诉讼法对这些纠纷的处理方式不仅过多耗费有限司法资源，而且不利于当事人权益保护和纠纷解决。当一项制度运行事倍功半时，势必有损司法公正的实现。

5. 程序稳定性较差，不利于定分止争

（1）从 W 市中院的司法实践来看，该院的商事一审案件的上诉率在近年来尽管有所下降，但总体上仍在 30% 左右；该院的二审案件发回、改判率在 15%～20%，这从一定程度上说明商事案件整体的裁判稳定性并不高。（2）从立法制度上看，在"追求实质正义"及法治思维的精神指引下，2008 年 4 月 1 日起开始施行的《〈民事诉讼法〉修正案》，构建了极为便捷的审判监督程序，再审事由增加到 13 项，当事人申请再审期限由过去的 6 个月变更为 2 年。如此规定一方面增大了当事人的救济途径，但带来的弊端是民商事案件涉及的矛盾纠纷长期得不到终结，民商事裁判结果的既判力得不到实现。可以看出，我国《民事诉讼法》的再审制度，未区分民事案件与商事案件的一体运用，很可能导致商事裁判的既判力被弱化，最终破坏商事交易程序的安全与稳定。

6. 一些商事主体及其实体权利缺乏程序保障，难以得到救济

例如，《公司法》第 147 条规定违反任职资格选举、委派高管的，该选

---

❶ 叶永禄："理由与建议：关于设立票据诉讼特别程序的思考"，载《法学评论》2007 年第 3 期。

❷ 李建伟："公司非讼程序之适用研究"，载《中国法学》2010 年第 5 期。

举、委派无效；高管在任职期间出现这些情形的，公司应当解除其职务。如是，高管在任职期间违反任职资格而公司拒绝解除职务的，股东应如何纠正之？现行立法没有给出明确答案。

三、我国商事审判制度之特别建构

我国商事审判制度尚未真正从民事审判制度中独立出来，这在一定程度上影响了司法公正的实现。因此，应当从实体和程序两方面进行具体建构。

（一）从实体公正的视角

1. 设立专门的商事审判庭

我国目前商事纠纷大多由民二庭来审理，实则以民事审判之名行商事审判之实。将民二庭更名为商事法庭，同时对商事案件进行专门的审判管理，不仅可以起到名至实归的效果，而且有利于法官正确区分民法和商法，确定法律关系的性质、应适用的法律、应采用的救济方法以及应适用的诉讼程序。同时，从法律统一适用的角度考虑，建议商事法庭只设在基层法院和中级法院为宜，在高级法院和最高法院则由民庭统一审理民商案件，其理由是：审级越高，案件越少，高级法院和最高法院除承担上诉审和少量一审审判任务外，还负有保证法律上下统一适用的职责，因此，相同性质的专门审判庭越少越好。在许多国家，民商事性质的专门审判庭往往只审理一审案件，上诉审由普通审判庭审理。

2. 遵循特定的实体法适用规则

首先，商事审判应尊重商人自治规则。商人自治规则是指商人在长期的商事活动中形成的，基于维护商事团体经营和交易秩序的商事行为规范，主要表现为公司章程、交易所章程、行业自治组织规则等。商人自治规则是商人从自身利益角度出发对商事活动作出的契约性安排，其对于维护交易效率及安全具有重要意义，因此在其不违反强行性法律规定、不损害社会公共利益的情况下应当优先予以适用。其次，商事审判应优先适用商事特别法，主要包括商事国际条约及商事单行法等。再次，商事审判还应当尊重商事交易习惯。综上，在商事审判中的实体法适用规则上，应遵循如下顺序：商事自治规则—商事国际条约—商事单行法—商事交易习惯—民事法律。

3. 树立科学的商事审判理念

商法作为民法的特别法，在价值取向和制度设计上与民法存在不同之处，如果简单地以传统民事审判理念来考量商事纠纷领域中的问题，得出的裁判结论可能会有违商法精神，甚至还可能无法找到合乎理性的解决方案。基于此，商事法官应该在全面了解商事审判特殊性的基础上，树立符合司法公正要求的裁判理念。

（1）淡化纯司法判断，树立商业化判断的理念。在商业活动中，商主体被假定为合理的经济人，能凭借自己的人财物力签订合同，具有比民事主体更高的理性和更强的妥善处理商业风险的能力，因此商事审判应更多地强调其审判结果是否有利于促进社会经济发展与社会财富增加。主要体现在以下三个方面：①更加注意商事行为的稳定性，不轻易判定行为无效。②讼争商事行为既可解释为有效行为，也可解释为无效行为的，尽量解释为有效行为。③更多利用行为瑕疵的补正机制，即有形式瑕疵或轻微瑕疵的商业行为允许利用相关的补正机制去完善。❶

（2）淡化无偿性判断，树立有偿性判断的理念。民事活动若无特别规定，应作无偿推定。而在商法上，享受利益并支付报酬已成为重要商事规则，因此报酬请求权的成立并不以交易双方当事人之间事先约定为必要条件。

（3）淡化强制性司法干预，树立商法人内部自治的理念。尊重并保护营利，就必须要尊重商主体按照自己的意愿对营业活动进行经营管理。作为商主体，公司、企业有权自主确定内部自治性规范，有权选择经营管理的方式和形式，有权自主决定内部决策的方式和程序以及内部经营纠纷的解决方式。只有对于那些涉及组织健全、交易安全的问题，人民法院才能

---

❶ 刘俊海：《现代公司法》，法律出版社2008年版，第861页。

依法干预。

(4) 淡化意思主义，树立外观主义理念。商事法官不应过分拘泥于商事纠纷当事人真实意思的探究，而应从保障商事主体的快捷、安全、营利出发，优先保护善意第三人的利益。

(5) 淡化法律关系性质认定，树立效率优先兼顾公平的理念。在一般的民事审判中，确定法律关系的类型和性质，往往是进行裁判的先决性问题。但在商事活动中，商主体从来不会刻意关注交易合同的类型和性质，而更关心交易是否有利可图。如果在商事审判中过分纠结于法律关系性质的认定，很可能会忽视商事纠纷中的利益关系，最终对案件作出错误的判断。近年来，人民法院对企业之间借贷及变相借贷越来越灵活的处理思路实际上就是淡化法律关系性质认定的体现。

(二) 从程序公正的视角

1. 设置相对宽松灵活的案件管辖标准

建议在民事诉讼法中增设商事诉讼案件的管辖规则，规定对商事案件适用适当宽松灵活的管辖确定标准。在地域管辖上，允许当事人通过协议约定选择与争议有实际联系地点的法院；同时在当事人约定不明时，允许当事人在诉前通过协商一致的方式进行明确。

2. 建立相对宽缓的证据规则

建议针对商事审判特别建立自由证明规则。自由证明是指不受法定的证据方法及证据调查程序约束而行之证明。❶ 其基本特征是：法官可以利用一切有助于澄清待证事实的认知手段；进行证据调查不必遵循相应的法定程序；可不必遵守直接原则及当事人公开原则。❷ 在商事审判中适用自由证明规则的目的在于，缓和严格证明的非柔软性，确保裁判的迅速作出。如商事争议发生后，在适用自由证明规则的情形下，当事人可运用通讯件、持有账目、复印件及任何推定形式来提出证据，如此不仅可以适应商业活

---

❶ [日] 新堂幸司：《新民事诉讼法（第3版）》，弘文堂2005年版，第488页。
❷ 占善刚："论民事诉讼中之自由证明"，载《法学评论》2007年第4期。

动高效运作的需要,而且有利于缓和商主体之间的对抗性。

3. 严格限制商事审判程序不适当的拖延

首先,应合理缩短商事案件的审理期限。由于商事诉讼具有较强的扩散性,其相对于其他诉讼案件更需要及时、快速、低成本地解决。因此建议商事案件的审理可不受审前准备程序的限制,合理缩短审理期间。其次,应针对特定的商事纠纷案件设置限制反诉及上诉的规定,以提高商事审判的效率。最后,应严格限制当事人对商事案件的生效裁判申请再审。如前文所述,随意启动再审程序将导致商事交易关系处于不确定状态,从而影响到商事交易程序的稳定性和安全性。因此对于商事案件的生效裁判,原则上不允许当事人申请再审。如《日本新民事诉讼法》第356条规定:"对于票据诉讼的终局判决,不得提起再审。"

4. 构建商事非讼程序

非讼程序通常以简便程序行之,非以实体权利存否为审理对象,适用职权主义,以裁定不经公开宣示之方式宣示其结果,法院之决定仅具暂定性、未来性,当事人对实体权利本身仍有以诉讼方式再为争议之可能。在我国,根据《公司法》等商事特别法的规定,以下纠纷可作为非讼事件适用非讼程序解决:(1)有限公司股东知情权纠纷;(2)股东会召集权纠纷;(3)异议股东评估权的定价纠纷;(4)董事、监事、高级管理人员的任免纠纷;(5)涉及公益、争讼性弱的公司解散及清算纠纷;(6)公司登记纠纷;(7)商事抵押权人申请法院拍卖、变卖抵押财产纠纷。

第二节 司法公正视角下民事诉讼审判程序分析

一、当前民事诉讼审判程序中的问题

(一)案件移送业务庭后的分案问题

1. 确定案件承办人的标准不明确

分案和确定案件的承办法官是案件进入具体审理程序的首要环节。但

目前各地法院尚未对如何选择确定案件的承办法官进行明文规定，实际操作中的分案方式基本有两种，一种是由审判庭的庭长根据案件和法官的具体情况利用职权分配；另一种是由立案庭随机轮分。这两种方式各有优劣：前者可充分发挥法官特长，但在案件数量、难易程度方面是否公平容易引发争议；后者在形式上更为公平，便于操作，但不够灵活，不利于发挥法官的办案特长和能力，也可能导致关联性案件被分配给多名法官办理的情况。

2. 批量的关联案件分案不合理

如按照审判庭庭长依职权分案的模式，同时收案的关联性案件一般会分给同一名法官承办。这便能够使法官及跟案书记员集中处理送达、保全等事务，提高工作效率，但也存在其他合议庭成员到案件庭审和合议时才介入的问题，不利于形成有针对性的合议意见，也难以对案件审判全过程监督。如按照随机分案的模式，同时收案的关联性案件则分给不同的法官承办。这样分配虽能够充分听取各承办法官的观点，发挥集体智慧，但在处理送达、保全、开庭、合议等审判事务时难以同时集中办理，造成当事人诉累，也不利于提高司法工作效率。

（二）案件材料送达过程中存在的问题

1. 确定案件送达机构或责任时的两难问题

对于民事诉讼案件的送达，我国各地法院有不同的模式，有些地方法院采取的是由专门的司法辅助中心或送达组进行案件的送达，有些则是由审判业务庭进行送达。武汉中院采取的是由审判业务庭确认案件的具体承办法官和跟案书记员之后，由案件承办法官或书记员外出进行送达。采用由法院内部专门的送达机构进行送达，可以有效地提高送达效率，节约司法资源，但缺点是不利于案件承办法官直观具体地了解案件被告人的情况。采用由案件承办法官和书记员送达的模式虽可以使法官及时了解被告的生活或经营情况，但在案件数量不断增长的情况下，由法官和书记员外出进行送达将耗费大量的时间和精力，而且可能会因时间安排问题延误案件送达的时间。

2. 确认送达成功的标准不明

在民事案件送达前，法院一般会要求原告填写法律文书送达地址确认书，并按照该地址向被告进行送达。但在实践中，如很多起诉个体工商户的民事诉讼案件，存在原告填写的地址并非被告户籍地址而是被告的经营地址情况。法院在按照该地址进行送达时，若被告本人不在，一般就交由该店店员进行签署。对此种在个体工商户经营场所送达，由店员代收是否构成有效送达，存在疑问。此外，在被告本人不在且其店员拒绝代为签收的情况下，法院一般会根据该场所内悬挂的营业执照的业主是否为受送达人来决定是否留置送达。而在留置送达时，多是由送达人加以记录而并未邀请有关基层组织或单位代表进行见证。

3. 公告送达的前置程序和条件把握不一

对类似个体工商户这样的经营性个人进行送达时，如在其登记的经营场所向其本人送达未果且不能适用留置送达，如果原告坚持起诉，案件审判就会面临停滞的可能。因为这些作为被告的经营性个人具有较大的流动性，不大可能在原户籍所在地继续居住，在其户籍地成功送达的可能性较小，将耗费法院更大的时间和精力，并延误案件的审限，但如若法院在未到原告户籍所在地进行送达之前就直接适用公告送达的方式，又不符合公告送达的条件。此时，有些法院采取动员原告暂时撤回起诉的方式，有些则径行选择公告送达的方式进行送达。

(三) 案件审判程序中的问题

1. 正式开庭中断或延期

在民事诉讼案件中，如承办法官在庭前未能详细阅卷或根据案情需要有针对性地安排预备庭，正式庭审时往往会因申请追加案件当事人，或者申请变更诉讼请求，或者因提起反诉，申请鉴定等原因造成正式庭审中断，而不得不再次开庭进行审理，导致原有开庭计划不能正常落实，案件审限不当延长。

2. 关联性案件重复开庭审理

在采取随机分案或者将关联性案件分配给不同的法官承办的情况下，

会导致原被告相同且案件事实基本相同的情况下多次开庭,不利于提高庭审效率。如若合并审理,又会因案件的合议庭组成人员不同而导致无法合并审理。

3. 当庭裁判要求难以达到

根据法院内部的绩效目标考核要求,对民事诉讼一审案件都应要求公开开庭并有当庭裁判率的要求。但从目前的审判实践来看,当庭宣判并没有成为公开宣判的主流方式。特别是在适用普通程序审理的案件中,除能当庭组织诉讼当事人达成和解协议的情形外,当庭宣判的比例很小,定期宣判是主要的宣判方式。

4. 判后答疑的效果有待明确

判后答疑自 2005 年试行以来,媒体纷纷对安徽、重庆、贵州、湖北、河南、海南等地各级法院的推广实践进行了报道,武汉中院 2009 年还专门制定了《关于规范公开宣判和判后释疑工作的若干规定》,要求所有案件的宣判一律在法庭内公开进行,且必须由法官主持。宣判后,法官应及时就当事人对判决结果提出的异议或意见从程序适用、法律适用、证据认定、判决理由等方面作出充分说明和阐释,以帮助当事人准确了解法律规定,正确理解裁判内容。但根据武汉中院的统计数据,2011 年度全市法院一审案件服判息诉率相比上一年度相反下降 7.45%,判后答疑在化解当事人服判息诉方面的效果还不明显。

二、规范缺失的原因分析

(一) 案件分配和合议庭组成过程中存在问题的分析

实践中,由审判庭的庭长来确定每个案件的具体承办法官是我国法院目前主要的分案模式。但此种做法并没有法律或最高法院明确的规定,更多的是各级法院内部的政策性文件规定或者说是法院内部默认的惯常做法。而这种做法之所以形成并成为一种默认的规则,与中国泛行政化的社会背景具有不可分割的联系。就内部的组织运行模式而言,中国各级法院目前均呈现的是一种科层制结构,作为管理者的庭长在履行其管理职责时自然地会控制案件分配权。在科层制模式下工作的法官,多半也不会对此进行反思。

(二) 送达不规范的原因分析

在民事诉讼案件送达过程中,之所以会出现送达不规范的情况,如不能留置送达时留置送达,不能公告送达时却公告送达,原因主要有以下几点。

1. 《民事诉讼法》对留置送达和公告送达设置了较高的标准和要求

按照《民事诉讼法》的规定,法院在留置时应满足如下三项条件:(1) 受送达人或其同住成年家属拒绝签收司法文书。(2) 必须有见证人见证,或见证人已知晓送达事宜,且该见证人应当是有关基层组织、受送达人所在单位的代表或者类似身份的其他人。(3) 留置送达的地点限于受送达人的住所或从业场所。而公告送达的要求更高,还必须确认通过直接送达、委托送达或邮寄送达等方式都不能送达成功的情况下,才能走公告送达的程序。在个人日益脱离单位组织而成为自由主体,流动性不断增强的情况下,现行立法的规定无疑会造成法院"送达难"或者"送达不规范"。

2. 法院的办案能力和精力有限

在民事案件的送达过程中,被告可能有多个地址,如户籍所在地、工作或经营活动所在地、实际居住地等,如若在其中一个地址向其送达未果而其他的地址又不在法院所在地,按规定法院就得继续到其他送达地址进行送达。但如此必将给法院带来很大的工作量,特别是在案件标的额较小的情况下,会造成司法的低效。

(三) 审判程序中存在问题的原因分析

1. 当庭宣判率低的原因

造成当庭宣判率较低的原因是多方面的。首先,能够当庭宣判的案件通常应满足案件事实清楚,证据确实充分;法律适用条款明确;合议庭对事实的认定和法律适用没有根本性分歧的前提条件,而实践中同时满足这三项条件的案件较少。其次,法院内部的案件评议和报批制度也制约了当庭宣判率的提高。

2. 判后释疑效果不明的原因

究其原因，有以下几点：（1）判后答疑并非有效的司法救济程序，当事人在对裁判结果有异议时，通常想到的是寻求司法内的救济程序，如提起上诉或申请案件再审。更有甚者，可能会寻求信访、诉诸媒体或网络等司法外的救济途径。（2）判后答疑在更多情况下是解决当事人因自身理解和认知能力不足而对判决书内容的误解或疑惑，在当事人认为法院裁判确有错误时，法官的释疑行为也许非但不能解除当事人的疑虑，相反可能会加重当事人对法院裁决的不信任。（3）判后答疑可能会增加当事人的讼累。对有些当事人特别是外地的当事人而言，在判决已经确定的情况下，到法院进行判后答疑已然不能改变裁判的结果，且还要增加其诉讼成本开支。

三、提高民事诉讼审判程序正当性的建议

（一）案件分案模式和合议庭组成的改革

1. 改革确定案件承办人的模式

确立随机分案的原则，使每个案件和每个法官在分配的过程中都有同等的机会，以客观随机性替代过去在分案问题上的主观随意性，防止关系案或人情案的出现，同时相对公平地实现法官工作负荷的平衡。

2. 明确陪审员参与案件审判的标准

明确陪审员参与审理的案件范围和具体的选任方式，根据陪审员的知识结构、工作经历和背景等，并结合个案的复杂程度，灵活安排陪审员参与案件的审判工作。

（二）关于民事诉讼送达程序规范的建议

1. 由专门的司法辅助机构进行案件送达

在人民法院受理的案件不断增加，法官的办案压力不断增大的情况下，在法院内部由专门的司法辅助机构进行送达，或者在审判庭内安排专人进行案件送达工作，可以提高送达的工作效率，更可以将法官从事务性工作中解脱，把有限的精力投入到案件审判中。

2. 适当放宽留置送达的前置条件

送达的基本功能就是通知受送达人。在保障当事人知情权的前提下，尽可能地放宽留置送达的适用条件：（1）将留置送达的对象范围扩大到直接送达的收件人范围，即将诉讼代理人、分支机构、有关组织或单位的收发人员等全部纳入代收人范围并可对其适用留置送达；（2）考虑到邀请基层组织或单位见证较为困难，可以删除留置送达中的见证人要求；（3）在向受送达人或其他有签收资格的收件人的住所、居所或营业场所送达时，即使收件人不在现场，在能确保送达材料能为收件人知悉时，也可留置送达；（4）在遇到受送达人或其他具有签收资格的收件人的任何地点实施送达，如其拒绝签收的，可以留置送达。

3. 完善公告送达的程序控制机制

考虑到知情权和抗辩权是当事人最重要的诉讼权利，为最大限度地减少公告送达对案件审判公正造成的损害，在对受送达人进行公告送达前，负责案件审判的合议庭应以当事人所提供的证明材料和法院所了解的相关信息为主要依据，对案件是否符合公告送达的条件以及以何种方式进行送达做出裁定，避免当事人滥用公告送达方式获取不当的诉讼利益。

(三) 审判程序规范化的建议

1. 强化审前准备程序，实行庭前证据开示制

为提高正式庭审的效果和当庭裁判比率，承办法官在接收案件后，应根据案件争议事实情况确定是否安排庭前证据交换。对于事实比较简单，法律适用不存在重大争议的常规性案件，可以安排"一步到庭"；而对事实比较复杂，法律适用有争议的案件，承办法官宜在正式开庭前召集双方当事人召开预备庭，听取双方当事人对事实的陈述及列举证据，并由双方相互交换核对证据材料。通过审前准备程序，一般应完成以下工作：（1）固定当事人的诉讼请求，明确原告是否变更诉讼请求，被告是否提起反诉；（2）明确当事人是否申请鉴定或申请法院进行证据调查；（3）对双方当事人认可的事实和证据进行总结，明确告知当事人对该部分事实及证据在开庭审理时将不予考虑，而对当事人有争议的事实和证据将在正式开

庭审理时再次质证和认证；（4）告知当事人如有新的证据必须在下次开庭时提出。对复杂案件召开预备庭，有利于保证正式庭审的重点，节省开庭时间，也有利于促成矛盾提前化解。通过庭前交换证据，当事人如果发现证据欠缺，往往会自愿息讼、撤诉或调解结案。

2. 创新关联案件的审理机制

对由同一原告同时提起的关联性案件，可以有针对性地对案件审判流程加以优化，在保证案件审理质量的同时提高审判的效率：首先，在收案分案环节，建立集中协调的运作制度。关联性案件收案后，负责审判的业务庭可以根据案件数量多少将其分配给同一合议庭的 2~3 名法官主审。合议庭法官接收后，根据案件情况、举证期限和工作安排，集中排期开庭，将开庭时间安排在同一天或两天，并交由书记员集中送达受理案件通知书、应诉通知书、告知合议庭组成人员通知书、开庭传票、举证通知等诉讼文书。其次，在案件审理阶段，确立典型示例制度。对原被告相同、案情相同，只是被起诉侵权的权利标的不同的关联案件，可以选择其中一件作为典型案件，规范操作审理。在该案庭审结束后，经征得当事人同意后，其他同类各案的庭审则不再进行，仅由书记员将前一案的庭审笔录复制并变更被诉侵权标的，作为该案的庭审笔录，由当事人及合议庭成员签字即可。对原告相同、被起诉侵权的权利标的相同，而被告不同的关联案件，也可进行此类操作。再次，在结案处理时，统一裁判尺度。庭审后，承办关联案件的合议庭可以组织关联案件的当事人进行集中调解。对调解不成的案件，及时统一合议。由于关联案件的原告大多在全国或部分省市的法院均提起了类型相同的系列案件，因此，合议时，可以参考其他法院的裁判意见，同时可以保证知识产权裁判结果的一致性，避免矛盾冲突。案件结案后，如无当事人上诉，则统一订卷归档。如有当事人上诉，则同时移送上级法院。这样，同一系列案件即可具有基本相同的审理进程，并掌握同一裁判尺度。

3. 做好判前说理，提高裁判文书的说理性

与判后答疑仅仅是一种单向的信息传递，且对裁判结果不会有丝毫影

响不同,判前说理则是法官针对当事人的主张及答辩,在判决作出之前向当事人阐释其证据确认的思维过程、判决结论赖以形成的逻辑推理过程以及法官行使自由裁量权的详细理由。通过判前说理,使当事人能真正地参与到诉讼程序当中,并对其主张或抗辩形成合理的预期。同时,要增强裁判文书本身的说理性。裁判文书是当事人据以明确各自权利义务,判断利益得失的根据,也是司法审判活动成果的最终集中展现,除载明当事人的诉辩主张、举证、质证情况外,还要阐明法院对证据采信与否的意见及理由。尤其是对于当事人争议的焦点问题能够从事实上、法律上作出令人信服的论证,避免简单的推论。

第十四章 民商事审判中的司法公正现实问题及对策

第一节 寻找从社会公正现实需求出发的民商事审判方式

一、重新审视民商事审判方法的原创起点

古希腊哲学家提出的一个重要的哲学根本性问题就是"认识你自己",研究适用于中国的审判方法首先要找到自己的原创性起点,认识我们真切的现实需求。在当代中国社会现实的司法实践中,诉讼模式、审判方式、思维逻辑、司法风格、决策过程、信仰模式、情感表达、行为范式等都契合于中国儒家文化传统,都与西方的司法哲学有所冲突。对于我们要寻找的民商事审判方法而言,正确认识中国社会现实的真正自己,是一个必要的基础和前提。因此,研究民商事审判方法应当以当代中国人的现实生活作为原创的起点,只有从这个起点出发我们才能找到符合中国社会主义司法规律的真正实用的民商事审判方法。

(一) 审判方法在司法实践中的发展及其特点

在当代中国社会现实司法实践中,审判方法的称谓是经过一段时间的发展逐渐演化而成的。最初引入的称之为法学方法,即研究法律的方法,是一种价值研究方法,[1] 更多适用于学术理论研究;后来法学界广泛引入

---

[1] 杨仁寿:《法学方法论》,中国政法大学出版社1999年版;黄茂荣:《法学方法与现代民法》,中国政法大学出版社2001年版;[德]卡尔·拉伦茨,陈爱娥译:《法学方法论》,商务印书馆2004年版。

西方的法律方法,❶即法律解释和法律适用的方法,属于一种技巧、技术逻辑方法。这些法律方法在司法实践中经过推广运用之后,实务界有较多的称谓:有的称之为审判艺术,有的称之为裁判方法,❷也有的称之为裁判艺术,❸还有的称之为审判方法。❹经过比较和思考,笔者认为审判方法是更加符合实际的概念。所谓审判方法,就是指审理和裁判案件过程中的规则和技巧,是指采用各种规范和严谨的法律方法分析案件,以准确地认定案件的事实,正确地适用法律,最后作出公正判决。不同国家的历史背景、法学传统和法律文化不同必然产生各不相同的审判方法。英美法系国家注重归纳法和论题式的思维模式,往往采用遵循先例的判例审理方法;大陆法系国家强调演绎法和体系化的思维模式,采用请求权基础查找的审判方法。在我国当代学者和法官研究和推崇的各类审判方法中,更多的是沿袭大陆法系思维模式的请求权基础审判方法。❺我国民商事审判究竟采用何种审判方法才能更好地实现司法公正,从各类审判方法在实际案件审判过程的运用效果展开理性分析,我们可以发现大陆法系的请求权基础法和英美法系的遵循先例法实际上均不能全面地解决中国审判实践中的各种难题,实践证明运用发展了的传统审判方法以及在审判实践中摸索出来的新方法更能解决好我们的实际问题。究其原因,当代中国人的现实生活需

---

❶ [美]博登海默著,邓正来译:《法理学、法律哲学与法律方法》,中国政法大学出版社2004年版;[德]卡尔·恩吉施著,郑永流译:《法律思维导论》,法律出版社2004年版;王泽鉴:《法律思维与民法实例——请求权基础理论体系》,中国政法大学出版社2001年版;陈金钊:《法律方法论》,中国政法大学出版社2007年版。

❷ 梁慧星:《裁判的方法》,法律出版社2003年版;孔祥俊:《司法理念与裁判方法》,法律出版社2005年版。

❸ 杨凯:《裁判的艺术》,法律出版社2005年版。

❹ 许可:《民事审判方法——要件事实引论》,法律出版社2009年版;邹碧华:《要件审判九步法》,法律出版社2010年版。

❺ 王泽鉴:《法律思维与民法实例——请求权基础理论体系》,中国政法大学出版社2001年版,第40~42页。王泽鉴先生认为处理民法实例的主要方法有二:一为历史的方法,即就案例事实发生的过程,依序检讨其法律关系的方法;一为请求权方法,或称请求权规范基础方法。

要根植于我们自己几千年历史文化传统的司法哲学,这就是要找到真正契合中国社会司法规律的民商事审判方法。

真正契合当代中国社会司法规律的审判方法应当具备以下特点:

(1) 符合当代中国司法的基本规律,即符合中国司法审判权运行的基本规律,脱离了审判权运行的规律则难以真正实现其方法的运行价值。

(2) 具有一定的实用性,即运用这一方法能够切实解决当代中国社会中的现实问题,通过方法在实例的应用可以更加公正和高效地解决民商事案件纠纷。

(3) 具有一定的规范性,即民商事审判方法是统一的方法,能够适用于各类民商事案件,且能够得到法官的普遍认同和遵循,并能最终形成正确规范的整体性民商事审判思维方式。

(4) 遵循法律思维与其他思维相结合的原则,审判方法既是法律思维在审判实践中的运用,也是法律思维主导下的其他思维的综合运用。民商事审判方法的应用既是形式逻辑三段论的思维应用过程,也是综合运用政治道德、历史文化、经济发展、社会公众认同等多种思维整合的过程。

(5) 审判方法不仅是案件事实的分析方法,而且是法律解释的工具。民商事审判方法不是单纯地确定客观事实,重要的是为了确立一种法律上的事实,一种符合法律构成要件的事实,并在此基础上解释和适用法律来解决各类民商事纠纷。

(二) 符合司法规律的审判方法具体内容

1. 准确审查认定案件事实

(1) 对证据证明标准和效力的审查方法。民商事案件的证据审查的标准与刑事案件和行政案件均有所差别,适用优势证据规则。

(2) 对举证责任的转换分配的审查方法。当前民商事法官审案特别需要掌握的就是举证责任的分配方法。很多法官只是简单地按照"谁主张,谁举证"的原则来审理案件,遇到简单的案件尚能对付,遇到稍微复杂的案件就不知所措。其实,有许多民商事案件的审理都需要综合运用"举证责任倒置"和"举证责任转换与分配"的方法才能更好地查清案件事实。

我们可以通过一个不当得利案例的审判结果来分析举证责任转换和分配的重要性。

案例：甲用乙的名字买房，房产增值，甲乙为房产权属发生争议，甲起诉乙（见表14-1）。

表14-1 举证与判决结果示例

甲提供证据	乙提供证据	判决结果
甲把钱打到购房单位账户上的凭证、乙出具的借条、甲乙签订的赠与合同	乙无法再举出抗辩证据	甲得房
	乙举出是借甲款买房的抗辩证据	乙得房还钱给甲
	乙举出甲付钱买房赠与乙的抗辩证据	赠与成立
	乙无法再举出抗辩证据，而甲继续举证证明是借用乙的名义买房	不当得利全部返还
	乙再举出证明效力相对应的抗辩证据，无法根据优势证据规则判断双方证据效力的优势	根据公平原则判决人各一半，或调解分割

本案例根据举证内容和举证责任的转换与分配可以有上述列表中的五种不同的处理结果，足见举证责任分配在民商事案件审理中的重要作用。

2. 正确定位诉讼心理预期

由于在立案审查环节事先没有进行诉讼风险提示，在开庭审理期间没有进行释明和拟判告知，当事人对诉讼结果的心理期望值与实际的判决结果往往会有较大的反差，特别是民商事案件涉及的经济利益争议巨大，这就是实际审判工作中有的当事人为什么会长期缠诉缠访的原因之一。如果在立案审查环节就根据针对当事人提交诉讼证据初步审查结果作出诉讼风险提示，在开庭审理后根据审理查明的基本事实进行必要的预期诉讼结果释明和拟判告知，适时纠正当事人过高的心理预期，则更加有利于减少涉诉信访案件的产生。

3. 正确解释、选择和适用法律

（1）当前存在的主要问题。

①法律关系认定不清。例如，在审理劳动争议案件时，对于劳动关系、劳务关系、劳务派遣和雇佣之间的区别把握不准，对于事实劳动关系与销

售代理关系常常难以区分。在审理商事案件时,对于承揽合同与建筑承包合同之间的区别难以准确认定。

②同案不同判现象较为突出。当前困扰法律适用最主要的难题,就是法律适用的整体性和统一性遭遇挑战,如何解决好民商事案件审判中的同案不同判现象任重而道远(见表14-2)。

表14-2 同案不同判现象示例

实例序号	判决差异
1	交通肇事侵权损害赔偿与上班途中因交通事故工伤赔偿竞合的案例,给我们提出一个损害事实能不能同时得到两个赔偿的难题。依法理,一个损失只能得到一个填补性的损害赔偿,填补的方法是填平,而不是双倍赔偿。由于最高法院关于损害赔偿的司法解释是单向的,并不能及于工伤待遇纠纷,各地法院对此问题的理解不一致,因此,目前全国各地法院对于这种竞合赔偿案件有三种判法:单赔、双赔、单赔加部分内容双赔。
2	关于公民代理诉讼索酬的案例,对没有律师资格的公民以个人名义代理诉讼是否能够收取报酬的争议案件,目前国内有三种判法:按合同约定给报酬、不给报酬、按照实际付出代理劳动折中给报酬。
3	关于知假买假索赔的案例,对于与"王海打假"相同性质的案例,能否获得双倍赔偿的争议案件,目前国内有两种判法:判双倍赔偿、驳回诉讼请求。

(2)法律适用的主要方法。

①法律解释的方法。"即指在找法的结果找到现行法上有一个可以适用于本案的法律条文之后,为了确定这个法律条文内容意义、适用范围、构成要件、法律效果等,所采用的各种方法。具体包括文义解释、论理解释、比较法解释和社会学解释"。❶

②法律论证的方法。❷ 主要是对可以选择适用的法律条文进行合法化、合理化和正当化的论证,进而选择相对应的法律解释方法。

③法律推理的方法。❸ "法律推理是一种寻求正当性证明的推理,是一

---

❶ 梁慧星:《裁判的方法》,法律出版社2002年版,第76页。

❷ 陈林林:《裁判的进路与方法——司法论证理论导论》,中国政法大学出版社2007年版,第9页。

❸ 张骐:《法律推理与法律制度》,山东人民出版社2002年版,第19~98页;陈锐:《法律推理论》,山东人民出版社2006年版,第11页。

种实践理性,要受现行法律的约束"。

④法律拟制的方法。❶ 法律拟制是由于司法审判中层出不穷的法律问题而催生出来的一种方法。需要根据现实需要从宏观和微观两个层面来把握。

⑤法律漏洞的补充方法。❷ 成文法国家的法律最大的弊端在于法律总是会存在一定的空白和漏洞,需要法官运用多种法律方法予以创造性弥补。

⑥法律冲突的解决方法。❸ 虽然法律冲突在所难免,但通过情理交融、实用理性、妥协意向、视阈融合等多种法律方法的解决路径还是能够有效消解法律之间的冲突。

⑦利益衡量的方法。❹ 对于案件审理裁判结果是实现社会正义还是实现法律正义,需要法官运用法律方法进行权衡和协调。

⑧法律分析的方法。❺ 法律分析的内容基于法律关系的主体、法律关系的客体和法律关系的内容三个层面。

⑨遵循先例的方法。❻ 英美法系遵循先例的判例法方法在很多司法实践层面具有一定的方法论和实用价值。

⑩司法过程的发现与创造。❼ 法律科学的发展需要法官在审判实践中不断地运用法律方法超越法律,超越法律不是违反法律,而是发现和创造法律,推进法律科学的进步。

---

❶ 陈金钊:《法律方法论》,中国政法大学出版社 2007 年版,第 287~290 页。
❷ [德] 卡尔·恩吉施著,郑永流译:《法律思维导论》,法律出版社 2004 年版,第 167~225 页。
❸ 谢晖:《中国古典法律解释的哲学向度》,中国政法大学出版社 2005 年版,第 135~171 页。
❹ 陈金钊:《法律方法论》,中国政法大学出版社 2007 年版,第 241 页。
❺ 同上书,第 315~333 页。
❻ [美] 博登海默著,邓正来译:《法理学、法律哲学与法律方法》,中国政法大学出版社 2004 年版,第 562~571 页。
❼ 同上书,第 581~587 页。

4. 裁判文书的说理风格

目前我国的裁判文书分为公理取向、论题取向的论证说理风格和情理法交融的传统说理风格三种类型，但现实生活中老百姓最乐意接受的说理风格还是情理法交融。因此，现行裁判文书的风格不改变，法官的工作方式就必须改变，这就是为什么现阶段各地法院都着重强调判后释法的深层次原因。

5. 调解和案外协调处理

在中国人情和熟人社会，民商事审判方法实际包含调解和案外协调两种方法。从某种意义上讲，调解也是一种法律创造，在找不到更好的法律方法时，调解不失为一种尝试性和应变性的法律创造方法，中国几千年司法实践的理性经验证明了这种审判方法的优势。案外协调更多的也是体现对法律方法的创造和变通，是一种具有妥协性的法律方法创造。

二、审判方法的实践理性分析和学理研究

运用历史分析和对比分析的方法，我们可以对古今中外的各种审判方法的实践理性和学理研究作概括性调查研究，从中借鉴和寻找适用于当代中国社会现实需要的民商事审判方法论的哲学思维路径。我国古代历朝历代都有一些有影响的司法智慧和司法经验值得我们从中探寻法理的真谛，现代西方和中国的司法实践同样也有许多发展着的司法哲学需要我们去总结，同时，我们还需要开展审判方法学术理论的类型化研究。

（一）中国古代有影响的七种审判方法

纵观历史上我国古代七种有影响的审判方法，我们不难发现：司法哲学的内涵和司法实践的经验，与社会生活的真实需要是紧密相连的，社会历史发展的进程与法律方法论的发展进程是同步推演的。沿着历史发展的脉络，我们看到了契合于中国社会发展需要的司法哲学在不断深化发展的方向。

1. 神明裁判法

古语："抬头一尺有王法，举头三尺有神明。"古代司法官最早采用的

审判方法就是借助神明的力量来裁判案件,象征司法正义和权威的神兽——独角兽就是神明裁判方法的标志。神明裁判方法反映的是古代民众对法律的信仰和对司法权威的尊崇。

2. 三刺五听法

"三刺"审判方法的实质就是广泛听取不同意见,适度考虑民意,是我国古代司法民主的最早雏形,即在充分征求群臣、群吏和万民三方意见的基础上裁决纠纷案件。"五听"审判方法,即"五声听狱讼,求民情:一曰辞听(观其出言,不直则烦);二曰色听(观其颜色,不直则赧);三曰气听(观其气息,不直则喘);四曰耳听(观其听聆,不直则惑);五曰目听(观其眸子,不直则眊)"。❶

3. 仁恕断案法

先哲孔子认为在审理裁判案件时既要严格执行法律条文又要适当考虑到仁恕。❷ 推行仁恕审判方法实质上就是在适用法律时充分考虑社会道德因素,运用仁义道德和宽容宽恕的和缓方法推行法律。

4. 春秋决狱法

董仲舒提出:"当律有疑义时应以经学义理为其基础解释之;在发生疑难案件,应引援经义作参考裁决。""春秋决狱"审判方法的实质意义是:将儒家的经典引入法律之中,又用法律精神解构经典,使儒家的经典与法律精神更好地融合,渐进式地改进了中国法律的精神。引入春秋义理作为司法的衡平原则,使法律有了更多的人文关怀精神。

---

❶ 《周礼·秋官·小司寇》。
❷ 《孔子家语》。孔子的仁恕审判方法论集中体现在其对"刖人救季羔"故事的评述上。卫国十师(司法官)季羔,经常向犯人施刖刑,即把犯人脚趾砍掉。后蒯聩叛乱,季羔弃城逃走,当他逃到外城城门时,被一个他判处刖刑的守城犯人所救。季羔不明白刖人为何救他,就问刖人:过去我下令砍掉你脚趾,现我处落难时候,正是你报仇的好机会,为何你不仅不报仇,反而再三救我?刖人答道:你审理案件治我罪时,先人后我,我想你是在等待免除我罪责的机会;待罪定临刑时,你又面呈怜悯的愁容。可见你是一位德高心慈的好官!这就是我之所以要救你的原因。由此可见司法官推崇仁恕在司法审判中的作用和社会效应。

5. 断狱如流法

史载唐朝司法官狄仁杰"为大理丞,周岁断滞狱一万七千人,无冤诉者"。❶ 对比今天就相当于我们一年审结疑难积案 17 000 件,日平均 40 余件案件,无一件涉诉上访。"断狱如流"是世界上最早的速裁审判方法,其实质意义在于:法官精通法律,讲究办案方法,注重调查案件事实,充分体察民情民意。

6. 实证检验法

大宋提刑官宋慈在司法过程中特别强调实证检验,强调司法检验官必须亲临现场调查取证,从不轻信当事人的陈言和口供;对于疑难狱讼,必须在充分调查取证的基础上,经过深思熟虑后才能作出判决。其实质意义在于:注重实证调查研究,不轻信口供。

7. 价值取断法

海瑞以擅长审理裁判复杂疑难案件著称,其价值判断审判方法的实质意义在于:对于复杂疑难诉讼案件积极运用价值判断和利益衡量的法律方法寻求解决途径,从结果中找裁判规则。这一价值判断的审判方法同样适用于现代民商事疑难案件和再审案件。

在今天的中国社会司法实践中,仍然依稀可见上述七种审判方法中所蕴含先贤智慧的哲思,很多现代法官在审理各类民商事案件时,自觉或不自觉地应用古代的审判方法和经验解决当今中国社会的现实问题,这表明传承我们自己的历史文化传统依然是寻找我们自己的法律方法论的必由路径。

(二) 现代社会七种民商事审判方法评析

比对现今中国社会司法实践中常见的七种民商事审判方法,我们也可以发现:无论是大陆法系的法律方法论还是英美法系的法律方法论,移植和借鉴来适用于中国社会的司法实践时,都需要根据我们的现实需要有所变通和变造后才有实用价值。尽管中西方法律方法论在法理层面是相通的,

---

❶ 《旧唐书》卷八十九《狄仁杰传》。

但西方的司法哲学与中国的司法规律之间仍然有一个历史文化传统的沟壑需要我们运用司法智慧和司法经验来填平。

1. 法律关系分析审判方法

审查案件事实所涉及的法律关系，明确争议焦点及与之相关的法律关系，分析法律关系的性质，进而分析法律关系的要素。根据法律关系的性质，寻找法律规范与法律关系的连接点，确定最佳适用法律规范。

2. 请求权基础检索审判方法

所谓请求权方法，系指处理实例应以请求权基础为出发点。❶ 即根据诉讼请求审查原告请求权的性质，然后检索请求权涉及的法律规范，进而查找请求权的基础，最后将案件事实归入寻找到的法律规范。

3. 杨立新教授的五步审判法

杨立新教授的五步审判法实际上是将上述两种基本审判方法相结合的演绎方法，是将请求权基础检索法和法律关系分析法综合运用的方法，遵循发现请求权，给请求权定性，寻找请求权的发现基础，确定请求权，选择适用法律五个步骤进行裁判。

4. 邹碧华法官的要件审判九步法[*]

邹碧华法官的要件审判九步法实际上也是将前述两种基本审判方法相结合的演绎方法，其方法是以实体法律规范的构成要件为基础，以案件争议的法律关系为主线，从固定权利请求，到争点整理，再到要件归入并做出裁判，审判过程分为固定权利请求、识别请求权基础、识别抗辩权基础、基础规范构成要件分析、诉讼主张的检索、争点整理、要件事实的证明、要件事实的认定、要件归入并作出裁判九个逻辑严密、环环相扣的步骤。

---

❶ 王泽鉴：《法律思维与民法实例——请求权基础理论体系》，中国政法大学出版社2001年版，第42页。

[*] 邹碧华：《要件审判九步法》，法律出版社2010年版，"导论"部分。

5. 马锡五法官的审判方法

马锡五审判方法之所以在中国现代司法审判历史上有如此强大的生命力，就是因为这种审判方法契合当代中国社会的现实需要，契合中国传统法律文化的深层需求特点，契合广大人民群众的现实需求和心理认同。马锡五审判方法主要的内容是审理查明案件事实、听取群众意见并形成解决方案、说服当事人接受，运用这样亲民的审判方式贴近中国社会的广大人民群众。

6. 宋鱼水法官的审判方法

宋鱼水法官的审案方法既有古代"妙判"司法智慧的传承，又有现代司法经验的发展，集中体现为"辨法析理，胜败皆服"。这八字诀的创新之处在于将传统审判方法的合理内核与现代司法的特点和规律相结合，探寻适合于现代社会司法需要的新的审判方法。

7. 陈燕萍法官的审判方法

陈燕萍法官的审案方法同样集中体现为"情法辉映，曲直可鉴"八字诀，既继承了马锡五审判方法的核心价值理念，又符合现代社会主义司法规律，具有两个显著的时代特征——人民性和能动性。具体体现为"用群众认同的态度倾听诉求，用群众认可的方式查清事实，用群众接受的语言诠释法理，用群众信服的方法化解纠纷"，❶ 从而发挥能动司法服务性、主动性、高效性的效能作用。

横向比较当前人民法院中基层民商事审判工作中常见的七种审判方法，我们发现域外的经验必须在我们的司法实践中进行合理的变造、续造、演绎和发展，才能在我们的人民司法工作发挥作用。这更加坚定了我们努力寻找从我们现实社会生活出发的民商事审判方法的信心。

(三) 现代审判方法学理研究的类比分析

通过对国外法学家译著、国内学者专著、各级人民法院法官的实证

---

❶ 最高人民法院政治部、江苏省高级人民法院：《人民信服的好法官：陈燕萍》，人民法院出版社 2010 年版，第 279~288 页。

理论研究专著进行类比分析研究,我们可以发现这三种关于审判方法的学术理论研究成果有一个共同的发展趋势——逐渐在向实证和应用法学研究方向转化,关于审判方法学术理论研究的主要领域也逐渐转向和立足于司法审判实践,更多的学术研究成果来自一线法官的审判实践经验(见表 14-3、表 14-4、表 14-5)。

表 14-3 国外译著对比

序号	作者	书名	译者	出版社	出版时间
1	[美] 本杰明·卡多佐	司法过程的性质	苏力	商务印书馆	1998
2	[德] 卡尔·拉伦茨	法学方法论	陈爱娥	商务印书馆	2003
3	[德] 卡尔·恩吉施	法律思维导论	郑永流	法律出版社	2004
4	[美] E. 博登海默	法理学:法律哲学与法律方法	邓正来	中国政法大学出版社	2004
5	[古希腊] 亚里士多德	范畴篇 解释篇	方书春	商务印书馆	2005
6	[英] 尼尔麦考密克	法律推理与法律理论	姜峰	法律出版社	2005
7	[美] 安德雷·马默	法律与解释	张卓明等	法律出版社	2006
8	[美] 理查德·波斯纳	法官如何思考	苏力	北京大学出版社	2009
9	[美] 黄宗智	过去和现在:中国民事法律实践的探索	—	法律出版社	2009

表 14-4 国内专著对比

序号	书名	作者	出版社	出版时间
1	法学方法论	杨仁寿	中国政法大学出版社	1999
2	法学方法与现代民法	黄茂荣	中国政法大学出版社	2001
3	法律推理论	陈锐	山东人民出版社	2006
4	中国古典法律解释的哲学向度	谢晖	中国政法大学出版社	2005
5	法律适用中的逻辑	雍琦等	中国政法大学出版社	2002
6	儒家伦理与法律文化	林端	中国政法大学出版社	2002
7	法律适用的和谐与归一:论法官的自由裁量权	井涛	中国方正出版社	2001
8	社会变迁的法律解释	尹伊君	商务印书馆	2004
9	法律推理与法律制度	张骐	山东人民出版社	2003
10	民事判决研究:根据与对策	罗筱琦	人民法院出版社	2006
11	裁判的方法	梁慧星	法律出版社	2003

续表

序号	书名	作者	出版社	出版时间
12	法律思维学导论	林喆	山东人民出版社	2000
13	法律文化理论	刘作翔	商务印书馆	1999
14	法律解释的哲理	陈金钊	山东人民出版社	1999
15	法律方法论	陈金钊	中国政法大学出版社	2007
16	法律解释学	陈金钊等	中国政法大学出版社	2006
17	语境与工具：解读实用主义法学的进路	苗金春	山东人民出版社	2004
18	裁判的进路与方法：司法论证理论导论	陈林林	中国政法大学出版社	2007
19	民事审判方法：要件事实引论	许可	法律出版社	2009
20	法律的人文主义解释	杜宴林	人民法院出版社	2005
21	法律实证研究方法	白建军	北京大学出版社	2008
22	法律论证与法学方法	郑永流等	山东人民出版社	2005
23	法律解释操作分析	张志铭	中国政法大学出版社	1998
24	法官角色与司法行为	吴英姿	中国大百科全书出版社	2008

表14-5 法官论著对比

序号	书名	作者	出版社	出版时间
1	法律解释方法与判解研究	孔祥俊	人民法院出版社	2004
2	司法理念与裁判方法	孔祥俊	法律出版社	2005
3	裁判的艺术	杨凯	法律出版社	2005
4	裁判方法论	康宝奇	人民法院出版社	2006
6	法律解释疏论：基于司法实践的视域	尹洪阳	人民法院出版社	2006
7	全国审判业务专家谈审判方法	沈德咏	人民法院出版社	2010
8	人民信服的好法官：陈燕萍	最高人民法院政治部、江苏省高级人民法院	人民法院出版社	2010
9	要件审判九步法	邹碧华	法律出版社	2010
10	推理与诠释：民事司法技术范式研究	冯文生	法律出版社	2005

除了对学术专著进行类比分析，还可以进一步观察学术理论成果用于司法审判实践的实证和实例，上海市长宁区法院邹碧华院长在长宁区法院全面推行"要件审判九步法"就是一个典型的实践性例证。邹碧华法官的

学术论文《要件审判九步法介绍——对民事司法方法的一次有益探索》不仅在全国法院系统学术讨论会获得二等奖，而且在上海长宁区法院得到广泛实践推广运用取得非常好的效果。❶ 此外，学术界关于审判方法的学术理论研究方向也转为以审判方法的实践和实证为主。例如，由中国人民大学民商事法律科学研究中心、人民法院报社、法律出版社联合主办的"民商事审判方法"学术研讨会也是以上海长宁区法院的"要件审判九步法"在实践中推行的实际效果为中心议题。2011年由北京大学法学院博士生导师傅郁林主持的国家社科基金重大课题"民事审判方法"也将审判方法在审判实践中的实际运用作为课题研究的重点内容。

三、遵循司法规律的民商事审判方法创制

当前传统、移植、演绎和经验的诸多审判方法与中国社会现实司法规律难以契合的真正原因在于：没有从自己真实的现实生活出发来研究和创制审判方法，没有找到符合中国社会主义司法规律的民商事审判方法的原创起点和精神内涵。解决现实问题需要我们在民商事审判方法理论上有所突破，在立足于当代中国社会现实生活这一原创出发点的基础之上构建我们自己的司法哲学。自然法学派认为法律和司法的目的在于使人民幸福，法官的娴熟而高超的司法技能和审判方法能够提升人民的幸福指数，我们寻找的审判方法应当是一种能够运用司法哲学创造幸福的实践理性，遵循社会主义司法规律创制民商事审判方法是我们努力的方向。

（一）综合性应用型审判方法的优势和内容

经过20多年中基层人民法院民商事审判岗位的实践，结合长期担任法官培训教师的理性思辨，秉承"公允中庸，道法自然"的中国儒学和道学传统文化精神内涵，秉持"法以中庸为性格"的中国式司法实践理性，在综合研究古今中外各种审判方法的利弊特点和广泛总结审判实践经验的基

---

❶ 宁杰："要件审判九步法 法庭上的剑谱"，载《人民法院报》"法周刊"2010年1月11日。

础之上，笔者尝试创制一种具有中国逻辑、中国风格和中国特色的综合性应用型民商事审判方法。所谓综合性应用型审判方法，就是将民商事审判工作置于当代整个中国社会的现实背景之中来全盘考虑，综合考量中国司法的特殊规律、现实情况和实际需要，适用于中国当今社会所有类型的民商事案件，具有极强的针对性和实用性的综合性应用型民商事审判方法。综合性应用型民商事审判方法具体包括以下10项内容（见图14-1）：

（1）法律关系和人际关系的综合分析应用；

（2）案件事实和心证过程的综合分析应用；

（3）审案过程和文书动态制作的综合应用；

（4）群众路线与公共关系的综合分析应用；

（5）诉讼心理和诉讼行为引导的综合应用；

（6）法律思维和常识常情常理的综合应用；

（7）依法公正判决与妥善调解的综合应用；

（8）判前释明告知与判后释疑的综合应用；

（9）风险评估和应对信访上访的综合应用；

（10）法律社会政治经济效果综合分析应用。

综合性应用型民商事审判方法的综合效应和整体优势体现为如下十方面（见表14-6）：

表14-6 综合性应用型民商事审判方法的综合效应和整体优势

排　序	效应与优势之体现
优势之一	将案件审判的法律效果与社会、政治、经济效果进行综合性全面考量
优势之二	在审理裁判案件时注重将天理、人情、国法相结合，融情理法于一体
优势之三	适时适当适地运用法律手段，尊重民间习俗、习惯及商事交易惯例
优势之四	注重审判工作法制宣传的传播功能和运用审判公共关系沟通协调功能
优势之五	注重调判相结合和纠纷一次性解决原则的运用，辨法析理，服判息诉
优势之六	秉持法律思维和整合其他思维方式，强调发挥法官思维的综合性特质
优势之七	将案件事实证据认定与法官心证形成过程相结合，强调法官个体因素
优势之八	注重裁判依据综合性和裁判方法的多元化，注重利益衡量和价值判断
优势之九	强调法律文书说理的综合性和动态写作方法，注重综合法理事理情理
优势之十	注重方法论的应用，将综合性审判方法与法官的个性审判方法相结合

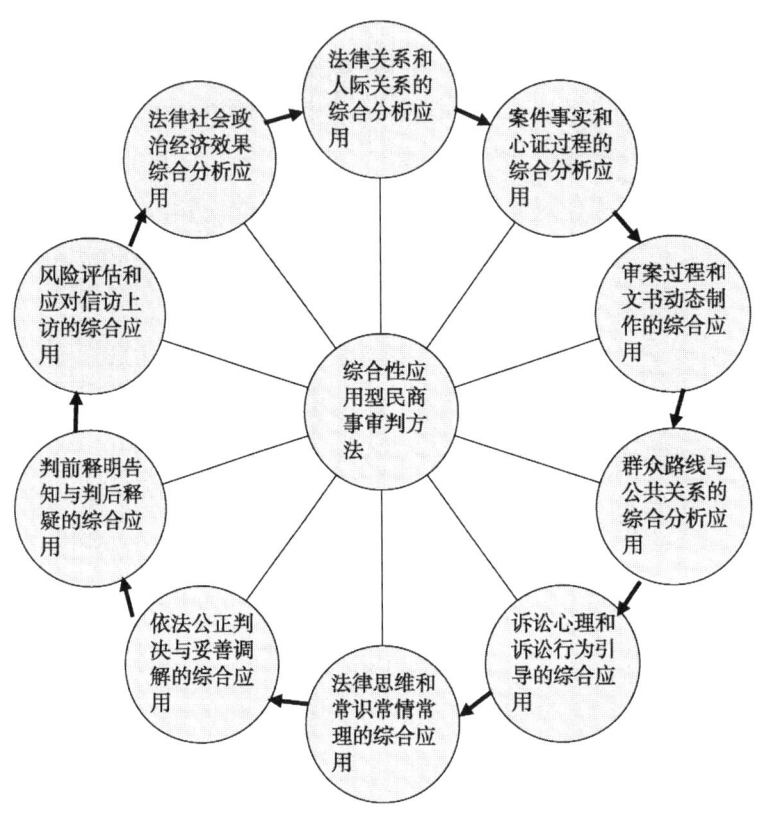

图 14-1 综合性应用型民商事审判方法内容

(二) 综合性应用型审判方法的示范性论证

1. 法律关系和人际关系综合分析法

在当代中国的中基层人民法院审理民商事案件有一个最大的社会现实问题和难题，就是常常会受到各种人情关系的影响。这是现实生活的常态，但是，人们的认识又普遍有一个误区：这些人情关系因素既要适当考虑，又不能拿到桌面上公开考虑。常常是在合议庭合议时说道："这是某某人打招呼的案件，或某某领导签字的案件。"同时，附加一句："这句话书记员不要记录。"笔者认为，在中国司法的现实环境中，需要将法律关系与人际关系结合起来综合分析才能更好地解决民商事纠纷案件，人际关系的因素有时甚至比法律关系更加重要，所有的案件纠纷实际上都是因人而起。在中国现实人情社会中办案从某种意义上讲就是如何更好地理顺案内和案外的人际关系。有经验的审判员在审理民事案件常说道"提起来千斤重，放下去四两轻"讲的就是人际关系的处理效果，人际关系处理好了就可以起到四两拨千斤的实效。具体包括如下几个方面的内容：

（1）将案件当事人及其诉讼代理人的主体资格审查和社会背景相结合进行综合分析，预先分析可能影响案件正常审理的各种不利人际关系因素，并及时采取相应的应对措施有利于防患于未然。

（2）将案件当事人本人的决策能力与其近亲属实际对案件处理方向的主导作用相结合进行综合分析，识别真正能够做主的主导性和决定性因素，综合运用各种方法促进案件向有利的方向发展。

（3）将涉及案件院内和院外各种打招呼的情况、力度和影响力进行综合比对分析，"法官应当具备变阻力为助力，变说情为反说情的本领；要充分认识人情社会、熟人社会的正面作用，人情可以为诉讼当事人所用，也同样可以为法官成功调解案件所用"。❶ 善于借力借势是在人情社会中处理案件必须学会的办案技巧，法律不外乎天理人情，法官司法无非是运用审判方法将天理人情理性化而已。

（4）将案件可能或已经因各种人际关系因素产生的负面影响与法律关系相结合进行综合分析，有针对性地及时消除或将负面影响转化成正面的内容。对于可能产生较大负面影响、引发矛盾激化或引发群体性事件的案件，需要预先进行案件诉讼风险评估，对于案件审理前和审理中就涉诉信访上访的案件应当及时进行诉讼风险评估，根据案件法律关系对应的人际关系积极采取应对措施。

2. 审理过程与法律文书动态制作结合法

在民商事法官办案过程中，一般的习惯是在案件基本审结后才开始写

---

❶ 杨凯：《裁判的艺术——法官职业的境界与追求》，法律出版社2005年版，第227页。

作审理报告,然后在此基础上经合议庭评议或庭务会、审委会讨论决定后再写作法律文书。这样的好处是对案情全程有较为透彻的了解,但也有弊端,有时候由于案件审理时间较长或者案件较多,对案件审理情况容易遗忘,案件审理基本完成后再写往往需要重新阅卷,效率反而不高。笔者在基层法院和人民法庭工作期间尝试将审判过程与法律文书的写作分阶段结合起来的动态写作方法,取得较为明显的效果,一般案件审结后一个小时左右即可写出一份较高质量的案件审理报告和裁判文书。这个效果并非完全由于司法技能娴熟、写作速度快和效率高,而是有提前分阶段动态写作的内容作为法律文书起草写作的坚实基础。案件的审判是一个整体性的过程,法律文书是这个整体性过程的全面展示,把案件审理的每一个阶段都用规范性的书面写作加以固定,既有利于审判程序的严格规范要求,防止程序性差错和审判环节的诸多遗漏,又有利于法律文书的写作,同时,以法律文书的分阶段动态写作促进案件审理的动态管理。具体操作的方法如下。

第一步:在立案审查、阅卷、送达等审前准备程序过程中,同步写作案件的由来、当事人的基本情况。及时的动态写作可以促进法官对诉讼主体资格进行严格的审查,同时,对案件的审理程序进行理性的把握。

第二步:在庭前准备和证据交换过程中,同步写作对诉讼当事人各方诉辩意见的归纳和对案件争议焦点的总结。对争议焦点的整理水平只有从裁判文书的写作上才能真正体现出来,对案件争议焦点的总结实际上是一个周密严谨的法律思维和法律论证过程,需要法官具备准确的分析判断和归纳总结提炼的职业技能,而这种职业技能的培养如果跟裁判文书的写作相结合起来,则更有利于其职业技能的提高和规范。

第三步:在调查、调解和庭审过程中,同步写作对案件事实和证据的分析与认定,也就是判决书中经审理查明的内容。审理案件的过程实际上就是法官心证形成的过程,这一过程如果能够及时进行动态写作,将会更进一步促进内心确信的形成,完善心证的法律理性论证。对案件事实和证据的分析判断,实际上就是法官经过调查、调解和庭审审理后,进行事实和证据的理性分析判断过程,这一判断过程需要动态写作的理性思维结合。

第四步:在审理全程中可以及时写明需要说明的相关问题。案件的审理过程会出现各种各样的特殊问题,等到案件审结后可能会有遗忘,及时写明需要说明的问题有利于案件审理时采取针对性应对措施解决问题。

第五步:在开庭、合议庭评议、庭务会讨论、审委会汇报过程中,同步动态写作说理部分。裁判文书的说理部分其实就是一个判决理由的思维形成过程,这个过程在民商事案件的审理中往往不是主审法官一个人的思维结果,而是合议庭、庭务会、审委会集体议决的决策过程,是一个集思广益的讨论过程,如果能将评议讨论的各种观点及时记录并加以整理和思考,并及时动态写作成裁判文书的论理部分,将会有助于案件裁判文书的说理更加全面和透彻。

当前人民法院"化解社会矛盾、公正廉洁执法、社会管理创新"三项重点工作都与民商事审判工作息息相关。在这样的时代政治背景下,改进和提高民商事审判工作方法尤为重要。考量民商事审判工作当前所面临的严峻形势,人民法院的民商事审判工作遭遇到了前所未有的困境,新类型案件和复杂案件不断增多,人民群众对司法的新需求和新期待不断增加,审判工作技术含量和劳动强度不断加大,社会公众对司法审判的评价和监督不断增强,当今社会经济发展对民商事案件审判的质量和效率要求更高,这些面临的困境迫使我们寻找一种符合社会主义司法规律的综合性应用型民商事审判方法。本书立足于当代中国社会的现实,以人民司法审判实践的真实性和现实性为原创起点,用中国逻辑、中国风格、中国特色的司法哲学线条,初步描绘出符合中国社会主义司法规律的现代民商事审判方法的"大写意"司法图景。这幅缘起于"法官教法官"困惑与思考的法哲学图画,有自然法学派的美丽内涵,有实用法学派的纯朴意蕴,有分析法学派的玄妙深刻,也涂抹了些许司法浪漫主义色彩。带上这幅传承中国法律文化的"写意派国画"再登上中基层法官培训的讲坛,按图索骥讲课的唯一感受将会是成竹在胸。

第二节　司法公正视角下的商事审判

一、商事审判制度之概要

所谓商事审判，指商主体将有争议的商事权利和义务事项，提交司法审判机构按一定的审判程序作出裁决的制度。现代的商事审判制度，最早起源于中世纪的商事法院及其处理商事纠纷的程序制度。早期的商法来源于商人在商事活动中形成的习惯法，因而商事诉讼程序也就是商人处理自己事务的程序，是由于历史的特殊原因而实行商人自治的结果，商人自治是为了摆脱封建束缚。另外，早期的商事法院及商事诉讼程序，除了商人有某种特殊利益需要保护外，还因商事纠纷攸关当事人切身利益，须及时处理、迅速了解，而当时世俗的司法体系根本不能提供这种救济。商事法院的创设和商事诉讼程序的形成也正是为了维护商事活动的正常进行。在我国，商事审判是人民法院审判业务的重要组成部分。但与西方国家不同，我国的商事审判并没有走一条先有商事交易，再有商人阶层，继而产生商事法庭和商法规范的发展道路，而是伴随中国社会主义市场经济体制改革的历史进程逐步产生发展的。❶

在当今重商的时代，社会上已形成了重商的氛围和理论体系，各国政法的政策也主要围绕商业发展而进行。随着我国市场经济的不断发展，对运作良好的争端解决机制和程序的需求变得越来越大。因此，与传统的经济审判不同，我国当前商事审判的重心则已逐步移转到促进企业发展，维护市场自治，保障市场交易的轨道上来。如果把经济审判看成是协助国家调整经济结构和秩序的纵向有形之手的话，现在的商事审判似可定位成在市场主体自治过程中发生摩擦、障碍时才应需而现的一只横向调整的隐形之手。具体来说，商事审判通过三个主要途径对我国经济发展产生了巨大

---

❶ 李志刚、张颖："从经济审判到商事审判"，载《法律适用》2010年第11期。

促进作用,即解决纠纷,执行契约;规则生成,界定产权;执行政策,管理经济。❶ 因此,加强对商事审判基本规律的研究,进而构建有利于司法公正实现的商事审判制度,具有重要的理论和实践价值。

一般认为,商事审判除具备人民法院民事审判工作的一般共性、共同遵守民法的平等和诚信原则之外,还具有自身独特之处。与一般的民事审判相比,商事审判的主要特征体现在以下方面:

(一)在诉讼主体上,商事诉讼当事人主要是具有商业理性的经济人

民事纠纷的基本主体大多是具有民事权利能力的自然人,而商事纠纷主体的外延要比民事主体小,并非所有的民事主体都能成为商事主体。只有具备法定条件的被法律允许从事商事活动的并办理了相关核准登记手续的民事主体,才能成为商事主体。在我国包括商个人、商法人和商事合伙三种,主要是企业。商事纠纷主体大多是理性的"经济人",以获取最大利润为其行动的出发点和归宿。与一般民事纠纷主体主要通过诉讼追求个体利益不同,商事纠纷在一定程度上反映出商人对"集体"利益的追求,其社会价值不仅是修补被破坏的社会关系,而且还要超越个案形成规则。它在寻求和谐与秩序的同时,更倾向于对自由与效率的追求。一旦发生纠纷,除非能达到积极的双赢解决结果,否则商事纠纷主体更愿意选择理性的、强制性的裁判手段来实现自己的利益。诉讼中,当事人对纠纷的解决多持争财不争气的态度,更加注重交易效率和商业机会的把握。

(二)在调整的社会关系上,商事审判着重强调营利性

普通民事审判调整平等民事主体之间的财产关系和人身关系,它所确立与维护的是市民社会最基本的生活秩序,通过民事审判维护公平正义和善良风俗。商事审判调整的是平等民事主体之间的商事关系,商事关系是商事主体基于营利动机而建立的关系,营利是一切商事活动的本质所在,商事审判中要注重商事主体营利性的特点,注意纠纷解决的时效性、确定

---

❶ 周林彬、陈胜蓝:"商事审判在中国经济发展中作用探析",载《理论月刊》2011年第8期。

性和可预见性,通过商事审判发挥对商事主体的规范引导作用,维护正常的交易秩序。

(三) 在价值取向上,商事审判多主张形式正义

具有独特性。民事审判强调民法上的公平,注重保护民事主体的个人权利和自由利益。民事诉讼中更关注当事人的意思主义,法官更多地运用职权主动进行释明,主动依职权调查取证,更倾向于运用利益衡量原则保护弱势群体的权益。商事审判则强调商法上的效率和交易安全,倾向于通过审判保护商事主体的经营权利和收益,进而维护商事交易秩序和规则,更多强调审判结果是否有利于促进社会经济发展与社会财富增加。因而在商事审判中更注重当事人行为的外观效力和公示主义,实现对信赖利益的司法保护。

(四) 在利益保护对象上,商事审判侧重维护动态安全

民事审判偏重于民事权利义务关系的静态保护和原始权利的保护,通过裁判修复当事人之间受到损害的民事关系,进而恢复到以前的和谐状态。商事审判侧重动态保护,关注交易安全和交易秩序的维护。由于商事交易为商事主体带来丰厚利润的同时,也产生很大的风险,因而商事审判需要更加关注对行为有效性的保护和利益取得的保障,更加侧重对第三人尤其是善意第三人的保护。

二、司法公正视角下的商事审判

司法公正是我国司法体制改革和建设的关键词,是依法治国的追求的和目标,是社会和谐和公平正义的基本要求。具体来说司法是国家司法机关及其工作人员依照法定职权和法定程序,具体运用法律处理案件的专门活动。公正的含义则包括公平、平等、正当、正义等。司法公正,既要求司法机关及其工作人员在司法过程中遵循平等和正当的原则,也要求司法结果体现公平和正义的精神。这里所说的司法机关,主要是指人民法院;司法行为,主要是指司法人员在处理案件时具有法律意义的各种行为。司法公正是司法活动的一条基本原则。按照这条原则,以法官为代表的司法

人员应该在审理各种案件的过程中正当、平等地对待当事人及其他诉讼参与人，应该在审理各种案件的结果中体现公平正义的精神。❶

司法公正可以从实体公正和程序公正两个维度进行解析。具体来说，实体公正是指司法机关就当事人和有关人员的实体权利和义务关系所做出的裁判和处理是公正的；程序公正是指司法活动的过程对当事人和有关人员来说是公正的，当事人和相关人员在司法活动中得到了公正的对待和平等的主张权利、提出抗辩的机会。程序公正的价值又可以分为外在价值和内在价值。程序公正的外在价值主要表现在促进和保障实体公正的实现上；内在价值是独立于实体公正的一系列彰显其自身有用性的价值。例如保障当事人诉讼主体地位，保证当事人充分参与诉讼程序并对裁判结果施加实质性的影响，确保法院的裁判建立在双方当事人平等的攻击和防御的基础上，确保当事人在诉讼过程中受到公平对待等均是程序公正内在价值的体现。

对于如何处理实体公正和程序公正之间的关系，我国理论界和实务界已形成了较一致的主流观点。如最高人民法院院长王胜俊指出，要统筹兼顾程序公正与实体公正的关系，既要防止因片面追求程序正义而"机械司法""一判了之"，同时也要防止无视程序，侵害当事人诉讼权利。❷ 实体公正和程序公正之间是辩证统一的关系，两者不可偏废。在具体完善一项审判制度的时候，同样需要高度重视实体公正与诉讼公正之间的辩证统一关系，并以是否满足了司法公正的要求为依据来指导理论构建。对于商事审判制度来说尤其如此，司法公正和商事审判制度的关系表现为三个方面。

（1）设置完善科学的商事审判制度是司法公正的内在要求。如前所述，商事审判是人民法院的一项重要职能，担负着依法调节经济关系、保障和促进经济社会健康发展的基本职责。进一步完善我国的商事审判制度，不仅可以促使市场主体确立全新的现代市场观念和现代商法意识以及现代

---

❶ 何家弘："司法公正论"，载《中国法学》1999年第2期。
❷ 王胜俊："法院工作要做到五个与时俱进"，载《法制日报》2008年5月9日第1版。

商人精神，加速发展我国的商文化，而且对于维护商事主体合法利益，保障交易的便捷、安全具有重大的制度价值，对于塑造当今民商共同繁荣时代的商法意识和商人精神，并使之与国际商事贸易活动规则接轨具有重要的现实意义。在这样的背景下，商事审判已作为与民事、刑事、行政审判相并列的一种独立的审判制度而存在，因此其对司法公正在我国的全面实现具有不可或缺的价值。同时，从法律适用的角度来看，徒法不足以自行，商事审判是商事法律及其价值精神具体实现的最主要途径，其运行是否良好是关系到司法公正能否得以实现的直接表现。然而客观来看，我国近年来的商事实体立法的发展较快，如公司、证券、保险、破产、融资等商事特别法取得了长足的进步，但在商法实施的司法保障方面却踯躅不前。这与司法公正的要求还有很大差距。

（2）商事审判通过适用商法、运用商事理念来追求实体公正价值的实现。商法作为民法的特别法，其价值取向和制度设计上确有不同于民法之处，简单地以传统民法的思维考虑商事领域中的一些问题，或者有违商事立法精神，或者无法找到适当的解决方案。我国传统的大民事审判体制有其合理性和进步性，其优点是方便司法，但其弊端在于忽略了不同民事关系之间在调整要求上的不同。例如，民事审判重视财产的使用价值，商事审判重视财产的交换价值。一般说来，民事审判调整的财产关系为财产的直接使用人，因此财产本身的使用价值对民事案件的主体至关重要，甚至还会被赋予特殊的情感价值，如仅存孤本的婚纱照；而商事审判的财产实体主要是商事主体谋取财富的手段，即使财产的使用价值尽失，如能对其交换价值给予足额补偿，商事主体仍会对诉讼结果表示满意。国外很多国家都有商事法院和商事法庭就说明商事审判和一般的民事审判有很大的不同。❶ 因此，商事审判应以商事理念为指导，准确把握商法精神和商事审判规律，最大限度地实现商事审判实体结果的公正。

---

❶ 赵万一、吴晓锋：《商事思维下的公司法实务研究》，中国法制出版社2009年版，第4~5页。

（3）商事审判通过设置特别的商事诉讼程序来追求程序公正价值的实现，并实现实体公正与程序公正的衡平。在国外，专门的商事法院或商事法庭实行迅速和非正式的审理程序，"所有各种类型的商事法院的程序都具有迅速和非正式的特性。……不仅专业法律家被排除于审理程序之外，而且专门的法律争论也引起反感。这些程序上的特征使商法截然有别于城市法院和王室法院的形式主义程序，也使它截然不同于在普通案件中教会法的成文程序……法官在这样的案件中不必要求书面的诉状；也不应要求通常类型的答辩状；他甚至在闭庭期间也可以审理；他应当删除拖沓的各种例外；应当拒绝造成延误的不必要的上诉，拒绝辩护人、控告人、当事人和不必要的证人'喧嚷'。这项训令的内容在晚些时候汇入了意大利有关设立各商事法院的法规中，也影响了德国、法国和英国的商事法院"。❶与此同时，商事审判还被称为"柔性审判"，表现为商事诉讼程序的民主色彩和宽容成分。❷ 商人往往出于营业效率的考虑，选择低成本的解纷途径，或者将诉讼对抗往往手段，最终达到解决纠纷，以便于更好地进行商业合作的目的。可见，商事诉讼程序的设置是与商业活动、商事纠纷的特点分不开的。商事审判程序只有在遵循商事活动规律的基础上才能较好地实现实体公正与程序公正的平衡与协调。

---

❶ ［美］哈罗德·伯尔曼著，贺卫方等译：《法律与革命——西方法律传统的形成》，中国大百科全书出版社1993年版，第423页。

❷ 蒋大兴："审判何须对抗"，载《中国法学》2007年第4期。

第十五章　知识产权审判中的司法公正现实问题及对策

在当下的中国,司法公正毫无疑问是一项最吸引社会公众关注的热门话题。而对于何谓司法公正,不同的人或社会组织往往会从不同的维度给出定义和评价。对于案件纠纷的当事人而言,他很可能是从其自身利益的损益、参与诉讼程序的感受等来评价司法的公正性;而对法律职业群体而言,其更多的是关注裁判的过程和结果是否满足了所谓程序正义和实体正义的要求。当然,国家权力机关包括司法机关自身在内,也会关注案件处理是否达到了"案结事了人和",此时它更多的是从裁判的法律效果和社会效果相契合的角度来评判司法的公正性。因此,面对冲突对立的讼争双方,纷繁复杂的案件事实,以及不同主体可能做出的不同评判,司法者除了保持一颗不偏私之心外,很可能会产生类似迈克尔·桑德尔提出的疑惑:公正,该如何做才好?为此,本章从武汉市中级人民法院 2009~2011 年的知识产权民事审判情况为分析蓝本,提炼出案件审判过程中普遍存在而且当事人反应较为激烈的问题,分析探讨司法者在处理此类问题时是如何考虑的,当事人又是如何反映的,并在此基础上总结知识产权审判工作保证公正性应遵循的基本原则。

第一节 近三年知识产权案件的总体分析和问题归纳

一、武汉中院近三年来知识产权案件收案情况

随着知识产权在现代经济和社会生活中扮演的角色日益重要，与知识产权相关的诉讼纠纷案件日益增多。根据最高人民法院发布的知识产权审判年度报告，2009 年全国地方法院共新收和审结知识产权民事一审案件30 626件和30 509件，分别比上年增长 25.49% 和 29.73%。与上述全国法院的收案情况相比，武汉市中级人民法院受理的知识产权案件也呈现出快速增长的态势，其中 2009 年全年知识产权一审民事案件收案总数为 584件，2010 年为 504 件，2011 年则达到史无前例的 1 425件。有关收案情况详见表 15 - 1。

表 15 - 1　2009 ~ 2011 年一审民事知识产权案件收案情况　　（件）

案　　件	2009 年	2010 年	2011 年	合　　计
专利	52	33	124	209
商标	47	108	299	454
著作权	463	329	982	1774
其他	22	34	20	76
合计	584	504	1425	2513

在武汉市中级人民法院所立案受理的上述案件中，知识产权权利人起诉侵权人侵权的案件占到了绝大多数，特别是在著作权和商标类型案件中更是如此。以商标类型案件为例，2009 年总的收案数为 47 件，侵权类案件为 43 件，占比为 91.49%；2010 年收案数为 108 件，侵权类案件为 106件，占比为 98.15%；2011 年收案数为 299 件，侵权类为 298 件，占比为99.67%。因此，做好当前的基层知识产权民事审判工作，应该积极把握住侵权类案件审判的规律和特点，对案件审理过程中普遍存在而且当事人反

应比较强烈的问题进行总结归纳，并分析具体的解决方案，以更好地引导和规范市场经济秩序，促进知识产权审判质量的提高，彰显司法公正的良好形象。

二、当前影响和制约知识产权审判司法公正的焦点问题

就武汉中院 2009～2011 年的知识产权纠纷审判实践来看，在案件审理过程中，当事人特别是被控侵权方突出反映的问题主要集中在以下四个方面：（1）对权利人通过申请公证处对侵权行为进行行为证据保全时取得的证据的采信问题；（2）权利人对被控侵权产品出具的单方鉴定结论的采信问题；（3）被控侵权人提出的合法来源抗辩能否成立的问题；（4）在侵权行为构成的情况下，损害赔偿数额如何确定的问题。

由于作为权利人的原告与作为被告的侵权人在利益上的冲突和对立，加之大部分侵权人的知识产权保护意识不强，而且习惯上只接受工商、税务等行政机关日常管理的影响，许多侵权人对知识产权侵权民事诉讼存有很大的误解和抵触情绪，偏执的认为法院是"小题大做"，在配合原告或其代理人"捞钱"。此外，也有部分权利人将维权事务统一打包委托给某家律师事务所或知识产权维权代理机构，而这些代理机构出于谋取自身利益的考虑，在诉讼中会坚持较高的维权要求。在各种因素的裹挟和相互影响之下，侵权人会认为法院偏袒了处于强势地位的原告，使"本身是受害者的小个体还要赔偿大公司"。而权利人则认为法院"没有鼓起知识产权保护的大旗"，纵容或放纵了市场上的侵权行为。下面就以武汉中院近三年处理的一审民事侵权案件为样本库，从中筛选出能典型地反映上述四个方面问题的案件，总结讼争双方的不同观点和法院的最终立场，以探求知识产权司法的公正之道。

第二节 对侵权行为保全的公证证据的采信问题

一、近三年案件中涉及公证取证的案件情况

根据《最高人民法院关于民事诉讼证据的若干规定》第 2 条第 1 款的规定，当事人对自己提出的诉讼请求所依据的事实有责任提供证据加以证明。在知识产权侵权纠纷中，作为权利人的原告要求涉嫌侵权的被告停止侵权或赔偿损失，首先就需要证明被告有侵权行为。但是，原告从被告处单方取得的侵权产品或销售票据，或者在侵权行为场所单方摄制的录像等证据材料，被告很可能会在庭审质证时对其真实性提出异议。为解决此问题，原告在调查取证时往往会申请公证处进行证据保全公证。因为根据《民事诉讼法》第 67 条的规定，经过法定程序公证证明的法律行为、法律事实和文书，人民法院应当作为认定事实的根据。

在武汉中院 2009～2011 年受理的知识产权侵权纠纷案件中，原告申请证据保全公证的比例很高。以侵害商标权纠纷为例（见图 15-1），在 2009 年受理的 43 件案件中，原告申请公证处进行证据保全公证的就有 39 件，比例达到 91%；在 2010 年受理的 106 件案件中，原告申请公证处进行证据保全公证的有 94 件，比例为 89%；在 2011 年受理的 298 件案件中，原告申请公证处进行证据保全的有 275 件，比例为 92%。权利人通过申请公证处对被控侵权人的侵权行为进行证据保全，可以达到固定和保存证据的作用，使证据更加真实、准确，有利于权利人维护自身合法权益，也便利了人民法院高效地审理案件。因此，公证取证的证据在知识产权民事侵权诉讼中发挥着越来越重要的作用。

二、对侵权行为进行证据保全公证中存在的问题

根据《民事诉讼法》第 67 条的规定，对于公证处出具的记载被控侵权人实施侵权行为的公证书，在没有充足的相反证据推翻的情况下，人民

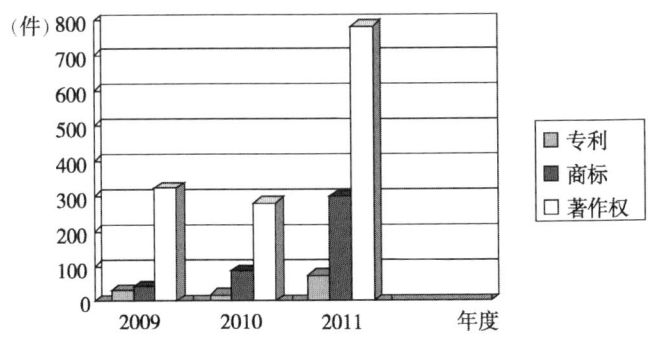

图 15-1 2009~2011年权利人申请对侵权行为进行证据保全公证的情况

法院应当作为认定案件事实的根据。但在司法实践中,因公证处是应原告的申请进行公证证据保全,接受了原告支付的公证费用,加之有些公证书的记载可能存有瑕疵,使得被告对公证书的效力往往持有异议。一旦人民法院对公证书记载的事实予以认可,被告则将对公证处的不满转移为对法院司法公正性的怀疑。这种怀疑突出表现在以下几个方面。

(一) 公证员在未表明身份的情况下进行公证

根据《最高人民法院关于审理著作权民事纠纷案件适用法律若干问题的解释》第8条规定,当事人自行或者委托他人以定购、现场交易等方式购买侵权复制品而取得的实物、发票等,可以作为证据。公证人员在未向涉嫌侵权的一方当事人表明身份的情况下,如实对另一方当事人按照前款规定的方式取得的证据和取证过程出具的公证书,应当作为证据使用,但有相反证据的除外。由于知识产权侵权诉讼取证中存在的特殊困难,在所有涉及公证证据保全且需与被控侵权行为人发生交易关系的场合,公证员和原告委托代理人都是以普通消费者的名义进行的。而被告通常对这种取证方式存有严重的对立质疑情绪,认为原告在没有事先发出警告函的情况下单方申请公证员到现场进行证据保全,是"陷阱取证",剥夺了被告对取证过程的参与和知情权。

(二) 超越地域管辖范围的公证 (以下简称跨地域公证)

根据《公证法》第25条规定,自然人、法人或者其他组织申请办理公证，可以向住所地、经常居住地、行为地或者事实发生地的公证机构提出。但在知识产权民事诉讼中，有不少公证证据属于异地公证证据，即对侵权行为进行公证的公证机关既不是当事人住所地或经常居住地的公证机关，也不是侵权行为发生地的公证机关。之所以会产生跨地域公证，因为原告通常会倾向于向方便其办理公证事项的公证机关进行公证，另外，向非侵权行为所在地的公证机关申请公证，可防止侵权人认出公证员而造成公证取证困难。比较典型的例子是，在原告法律出版社诉被告熊平华侵犯图书出版权等纠纷案件中，❶ 原告并不是向侵权行为地武汉市的公证机关申请证据保全公证，也不是向其住所地北京市公证机关所在地申请证据保全，而是向其代理人所在地的南京市的公证机关申请证据保全。而被告通常会认为原告向其代理人所在地的公证机关申请公证且公证机关受理该证据保全公证申请违反了公正地域管辖的规定，对公证机关出具的公证文书应不予采信。

（三）网络公证时未使用公证机构的计算机，且未进行清洁性检查

此种网络公证在侵犯信息网络传播权案件中普遍存在。作为权利人的原告通常会申请公证处对被告未经允许在其经营网站上载有关作品进行公证证据保全。根据中国公证员协会制定的《办理保全证据公证的指导意见》第15条第1款规定，办理保全互联网上实时数据证据的公证，应当使用公证机构的计算机或者无利害关系的第三人的计算机进行。但实践中，有不少网络证据公证并不符合上述规定。表现在：（1）公证行为发生在公证机构之外、计算机在公证前不为公证员所控制；（2）公证行为发生在公证机构外，但所用计算机系公证员自带；（3）公证行为发生在公证机构内，但所用计算机系公证申请人或其代理人自带；（4）在网吧、会所等公共场所内使用其计算机进行公证；（5）公证书对进行具体操作的人员未进行记载。❷ 而被告在质证时通常会认为公证员所使用的计算机设备在公证

---

❶ 案号：（2010）武知初字第1号、第2号、第3号、第4号。
❷ 案号：（2011）武知初字第766~788号。

之前未进行清洁性检查，不能保证公证记录的真实性和客观性，存在被告预先对计算机设置进行更改或对互联网数据进行更改的可能。

（四）公证书对公证取证过程记录不完整

由于公证取证涉及一系列的环节，实践中有些公证书对证据保全的过程记载不详细。如在有些商标侵权案件中，原告出具鉴别证明称所购买的产品为假冒产品，但公证书只记录了购买过程，并未对鉴定人员对被控侵权产品进行鉴定的时间、地点等情况进行记载。被告在庭审质证时则对被控侵权产品的实物是否就是其销售产生异议，认为既然原告对产品进行过真伪鉴别，且没有记载进行鉴别的时间、地点的情况下，便存在原告接触或替换被控侵权产品并进行替换的可能。❶ 还有些涉及销售假冒侵权产品的案件，公证员并未实际进入被告的生产经营场所，公证书主要是对购买结果的记录，而并未能反映整个购物的全景和细节。因此，在有些案件中被告会提出其销售的产品系应原告代理人要求从别的商家处调取的，被告不存在销售侵权产品的故意，原告有诱导被告实施侵权行为的故意。❷

（五）公证保全的实物之间、公证书记载内容之间或实物与公证书记载内容之间存在矛盾

在以保全侵权行为和侵权物证为目的的公证中，公证员往往要对当事人购买实物的过程进行记录，但有时保全的实物之间、公证书记载内容之间、公证书的记载与保全的实物并不相符。表现在三个方面：（1）侵权产品实物与其包装不符合，不能确定侵权产品的生产者；❸（2）公证书记载的内容本身存在冲突，如公证书记载在购买行为结束后就对所购侵权产品进行了封存，但又记载了原告技术人员对所购产品进行了真伪鉴定，而庭审时提交的侵权产品实物又是封存完好的；❹（3）销售凭证上载明的销售

---

❶ 案号：（2011）武知初字第451号。
❷ 案号：（2010）武知初字第130号。
❸ 案号：（2011）武知初字第441号。
❹ 案号：（2010）武知初字第135号。

者或发票盖章单位与现场显示的实际经营者不一致,而公证书未予记载。❶

三、对公证保全证据的审查与采信

由于公证处出具的行为保全公证书是确定被告有侵权行为的关键证据,人民法院对其审查标准宽严程度的把握及是否采信,将直接关系到原告主张的诉讼请求能否成立,也即被告应否承担侵权责任。因此,人民法院在案件审理过程中,应对此加以慎重分析,确保裁断的公正性。对于公证书记载的侵权事实,在被控侵权的被告并未对该证据提出异议时,人民法院一般不宜对其进行主动审查。当然,如若公证机关的公证行为有不符合《公证法》或相关公证程序规则的要求,或者公证书的记载存在冲突或遗漏,人民法院就应对公证书进行严格审查,并在此基础上确定其证据效力。

(1) 对于公证员未表明身份的情况下进行现场证据保全的认定。按照前述最高人民法院的司法解释和相关判例的要求,如果被告仅是对公证员在对侵权行为进行公证证据保全时未表明身份有异议,对该种辩称不应予以支持。因为在知识产权侵权诉讼中,如若公证员必须披露身份,无疑将使权利人对被告的侵权行为进行证据保全的目的落空,而且还会使权利人及公证人员在取证时遭遇人身和财产安全上的威胁。

(2) 对于非侵权行为所在地公证机关就侵权行为作出的公证文书,由于公证机构在目前正处于改制转型阶段,过于强调公证的地域管辖不利于促进公证机关的良性竞争,也会加大权利人维权的成本,而且跨地域公证并不属于《最高人民法院关于民事诉讼证据的若干规定》规定的"违反法律禁止性规定"的情形,不能仅因公证机关跨地域进行公证就否定公证书的效力。当然,在公证机关非为侵权行为所在地公证机关而且会使被控侵权行为人对公证机关的行为产生合理怀疑时,为消除被控侵权行为人的疑虑,规范公证机关的执业行为,人民法院可以要求公证申请人提交公证现场记录进行补充查证。

---

❶ 案号:(2010) 武知初字第 72~75 号;(2010) 武知初字第 322 号。

（3）对于未做清洁性检查的网络公证证据的审查，应根据公证申请人制造"虚假链接"的可能性来进行判断。对于申请人自带计算机在公证机构所做的公证，或者公证人员自带计算机在公证机构之外所做的公证，在未进行清洁性检查的情况下，公证书虽仍具备证据资格，但对其应从严审查。此时，为确保公正性，法庭可以组织当事双方当庭进行现场勘验，或者要求公证申请人补充提交相关的佐证。而对于在网吧等公众开放性场所进行的公证，由于申请人事先进行"虚假链接"的可能性较小，即使公证书未记载对这些公共场所的网络接口和计算机进行过清洁性检查，人民法院对该证据仍应予以认定。

（4）在公证书对证据保全行为记录不完整，包括记录不详细时，人民法院可以根据经验逻辑进行判断，或者要求公证员出庭就公证取证的现场情况进行陈述。在武汉中院审理的原告波马公司诉被告李龙彪商标侵权案件中，被告对公证书记载的内容即公证员是否真实到场监督原告代理人的购买行为提出异议，并向法院申请公证员出庭说明。经合议庭评议认为，公证员作为见证被控侵权行为的人员，在被告提出合理怀疑且冲突争议较大的情况下，公证员出庭有利于还原侵权过程，因此同意被告关于要求公证员出庭的申请，并到公证机关调取了公证现场记录。❶

（5）对于公证书记载内容存在矛盾，且公证机关未能依法予以合理解释的，应否定公证书的证据效力。因为公证机关行使的是国家法律授予的权力，应具有高度的公正性，其出具公证书时应保持客观和中立的立场。如果公证书本身记载存在明显矛盾，且公证机关未能按公证程序规则予以补正，人民法院对其可不予采信。譬如，在原告安庆帝伯格茨活塞环有限公司诉被告任海兵侵害商标专用权纠纷案中，原告起诉时提交的公证书载明："公证员和原告的代理人丁2009年11月2日在被告经营场所购买了被控侵权的活塞环。2009年11月4日，拍摄人员在公证处对购买后保存在公证处的活塞环及销货单、名片进行了拍照……购买、拍照行为结束后，公

---

❶ 案号：（2011）武知初字第 24 号。

证处对所购活塞环及取得销货单、名片予以封存并交付申请人留存。"2009年11月13日，原告对所购产品进行了鉴定，出具了产品鉴定书。质证时被告对原告进行鉴定的时间提出异议。庭审时，原告又提交一份公证书，该公证书与其起诉时提交的公证书编号和出具时间均相同，仅对被控侵权的活塞环封存时间的表述不同。武汉市中级人民法院经审理认为，原告起诉时提交的公证书与产品鉴定书有冲突，对之前的公证书公证处未按照《公证程序规则》规定进行补正，而用同一文号的公证书增加新的事实，既欠缺法律依据，也不具客观性，因此判决认定原告未能举证证明被告实施了被控侵权行为，应承担举证不能的法律后果，对其诉讼请求不予支持。❶

（6）对公证取证获得的实物之间、实物与票据之间存有不符的，要区分造成不符的原因并在此基础上确定公证书的效力。在知识产权侵权诉讼中，之所以会出现上述矛盾，既可能是公证人员疏忽所致，如多次公证所保全的实物出现调换错误，也可能是销售者经营行为不规范所致，比如收据上的产品型号因销售者书写或打印错误而无法与所购产品相对应。对于因公证员原因出现的实物之间不相符、实物与公证书记载不相符的公证证据，一般应不予采信。但对于因销售者经营行为不规范而导致不符的公证证据的效力问题，则存在不同认识。一种观点认为，在以当事人行为为保全对象的公证中，公证人员仅仅是一个消极的客观事实记录者，即使销售凭证存在瑕疵，公证人员只要如实予以记录即可；另一种观点认为，公证人员不应是一个完全消极的记录者，其作为专业的从业人员，应当在保证真实性的前提下，对当事人的购买行为进行指导，使其顺利达到证据保全的目的。因此，销售凭证中的问题就是公证书本身的瑕疵，可能影响公证书的证据效力。对此，武汉中院在审判实践中采取的是前一观点。譬如，在原告广州雅洁五金有限公司诉被告温州市龙湾宝利锁具厂、被告武汉建云锁业有限公司侵害外观设计专利权纠纷案中，原告公证取证购买的锁具

---

❶ 案号：（2010）武知初字第135号。

产品实物与产品外包装盒并不一致,法院认定被告武汉建云锁业有限公司是被控侵权产品的销售商,但因侵权产品实物与外包装盒不一致,原告根据外包装盒上标明的生产厂家就起诉温州市龙湾宝利锁具厂为生产商依据不足,因此判决被告武汉建云锁业有限公司承担销售侵权的民事责任,而驳回原告对被告温州市龙湾宝利锁具厂的起诉。❶

第三节 产品侵权时的真伪判断和鉴定问题

一、权利人出具产品鉴定报告的情况

在知识产权侵权诉讼中,特别是在打击销售盗版图书、假冒侵权产品案件中,由于造假者使用的技术也可能很先进,盗版的图书、光碟可能与正品在形式与内容上没有任何差别,而假冒的商品与正品从包装和外观上也可能无从加以区分。加之法官并非专业的技术人员,缺乏辨别产品真伪的能力,这就使得知识产权侵权诉讼中存在这样一个难以解开的难题,即是否有必要以及如何来区分和辨别被控侵权产品的真假。通常,在打击制售盗版图书、假冒商品的案件中,为便利人民法院审理案件,原告可能会出具产品鉴定报告,对被告生产或销售的产品与原告的正品之间存在的区别进行鉴定说明(见图15-2)。

二、权利人出具产品鉴定说明是否为案件审理的必需证据

这首先涉及一个知识产权法理论上极具争议的问题,即是否只要作为权利人的原告主张被告销售的产品系盗版或假冒商品时,被告就有义务证明在该被控侵权商品上使用的商标,或者该被控侵权图书的出版得到了原告的授权或许可,此时举证责任自动转移到由被告就其销售产品的合法来源进行举证,而原告不必就产品真伪进行对比说明。如果在司法实践中适

---

❶ 案号:(2011)武知初字第453号。

第十五章　知识产权审判中的司法公正现实问题及对策

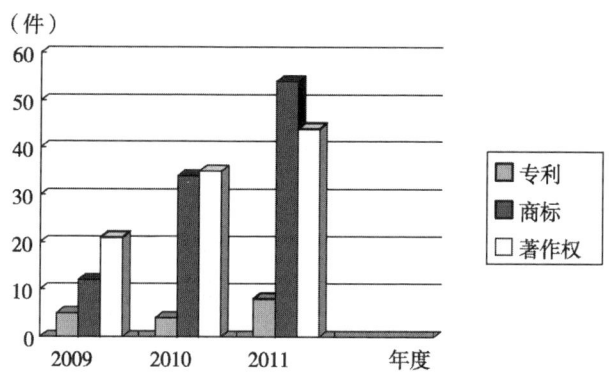

图 15-2　2009~2011 年权利人出具产品鉴定说明的案件

用该理论，在被告是被控侵权的假冒商品的终端销售商时，将使其在诉讼中很可能面临举证不能的风险。

根据对武汉中院 2009~2011 年案件中原告提供产品鉴定说明的统计分析，原告提供产品鉴定说明或正品生产说明的情况还是比较多的，占到所有假冒侵权案件总数的 25%，而且主要集中在起诉被告生产或销售盗版图书、❶假冒的汽车零部件、❷日化产品、❸文具体育用品❹等案件中。这些被控侵权产品通常都具有产品个体小、低价值、易仿造，不必在专营店销售的特点。对这些假冒侵权产品，如果原告不提交产品鉴定说明或与其生产的正品进行比对，可能法官或作为被告的零售商都不知道如何辨别真假。由此，必然会导致被告认为原告指控其销售的产品系假冒产品提出异议。而在另外一些假冒商标侵权案件中，因原告的正规产品均是在授权的专营店销售

---

❶ 如法律出版社起诉的被告销售盗版的司考辅导教材案件、外语教学与研究出版社起诉的销售盗版《新概念英语》案件、商务印书馆起诉的销售盗版的《新华字典》案件等。

❷ 如济南沃德汽车零部件有限公司起诉的假冒"山河"牌进气门和排气门商标侵权案件，瓦房店轴承集团有限公司起诉的假冒"ZWZ"轴承商标侵权案件，哈尔滨轴承集团公司起诉的侵犯商标案件。

❸ 如高露洁公司起诉的销售假冒高露洁牙刷案件，纳爱斯公司起诉的销售假冒纳爱斯洗衣皂案件，江苏隆力奇公司起诉的销售假冒隆力奇蛇油护手霜案件。

❹ 如上海红双喜公司起诉的侵犯红双喜商标乒乓球、乒乓球拍案件，派克公司起诉侵犯派克商标的案件。

或者由其直营，或者其正品的售价与被控侵权的假冒产品之间存在有很大的价格差异，原告在起诉时可能并不会提供产品真伪的对比说明。当然，有关正品系在指定场所经营销售或者正品与仿冒、盗版产品之间存在价格差异并不能绝对地证明相反的事实，法官应根据日常的经验法则进行判断。❶

三、对权利人出具的产品鉴定说明的采信

对于原告提交的产品鉴定说明，法官在裁断案件时应作为何种证据使用及是否应予采信在司法实践中也较具争议。从客观上讲，原告作为权利人，在其为产品的直接生产者时，其对被控侵权产品是否为其生产应该最具有鉴别能力，对其出具的产品真伪鉴定说明应该予以采信。但是，对作为被告的侵权行为人而言，原告并不是法定的鉴定机构，其出具的产品鉴定说明只能视为当事人的单方陈述，如不经庭审质证或者不结合实物进行现场比对就予以采信，将剥夺被告的质证权利，并很可能导致商标侵权事实认定由原告说了算的局面。由此，被告必然会对司法的公正性产生质疑。

为提高裁判的公正性，在原告已出具产品鉴定说明的情况下，法院仍应对被控侵权产品与原告的正品产品进行比对。首先应由权利人提供真品作为对比物。如果权利人不提供，视权利人未履行证明责任，驳回权利人的主张；如果权利人主张从未销售过与被控侵权产品类别或型号相同的产品，由销售者对权利人的主张提供反驳证据，销售者不能提供证据，或虽提供了证据，但事实仍处于真伪不明状态，认定销售者销售的是侵权商品；如果销售者认为权利人提供的对比物不真实或还有其他种类的对比物，应由销售者承担证明责任，销售者不能提供证据，或虽提供证据，但事实仍处于真伪不明状态，认定销售者销售的是侵权商品。销售者如果提供证据证实其主张的真品存在，以该真品作为对比对象。其次，在确定对比物后，对被控侵权产品与真品进行对比。经对比，如果被控侵权产品与真品确有

---

❶ 如波马公司起诉的系列假冒 PUMA 及美洲豹图形的商标侵权案件。

区别，销售者又无其他抗辩理由，应认定销售者销售的是侵权商品，对权利人出具的产品鉴定说明可以根据比对情况予以采信。

如被控侵权产品与真品确实相同，权利人出具的产品鉴定说明记载的真实性自然会有问题。但对其是否采信，存在如下两种对立的观点。一种认为，权利人应证明曾经存在过与真品相同的侵权产品这一事实，权利人不能提供证据，或虽提供了证据，但事实仍处于真伪不明状态，对权利人的主张不予支持。如果权利人能证明曾经存在过与真品相同的侵权产品存在这一事实，应由销售者证明其商品来源于权利人这一事实，否则认定侵权。❶ 但也有观点认为，如果只因为被控侵权产品与真品相同，就由权利人证明曾经存在过与真品相同的侵权产品这一事实，对权利人也不公平，如果权利人无法证明就要承担败诉责任，会造成对侵权行为的放纵。因此，即使被控侵权产品与真品相同，如果权利人不予认可，销售者仍应承担证明不能的责任。❷

第四节 销售产品侵权时的合法来源抗辩问题

一、权利人起诉侵权产品销售者的情况

根据《著作权法》《商标法》和《专利法》的规定，未经权利人许可而生产或销售相关产品的均构成侵权，此时权利人可以选择起诉侵权产品的生产制造者，也可选择仅起诉销售者，还可以选择将生产者和销售者一并起诉。但因假冒侵权产品制造者生产加工侵权产品的行为通常都较为隐蔽，权利人在发现和锁定侵权产品制造者时存在较大的困难。相比较而言，权利人以普通消费者的身份从商品交易市场购买侵权商品，并据此锁定侵

---

❶ 参见（2010）武知初字第138号安庆帝伯格茨公司诉武汉润民物资有限公司侵害商标权案。

❷ 任广科："商标侵权案件销售者不承担赔偿责任的条件及证明责任"，载《山东审判》2008年第4期。

权产品的销售者则要相对容易。因此，在涉及产品侵权的知识产权侵权诉讼案件中，权利人多选择仅起诉侵权产品的销售商。据统计，在武汉中院2011年受理的298件商标侵权案件中，涉及销售产品侵权的案件为294件，而权利人起诉销售商销售侵权产品的案件达到284件，比例达到96.6%，起诉生产商或将生产商与销售商一并起诉的只有10件。

二、销售者提出合法来源抗辩的情况

虽然权利人起诉侵权产品销售者相对容易，但考虑到部分产品的销售者对其所销售的产品是否为假冒侵权产品并不具有充足的辨识和认知能力，国家法律也规定了销售者在不知情的情况下，如能提供其所销售产品的合法来源，就可以免除侵权赔偿的责任。《商标法》第56条第3款规定，销售不知道是侵犯注册商标专用权的商品，能证明该商品是自己合法取得并说明提供者的，不承担赔偿责任。《专利法》第70条规定，为生产经营目的使用、许诺销售或者销售不知道是未经专利权人许可而制造并售出的专利侵权产品，能证明该产品合法来源的，不承担赔偿责任。❶ 由此，在假冒侵权案件中，不少侵权商品的销售者为免除自己的赔偿责任，会提出合法来源抗辩。根据对武汉中院受理的侵害商标权的案件的统计，在2011年受理的284件销售产品侵权案件中，销售商提出合法来源抗辩并提交相关证据材料的案件有74件，占比为26.06%。还有部分销售者，只是在庭审答辩时提出其销售的产品有进货来源，但因并未保留有相关的进货单据而不能提交相关证据支持其抗辩理由，这种情况的有128件，占比为45.07%。当然，还有部分销售者为掩盖其上级供货来源和渠道，未进行合法来源抗辩（见图15-3）。

---

❶ 与《商标法》和《专利法》的肯定性表述不同，《著作权法》第53条采取的是否定性表述方式，即复制品的出版者、制作者不能证明其出版、制作有合法授权的，复制品的发行者不能证明其发行的复制品有合法来源的，应当承担法律责任。

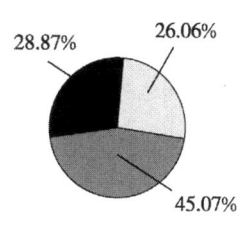

图 15-3 2011 年商标侵权纠纷中销售者提出合法来源抗辩的情况

三、销售者合法来源抗辩的成立要件和问题

根据《商标法》第 56 条第 3 款和《专利法》第 70 条规定，销售者的合法来源抗辩成立应具备主客观两方面的条件。

（1）销售者在主观上应是不知道该产品是侵权产品。通常，销售者在销售商品时在主观上可能处于三种状态：①明知是假冒侵权产品而仍予以销售；②应当知道其销售的商品是侵权产品而实际并不知道；③不可能知道其销售的产品是侵权商品。实践中经常发生争议的是第二种情况，即销售者答辩称不知道其销售的产品系侵权产品，而权利人则主张该销售者在主观上负有注意和审查义务。如果支持销售者的主张，则销售者实际上只需举证证明该产品是自己合法取得的即可免责；相反，即使该销售者能够提供其销售产品的进货来源，但因不符合免责的主观要件，其亦应承担赔偿责任。

从法律规范引导角度上判断，如果将"应当知道而实际上不知道"的情况归入"不知道"的范畴，权利人会倾向于认为法院降低了规范的市场经济活动中经营者的注意义务，放纵假冒侵权产品的销售者，不利于整个社会知识产权保护意识的提高。当然，如果对经营者施加过高的注意和审查义务，从个案角度来看，则会导致案件裁判与销售者经营状态实际不相符的情况。譬如，对从事百货零售的个体工商户而言，如果其经营品种众多，要求其对经营的每种产品是否系经权利人授权销售或者掌握每种商品的真伪辨别方法是不切实际的。而从宏观的社会效果角度看，对从事多种商品经营的非专业经营者施加过高的义务，将会减缓社会交易流通的速度和效率，并导致法院裁判与当前中国市场经济发展水平相脱节的问题。因此，对销售者主观认知状态的判断，应该结合销售者自身的情况以及销售侵权产品的相关事实，包括销售者的认知能力、是否为专业经营者、经营时间的长短，以及权利人是否进行过事先告知或说明等进行综合评判。在涉及商标侵权案件中，还可以考虑原告商标的知名度、被控侵权产品上的标识与权利人商标的近似程度等因素。❶

（2）销售者能提供产品的合法来源。关于何谓产品的合法来源以及证明合法来源成立应达到的证明高度问题，在权利人、销售者之间存在尖锐的对立，而法院对合法来源证据认定与否也往往直接关涉到法院裁判公正性的评价。

实践中，销售者为证明其销售的被控侵权产品有合法的来源，通常会向法院提交进货的单据，但其提交给法院的进货单据的类型和时间多种多样，经常碰到其提交的票据存在以下问题：①进货单据只注明了供货商的商行简称，而没有供货商的签名或盖章；②进货单据只载明了产品的名称而没有注明产品具体的规格或型号；③提交了从多家供货商进货的单据，而销售者并不能确定涉案产品具体是从哪家购进；④提交的进货票据时间与被控侵权产品销售时间明显不符（这主要发生在有些销售者被起诉后又要求供货商补开票据，或者通过从供货商处再次进货取得销售单据）。而在提供有关供货商的身份证据方面，少部分销售者会提供其供货商的工商营业登记资料，但多数销售者为避免与其上级供货商发生直接的利益冲突，认为在已提交进货单据的情况下，其举证责任即已完成，应由法院或者权利人去找供货商处理。

对于销售者提出的这类票据或主体身份证据，法院应如何认定？对其抗辩是否应予支持？进一步地问，撇开销售者提供的有关进货单据本身有

---

❶ 当然，也有观点认为对于销售者主张的不知道其销售的产品系侵权产品在性质上属于消极事实，按主张消极事实者不承担证明责任的原则，应由权利人对销售者知道这一事实承担证明责任。

瑕疵的情况不论，假设销售者提供了盖有供货单位公章的发票和供货商的工商登记资料，法院就能认定销售者完成了合法来源抗辩的证明责任吗？假设法院就此认定销售者的合法来源抗辩成立，驳回了权利人有关赔偿的诉讼请求。如果权利人转而起诉销售者向法院说明的供货商，该供货商主张提交到法庭的被控侵权产品并不是其提供给销售者的，其向销售者提供的产品是真品或其他产品，此时如果权利人无其他证据，法庭仍应驳回权利人的诉讼请求。由此将产生两个矛盾的判决。

可见，问题的关键是如何建立被控侵权产品与销售者指认的供货商之间的确定联系。对此，根据对武汉中院2009~2011年涉及合法来源抗辩的案件的处理，基本上是遵循以下原则进行处理的：①在销售者仅提供进货单据而不提供有关供货商主体身份证据的情况下，对其抗辩主张不予支持；②在销售者提供的进货单据没有供货商签名或盖章，且供货商拒绝出庭作证的情况下，对其抗辩主张不予支持；③在进货单据上载明的商品品名、规格或进货时间与被控侵权产品的品名、规格及销售时间不相符的情况下，对其抗辩主张不予支持；④在供货商出庭作证但否认销售者销售的被控侵权产品系其供应的，对销售者的合法来源抗辩不予支持；❶ ⑤在供货商出庭认可被控侵权产品为其提供，或者有其他确凿证据证实被控侵权产品系其提供给销售者时，对销售者的抗辩主张可以支持。❷

第五节 行为人侵权构成时赔偿数额的确定问题

一、有关知识产权侵权损害赔偿标准的法律规定

在知识产权案件纠纷审判过程中，在确认被告行为构成侵权并应承担

---

❶ 参加原告江苏隆力奇生物科技股份有限公司诉被告方亮明侵害商标专用权纠纷一案，案号（2011）武知初字第414号。
❷ 参见原告上海红双喜股份有限公司诉被告詹明辉侵害商标专用权纠纷一案，案号（2011）武知初字第636号。

民事赔偿责任之后,有关侵权赔偿数额问题就成为当事双方及法院无可回避的问题。对权利人而言,从侵权人处获得的经济损失赔偿无疑越高越好。特别是在当今知识产权维权呈现商业化运作的倾向下,有的权利人将维权事务整体打包委托给某个律师事务所或知识产权维权服务机构,而该律师事务所或维权机构在获得授权后,出于获取更高收益的考虑,在侵权诉讼中往往坚持较高的经济损失赔偿标准。而对侵权行为人而言,自然倾向于经济损失赔偿责任愈低愈好,对权利人主张的经济损失赔偿数额毫无疑问会提出质疑。面对当事双方如此矛盾的对立主张,法院又该遵循何种标准确定最终的损害赔偿数额呢?

《著作权法》第49条规定,侵犯著作权或者与著作权有关的权利的,侵权人应当按照权利人的实际损失给予赔偿;实际损失难以计算的,可以按照侵权人的违法所得给予赔偿。赔偿数额还应当包括权利人为制止侵权行为所支付的合理开支。权利人的实际损失或者侵权人的违法所得不能确定的,由人民法院根据侵权行为的情节,判决给予50万元以下的赔偿。而《商标法》第56条第1款和第2款规定,侵犯商标专用权的赔偿数额,为侵权人在侵权期间因侵权所获得的利益,或者被侵权人在被侵权期间因被侵权所受到的损失,包括被侵权人为制止侵权行为所支付的合理开支。侵权人因侵权所得利益,或者被侵权人因被侵权所受损失难以确定的,由人民法院根据侵权行为的情节判决给予50万元以下的赔偿。《专利法》第65条则规定,侵犯专利权的赔偿数额应按照权利人因被侵权所受到的实际损失确定;实际损失难以确定的,可以按照侵权人因侵权所获得的利益确定。权利人的损失或者侵权人获得的利益难以确定的,参照该专利许可使用费的倍数合理确定。赔偿数额还应当包括权利人为制止侵权行为所支付的合理开支。权利人的损失、侵权人获得的利益和专利许可使用费均难以确定的,人民法院可以根据专利权的类型、侵权行为的性质和情节等因素,确定给予1万元以上100万元以下的赔偿。

从上述条款的规定可以看出,在确定侵权人民事赔偿责任时在我国主要有三项标准,即权利人因侵权所受损失的标准、侵权人因侵权所获利益的标准以及法院根据案情在法定幅度范围内酌定赔偿的标准。

二、确定侵权损害赔偿数额时存在的问题

因知识产权属于无形财产，权利人对其因侵权所受到的损失或者侵权人因侵权所获得的利益很难举证证明，大多数情况下权利人是请求法院根据案情在其起诉请求赔偿的范围内酌定具体的赔偿数额（见图15-4）。

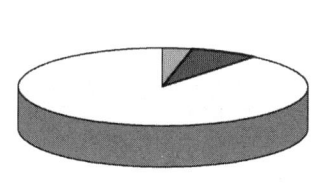

图15-4 权利人主张的经济损失赔偿标准分类情况

按照前述《著作权法》《商标法》和《专利法》的相关规定，人民法院在确定侵权人具体赔偿数额时，并不能直接按照酌定赔偿的方式确定侵权人的赔偿数额，而应先考虑当事双方是否就侵权人侵权获利或权利人因侵权所受损失进行了举证证明，并判断通过所举证据能否查实侵权人的相关获利情况或权利人的损失情况。只有在当事双方未就此进行举证或通过当事人所举证据无法判断核实侵权人的获利或权利人的损失时，才能适用酌定赔偿的方式。

在少数权利人就其所受经济损失或侵权人的获利进行举证或者法院应权利人的申请对侵权人生产或销售侵权产品的情况进行证据调查或保全的案件中，权利人举证或法院调取的证据通常也只可能涵盖侵权人生产或销售侵权产品的数量、正规产品的销售价格、被控侵权产品的销售价格等材料。但在计算侵权人侵权获利或权利人损失时，并不能直接以侵权人生产或销售侵权产品的数量乘以侵权产品的销售价格来计算，也不能直接按照侵权人生产或销售侵权产品的数量乘以正规产品售价与侵权产品售价之间

的差额来计算。按照相关司法解释的规定,在计算侵权人所获利益时,可以根据侵权商品销售量与该商品单位利润乘积计算;在该商品单位利润无法查明的,按照注册商标商品的单位利润计算。在计算权利人因被侵权所受到的损失时,可以根据权利人因侵权所造成商品销售减少量或者侵权商品销售量与该注册商标商品的单位利润乘积计算。❶

在实践中,因绝大多数侵权行为人都系小型的生产加工企业或者是个体工商户,不可能拥有规范健全的财务账册体系,核实其生产销售侵权商品的单位利润率或合理利润根本不可能。而即使在被告建有规范的财务账册体系的情况下,因侵权产品单位利润率的计算涉及对相关的经营成本进行剔除或分摊,具体计算起来将十分复杂,因此在案件审判中核实侵权人生产或销售侵权产品的单位利润率或合理利润并据此计算侵权人获益情况几无可能。而对权利人而言,计算其注册商标商品的单位利润率同样涉及复杂的财务成本核算问题,而且提供该类证据材料可能会导致企业经营秘密的泄露,因此很少有权利人就此举证。也正是因此,在武汉中院近三年判决的知识产权侵权案件中,适用权利人因侵权所受损失的标准或侵权人因侵权所获利益标准判赔的案件只有5件,其余的均为酌定赔偿。

根据相关司法解释的规定,人民法院在适用酌定赔偿标准时,应综合考虑侵权行为的性质、期间、后果,许可使用费及权利人为制止侵权行为的合理开支等因素。❷ 但在案件审判过程中,权利人和侵权行为人对上述酌定赔偿时应予考量的因素通常会有不同的认识,且这些因素本身之间还可能存在冲突对立的情形,即有部分因素可能会促使法官倾向于支持权利人较高的赔偿请求,而另有部分因素可能会促使法官倾向于认定侵权人只应负担较低的赔偿数额。如果裁判文书中不对各种影响判赔的各种因素进行分析,甚至对法院在确定赔偿数额时考虑了哪些因素不进行表述,很可能会给案件当事人和公众以"暗箱操作"和"司法擅断"的感觉,并直接

---

❶ 最高人民法院关于审理商标民事纠纷案件适用法律若干问题的解释第14~15条;最高人民法院关于审理专利纠纷案件适用法律问题的若干规定第20条。

❷ 《最高人民法院关于审理商标民事纠纷案件适用法律若干问题的解释》第16条。

影响到当事双方对案件裁判结果公正性的判断。

三、法院酌定侵权赔偿数额时的方法和原则

为确保裁判结果实体上的公正性，并让当事双方注意到法院对其利益关切给予了充分的关注，法官在当事人未举证或举证未能证明权利人因侵权所遭受的损失或侵权人因侵权所获利益而需酌定赔偿数额时，应遵循以下原则和步骤进行处理。

（一）最大限度地发现和总结影响判赔数额的因素

在酌定判赔数额时，可以对影响判赔数额的因素按照与权利人有关的因素、与侵权人有关的因素及其他影响因素三个类型进行归纳。在与权利人有关的因素方面，要考虑权利人所主张的权利的类型和价值、权利人取得该项权利所投入的成本、正品产品的市场占有率和商誉、权利人许可他人使用的收费标准等因素；在与侵权人有关的因素方面，要考虑侵权人的主观态度、经营方式和侵权行为次数、侵权人生产或销售侵权产品的持续期间、规模，侵权产品的成本、进货价格和销售价格、销售地域、侵权产品在侵权人所有经营产品中所占的比例、与权利人产品的市场重合度、侵权部分在侵权产品中的重要程度等；在其他相关因素方面要注意考虑产品行业的平均利润率、市场中侵权者的数量、区域经济发展水平、外地法院生效判决所确定的赔偿数额等。❶

（二）对影响侵权赔偿数额的因素进行权重比较分析

在所有影响侵权赔偿数额的因素中，对于通过现有证据或庭审调查能够得知的，特别是有关侵权人的经营方式、侵权行为次数、侵权人生产或销售侵权产品的持续期间、规模，侵权产品的进货价格和销售价格等因素，应作为确定损害赔偿数额时必须参考的因素，赋予较高的权重比例；对现有证据不能直接反映或者通过庭审调查也不能确定的因素，法官应根据现

---

❶ 周晓冰："建立知识产权损害赔偿的'最大程度确定'规则"，载《电子知识产权》2008 年第 9 期，第 36 页。

有证据并结合审判经验进行判断分析,将这类因素作为确定赔偿数额的辅助参考因素,如权利人所主张的权利的价值高低、权利人正品产品的市场占有率和商誉、侵权人的主观态度、侵权产品在侵权人所有经营产品中所占的比例、与权利人产品的市场重合度、侵权部分在侵权产品中的重要程度等。由于在目前已处理的案件中,权利人起诉侵权产品终端的个体销售者的居多,在确定这类销售者销售侵权产品应承担的赔偿数额时,虽然不能直接地以行为人提供的有关进货单据或库存数量来认定,但法官在内心评判时应根据行为人所处的市场的区位、经营方式上是批发还是零售,是以销售被控侵权产品为主要经营项目,还仅是经营项目中的一部分来区分确定具体的赔偿数额。

(三) 根据裁判经验和裁判的社会效果对侵权赔偿数额进行修正

为确保裁判结果能尽可能地与侵权人侵权获利相符合,避免司法的擅断,在侵权人虽未能就其销售侵权产品的数量或合法来源进行充分举证,但有其他相关证据可以间接证明其销量和获利的情况下,也不宜直接根据法律规定的标准进行判赔处理。譬如,在原告广东奥飞动漫文化股份有限公司起诉被告段增明、段正兰侵害外观设计专利权纠纷案中,被告段正兰在被告段增明经营的小商铺前摆放了一小摊,面积不足 2 平方米,销售儿童玩具等小商品。原告起诉被告销售的玩具侵犯了其外观设计专利权。法院经审理后认为,被告的行为虽构成侵权,但其销售数量有限,考虑到被告段增明为残疾人,段正兰为下岗职工,法院判决两被告停止销售侵权产品,赔偿原告因诉讼而产生的合理支出 65 元。❶ 从该案裁判来看,法官系根据生活经验对被告销售产品数量和获利进行内心评判,并更多地考虑案件裁判的社会效果,而没有根据专利法的规定适用法定赔偿标准。当然,此种根据审判经验对赔偿数额进行修正,特别是在修正后的赔偿数额在法定赔偿幅度范围之外时,宜谨慎操作,因为很可能招致对方当事人的不满。

---

❶ 案号:(2011) 武知初字第 352 号。因原告未就律师费等全部合理费用支出进行举证,法院只支持了原告有证据支持的合理费用开支。

由于知识产权侵权行为在侵权类型和具体行为方式上多种多样，以上概括和分析的四个方面的问题，只是当前中基层法院知识产权审判工作中所遭遇到的普遍问题。所提出的政策建议和分析，也多是对武汉中院在相关案件处理中所采取的立场的总结和归纳。面对知识产权审判这一迅猛发展并且新问题层出不穷的新的审判领域，需要我们在尊重法律规定并正视基本国情的基础上，认真全面地分析影响案件裁判的事实，并不断地总结司法裁判经验，贯彻"加强保护、宽严适度"的知识产权司法政策，维护好知识产权权利人、侵权人和社会公众之间的利益平衡，并努力提高初次裁判的正确率，使当事人感受到司法的公正。

第十六章 环境诉讼中的司法公正现实问题及对策

第一节 传统司法公正与环境司法公正的冲突与碰撞

传统司法公正强调以"人"为本,以人身权、财产权的保障作为其价值衡量标准,最终归结到经济利益的补偿,经济因素占据主导地位。环境是作为主体的人作用的对象,对人有用的环境要素称之为资源,反之则是无价值的废物。深受传统司法理念——经济效益优先的影响,作为我国环境基本法的《中华人民共和国环境保护法》采取的也是"二元"目的论,即"保障人体健康"与"促进经济与社会的可持续发展"。因此可见其最终归宿仍然是"人",第二大目的虽然可以理解为包括自然在内的社会整体,但是仅仅是将"发展"的方式或途径作了变更,其目的还是为了人类的利益。总之,自古以来,我们的司法理念一直奉行"人类中心主义",根本没有考虑过环境要素自身的价值。其显然已经无法适应和谐社会的要求,无法体现人与自然的统一。环境利益在传统司法公正中被尘封起来,束之高阁。

随着社会和经济的发展,人类社会开始出现质的变化。一方面是环境问题日渐增多,并开始威胁到一个国家乃至全球的生存和发展,另一方面,人们在物质生活水平提高的同时,对环境的关注度越来越高,对环境质量的要求也越来越高,普遍希望在清洁、舒适的环境中生存。于是,环境纠纷近些年来与日俱增。根据国家环境保护总局的统计,从20世纪80年代中期到 90 年代中后期，我国的环境纠纷数量一直保持在每年 10 万件左右，而自 1998 年以后，环境纠纷数量以每年超过 20% 的速度增长，其中 2003 年达到 50 万件，在 6 年中增加约 4 倍。但是令人不解的是高达 87% 的群众遇到环境纠纷，宁愿选择举报投诉等行政途径寻求解决，而不愿、不敢或不能选择司法途径。从环境保护部收到的信访数量来看，单是 2005 年，全国的来信数量已经超过 60 万封，为"八五"期间的 2 倍多和 1995 年的 10 倍以上，环境上访数量也从 1995 年的 5 万余批次增加到 2001 年以后的每年 8 万~9 万余批次。而在举报投诉的过程中，环境纠纷很容易转化为群体性环境事件。2007 年，环境保护总局接报处置的突发环境事件共 108 起，平均每两个工作日一起。

由此可见，我国的环境纠纷数量尽管非常庞大，但只有相当少的一部分是通过行政手段获得解决，更少的进入司法程序，三者之间的比例大约为 255∶38∶1。❶ 根据最高人民法院的统计，2003~2008 年，我国的环境民事案件仅占同期民事案件的 0.04%，环境行政案件占同期行政案件的 20.69%，环境刑事案件占同期刑事案件的 1.09%。没进入司法程序的环境纠纷并不是意味着其对环境的污染程度或对资源的破坏程度比较轻微，达不到起诉的程度，或者是这些纠纷都得到了妥善的处理，许多环境纠纷造成了非常严重的损害，而据统计，自 1996 年（数据至 2006 年），全国因环境问题引发的群体性事件上升 11.6 倍，年均递增 28.8%。仅 2009 年，在陕西凤翔、湖南武冈、云南东川等地接连发生了 12 起重金属、类金属污染事件。这些事件致使 4 035 人血铅超标、182 人镉超标，引发 32 起群体性事件，全社会高度关注。如果处置不当，将产生难以估量的后果。

这些环境事件引起的社会冲突是不是表明我国法治水平的低下呢？对于什么是法治社会，法学家依据不同的标准有不同的看法，通说认为评价一个社会的法治水平或社会秩序不在于社会冲突发生的频度和烈度，而在

---

❶ 以下引用的数据除特别注明的，都来自中南财经政法大学环境与资源研究所为完成《中国环境侵害司法救济机制研究》课题所作的调研。

于纠纷发生之后，诉讼在冲突排解过程中发挥的作用、效果和能力。司法是社会正义的最后一道屏障，也是社会纠纷解决最具权威性的途径。其具备两大功能："定纷"和"止争"，主要就是通过对当事人之间的是非曲直进行判断、分配损失，但是环境问题的解决不仅仅是是非曲直的判断问题，基于环境利益的价值复杂性，司法裁判更需要对多重正当主张的"优先性"或者相关方的"容忍程度"问题作出判断，这一点是传统司法机制所不擅长的。[1] 环境司法选择相应的诉讼程序进行司法审判，确认或再分配环境权利和环境义务，在传统规制功能、维持秩序功能的基础上，不仅保护生态环境不被污染或破坏，还需要修复、补偿受到污染或破坏的环境状态。司法作为维护正义的最后一道屏障，具有典型的事后补救的特色，而环境司法必须体现先期屏障作用，这样才能使环境得到及时保护。古今中外的法学家历来都从司法的中立性、公开性、程序性等方面评判一国司法的公正程度。在环境司法公正中，除了要具备司法中立、公开、程序等基本要素，更要契合环境司法的特色。环境纠纷与环境司法诉讼数量上的极大反差，深刻反映了我国传统司法公正存在某些问题，使得当事人宁愿选择其他救济途径。

第二节 环境司法公正新内涵

相较于传统司法公正的内涵来说，环境司法公正主要是在司法理念上作了全新的诠释。所谓理念，就是引导人类行为的思想或观念。司法理念就是指导法官裁判的理性的思想或观念，它贯穿在法官的整个司法活动过程中，直接决定了案件的裁判结果，反映了法官的法律信仰或信念、法律实践、法律文化及价值取向。要保证环境司法的公正，其必须包含以下环境理念。

---

[1] 张璐："我国环境司法的障碍及其克服"，载《中州学刊》2010年第15期，第104~105页。

一、环境公平

从法学角度来看，环境公平是指在使用和保护环境资源上，包括当代人和下代人在内的所有主体一律平等，享有同等的权利，承担同等的义务；任何主体的环境权利受到侵害时都能得到及时有效的救济，任何主体从事对环境有影响的活动时，负有防止对环境造成损害，并对违反环境义务的行为予以及时纠正和处罚。法国环境法学家亚历山大·基斯将环境公平概括为三方面："首先，它意味着在分配利益方面今天活着的人之间的公平；其次，它主张代际之间尤其是今天的人类与未来人类之间的公平；最后，它引入了物种之间公平的观念，即人类与其他生物物种之间的公平。"❶ 由此可见环境公平包含代内公平、代际公平和种际公平三个内容。

其中代内公平即"在任何时候的地球居民之间的公平"，❷ 是指在同一代内的所有人，不论其国籍、种族、性别、经济发展水平和文化等方面的差异，对于利用自然资源和享受清洁、健康的环境方面均有平等的权利。它可以体现在国家和国际两个层次：在一个国家内，同代人公平地享用共有的环境资源，如空气、水流等，同时也在一定程度上对私有财产权进行限制，即不允许以破坏环境资源的形式使用自己的财产。如树林承包人砍伐树木可以很好地实现自己的所有权，但是会对森林资源造成不良的影响；在国际社会，所有国家都能公平地分享全人类共有的环境资源，如海洋等。它意味着人人都有权满足基本生存条件，包括健康舒适的环境、充足的食物等。

代内公平是实现代际公平的前提。代际公平反映的是可持续发展理念，就是指当代人在满足自己利益需要的时候，不能影响后代人满足其利益需要的能力。它强调的是人类在世代更迭过程中对环境利益的享有是合乎正

---

❶ [法] 亚历山大·基斯著，张若思译：《国际环境法》，法律出版社 2000 年版，第 3 页。

❷ Ronnie Harding et al., *Interpretation of the principles for the Fenner Conference on the Environment*; *Sustainability-principles to practice l*, University of New South Wales, 1994.

义的。

种际公平又称为物种公平,是从伦理学的角度来看待人与物种之间的关系,推崇的是其他非人类的自然物和人一样都有平等生存和发展的权利,各个物种生而平等,没有高低贵贱之分,人要尊重其他物种。这种公平正是环境公平不同于传统公平的特有之处,也是最能体现环境公平特色的内容。传统法学中的公平理念通常强调的都是人与人之间的公平。在种际公平中,我们需要打破的一个迷思是,我们所指的物种是一个整体概念,强调的也是物种整体的公平,是一种动态的过程,其关注的着眼点不是某一物种单个个体的生死而是整体的持续状态。

环境公平论者认为,作为食物链顶端的人类,理应对自己的绝对权利进行限制,不能无限制地扩张人类的权利直至破坏或剥夺其他物种的固有权利。环境公平的核心就在于自然资源、环境资源在当代人之间、当代人和后代人之间、人与其他物种之间应合理分配。在当今环境问题日益严重的社会,环境公平已经演化为考量社会公平的标杆。

二、环境正义

正义作为一种理念,是历史发展的产物,因此期望找到一个适用于所有时代"放之四海而皆准"的标准是不现实的。环境正义也是在环境问题影响人类的生存和发展之际才登上历史舞台的。正如维拉曼特在《法律导引》中所言,当代世界的一个极大问题,就是要阐明一系列超越文化障碍的普遍的正义原则。❶ 这同样适用于环境正义。

有学者认为环境正义也称作环境公平,❷ 但是德沃金指出,"谋求平等的关怀与尊重的权利"是一种抽象的权利,从中可以导出各种具体的权利,因此正义就是要尊重基本的平等权。❸ 由此可见,环境公平和环境正

---

❶ [澳]维拉曼特著,张智仁、周伟文译:《法律导引》,上海人民出版社2003年版。
❷ 张登巧:"环境正义——一种新的正义观",载《吉首大学学报(社会科学版)》2006年第27卷第4期。
❸ 汪劲:《环境法律的理念与价值追求》,法律出版社1999年版,第265页。

义是两个不同的环境理念。环境公平更多强调的是实体权利的均衡,而环境正义多体现在实现环境公平的过程中,追求的是一种程序上的极致。依照美国学者罗伯特·不勒德的分类,环境正义可分为程序正义、地理正义和社会正义。相应的环境不正义也可以分为程序不正义、地理不正义和社会不正义三种类型。其中程序不正义指的是社会管理的法律、法规、评价标准和执法活动以歧视的方式实施的不公平问题;地理性不正义指的是在有色人种和穷人社区选择危险废物处置场所的问题;社会性不正义是关于社会的因素,例如种族、民族、阶级、政治权力怎样影响和反映到环境决策上的问题。[1] 总之一句话,环境正义强调在处理环境问题时,平等对待不同国家、地区、群体之间享有的权利和承担的义务,公正评价权、责、利三者之间的比重。

三、环境安全

安全往往是与风险纠结在一起。生态风险指的是人们在开发利用自然资源和从事经济活动时不可避免的伴生性后果,风险带有明显的不确定性。不是任何生态风险都会带来生态安全问题,只有那些造成环境恶化,超过人们的忍受限度,影响社会和经济的可持续发展,进而影响人类生存的生态风险才会引起生态安全问题。人类社会进入 20 世纪 70 年代以来,随着全球经济的快速发展和科学技术的日新月异,全球性和区域性的生态危机愈演愈烈,并开始对人类的生存和发展构成广泛而严重的威胁。在生态风险日渐频繁的背景下,生态安全步入人们的视野。生态安全是国家安全的内容之一,是一种新型的安全,具有整体性的特征。

一般认为环境法中的安全环境包括两个方面的要求:生态环境和自然资源处于良好状态或免于遭受不可恢复的破坏;一切自然事物没有遭受突发性外力破坏,处于相对稳定的状态。也就是环境安全,指没有出现因环

---

[1] 李培超、王超:"环境正义刍论",载《吉首大学学报(社会科学版)》2005 年第 2 期,第 29 页。

境质量状况日益恶化、自然资源日趋枯竭而导致的发展能力削弱和社会秩序紊乱。❶

随着环境问题的日益严峻,环境安全理念作为环境司法理念是毋庸置疑的。

四、环境效益

根据世界可持续发展工商理事会(WBCSD)的定义可知,环境效益指的是在具有竞争性的为满足人类需要和提高生活质量的活动和服务的传递中,通过生活循环,对环境影响和资源使用的强度会日益加强,但是在某个水平上与地球估计的承载能力相协调。长期以来,人类的环境效益一直处于被忽略的状态,实际上这与其具有价值上的不可量化性有很大关系。用金钱去衡量环境效益的多少以及损失的大小是实际不能的,也是人类自欺欺人的做法。环境效益是与社会效益、经济效益并驾齐驱的三套马车之一,是人类一切利益的基础和源泉,失去了环境效益,人类就等于失去了安身立命之本,其他的效益对人类也将失去任何意义。实践证明,可持续发展就不能没有环境效益,无视环境效益的可持续发展是"零发展",甚至会出现"负发展"。将环境效益提高到与社会效益和经济效益同等重要的位置,是实现可持续发展的一条切实可行的必经之路。

五、环境预防

环境作为一个状态系统,本身具有一定的张力来容纳和消解来自外界的各种影响,只要这个影响不超过生态系统的自净力,整个环境就会处于一个相对平衡和稳定的状态。也正是因为环境的这种张力使得大多数环境污染和破坏都是积累到一定程度才最终显现出来,而一旦显现之后,往往非常难以消除和恢复,甚至是不可逆转的。即使能够有所补救,也要耗费大量的人力、物力和财力,淮河的污染治理就是一个活生生的例子。这就

---

❶ 周辉、陈泉生:"环境法理念初探",载《时代法学》2004年第2期。

说明在环境保护中，必须强调预防原则，事后的救济根本无法保护生态系统的完整性和功能的健康稳定性。在环境司法中纳入环境预防理念并没有同司法的被动性相悖，需要司法机关开拓办案思路，灵活适用禁止令和酌情要求申请人提供保全。

第三节　环境司法公正特殊性的原因

作为权利救济的最后一道防线，环境司法公正与否直接关系到人类能否走上可持续发展的道路，影响着人类的生存和发展。环境司法公正之所以具有传统司法公正尚未考虑的新含义和新内容，主要是相较于普通纠纷来说，环境纠纷具有与众不同的特殊性。

一、环境问题潜伏期长，诉讼时效长

与一般的民事纠纷相比，许多环境上的危害行为往往经年累月之后才被发现，这里有科技发展的原因，如农药DDT在刚刚被发明时，由于其对害虫的杀伤力，人们几乎像对待神药一样对其顶礼膜拜。时隔多年，人们才发现使用这种杀虫剂会对生态环境有致命的破坏力。也有的是因为人体自身的原因，人们对环境污染都有一定的容忍度，只有超过一定的度，环境问题才会显现。最为典型的就是许多病人被告知病因是若干年前的辐射污染所致等等。也正是因为环境问题的潜伏性和科技发展的局限性以及人类认识的有限性，我国普通民事案件的诉讼时效一般是1年，而环境诉讼时效则是3年，从当事人知道或应当知道时开始计算。当然，近些年来，鉴于一些新的污染类型不断出现，也有学者论证3年的环境诉讼时效还是有些短，希望通过《民事诉讼法》的修改契机对此作出调整。

二、复杂性

从我国近十年来普通法院审理的环境案例来看，在环境民事案件中原告仅为1人的比重为75.4%，2人以上（不含代表人诉讼）比重为

17.1%。所以，环境纠纷既可能发生在企事业单位之间，居民与居民之间，也可能在企事业单位和周围居民之间，纠纷涉及的范围广。此外，从纠纷涉及的人数来看，双方当事人可能只有两人，也不排除一方或双方是多人，这类环境纠纷通常一旦处理不当，就会酿成群体性事件，后果较为严重。

从纠纷涉及的利益来说，既有直接利害当事人之间的私人财产和人身权益之争，即"私益"之争，如工厂未经处理的废渣造成耕地的重金属污染，从而损害周围居民的生命权和财产权，也有不特定当事人之间的环境权益之争，即"公益"之争，如某地域的开发对周边的公共绿地或文化遗址产生不良的环境影响。

从引起纠纷的原因来看，既有一果多因，如造成渔民鱼苗死亡的原因有旁边大学排放的生活污水，也有周边的工厂释放的工业废水；也有一因多果，如工厂废渣中的重金属既造成当地居民的镉中毒，健康严重受损，也导致耕地无法使用，居民断了生活来源；也有多因多果，如长江流经几个省市，沿岸的工厂排放的污水，倾倒的废渣，包括周边居民丢弃的生活垃圾，等等，使得长江的水质恶化，水量变化异常，且许多野生动物的栖息地遭到破坏，就连珍稀动物白鳍豚也失去了踪影。

三、双方当事人力量相差悬殊

根据我国法律的规定，我们非常强调双方当事人的平等，因此，双方力量相差悬殊的情况主要体现在环境民事诉讼中。分析我国近十年来的环境案件可知，原告中自然人的比重为83.9%，法人或其他组织的比重为16.1%。原告的职业情况为：49.5%为农民，17.5%为工人，33%为其他身份。原告聘请律师的比重为53.3%，公民代理（含法律工作者充当诉讼代理人的情况）的比重为29.6%，自己诉讼的占17.1%。被告是自然人的比重为34.6%，为法人或其他组织的为65.4%。被告聘请律师的比重为61.9%，公民代理的比重为37.7%，自己诉讼（仅指其未依赖任何其他人的，而是单靠自身或其工作人员、法律顾问等所进行的诉讼）的占0.4%。

显然，原告是自然人的居多，且大多是处于社会底层的农民，他们往往选择孤军奋战。这其中的缘由不得而知，既有经济上的原因，他们请不起律师，也有文化素质上的问题，他们接受的教育不多，法律意识低下，根本不知道打官司还需要请律师。但是如果被告是法人和组织，他们大都聘请了律师。

这样的对比使得在生活中已经处于不平等地位的双方当事人在环境司法中力量的差异更加悬殊，虽然不能由此得出原告会败诉的结论，但是接近法盲的弱势群体与专业律师的较量无疑增大了原告胜诉的难度。

四、技术性、专门性强，需要专业鉴定

在环境纠纷中，如果要认定因果关系、明晰责任大小，既要对损害进行技术评估，包括对环境污染、工程项目设施等专门性环境技术问题进行司法鉴定，也要对损害进行鉴定，主要是从价值评估要求出发，对身体健康、个人财产、环境等方面的损失或费用进行评估审核。环境污染的原因和造成的损失往往要通过专业鉴定才能够予以核实。分析近十年我国环境案例发现，法院裁判文书中多依赖各种各样的鉴定结论，比例高达75%。文书中出现最多的鉴定是关于"渔业损失的鉴定"，占据了所有损失鉴定的54.4%；文书所认定的具有相关鉴定资质的机构包括环境监测站、农业科学所、卫生防疫站、渔业环境监测站、科技事务司法鉴定中心、水产技术推广站、价格认证中心，等等。

五、举证责任倒置

在普通民事诉讼中，我国民诉法明确规定在举证责任承担上的原则是"谁主张，谁举证"，而在环境案件中则提出"举证责任倒置"。理由很简单，在科技高度发达、生产工艺极其复杂的情况下，要让无技术装备条件的受害人举出被告从事了何种侵权行为，其侵害行为与受害人所受损害之间有什么样的因果关系，以及侵害人主观上有无故意和过失的证据，将是

十分困难的。❶《最高人民法院关于适用〈中华人民共和国民事诉讼法〉若干问题的意见》第74条第3项规定：因环境污染引起的损害赔偿诉讼，对原告提出的侵权事实，被告否认的，由被告负责举证；《最高人民法院关于民事诉讼证据的若干规定》第4条第1款第3项规定："因环境污染引起的损害赔偿诉讼，由加害人就法律规定的免责事由及其行为与损害结果之间不存在因果关系承担举证责任。"由此可见"举证责任倒置"并不意味着原告就不用承担任何举证责任。原告仍需证明致害者的行为造成其权益的损害以及损害的多少。如果致害人不愿意承担责任，就需要证明受害者的损害与其行为之间没有因果关系。"在环境民事诉讼中，举证责任被转移到被告身上。原告只需证明有损害结果，证明可能是由被告的污染行为造成的即可，而被告必须举出充分的证据推翻这种可能性，才可免除赔偿责任。"❷ 但是，不可否认的是，该规定实质上是将本应由原告承担的举证责任转移给了被告，保证受害人的损害能够得到法律的救济，大大减少受害人败诉的概率，有助于实现实质上的公正。

六、归责原则的特殊性

目前，在环境侵权案件造成的民事赔偿责任中，实行的是以"无过错责任"为原则。无过错责任肇始于1838年德国颁布的《普鲁士铁路法》，亦称为无过失责任、危险责任，其以特定危险的实现为归责理由。换言之，即持有或经营某特定具有危险的物品、设施或活动之人，致侵害他人权益时，应就所生损害负赔偿责任，赔偿义务人对该事故的发生是否具有故意或过失在所不问。其基本思想，不是对不法行为的制裁，而在于"不幸损害"的合理分配。适用无过错责任，可以减轻受害人的举证责任，加重加

---

❶ 王灿发：《环境法学教程》，中国政法大学出版社1997年版，第167页。
❷ 罗典荣、刘玉明："略论环境保护法律制度中的损害赔偿责任"，载《法学研究》1986年第2期，转引自杨素娟：《环境民事诉讼若干问题研究》，北京大学博士学位论文，2001年，第69页。

害人的举证责任,更有利于保护受害人的合法权益。❶ 我国《民法通则》第 106 条第 3 项规定"没有过错,但法律规定应当承担民事责任的,应当承担民事责任"即为无过错责任。在环境侵权方面,《民法通则》第 124 条、《环境保护法》第 41 条确认了环境污染侵权的无过错责任原则。

如果依照民事责任的一般构成要件,行为的违法性是承担民事责任的前提,亦即是说不具有违法性的行为不需要负担民事赔偿责任。但是在环境民事案件中,致害者的行为往往也是推动一国经济发展的必需活动,本身具有合法合理性,如果仍然遵循传统民事侵权的责任承担标准,一味强调行为的"违法性",不仅是无视环境侵权特殊性的表现,而且显然对无辜受害人非常不公。因此,在环境侵权行为中,无过错责任有两大构成要件:一是致害人的行为产生了危害环境的后果;二是行为与危害后果之间有因果关系。这样,不管行为人主观上是否有过错,客观上是否违反了法律规定,只要事实上造成了危害,就要承担赔偿责任。

当然,环境民事侵权仍然是民事纠纷,双方当事人在地位上是平等的,因此,为了反映公平合理的法律理念,我们在"无过错责任"原则之外也考虑过失相抵的例外情况。所谓过失相抵(Contributory Negligence),即在加害人依法应承担损害赔偿责任的前提下,如果受害人对于损害的发生也有过失,可以减轻加害人的赔偿责任。❷ 也就是说如果受害人或者第三人对损害结果也负有一定责任,虽然不可以受害人有过错而驳回受害人的诉讼请求,但是在追究致害者的责任时可以适当减轻其赔偿责任。

在这里,过失相抵并不与无过错责任的原则相背离,无过错责任的主旨是不考虑致害者有无过错,但是并没有排除受害人的过错情形;过失相抵也不是在受害人和致害者之间和稀泥,以受害人的过错抵消致害者的过错,而是指在要求致害者承担责任时,酌情减轻其赔偿责任。

总之,在环境侵权责任追究机制中使用"无过错责任"原则,考量过

---

❶ 王泽鉴:《侵权行为法》,中国政法大学出版社 2001 年版,第 16 页。
❷ 张新宝:《中国侵权行为法》,中国社会科学出版社 1995 年版,第 340 页。

失相抵的例外情况,更能体现民法上的公平原则,也有助于受害人和第三人最大限度地尽自己的最大注意义务,不仅体现了司法公正,而且体现了环境正义。

七、环境公益诉讼的崭露头角

众所周知,环境是指"影响人类生存和发展的各种天然的和经过人工改造的自然因素的总体"。作为"物"的一种,环境要素具有与传统"物"不同的特性:非排他性、非独占性,但又具有使用的竞争性,这三大特性恰恰是"公共利益"的三大特征。对于环境要素,大家都可以用,不是你用了我就不可以用,只是后来者会面临质量下降的风险。从环境伦理学角度来看,在一个国家范围内,环境属于全体人民,包括当代人,也包括后代人,国家是在人民赋予的权限作为"托管者"来保护环境、改善环境的质量;在全球范围内,环境属于全人类,不属于哪一个国家所有,国家对其范围内的环境享有的主权要"确保在其管辖范围内或在其控制下的活动不致损害其他国家或在各国管辖范围以外地区的环境",更不得作为其损害人类生存与发展的借口。保护国家环境和地球环境,使人类社会得以在与责任的和谐中持续发展,是一项造福人类,惠及千秋万代的最大的、根本性的公益事业。[1] 因此可见,在众多公益物品中,环境是一种典型的公益物品。出于维护环境利益的目的,公民、行政机关、检察机关或其他社会团体向法院提起的诉讼就是环境公益诉讼,最为典型的就是环境民事公益诉讼和环境行政公益诉讼。

在实务上,北京华清嘉园小区绿地诉讼案中,2003年4月,自然人陈岳琴首先将北京市规划委告上法院,要求他们履行自己的法定职责。败诉后,于2005年4月25日又一次起诉,这回告的是北京市园林局。这是一起由公民作为原告提起的典型的环境行政公益诉讼。

2002年"塔斯曼海"油轮泄露污染海洋环境后,国家海洋局授权天津

---

[1] 王曦:《国际环境法》,法律出版社1998年版,第59页。

市海洋局代表国家提起海洋生态损失索赔，请求赔偿金额为 9830 余万元。这是一起由行政机关提起的典型的环境民事公益诉讼。

2003 年 4 月 22 日，山东省德州市乐陵区人民检察院，针对污染环境的金鑫化工厂，提起诉讼，请求法院判决停止侵害、排除妨碍、消除危险。这则是一起由检察机关提起的典型的环境民事公益诉讼。

第四节　影响环境司法公正的几大问题

从普通法院审理的环境案例中收集到的 954 件文书中，环境民事案例 782 件，占总数的 81.97%，环境行政案件 111 件，占总数的 11.64%，环境刑事案件 61 件，占总数的 6.39%。分析这些法律文书，我们会发现影响我国环境司法的公正的因素主要有以下几项。

一、举证责任的适用不畅

从收集到的裁判文书看，举证责任倒置的归责原则用得并不普遍，仅有 49.6% 的文书中提及或运用了该原则。或者法官对该原则的适用在理解上出现了偏差。环境纠纷中的举证责任倒置并没有也不是免除受害人的举证责任，受害人仍然要承担举证不能的败诉风险。受害人的举证责任至少包括使案件得以成功立案的初步证明责任、损害后果的举证责任，也包括在庭审过程中针对新主张负担的举证责任，以及法官要求的某些证明责任。由于环境问题动辄牵涉到医学、生物学等高科技知识，甚至超越现有科技知识的极限，使得人们在环境事故发生后往往不知所措。并且环境损害往往有一定的潜伏期，致害原因复杂，所以单单就损害后果的证明就不是很容易。受害人往往要借助一定的专业人力、物力和财力。许多案例反映出受害人没有保存证据的意识，致使证据缺失，法院只能依据有限的证据定案。如某钢铁铸造厂污染桃园案中，原告既不知道保留桃树受害的物证，也没有及时采集空气样品，只有接受败诉的不利后果。而从穷尽所有救济方式的浙江蝌蚪案来看，如果个别法官的环境司法素养不高，认识不到环境案件的特殊性，仍然将加害行为与损害后果之间具有因果关系的举证责任判令原告来承担，无疑加剧了当事人的举证困难。

二、环境司法专门性的不足

环境司法因为环境案件的特殊性具有很强的专门性特色，但是我国目前满足环境司法过程中专门性的措施却严重不足，主要体现在鉴定和专家证言两个方面。

（一）环境鉴定的过程复杂，鉴定成本很高

现有的鉴定申请中就有24%的当事人因为交不起费用而取消鉴定，有的甚至因为满足不了特定的条件而无法进行。如测量某条高速公路的噪声污染，需要一条道路一天中有三个时段禁止车辆通行，这一要求显然很难做到。现实中很多环境案件正是由于事实不清虽经多次审理仍未能结案，也导致有些致害人逍遥法外，没有受到应有的惩罚，使环境司法公正大大受损。

（二）专门鉴定机构不足

就我国现状来看，我国有资质的环境鉴定机构非常缺乏，例如2004年9月最高人民法院发布公告（第49号），批准江苏省环境科学学会为江苏唯一接受各级法院委托的环境司法鉴定单位，这就意味着其将接受整个江苏各级法院的委托。此外，一些有资质的鉴定机构多是事业单位，如果排污者恰恰是当地的纳税大户，受害者要找到一家愿意接受委托的鉴定机构就难上加难。当然，假如某个环境纠纷比较棘手，在社会上的关注度很高，例如某个居民区被一家广播电视台发射台电磁污染，因为涉及面广、社会敏感度高，有资质的鉴定机构很怕被拖下水或者迫于有关部门的压力，会以种种借口推托。当事人之间往往就鉴定结论是否有效（多是鉴定机构是否具备相应的资质）而争辩，发生争辩的占40.4%。

（三）环境损害鉴定的可采用性令人质疑

囿于当前科学技术水平的限制，有一些损失缺少相应的评估机构或评估方法；对那些能够评估的项目，目前也缺乏统一的评估标准和规范，如空调器运行产生的振动,虽然振动数据可以检测到,但因没有国家标准,检测数据不能作为审判依据,只能作参考;再者,评估机构因为大多是事业单位,与环境行政机关有千丝万缕的联系,其中立性和客观性大打折扣,比如渔业损失、养殖损失一般委托渔业环境监测站进行评估,但是该监测站往往与海洋渔业部门有关联,其出具的评估报告要让人信服确实有些为难。

(四)专家证言缺乏合法支撑

专家证言制度是英美证据法上一项日益重要的制度。专家意见的可采性既是英美法系证据法上意见法则的一项例外,同时也体现着英美法系诉讼程序的对抗性特征。我国的诉讼程序中没有专门的"专家证言"制度,但与之相似的有《最高人民法院关于民事诉讼证据的若干规定》(2002年)第61条创设的"专家证人出庭制度",所谓"专家证人出庭制度"是由一方当事人委托的具有相应专业知识和(或)实践经验的专家就案件涉及的专门性问题,在法庭上运用专业知识发表意见,做出推论或做出结论的一项法律活动。❶ 所以,除了当事人申请法院聘请的专家,对于当事人自己委托的有关专家,他们提供的证言往往反映了当事人的愿望和利益。专家即使是环境方面的专家也就等同于环境上的"科学"。

三、环境法律责任的缺陷

根据收集到的我国近十年来的环境案例文书,在一审环境民事判决中,43%都判决了赔偿损失;其次10.6%的文书要求排除妨碍;5.9%的文书判决消除危险。极个别文书涉及恢复原状;有2例案件涉及精神损害抚慰金;同样有少数文书提到支付违约金。赔偿损失、排除妨碍、消除危险等具体结果的比率为7.3∶1.8∶1。我国坏境民事法律责任存在的问题有以下四个。

---

❶ 刘超、林亚真:"环境侵权诉讼中损害认定的困境及争议",载《湖北行政学院学报》2010年第2期,第39页。

（一）形式单一

根据我国民法的规定，当事人承担民事责任的方式主要有：（1）停止侵害；（2）排除妨碍；（3）消除危险；（4）返还财产；（5）恢复原状；（6）修理、重作、更换；（7）赔偿损失；（8）支付违约金；（9）消除影响、恢复名誉；（10）赔礼道歉。以上承担民事责任的方式，可以单独适用，也可以合并适用。在环境民事案件中，原告的诉讼请求也多集中在两个方面：赔偿损失；停止侵害、排除妨碍或消除危险。可见，环境民事侵权的责任方式单一。

（二）无法体现预防为主原则

上述责任承担都属于事后救济，需要等到判决生效之后才能执行。而很多环境污染和破坏行为如果不能事前采取预防措施，或者在发生之后及时遏制，造成的后果会一发不可收拾，除了受害人的损失会进一步扩大，对环境的影响是不可回复的。因此，在环境责任承担上，理应体现环境预防原则，目前唯一迎合这一需要的就是申请诉前禁令。依据《侵权责任法司法解释》第32条关于侵权行为禁令的规定，当事人可以在诉前或诉讼中提请法院发布临时禁令，要求行为人停止侵害、排除妨碍或消除危险，对于诉前行为禁令当事人还应提供担保。单就担保一项就让许多原告望而却步。在环境侵权案件中，大部分原告是自然人，被告是法人，该法人即使不是当地的支柱产业，至少也是一个企业，按照法律的规定，申请人提供的担保额应与禁令实施可能造成的行为人的损失相当，那么有几个自然人能够承担如此高额的担保？所以，这种诉前禁令在环境侵权纠纷中基本是摆设。

（三）赔偿损失的规定过于抽象，操作性不强

我国《侵权责任法》第19条规定："侵害他人财产的，财产损失按照损害发生时的市场价格或其他方式计算。"第20条规定："侵害他人人身权益造成的财产损失的，按照被侵权人因此受到的损失赔偿；侵权人的损失难以确定的，侵权人因此获得利益的，按照其获得的利益赔偿；侵权人因此获得的利益难以确定的，被侵权人和侵权人就赔偿数额协商不一致，

向人民法院提起诉讼的，由人民法院根据实际情况确定赔偿数额。"法官在计算和衡量受害人损失时的依据就在于此，该规定是一个笼统的规定，导致实践中同样的案情，赔偿额度有很大不同。另外，根据民事司法的"不告不理"原则，法院只能针对当事人的诉讼请求进行裁判，既不能扩大，也不能缩小，而目前当事人的请求仅仅专注于个人利益损失，致害人对环境的破坏和污染则被排除在外，生态补偿无法体现，生态利益搁浅。

（四）精神损害赔偿在我国司法中的使用率不高

当事人在诉讼请求中提出该请求，往往都得不到支持，即使支持，由于量刑幅度大，也会出现同样的案情精神损害赔偿不同的疑惑结果。《侵权责任法司法解释》第33条规定："受害人因生命权、身体权、健康权、姓名权、名称权、名誉权、肖像权、隐私权、人身自由权、性自主权、婚姻自主权等人格权以及监护权等身份权受到侵害时，受害人可以请求被侵权人承担精神损害赔偿责任。"所以，受害人只有证明自己的人格权受到侵害，否则是得不到法院的支持的。

一审的环境刑事判决中，判处有期徒刑的占75%，缓刑的占17.5%，罚金（并处或者单处）占77.5%，无罪的仅2.5%。从具体内容来看，法定刑偏低，刑事处罚的量刑呈轻缓化趋势，罚金缺乏量刑标准。这表明司法界并不认为环境刑事是很严重的行为，对社会的危害程度不大。

四、法官司法理念的局限

环境司法是否公正与法官本身的知识和修养有很大联系。长期以来我国法官多接受的是传统的法学教育，环境法并不是必修课程，甚至根本没有学习过。这从我国每年的司法考试中环境法的比例就可窥一斑。法官在审理案件过程中，一直坚守着新中国成立以来以"经济建设"为中心的指导，在对环境要素进行考量时，注重环境要素的财产功能，轻视或无视环境要素的生态功能。不可否认，经济功能是对人类生存和发展最为实用的价值，能为人类提供最直接的物质利益，我国法律也一直调整的是人与人之间的经济利益关系，所以，在法官的思维里，环境要素最为明显的价值就是经济价值。环境的生态功能相对于其经济功能是非直观的,因此,常常会被短期的解决利益所掩盖。在我国的司法实践中,法官在对环境损害的认定和对环境损害赔偿责任的确定方面都以是否造成经济损失为标准,比如由于污染行为和破坏行为造成的直接财产损失、可得利益的损失、为防止损害进一步扩大而采取必要、合理措施所支付的费用、受害者身体和健康受损的损失。这都体现法官存在以牺牲环境为代价谋求经济一时发展的短视,在对不同利益的先后位序进行评价时一边倒,置生态利益、生态安全等公共利益于不顾,利益衡量名存实亡。

同时,我国的环境法学研究历史不长,环境法学是一门新兴学科,总体学术水平不高,很多都是直接借鉴国外的东西,"本土化"程度不高,学术界对于一些核心问题如环境权的属性、环境法的对象等还有较大争议,环境公益诉讼的实践和理论争鸣也是近些年才开始出现。环境法学界本身对环境侵权中的诸多问题例如无过错责任原则的构成要件、损害的认定、举证责任的分配以及超标是否构成环境侵权等存在分歧和争论。这些直接影响到法官在环境法知识上的学习、消化、更新,也对法官环境纠纷的审理产生消极影响,使得法官在面对复杂的环境案件时,过多依赖和信任鉴定结论、专家证言,自主性和独立性不够,而一旦出现立法上的滞后和空白之处,不用指望法官会根据法的基本原则作出判决,他们大多采取逃避的态度。

五、环境司法依据的欠缺

据统计,在环境民事裁判文书中,援引最多的法律是《中华人民共和国民事诉讼法》《中华人民共和国民法通则》《中华人民共和国环境保护法》《最高人民法院关于民事诉讼证据的若干规定》和《中华人民共和国水污染防治法》,援引上述法律的文书占总文书的比率依次为:64%、40%、6%、5%和3%。尤其在环境侵权案件中,很多法律并不完善,致使法官在审理时"无法可依"。我国作为大陆法系中的一员,是不允许"法官造法"的,避免人为因素对庭审的左右和影响,法官必须"以事实为依据,以法律为准绳",所以带来的现状就是法官要么根据已有的不全面甚至前后矛盾的法律规则去判断,要么"矬子里面拔将军",寻找相关机构的指示。例如,在河北的采光纠纷裁判文书有个共同点——几乎全部援引了《河北省高级人民法院关于审理采光纠纷案件的几点意见(试行)的通知》。有一点应明确,通知绝对不是司法解释。在我国有权作出司法解释的只有最高法院,也只有最高法院作出的解释才与法律的效力相当。通知的盛行可谓法官的无奈之举,一方面形式上有了依据,另一方面一旦下级法院的判决上诉到上一级法院,发回重审和改判的概率也会大大降低。

在环境行政裁判文书中,援引最多的法律是《中华人民共和国行政诉讼法》和《最高人民法院关于执行〈中华人民共和国行政诉讼法〉若干问题的解释》,援引上述法律的文书占总文书的比率分别为87%和19%。

在环境刑事裁判文书中,援引最多的法律是《中华人民共和国刑法》和《中华人民共和国刑事诉讼法》,援引上述法律的文书占总文书的比率分别为75%和46%。

以上数据表明,在我国目前的环境司法中,因为缺乏专门的环境诉讼法,法院在审理环境案件时,只能引用传统三大诉讼法,无法体现环境纠纷这类新型、特殊的案件特色,大有削足适履之嫌。而对环境实体法引用寥寥,也说明我国在环境实体法方面不完善,可操作性不强。我国自20世纪90年代以来,每年出台不少环境法律法规,可是我们似乎只注重环境法的数量,而忽视其实效性,这些环境法律法规之间不乏互相矛盾不协调的现象。国外环境法的发展经历了一个较长的时期,我国在短短30年间就构建起环境法律体系,很多都是从国外借鉴过来的,在实现本土化过程中,囫囵吞枣,仓促上阵,没能深刻反映我国特有的情形,直接导致环境法的独立地位迟迟不能确立。

六、环境公益诉讼制度的缺位

2000年年底,青岛市民以青岛规划局批准在音乐广场北侧建立住宅区,侵害其优美环境享受权为由,将青岛市规划局告上了法庭。法院认为

《最高人民法院关于执行〈中华人民共和国行政诉讼法〉若干问题的解释》第 2 条规定的"法律上的利益关系"应当从广义上理解，确认原告对于优美环境享有的是一种合法的利益，原告适格。而在 2005 年，当年松花江污染震惊全国上下，北京大学法学院师生向黑龙江高级法院提起以自然物（鲟鳇鱼、松花江、太阳岛）作为共同原告的环境民事公益诉讼，黑龙江高级法院以"本案与你们无关、本案不属于人民法院受案范围以及一切听从国务院决定"等为由拒绝接收本案。这样看来，虽然环境公益诉讼崭露头角，但是单单在原告适格问题上，各地法院就反应各异。这样看来，在原告适格问题上，各地法院以相同的依据做了不同的判断。如此没有预见性的行为使得法院的权威性大受质疑，环境司法公正更是无从体现。当然，对于青岛规划局案不要高兴得太早，在认定原告主体适格后，法院认为环境权尚未获得立法的明确承认，尽管原告的这种利益受到了侵犯，但是由于原告对此利益无法律权利，因此，原告的这种权益不受法律保护。最终法院认为被告对行政行为没有对原告的权利义务产生实际影响，与原告无法律上的权利、义务关系，驳回了原告的诉讼请求。❶

《中华人民共和国民事诉讼法》第 108 条第 1 款规定，只有与案件有直接利害关系的公民、法人和其他组织才有权提起诉讼，这使得许多公益诉讼案件胎死腹中，势必会削弱对环境及受害人的保护的广度与深度。而我国虽然在理论上对环境公益诉讼做了诸多探讨，对公民个人、社会团体作为适格原告基本上达成共识，但是环境行政机构和检察机关的主体资格备受质疑。在实践中，我国既有环境非政府组织（NGO）提起的环境民事公益诉讼，如中华环保联合会起诉江苏江阴港集装箱有限公司，要求其立即停止对公共环境利益的侵害，消除对无锡市、江阴市饮用水水源地和取水口的威胁；也有环境行政机构和检察机关的起诉作为，前者如贵阳市"两湖一库"管理局状告贵州天风化工公司，要求其立即停止排污侵害，后者

---

❶ 姜培永："市民状告青岛规划局行政许可案——兼论我国建立公益诉讼制度的必要性与可行性"，载《山东审判》2002 年第 1 期，第 59~60 页。

如广州市番禺区检察院起诉东涌东泰皮革染整厂，要求其立即停止侵害环境行为，并承担环境污染损失费用。尽管在理论和实践上我们对环境公益诉讼已经不再陌生，环境公益诉讼尚未形成一套程序化、制度化、体系化的规则，对于诉讼主体、立案程序、审理规则、判决结果以及一系列配套措施没有统一的标准，使得社会对环境公益诉讼的权威性大打折扣，合法性备受质疑，已有的环境公益诉讼不乏人为推动制造效应的短视之为。

第五节　实现环境司法公正的思考

一、法官——转变传统司法理念

法官必须转变在整个司法裁判过程中表现出的重经济发展轻环境保护、重眼前利益轻长远利益的思想，在各种利益冲突碰撞之际，合理的衡量私人利益、经济利益和环境利益的价值位阶，体现出环境安全、环境公平、环境正义的司法理念。例如，在环境侵权的民事司法中，美国法院在协调个人、环境、社会和经济等多元利益时，会广泛运用富含经济理性思维的方式来进行利益衡量。而日本，作为大陆法系国家，法官在处理环境案件时同样会积极进行利益衡量，其标准就是"忍耐限度说"。

我国法官要摆脱几千年来经济利益居首的思想禁锢，必须做到以下三点。

（1）开展针对法官的环境法理论培训，培训的内容有环境法律法规，并且由于环境案件的复杂性，对法官在经济、商业、地方事务、规划、资源管理、遗产保护、环境科学、建筑、工程、测量、矿产技术等方面进行扫盲，降低司法审判中法官盲目相信鉴定报告或专家证言。

（2）严格选拔环境法官，能够称为环境法官不仅要熟知环境法律法规，还要有理性的司法理念，即对环境法理念达到一定的认知程度。在审理环境案件时，既要考虑到公民私人利益的实现，也要顾及公共利益的实现；既要考虑环境污染和破坏的社会危害性，又要考虑企业经营行为的正当性；突破"以人为本"的局限，在社会本位的基础上衡量个人利益、经济利益和环境利益。尤其是在现有法律不足的情况下，需要在环境理念的指导下，运用环境思维，对现有法律规则进行符合环境法理念和环境保护目标的遴选与适用。❶

（3）加强法官与环境法学术界的互动。目前，我国环境法学界与司法界的联系不够紧密，环境法学界最新的研究焦点、热点问题不能达及司法界，司法界在审判实务中存在的障碍和桎梏无法及时反馈到环境法学界，理论与实务两张皮的夹生状态使得我国环境法进展缓慢，已有的环境法律法规多是借鉴之物，指导性、操作性不强。对此我们可以学习美国和日本环境法学界与司法界的互动精神。美国环境法学界与司法界互动较好。首先，美国的环境法学界对环境司法实践十分关注，这与它的历史传统是分不开的。美国司法奉行遵循先例的原则，一个案件的审判结果会影响到以后案件的处理，因此法官在审判中必须非常谨慎，正确把握法律条文下蕴含的法律理念。其次，美国司法界与法学理论界的人员具有重合性。日本环境法学界重视对判例的研究，通过对判例的分析，发掘环境法理论存在的问题，提出解决方法；而法官们也注意关注环境法学界的研究动态，吸收环境法学界的成果并将其运用于环境案件的处理中，不断赋予环境法律法规以新的含义来应对日益复杂的环境纠纷。❷

二、环境司法专门化——环境法庭的摸索

我国目前对环境纠纷的处理有两种方式，一种是集中在普通法院，由传统普通审判庭对环境侵权案件进行审理；一种是环境司法专门化在我国已经在上至高院、中至中院、下至基层法院开展。

下面以一组数据来反映我国环境法庭的蹒跚前进状况（见表16-1）：

---

❶ 张璐："我国环境司法的障碍及其克服"，载《中州学刊》2010年第5期，第105页。

❷ 唐宇红："我国环境侵权民事司法中的利益衡量研究"，湖南师范大学硕士学位论文，2008年。

表 16 – 1　我国环境法庭发展状况　　　　　　　（个）

省　份	省法院	中院环保审判庭	基层法院		
			环保法庭	环保合议庭	环保巡回法庭
北　京	—	—	1	—	—
福　建	—	1	2	5	—
贵　州	—	1	3	1	1
海　南	1	5	1	—	—
湖　南	—	1	—	2	—
江　苏	—	1	—	9	4
江　西	—	—	—	4	1
辽　宁	—	1	3	—	1
陕　西	—	—	—	1	—
山　东	—	—	1	—	—
四　川	—	—	—	—	2
天　津	—	—	—	1	—
云　南	—	2	4	2	—
合　计	1	12	15	25	9

通过这组数据揭示我国环境法庭存在以下特征：❶

（1）在我国环境司法专门化俨然成为一种趋势。

（2）催生环境法庭的是当地环境保护的需要，如贵州省法庭的设立是因为作为贵阳市 390 余万人主要饮用水源的两湖一库（红枫湖、百花湖和阿哈水库）受到严重污染；而云南省环境法庭的出现背景是 2009 年阳宗海砷污染事件。这与国外设立环境法庭的初衷不太一样，例如在美国纽约州的环境纠纷最多，但是只在佛蒙特设立了环境法庭。

（3）我国环境法庭的设立并没有严格按照法院审级制度进行，有的在基层法院、中级法院、高级法院均设立了环境法庭（如海南），有的在基层法院和中级法院设置环境法庭（如贵州等），有的仅仅是在基层法院设

---

❶ 表 16 – 1 数字根据网络信息整理。

立环境法庭（如北京），还有的仅仅是环境合议庭（如天津）。

（4）我国目前的环境法庭设置仍然严格遵循行政区划，尚未出现跨区的专门环境审判机构。

以其中最早设立的贵州省清镇市环境法庭为例。自从2007年11月20日挂牌成立至2011年5月，其共受理各类环保案件362件，审结349件，结案率是96.41%。其中，受理环境刑事案件267件，审结264件；受理环境民事案件19件，审结17件（其中调解结案7件，调解后撤诉2件，调撤率是52.94%）；受理环境行政案件8件，审结5件；受理环境非诉执行案件34件，执结34件。❶ 其间还审结一起环境公益诉讼。其特点如下：

（1）环境法庭显示了其专门化的优势，案件的审结率很高，极大地维护了当事人的合法权益，间接保护了环境利益。

（2）环境刑事案件占据案件总数的73.76%。实际上，近年来我国环境类刑事案件总体上呈上升趋势。1998~2009年，全国法院系统受理的环境刑事案件增长427%。而众所周知，刑事责任的追究主要是针对给社会秩序和社会关系造成破坏的严重违法行为，犯罪是最为严重的违法行为。可见，目前有大部分的环境破坏和污染行为已经达到非常严重的程度，如果不能发挥环境司法维护正义、救济权利的功用，将会极大影响社会的安定有序，最终危及人类的生存和发展。

（3）环境民事案件多以调解结案，调撤率达到50%以上，个中缘由是因为环境纠纷往往涉及很多专业性的知识，可能需要鉴定，不仅耗时、耗力，而且成本巨大。调解就可以回避这些问题，当然从积极角度看，说明我国也在积极寻求多元化的环境纠纷解决模式，节约了诉讼成本，提高了诉讼效率。

（4）环境非诉执行执结率达到100%，这与我国一直以来存在的行政执法难的现象大相径庭。一方面说明专门化的环境审判机构能集中精力专

---

❶ 该组数据来自清镇市环境法庭的刘明庭长在云南昆明举办的"首届环境司法论坛"上的发言。

门处理各种环境案件，另一方面表明环境司法机构与环境行政机构的联动和协调是今后更应探索和加强的领域。

其间，清镇市人民法院环境法庭还审结了一起环境公益诉讼。

而在全球范围内，环境司法专门化俨然已经成为一种趋势，截至2009年，全球约40多个国家建立了270多个不同的专门化环境审判机构。实现环境司法专门化的途径也并不局限在环境法庭上，但就我国实践运行中的环境法庭来看，它通过聚集具有环境知识的法官，集中力量处理环境纠纷，并且在环境公益诉讼方面也有新的突破和举措，展现了环境法庭这种新生事物的勃勃生机和实效性，弥补了我国传统法庭在审理环境案件上的不足和缺陷。

三、责任承担——探索新的责任追究方式

环境民事责任强调具体当事人之间的私益平衡。按照传统司法公正的概念，只要受害人得到相应的赔偿，案结事了，皆大欢喜。于是恢复污染鱼塘正常生态功能的工作就可以抛之脑后，置之不理。受害人也至多是将受到污染的水排放出去，鲜有净化水质、处理塘泥的举动。这时，需要司法审判机构与当地环境机构的联动举措。司法机构应该主动、积极将污染企业的污染情况提供给环境机构，使得污染者在受到民事处罚的同时，得到应有的行政处罚，这样在私人利益得到维护的同时，公共利益也得以保护，环境问题中的"搭便车""公有地悲剧"的现象就会得到遏制。完善生态补偿的法律规定。我国已有关于生态补偿的法律规定是计划经济时代的产物，已经不能适应市场经济的需要，无法体现环境的生态效益。我们可以借鉴美国的做法引入生态补偿机制，建立相应的生态补偿基金制度。另外，要正视环境损害精神赔偿的要求。最直接的是根据我国《最高人民法院关于精神损害赔偿的司法解释》第1条第2款："违反社会公共利益、社会公德侵害他人隐私或者其他人格利益，受害人以侵权为由向人民法院起诉请求赔偿精神损害的，人民法院应当依法予以受理。"对其中的社会利益应该做扩大解释，包括公民的环境利益。还可以通过完善《侵权责任

法》及其司法解释,适当增加申请精神损害赔偿的法定事由。

对于环境行政责任来说,一般行政相对人是针对环境机构的不作为、怠于作为或违法行为提起诉讼,司法机构在责令行政机构积极履行其职责,赔偿对相对人造成的损失之余,对行政机构造成的环境污染和破坏行为要责令其恢复原状或进行补救,使行政机构切实承担其提供公共服务、保障公共利益的职能。

至于环境刑事责任,我国传统的刑事处罚就是财产罚和人身罚,其中又尤以人身罚为主。对我国刑法中关于危害环境罪的法定3~7年的刑罚力度过于轻微暂且不论(比较研究发现,美、德、日等发达国家刑法以及印度等发展中国家刑法有关环境犯罪的量刑幅度都远远高于我国刑法的规定),仅仅进行人身罚和财产罚无法体现生态利益。我们可以考虑刑罚加非刑罚的双重处罚方式。比如对盗伐林木罪,在判处犯罪分子有期徒刑等刑罚的同时,还判决罪犯到案发地或其他适宜的地方补种树苗,以其劳动来恢复被破坏的林业资源(如贵州省清镇市环境法庭就采取了如此举措)。这种判决在现实中有一定的执行障碍,比如不便于提押犯人到案发地等,由此可以尝试行政处罚中的代履行等方案。总之,该非处罚的宗旨是恢复受到破坏和污染的生态环境,切实保障环境利益。当然,此行为的合法性受到质疑,按照我国刑法罪刑法定原则,法官在审理刑事案件过程中,要严格遵守法律的规定,即便法律存在滞后或不合理的情况。为了达到与上述判决的异曲同工之妙,我们要么直接判令罪犯补种树苗,这实际属于一种行为罚;要么判令罪犯适当的罚金,专款专用于恢复环境。

四、赔偿——建立环境责任保险制度

环境问题涉及多方利益,不仅是司法问题,也是社会问题。法院在审理案件过程中不能仅仅考虑到如何让受害人得到赔偿,如何恢复受到污染或破坏的生态环境,也要考虑到如何使企业达标排放,从而避免简单关闭企业导致员工失业引发社会的不稳定。单就受害人的赔偿来说,由于环境纠纷尤其是环境污染行为波及面广,影响的范围大,污染企业需要赔偿的数额巨大，根本无力支付。即使有履行能力，也会影响其今后的正常经营。环境责任保险制度将集中在污染企业身上的巨额赔偿责任分散到众多的投保人身上，既挽救了自身，不至于因现阶段无法解决的环境污染问题而陷入破产倒闭的境地，还能保证受害人获得及时充分的赔偿，缓解我国目前执行难的局面。

五、鉴定——规范环境鉴定

环境司法鉴定是一项技术性、专业性、法律性和政策性强，职责和风险并存的活动。目前关于环境鉴定，我国仅在《固体废物污染环境防治法》第 87 条规定："固体废物污染环境的损害赔偿责任和赔偿金额的纠纷，当事人可以委托环境监测机构提供监测数据。环境监测机构应当接受委托，如实提供有关监测数据。"因此，我国有必要通过在《环境保护法》中明确有资质的鉴定和监测机构必须承担相关的鉴定义务，是必须履行的，并规定不履行义务的责任追究方式，同时建立和规范鉴定标准和鉴定方法、鉴定程序。2001 年制定的《人民法院司法鉴定工作暂行规定》过于抽象和原则，对环境司法鉴定的指导意义不强，对出现鉴定环境（条件）争议时应如何进行，或者一方当事人不配合甚至破坏鉴定环境时如何处理，2001 年未作规定。因此，应当在最高人民法院有关规定的基础上制定详细的环境司法鉴定程序，以保证鉴定的客观、公正、规范、科学、准确。[1]避免不同的机构对于同一个案件做出的鉴定结果出现大相径庭，影响当事人对鉴定结论的信任和法院的公正裁决。

鉴于环境司法鉴定的费用比较昂贵，往往成为受害人进行诉讼的门槛，国家有必要建立环境司法鉴定援助制度，对可以缓交、减交鉴定费的条件进行细化，使得那些受到污染危害后因经济特别困难而无力申请鉴定的当事人获得帮助，减少败诉的风险。

---

[1] 乐有金、刘猜："司法鉴定程序化问题研究"，载《铁道警官高等专科学校学报》2004 年第 1 期，第 87~88 页。

六、环境公益诉讼——制度先行

环境公益诉讼不同于传统民事诉讼的特色就是它具有明显的预防性，体现了个人本位向社会本位的转变，在维护环境和限制、监督国家公权力扩张方面具有不可忽略的作用。目前，环境公益诉讼虽然在我国已不乏审判实务的支撑，我国环境立法关于环境公益诉讼的规定却处于空白状态。解决这种尴尬境地有以下三种途径可供参考。

（一）修订《环境保护法》

我国《环境保护法》制定于1989年，迄今已20余年，带有严重的计划经济时代的特色，已经不能适应21世纪的新形势和新要求，被称作"软法"。2011年，修订《环境保护法》的工作终于搬上日程。借着这股东风，应该将环境公益诉讼制度写入《环境保护法》，建议将原《环境保护法》第6条规定："一切单位和个人都有保护环境的义务，并有权对污染和破坏环境的单位和个人进行检举和控告"，修改为："一切单位和个人都有保护环境的义务，并有权对污染和破坏环境的单位和个人进行检举、控告，并在必要的时候提起公益诉讼。"但是就近期反馈的消息得知，《环境保护法》"软"的特质变本加厉，因此，环境公益诉讼入环境基本法的可能性不大。

（二）制定独立的《环境诉讼法》

我国审理环境纠纷时依照的都是传统的《民事诉讼法》《行政诉讼法》和《刑事诉讼法》，三大诉讼法无法满足环境案件的特殊需要，专门的环境诉讼法理应纳入我国立法计划。在《环境诉讼法》中可以单列一章环境公益诉讼。而一些司法机关出台的关于环境公益诉讼的地方规范性文件，比如贵阳市中级人民法院于2007年发布的《关于贵阳市中级人民法院环境保护审判庭、清镇市人民法院环境保护法庭案件受理范围的规定》、无锡市中级人民法院于2008年发布的《关于办理环境民事公益诉讼案件的试行规定》、昆明市中级人民法院与昆明市检察院于2010年联合制定的《关于办理环境民事公益诉讼案件若干问题的意见（试行）》以及昆明市中级人民法院与昆明市检察院、昆明市公安局于 2010 年联合制定的《关于办理环境保护刑事案件实行集中管辖的意见（试行）》。这些规范性文件的出台，在一定程度上为环境公益诉讼的正式登场提供了宝贵的经验。就上述可知，想借着修订《环境保护法》之机为环境公益诉讼争取一席之地已经不太可能，单独进行立法更是难上加难，所以，该方案应该是前途渺茫。

（三）最为实用的途径：由最高人民法院作出司法解释

目前，我国环境公益诉讼的案例可谓不少，最高人民法院可以总结地方法院在审理环境公益诉讼中积累的经验，就环境公益诉讼作出司法解释，这样可以进一步指导环境公益审判实务，规范环境司法行为。相较于制定和修订法律而言，司法解释更加及时，反映了当前的迫切需要。在条件成熟的时候，关于环境公益诉讼的规定就能适时出台了。

第十七章　行政审判中的司法公正现实问题实证调研

为真实地了解司法活动各主体对于我国现行司法制度运行情况的相关认识，评估现行行政诉讼制度对于实现司法公正的效用，以深化我国行政诉讼体制改革，课题小组对武汉市中基层人民法院中行政诉讼机制运行的相关情况，以当事人为对象，进行了问卷调查。课题问卷调查活动在武汉市中院和部分基层法院进行，在基层法院的选择上，考虑到中心城区和远城区的地域差异及行政诉讼工作的开展情况，我们挑选了三个中心城区法院和两个远城区法院。本次调查一共发放调查问卷100份，实际回收63份，有效问卷61份。对回收的调查问卷，课题小组通过北大法意科技有限公司提供的软件进行分类统计和汇总。从调查活动开展的情况来看，可能影响本次调查数据客观性和真实性因素有两个：（1）调查活动进行的时间是春节前，行政诉讼案件相对较少，可供调查的当事人不多，导致问卷回收率偏低，可供研究的问卷样本偏少；（2）本次调查活动已充分强调问卷调查结果主要应用于研究领域，但部分组织者可能出于绩效考评工作的担忧，干扰数据真实性。

第一节　调查：从当事人视角对现状的反思

一、当事人对司法职业群体的认识

对一个职业群体的认识是否客观直接影响其对这个职业群体行为的认

识。问卷首先围绕当事人对法院、法官的整体评价展开。调查结果显示，当事人对法官的总体评价是积极、正面的，但他们获得直观印象的途径有限，认识也不全面，带有一定的狭隘性，特别是对司法职业群体的特质化没有清晰的认知。从问卷反馈的数据和信息看，主要存在以下几个问题：（1）当事人对法院、法官的认识主要来源于媒体，这是直观的感性认识，没有加入对法官这个具有高度职业性、专业性群体的深层次的特质认识。（2）当事人将法官等同于公务员，从评价一个职业的最基本标准、收入、压力等角度考虑较多，而忽视了法官职业群体的使命感和责任感认识。这使得"公正"成为一种社会追求，而非放到这个职业群体的共同特质层面考量。（3）当事人将法院等同于纠纷的处理机关，这种机关与管理其他社会事务的国家机关一致，从而忽视了法院是构建公平正义体系的支撑，进而放大个案的影响而看轻权威的树立。

二、当事人对立案难的认识

司法实践中行政诉讼立案难的问题一直广受关注，立案审查这一门槛是否影响了救济渠道饱受争议。从问卷调查的情况来看，有43%的调查者认为立案难问题一直存在，有57%的被调查者认为立案难局面有所改变。

关于行政诉讼立案难的原因，已有诸多分析，归纳起来主要有以下三类。

（1）行政争议多样化复杂化与滞后立法的矛盾。随着社会利益格局的日益多样化和复杂化，各种社会矛盾和利益冲突凸显，涉及行政权力和公民权利的矛盾和争议大幅上升，新类型案件增多，尤其是国有企业改制、城市建设中的拆迁改造、土地征收、社会保障等引起的群体性诉讼和集团诉讼案件日益复杂，而行政诉讼立法的滞后难以适应经济社会发展的需求。

（2）司法独立遭遇现实的尴尬。目前，法院的人财物依赖于地方政府，涉及行政诉讼时，法院和行政机关的关系比较微妙。

（3）法律适用不统一，法院的畏难情绪导致了立案难。正是由于一些法律的规定不明确，法官对于法律认识和事实认识存在差异，可能同样的争议在一地可以立案，在其他地方就不能立案了。另外，有些法院会考虑到执行难、涉诉信访风险等原因，对一些行政争议在立案时予以限制，从而满足提高结案率和降低涉诉信访率的要求。

三、当事人对行政协调和解的认识

在通过问卷了解当事人对于行政诉讼协调和解这一制度的回应中，有79%的被调查者表示只要能够解决实质争议，愿意在行政诉讼中接受调解，同时有41%的被调查者希望能把调解贯穿在行政诉讼的各个环节。这无疑是当事人对行政协调和解机制的认可，也无疑是无疑是参诉民众法律自主意识增强与依赖司法权威意识减弱的明显信号。

四、当事人对行政诉讼代理人的认识

问卷调查结果显示，有69%的被调查者表示行政诉讼中会聘请律师，认为与行政机关的地位不对等，聘请律师胜诉的概率更大，但同时也有31%的被调查者提出不会聘请，因为成本太高。这实际上反映了行政诉讼中一个突出的问题，即作为行政相对人的原告诉讼能力不足的问题。

然而，作为行政主体的行政机关与行政相对人之间天然是不对等的，因为行政法律关系的产生、变更和消灭大多取决于行政主体的单方意思表示，不需要双方当事人意思表示一致。[1] 在行政诉讼程序中，由于双方在主观认识，如对法律的理解和认识、对程序的认知等以及在客观能力，如经济实力、社会地位等方面的差异，行政机关与行政相对人并不可能真正做到平等。

课题组围绕此问题，进一步对武汉B区法院近年来行政诉讼案件的代理情况进行调查：2008年行政诉讼案件数共52件，其中原告委托代理人的有41件，原告败诉的案件达33件；2009年行政案件数共50件，其中原告委托代理人的案件有37件，原告败诉的案件为24件；2010年受理的行

---

[1] 周佑勇：《行政法原论》，中国方正出版社2005年版。

政案件数为 44 件，其中原告委托代理人的案件数为 37 件，原告败诉的案件为 20 件；2011 年受理的行政案件数为 46 件，其中原告委托代理人的案件数为 35 件，原告败诉的案件为 27 件。

以上数据进一步反映：(1) 行政诉讼案件中普遍存在原告诉讼能力不足的问题。行政诉讼中的原告多是弱势群体，由于在主观认识及客观能力上的限制，其在诉讼这一高度法律专业化的活动中，诉讼能力不足的问题尤其突出，陷入"权利贫困"；(2) 原告的胜诉率极低。B 区法院近年来的行政案件中，原告的胜诉率[1]分别是：2008 年 13.5%，2009 年 10%，2010 年 4.6%，2011 年 8.7%。原告的胜诉率低，导致当事人的实质争议未解决，官民矛盾进一步激化，申诉上访案件不断增加。

五、当事人对行政首长出庭应诉的认识

1989 年全国人大通过《中华人民共和国行政诉讼法》，20 多年来，民告官从闻所未闻到有所耳闻到今日司空见惯，一路走来，虽然进展很大，但还是存在很多问题。民告官，在很多时候是只见民而不见官，也就是说即便老百姓将行政机关告上了法院，也很少见到行政首长的身影。告官不见官的现象在一定程度阻碍了行政法制化的进程。

从我们对武汉市法院行政首长出庭应诉情况的调查来看，有部分基层法院推行行政首长出庭应诉制，如 2003 年 9 月，B 区法院制定了《行政首长出庭应诉试行规定》。2006 年湖北省人民政府出台《关于加强行政复议和行政诉讼应诉工作的意见》，明确了行政首长应当出庭应诉的几

---

[1] 此处所指的原告胜诉率是指判决被告败诉的案件数与行政诉讼案件数之比。行政诉讼案件中，除原告败诉的案件与被告败诉的案件之外，还有大量撤诉的案件。

种情形。❶ 但是，从行政首长出庭应诉的实际现状来看，制度并未真正落实。B 区法院 2008 年受理的 52 件行政诉讼案件中仅有 1 件行政首长出庭应诉，应诉率为 1.9%；2009 年受理的 50 件行政诉讼案件中有 2 位行政首长出庭应诉，应诉率为 4%；2010 年受理行政诉讼案件 44 件，共有 1 位行政首长出庭应诉，应诉率为 2.3%；2011 年共受理行政案件 46 件，其中行政首长出庭应诉的有 3 件，出庭应诉率为 6.5%。尤其是近年来中院的二审案件中，行政首长出庭的案件基本没有。

追究行政首长不愿出庭应诉的原因主要有以下几点障碍：（1）观念障碍。法制观念不牢固、面子观念放不下。有的行政首长接受司法监督的意识淡薄；"官"念作怪，长期的行政命令和下级服从的工作方式，以平等主体身份参与行政诉讼，在行政级别比自己低的法官驾驭主导下，与相对人对簿公堂形成极大的对比反差，造成心理极度失衡，从而不愿出庭应诉。（2）知识障碍。由于行政诉讼具有一定的专业性，部分行政首长诉讼知识不够，缺乏基本的诉讼常识和庭审经验，难以胜任出庭应诉工作的要求。（3）时间障碍。行政机关过多的会议与日常工作事务的压力，加之烦琐的行政程序制约，使得一些行政机关的负责人即便想出庭，往往也由于大量行政事务的困扰而不得不罢休。而且参加行政案件开庭往往被认为不是重大事项。（4）立法障碍。现行行政诉讼法和最高人民法院的司法解释中并没有强制性规定，行政首长出庭应诉多是一些地方政府的土规定。虽然规定了在重大复杂案件行政首长应当出庭应诉，但是谁来确定是否为重大复杂案件面临难题。（5）制度障碍。虽然很多地方出台了相关规定，但由于缺乏科学合理的考核机制、监督有力的制约机制，导致行政首长是否出庭

---

❶ 以乡、镇人民政府和县（市、区）人民政府工作部门为被告的行政诉讼案件，行政首长一般应当出庭应诉，确因特殊事由无法出庭的，分管负责人应当出庭应诉。以县（市、区）人民政府和市、州人民政府工作部门为被告的一般行政诉讼案件，分管负责人应当根据实际情况积极出庭应诉；重大复杂行政诉讼、集团行政诉讼案件，行政首长应出庭应诉，因特殊事由无法出庭的，必须委托分管负责人出庭应诉。以市、州人民政府和省人民政府工作部门为被告的重大复杂行政诉讼、集团行政诉讼案件，行政首长或分管负责人一般应出庭应诉。以省政府为被告的行政诉讼案件，由省长决定出庭应诉的参加人。

应诉没有任何的约束机制。

从关于当事人对行政首长出庭的意愿调查了解来看，70%的被调查者认为行政机关的行政首长应当出庭应诉，30%的被调查者选择"无所谓，相信法院能够公正审理"。数据显示行政首长出庭应诉率与群众的期待尚有较大的差距。站在当事人的角度，当事人是倾向于行政首长出庭应诉，换句话说，行政首长亲自出庭应诉在某种程度上迎合了原告当事人的需求，在构建一种官民平等的对话机制，推进行政机关依法行政，有效化解官民矛盾，实现司法公正有着积极的意义。

六、当事人对司法效率的认识

"迟来的正义是非正义""正义被耽搁等于正义被剥夺""久长的裁判是恶裁判"这些法谚无一不是在传达这样一个思想：司法公正本身就含有对司法效率的追求，司法效率也是评价、考量司法公正的要素。为了了解行政诉讼当事人对司法效率的感受和认识情况，问卷按照行政诉讼程序中审限、简易程序、庭前证据交换和判决作出时间涉及司法效率的四个角度设计了题目。

（一）审限

我国《行政诉讼法》第57条规定，人民法院应当在立案之日起3个月内作出一审判决，第60条规定，人民法院审理上诉案件，应当在收到上诉状之日起两个月内作出终审判决。为了解当前案件的实际审限情况，课题组调取了一个基层法院和中院的数据。2011年，武汉C区法院审结行政案件78件，平均审限为56天，中院审结行政案件204件，平均审限为51天，审理一审案件8件，平均审限为79天。仅从案件审理的整体情况和平均审限这个角度来看，审限内结案还是有严格控制。但是，具体的个案中，还是存在通过审批变相延长审限的情形。针对审限延长严重损害当事人利益，影响当事人对司法公正性评价的情况，我们设计了关于审限的问卷，征求当事人希望自己的案件在多长时间内被解决，在告知延长审限，可以使法官有更多的时间做协调工作以及更仔细地研究案件的前提下，仍有

82%的当事人表示希望在正常审限（三个月内）结案，而不愿延长案件审理时间。

（二）简易程序

我国《行政诉讼法》没有关于简易程序的规定。最高人民法院于2010年12月13日发布了《最高人民法院关于开展行政诉讼简易程序试点工作的通知》，在部分基层人民法院开展行政诉讼简易程序的试点工作。武汉市法院15个基层法院中，进行简易程序试点的基层法院有4个。据统计，2011年，这4个基层法院通过简易程序审结行政诉讼案件27件，其中判决9件，调撤18件，服判息诉率为88.89%，案件类型多为要求履行法定职责、对行政处罚不服等，审结时间基本控制在1个月以内。在对当事人是否愿意以简易程序审理行政案件的调查中，大部分被调查者也对简易程序表示了支持的态度，有69%的人选择愿意，另外有31%的人选择不愿意，认为时间太短且独任审判不利于案件的审理。

从简易程序在武汉市法院试点的情况和问卷调查的结果来看，在行政诉讼中设立简易程序，有其必要性和积极作用。行政诉讼案件存在繁简有别的特点，如果无一例外地采用普通程序和合议庭审理，无疑是加剧当事人的诉讼成本、浪费有限司法资源。

值得重视的是，有31%的问卷填写者对简易程序选择了不愿意。我们不能忽视这近1/3的声音，当事人对简易程序的担忧，恰恰显示了当前简易程序改革中存在的问题。当前关于行政诉讼简易程序未通过正式的法律进行规定，只是最高法院以通知的形式在进行。缺乏立法的保障，行政诉讼简易程序的规范和适用、运行上的监督都无法让当事人感到安全和可靠。

（三）庭前证据交换

庭前证据交换的目的是整理固定争议焦点，确保庭审顺畅进行，提高庭审效率。《最高人民法院关于行政诉讼证据若干问题的规定》第21条规定，对于案情比较复杂或者证据数量较多的案件，人民法院可以组织当事人在开庭前向对方出示或者交换证据，并将交换证据的情况记录在案。在关于庭前证据交换的调查中，有77%的人选择愿意，有23%的人选择不愿意。从调查结果可以看出,大部分当事人对庭前证据交换制度表示支持,认为这项制度能确保庭审的顺畅进行。有小部分当事人选择不愿意,究其原因在于,当事人对庭前证据交换制度的目的和意义不太理解,对法院有着"不愿进衙门"的排斥心理,能不来就不来,能少来一次就少来一次。

(四)判决作出时间

我们三大诉讼法都没有对庭审后多长时间作出判决做出规定,而统一以审限的方式,规定从立案开始后多长时间作出判决。但是,往往当事人非常关注庭审后多长时间作出判决,我们在互联网上进行搜索、浏览,发现有很多关于庭审后多长时间作出判决的咨询帖。作为法官,也经常会碰到当事人、亲戚、朋友问到庭审后多长时间出判决的问题。我们也就此问题对当事人的庭审后判决时间的期望值作了调查,结果显示,有36%的人选择开庭后7日内判决,25%的人选择开庭后15日内判决,20%的人选择开庭当天判决,16%的人选择开庭后1个月内判决。

从调查结果分析来看,庭审后7天是最多人的期望时间,随着时间加长选择的人逐渐减少,可见,庭审后7天作出判决,比较符合当事人庭审后对判决等待的时间,当事人对判决等待的时间过长,会产生不满和猜忌心理,引发对司法效率、司法公正性的质疑。但实践中,从江汉区法院调查了解到,受案件评查、网上流程签批等工作影响,一般庭审后出判决时间需要15天。从对中院二审案件审理情况来看,一般案件会在立案后15天左右开庭,而开庭后判决时间至少需要1个月,也就是临近审限的时间。可见,实际中的判决时间与当事人期望的时间有相当距离,究其原因有两点:(1)法律并没有对庭审后判决时间作出硬性规定,法官最多考量的是审限,而没有对当事人的需求作过多考虑;(2)现代审判管理的模式,或者说法官对这种模式不熟悉、不适应,一定程度上拉长了判决下达的时间。

值得注意的是对当庭或当天宣判选择的人不是最多,也不是最少。当庭宣判作为一个硬性要求,普遍化甚至制度化,是非常不科学的。(1)行政诉讼案件类型比较多,新型、疑难案件的比例较高,审理难度大,不宜当庭宣判。(2)相对复杂的案件当庭宣判产生的社会效果不好。因为,行政诉讼案件作为原告的公民个人或组织，往往对被诉行政主体心里极度不满，如果原告败诉的案件被当庭宣判，容易造成原告认为法院与行政机关"官官相护"，从而对法院的判决产生不满情绪。

七、当事人对判后释疑工作的认识

判后释疑是生发于司法实践中的一项改革措施，是指案件当事人对人民法院作出的生效裁判存有疑问，就证据采信、事实认定和法律适用等向人民法院提出异议或申请再审，作出生效裁判的法官、审判组织等依一定程序给予必要释明，促使其服判息诉的制度。[1] 为确保判后释疑制度科学有效运行，深入了解当事人对判后释疑工作的认识，我们从释疑主体和释疑时间两个角度设计了题目。释疑主体的调查结果显示，选择主审法官的人占52%，其次是庭长或院长占30%，最后是信访法官和审判长，分别占10%、8%。释疑时间的调查结果，选择15分钟和30分钟的各占34%，选择1小时或更长的占23%，选择10分钟的占8%。从这两项调查结果，可以指导进一步规范释疑工作，提高释疑的效果。

（1）在释疑主体上，当事人比较注重对自己案件熟悉的或有相当决定权的人来进行释疑。主审法官是一般的答疑主体，当事人也倾向于首选主审法官答疑，因为主审法官对案件和裁判的形成过程是最熟悉的。但是，在遇到释疑效果不佳，当事人已对主审法官的释疑不信任、不接受等情况时，应及时安排庭长、分管院领导进行释疑。

（2）判后释疑作为一种非正式的制度，在发挥积极效果的同时，也遭到有损司法效率、浪费司法资源的质疑。因为释疑需要法官花较长时间来与当事人沟通、做工作，在目前"案多人少"的司法现状下，司法资源确实有限而宝贵。但是，判后释疑在某种程度上，恰恰是当事人对法官耐心程度、司法为民的考核。因此，要把握好释疑时间与司法效率的关系。从问卷结果来看，比较顺应当事人心理需求的释疑时间是15~30分钟，释疑

---

[1] 姜启波："法官判后答疑之制度根源"，载《法制日报》2006年5月18日。

法官应把握好这个时间,既不能三言两语将当事人打发,也不可担心当事人上诉、闹访强迫性释疑。特殊情况下,视具体案件需要和当事人的特点,可适当延长释疑时间。

八、当事人对法院依职权调取证据的认识

法院依职权调取证据是基于对实体公正与程序公正的平衡所作的价值定位。原则上,法院调取证据与法院的居中裁判的地位不相适宜,但是为在还原案件事实真实情况的基础上正确适用法律并进而实现实体公正,保护当事人的实体权益,是有必要依赖以司法权为后盾的法院调取证据的。《行政诉讼法》第34条规定,人民法院有权要求当事人提供或者补充证据。人民法院有权向有关行政机关以及其他组织、公民调取证据。从规定看,行政诉讼中,人民法院是否调取证据是行政审判权中的自由裁量行为,而且只限于现有证据资料的移转,不包括收集现在没有的证据。

为了了解行政诉讼中,当事人对法院依职权调取证据这一行为的认识,我们设题"法官在审理中为查清案件事实,要求一方继续提供证据或主动调查核实证据,您会怎么看?"从问卷反馈的数据来看,大部分当事人对这一行为给予了积极、肯定的正向性评价,有57%的人认为这一行为符合程序规则,可以接受,有28%的人认为是法官尽职尽责的表现,是公正行为。但是也有7%的人认为法官偏袒一方,非常不公正。其余8%的人对此没有特别的看法。

应该来说,不了解法院依职权调取证据的目的和相关规定的当事人,很容易因法院这一行为对法官、司法的公正性产生怀疑。这就要求法院:一方面,要让当事人了解法院依职权调取证据规定的目的和意义,另一方面,法院应减少依职权调取证据,除非是基于公共利益、相关程序事项等"必要"的情形,而应当更多地保障当事人事实证明者的法律地位。

九、当事人对涉诉信访的认识

我国的信访机构众多,依法应由人民法院、人民检察院、公安部门和司法行政部门处理的信访案件谓之涉法涉诉信访。处理涉诉信访是目前各级法院工作的一项重要内容，同时也是困扰法院工作，影响社会稳定的一大难题。这一点，这次的调查问卷也给予了关注，从问卷获得信息看，当事人对信访还是持有比较理性的心态，64%的被调查者表示对判决不服会上诉、申诉，但仍有部分当事人存在不理性信访的问题，其中16%的被调查者表示对判决不服，会选择信访、上访，有18%的被调查者选择求助媒体，这需要引起高度关注。

在行政诉讼中，涉法涉诉信访既涉及被诉行政行为，又不可避免地会牵扯到责任法院对被诉行政行为的法律事实认定和当事人不服裁判结果的申诉，其申诉难度更为突出。造成行政案件涉诉信访的主要原因有：（1）部分行政机关执行行政事务时相互之间在出现一些矛盾、纠纷时，未做协调、沟通工作，致使当事人无法解决矛盾，只能走行政诉讼途径，导致矛盾尖锐，行政机关处于被动局面；（2）当事人自身素质不高，认知能力有限。往往有一些人对有关法律、法规和政策了解不全、理解不透，甚至断章取义，固执己见，试图按自己的想法据理力争；有的因对有关法律只是道听途说，而对办案人的依法讲解听不进，想不通；再有就是当事人一旦自己的诉求未得到支持，便无端怀疑法院袒护行政机关，认为存在"官官相护"的情况，想通过涉诉信访改变法院的正确判决；（3）存在恶意诉讼、无理缠访现象。一些当事人为减少诉讼成本，获取有利于民事案件的证据而提起行政诉讼案件，以行政诉讼为名，达到民事诉讼目的。一旦目的达不到，就向通过涉诉信访来给行政机关以及法院施加压力。

十、当事人对司法公正的评价

近几年，武汉市法院一直将公正司法、司法为民作为法院工作的指导方针，在完善法院工作、改善法院形象上收到良好效果。问卷中，有72%被调查的当事人认为行政诉讼中，法院能做到独立审判，不存在偏袒行政机关的行为。有87%被调查的当事人对其自身的案件从审判程序和判决结果两方面给予了公正性评价，其中39%人的认为公正，48%的人认为基本公正。同时，为进一步了解当事人对司法公正的理解及当事人对司法进行公正性评价所考量的因素，问卷从审判程序、审判结果、司法行为等角度设计了七个方面的选项，供被调查当事人选择。数据显示，半数以上的调查者选择的选项有四个，其中选择最高的是"案件处理结果和审判程序都公正"，其次是"案件最终处理结果公正"和"执行及时到位"，这两项的选择人数一样多，接下来是"法院的导诉解释工作细心周到"。

从问卷调查结果来看，大部分当事人认为司法公正包括程序公正和结果公正。但是，在程序公正与结果公正之间，当事人更倾向于结果公正，"案件最终处理结果公正"和"执行及时到位"，其实都是案件结果的体现，很多案件判决了，但无法执行或执行不到位，依然没有实现当事人所要的结果公正，当前"执行难"问题的突出，使得当事人对执行工作给予较高的关注。从结果还可以看出，规范的司法行为、人性化的司法工作细节也是影响当事人对司法进行评价的重要因素。

第二节 对策：实现行政诉讼司法公正之路径

结合以上对武汉市法院行政诉讼现状和对当事人调查问卷统计结果的分析，就实现行政诉讼司法公正提出以下对策建议。

一、进一步完善行政诉讼立案机制

（一）完善立案协调、和解制度

当前法治社会建设过程中，人们容易形成一种"司法迷信"，对司法盲目崇拜，认为只要信任司法、仰仗诉讼，就可以解决一切纠纷。❶ 诉讼不是万能的，它只是解决纠纷的一种方式，而有些案件不适宜通过诉讼途径解决，例如有些行政争议中行政机关的行为有瑕疵，可以及时改正，进

---

❶ 张树义：《纠纷的行政解决机制研究——行政裁决为中心》，中国政法大学出版社2006年版，第13页。

入诉讼后相对人的诉讼成本过高；像拆迁这类案件性质特殊，诉讼可能引起矛盾更加激化。此时需要法院给当事人合理引导，将案件适当分流，通过立案前的协调、和解，多渠道化解一部分纠纷，对于不予立案的要具体说明理由，告知当事人救济渠道，对其疏导，防止诉讼不畅引起上访或群体事件，这样既能节省诉讼资源和成本，又能减少涉诉信访。

（二）加强立案法官的专业知识培训和法院内部的沟通协调机制，提高立案审查的专业性

行政争议涉及房产、治安、消防、城管、劳动、社保、民政、工商、卫生等多个领域，包括各种行政行为，各种法律法规规章繁杂，对于法官的专业知识、业务经验、社会阅历等要求很高。因此立案庭法官要加强对行政诉讼法和相关司法解释及诉权理论的学习，准确把握立案条件，行使立案审查权，防止因个人知识的欠缺将当事人挡在法院大门外。此外，要加强立案庭和行政庭的沟通。行政庭适当介入立案审查，对于一些新型案件提前初查，向立案庭提出审查建议，作为立案参考，杜绝有案不收、有诉不理的现象，畅通诉讼渠道。

（三）建立案例指导制度

行政案件在法院受理的各类案件中虽然所占比例很小，但是全国的案件数量和案件类型有了一定积累，在立法滞后的情况下，可以通过案例指导的形式一定程度统一司法适用尺度，通过最高院、上级法院的相似案例，给下级法院在立案时以参考，弥补法官因法律认识和事实认识差异带来的同案不同立、同案不同判的情况。

（四）加强立案监督

一方面通过自我监督，实现司法独立和公正。实行异地交叉审理和案件管辖回避，对涉及地方政府较敏感案件，提高审级来排除同级地方党委、政府的干扰，避免保证司法的相对独立，缓解行政诉讼立案难。同时，适度使用法官释明权，通过对法律及法律适用的解释，使当事人正确辨别、合理避让诉讼风险，避免和减少当事人对行政审判的误解和对立情绪。另一方面强化外部的监督，包括检察监督、人大监督和公众媒体的监督，增

强司法透明度,通过各界监督减少外界对于法院的干扰,增强法院公正司法,独立司法的责任感和信心。

二、引入强制代理制度

对于诉讼能力不足的问题,行政诉讼在制度设计上采取了委托代理人的方式。《行政诉讼法》第29条明确规定:"当事人、法定代理人,可以委托一至二人代为诉讼。"貌似平等的制度设计因当事人在实体法律关系中地位的不平等,而最终导致实质的不平等。行政机关可以利用其资源优势委托律师,而对于行政相对人而言却因经济、社会地位等方面的原因受到限制。我们认为针对以上问题,可以在行政诉讼中引入强制代理制度。

强制代理,是指人民法院在诉讼过程中为因经济困难或者其他原因而无力聘请行政诉讼代理人但又必须有代理人帮助其进行诉讼的当事人,强制安排承担法律援助义务的律师进行代理活动。强制代理制度根植于对抗制及发达的律师业这两个土壤。笔者所说的强制代理,仅指对原告一方的强制代理,而并不包括被告一方。

在行政诉讼中引入强制代理制度具有一定的必要性:

(1)维护司法公正的需要。在行政诉讼中,复杂的诉讼程序及规则是未受过专业训练及缺乏实务经验的当事人所无法应对的,同时对于行政程序及诉讼程序运行中的瑕疵和错误,使当事人也难以及时做出正确的评价、难以对诉讼的展开情况做一个确切的把握。在这种情况下,当事人只能机械、盲目、单纯地行使当事人处理自身诉讼权利的权利,无疑不能实现真正的公平。强制代理制度可以弥补行政主体地位不平等的缺陷(原告诉讼能力不足),缩小了当事人之间诉讼能力的差距,实现双方当事人的平等对抗,从而实现司法公正。同时,强制代理制度可以通过诉权的对抗来达到监督审判权的目的。在遵从诉讼规则的前提下,律师可以利用其专业技能,评价审判权的运行是否规则化,匡正法官在诉讼中的各种不规范行为,促使法官不偏不倚地进行裁判。保护权利、实现公正乃至调和利益冲突的诉讼目标并非承载于法官一人身上,而是共同承载于法官和律师身上,律师在诉讼中所起到的作用是可以与法官相提并论的，弱化任何一方都会导致诉讼制度的不完备。❶ 强制代理制度通过建立一种平等对抗机制，监督和约束审判权，从而实现真正的司法公正。

（2）提升司法效率的需要。一种制度的存在应当符合诉讼经济的要求，某项制度即使在某些方面再好，如果没有考虑诉讼成本，也不能被看做是一项合理的制度。迟到的正义即非正义。实行强制代理制度，在诉讼开始之前，律师能够帮助当事人尽早地对案件有一个正确的判断，诉讼中律师能够承担有效的调查取证工作等，能够使案件迅速地进行，缩短诉讼周期；同时律师和法官共同的法律思维能够使他们运用法言法语进行有效和理智的沟通，提高裁判的可接受性和公正性；再者，律师的专业代理服务能够减少盲目的诉讼行为、滥诉及虚假诉讼行为。强制代理制度，能够实现律师专业法律资源的优化配置，从而提高司法效率。

（3）增强司法公信力的需要。对于律师提供的法律专业服务，能够促进司法机关更加专业化和职业化，对于当事人而言，裁判的可接受性增强，从而能够增强司法的权威和公信力，减少申诉上访率，维护社会稳定。

在我国目前的情况下，在行政诉讼中建立强制代理制度具有一定的可行性，具体表现在以下几个方面：

（1）符合社会主义法治精神。中国特色社会主义法治精神包括以下几个方面：崇尚以人为本、尊重保障人权；崇尚公平正义，实现平等对待；崇尚民主法治，坚持人民主权、宪法至上、公正司法等原则；崇尚和谐发展；崇尚社会主义政治文明等五个方面。建立强制代理制度，强调当事人主义，对行政相对人的合理诉求提供司法帮助，符合上述社会主义法治精神。

（2）符合行政诉讼的目的。《行政诉讼法》第1条规定："为保证人民法院正确、及时审理行政案件，保护公民、法人和其他组织的合法权益，

---

❶ 侯太领、叶正胜："论民事诉讼律师参与之价值"，载《研究与法学》1998年第2期。

维护和监督行政机关依法行使行政职权,根据宪法,制定本法。"由此可以看出,行政诉讼制度确立的直接目的是规范人民法院审理行政案件,微观目的是具体保护受行政违法行为侵害的公民、法人或者其他组织的合法权益,宏观目的是从总体上监督和维护行政机关依法行使行政职权❶。因此,行政诉讼的主要功能是解决行政纠纷,实施权利救济,监督行政机关依法行政。而作为弱势群体的行政相对人,当其提起行政诉讼时,如果能够以一种真正平等的姿态参与到行政诉讼中,能够使行政诉讼制度真正落到实处。建立行政强制代理制度,符合行政诉讼法的立法目的。

(3) 具有良好的社会基础。强制代理制度需要先进的法律服务业(主要是指律师)队伍和高水平律师队伍作为保障。就我国目前的律师队伍情况来看,改革开放后,我国的律师队伍数量就一直处于上升状态,目前我国律师事务所已经发展到 1.69 万多家,律师队伍发展到 19.4 万多人。随着法学教育的发展,教授法学的高等院校不断增加,很多高校中设立了法学学院或者法学系,这为律师行业的发展输送了充足的、高素质的人才,同时随着国家统一司法考试制度的实施和司法改革的推进,律师队伍的专业素质得到了保障,基本上可以满足社会对各类法律服务的需求。从社会现状看,虽然随着普法宣传等活动的推进,公民的法制意识越来越强,然而因受社会整体教育水平限制,当事人特别是行政诉讼中原告的诉讼能力仍需进一步提高。加之我国的行政案件相比较于民事案件和刑事案件而言,数量并不是很大,因此可以尝试在行政诉讼中建立强制代理制度。

(4) 缓解"法官荒"的现状,减轻法官释明义务。近年来,随着法院案件数量的不断增加,案多人少的现状越来越突出,很多法官特别是基层法院的法官几乎都是超负荷的工作。在审理案件过程中,法官承担了很多释明义务。强制代理制度,将法官的释明义务转嫁于代理人身上,有利于减轻法官的工作压力。

---

❶ 朱维究:"简论我国建立行政诉讼制度的宗旨",载《法制日报》1990 年 10 月 4 日。

(5) 刑事诉讼中强制辩护制度的借鉴。《刑事诉讼法》规定对于被告具备下列情形应当指定辩护人：盲、聋、哑人或者限制行为能力的人；开庭审理时不满 18 周岁的人；可能被判处死刑的人。该项制度的实施为行政诉讼中强制代理制度的建立提供了一定的借鉴意义。

既然行政诉讼中强制代理制度的建立具备了一定的必要性和可行性，那么接下来应当考虑的问题就是强制代理制度的设计问题了。我们认为可以从以下几个方面考虑强制代理制度的设计问题：

(1) 适用范围。基于行政管理的广泛性以及行政诉讼的专业性，我们认为以下行政案件人民法院应当指定承担法律援助义务的律师提供代理服务：原告提起的行政诉讼涉及公共利益、对社会有较大影响的行政案件；原告提起的行政诉讼对家庭成员的生活有重大影响的案件；原告为残疾人、未成年人以及 70 岁以上的孤寡老人的；对于原告因经济困难或者因其他原因没有聘请代理人的，人民法院可以指定承担法律援助义务的律师为其提供代理。

(2) 基础制度设计。行政起诉状应当由律师起草，经律师签署后提交法院。法院在立案时必须进行审查，如果原告没有委托代理人，法院应当依职权或者依原告的申请，为其指定律师。原告对强制指定的律师不满意的，可以要求更换律师，但最多只能更换两次，也可以自己聘请律师。被选择的律师若无正当理由，不得拒绝代理，在整个诉讼程序中不能随意退出。

(3) 配套制度设计。完善法律援助制度。《法律援助条例》规定，法律援助是政府的责任，县级以上人民政府要为法律援助提供财政支持。政府部门应当加大法律援助的财政支出，保证专款专用。同时相关部门可以建立相应的强制代理律师库，法院可以根据具体的情况从该库中为原告随机选择律师。建立律师费用应当由败诉方承担的制度。行政诉讼的门槛本身就比较低，强制代理制度的建立，无疑会导致"行政诉讼爆炸"。诉讼费用由败诉方承担制度能在一定程度上抑制滥诉行为的发生。同时人民法院在判决时可以对原告律师费的支出问题一并作出裁判。

很多人提出了在民事诉讼建立强制代理制度的观点，但我们认为强制代理制度在行政诉讼中的建立更具有现实性和紧迫性。行政诉讼中强制代理制度的建立，对于破解我国行政诉讼中的难题，实现司法公正具有重要的意义和作用。

三、加强行政首长出庭应诉制度

（一）修改相关法律规定

强调被告行政机关的法定代表人必须参与诉讼。同时增加出庭应诉的义务，确因特殊理由不能按时出庭的，应当提交书面申请，经法院许可后，必须委托部门主管副职出庭。

（二）建立败诉问责制

提请政府部门或人大制定相关制度，在制度中明确败诉问责制，增加对行政首长拒绝出庭应诉的制裁，行政首长应当出庭而不出庭导致败诉的，对行政首长本人实行过错追究和经济追偿。

（三）完善出庭应诉考核机制

将行政审判作为检验依法行政能力的重要标准，把履行法院判决作为是否尊崇法律的重要指标，把配合法院协调处理案件作为共同的政治责任，建立考核制度，对签收法律文书、组织答辩、出庭应诉、胜（败）诉率、履行判决、回复司法建议等各个环节进行科学考核，与政府年度综合工作目标绩效挂钩，法院将出庭应诉情况积极向市委、市人大和市政府通报，使该项制度落到实处。

四、加强审限管理，优化庭审程序

多数被调查者都比较重视诉讼效率，诉讼效率的高低是影响当事人司法公正性评价的重要因素。在目前行政诉讼一审3个月的审限规定下，多数被调查者都不愿再延长审限，同时对改进诉讼效率的简易程序、庭前证据交换等程序设置表示支持。另外，被调查者普遍关注庭审后判决作出的时间，较多的人倾向于7天内作出判决。对此，笔者提出以下建议。

(一) 加强审限管理

强化审判人员的审限意识,严格审批延长审限的申请,一般案件在法定审限内尽可能地缩短结案周期,没有法定事由不得延期审理。对依法确需延期审理的案件必须由庭长、院长严格审查是否属于法定的延期事由,严把延期审批关。庭审后应尽快合议作出判决,提高流程管理的效率,坚决杜绝不到审限不出判决书的情形。建立健全审限跟踪督办制度,加强对案件审限节点的监控力度,防止拖延办案导致效率低下、案件积压。对可能超审限的案件进行预警、督促和通报。对于公告送达的案件、双方当事人申请调解的案件、需要进行司法鉴定的案件,在公告、调解、鉴定期间暂停计算审限,但必须办理暂予中止审理的相关手续附卷,并及时告知立案庭在内网上调整审限计算。可以针对一审、二审、再审案件的不同情况,探索制定庭审后判决时间的相关规定,与审限规定相结合,共同加强诉讼效率管理。

(二) 深化简易程序

(1) 结合行政诉讼简易程序的试点工作,最高人民法院应当进一步促进《行政诉讼法》的修改进程,积极推动行政诉讼审判程序与审判体制改革的立法进程,尽快实现行政诉讼简易程序法制化。

(2) 设置简易程序的目的是通过对案件进行繁简分流,保证人民法院公正及时地解决纠纷,保障和方便当事人充分行使诉讼权利,因此不是所有的行政案件都能适用简易程序审理。如何确定行政诉讼简易程序的适用范围,是设置简易程序的基础性问题。我们认为应在遵循公平和效率的原则下,采取实质标准和形式标准相结合的形式,通过概括式和正反列举式相结合的方式,规定了简易程序的适用范围。界定清晰"基本事实清楚、法律关系简单、权利义务明确"的适用标准,同时采用肯定列举式规定适用简易程序的案件类型和否定列举式排除不适宜简易程序的案件,便于实践操作。

(3) 明确中级人民法院可以适用简易程序,根据《中华人民共和国行政诉讼法》第23条"上级人民法院有权审判下级人民法院管辖的第一审行政案件"的规定,中级人民法院有权审判基层人民法院管辖的第一审行政案件。如果案件性质符合"基本事实清楚、法律关系简单、权利义务明确"的标准,中级人民法院也可以适用简易程序予以审理。

(4) 赋予当事人程序异议权和相对的选择权。当事人对人民法院决定适用简易程序有异议的,应在合法范围内充分尊重当事人在诉讼中自由表达真实意愿的权利,允许其提出异议,由法院依法进行审查。法院认为异议成立的,应转入普通程序审理;认为异议不成立的,应向当事人说明理由并做必要的释明,增进当事人对行政裁判的信服度和接纳度。对于立法无明确规定适宜简易程序审理的案件,可以允许双方当事人合意选择适用简易程序,即赋予当事人行使程序选择权。"对于当事人而言,程序本身的复杂或简易并不一定意味着程序保障权的满足,只有当程序的繁简成为一种可选择、可处分的对象时,程序保障才真正成为其预设受益人的权利"❶。赋予当事人程序选择权是给予其机会决定实体利益或程序利益优先追求的方向,符合当事人意思自治和处分权原则,有助于体现司法公正,提高当事人参与诉讼的积极性。但出于公共利益的考虑以及行政诉讼自身的特殊性,我们认为应赋予当事人相对的程序选择权,由法院对当事人之合意申请进行审查判断,最终决定是否适用简易程序。

(5) 设置行政诉讼简易程序,应以遵循程序公正原则为前提,对普通程序中的环节和步骤予以科学、合理的简化,使行政案件得到迅速、快捷的处理,可以进一步简化起诉方式,允许口头起诉,可以采取电话、传真、电子邮件、委托他人转达等简便方式传唤当事人及证人,可以简化庭审中的宣读法庭纪律、告知诉讼权利义务环节,增强举证和质证的针对性,围绕焦点问题进行法庭辩论和调查环节,突出庭审重点,增强庭审的效果。

五、进一步科学化判后释疑工作

被调查者基于武汉市近年来判后释疑工作的开展,对这项工作都有着

---

❶ 傅郁林:"繁简分流与程序保障",载《法学研究》2003年第1期。

自己的体会和看法，也提出判后释疑工作更加科学、规范开展的努力方向。对此，建议判后释疑工作要结合案件具体情况和当事人的需求有所判断、区分的开展，在释疑主体上可以探索主审法官、庭长、分管院长等分级释疑机制，在答疑的时间及方式上，可以站在当事人角度，探索一些便民、利民、为民的释疑措施，如宣判后及时答疑、判后限期答疑、预约答疑等时间灵活的各种安排及口头释疑为主，辅以书面、电话、传真、网络等多种形式。

六、加强行政诉讼协调工作

针对行政诉讼协调和解，需采取积极有力的措施：

（1）做好案件预防。例如，发布行政审判工作蓝皮书，定期召开法院与行政机关的联席会议，对行政执法中的热点和焦点问题及行政审判中的疑点、难点问题进行调研并向行政机关提出司法建议、建立沟通协调信息网络、到行政机关和社区进行普法宣传，营造和谐的行政诉讼法制环境，从源头上预防和减少行政纠纷。

（2）在诉讼中和解。如针对许多行政案件的诉因是由民事纠纷而起，大胆借鉴民事调解制度的成功经验进行行政协调，采取民事调解、行政协调、诉讼调解和信访听证等多元化和解方式，从实体上解决民事纠纷，妥善处理行政争议。对在协调和解中原告撤诉的案件，法院坚持后续履行监督，敦促行政机关全面、正确、及时履行协调和解协议。

（3）创新协调和解方式方法。如为了缓和气氛，行政案件的协调和解原则上采取圆桌式会议形式，即协调主持人员、参与人员围绕在圆形审判台周围，创造缓和、融洽的环境。这种形式不仅是"司法为民"司法理念的体现，也能发挥当事人的主体作用，各方当事人平起平坐，法官起着沟通式引导作用，而不是刻板、严肃的职权式审问。在不同背景下选择适用当面协调、交叉协调、情感协调、性格协调等方法来缩短当事人之间的距离，消除当事人的抵触情绪，减少直至排除交流障碍。

（4）追求明白判案，真正做到案结事了。如对具体行政行为无过错的案件，不是一判了之，而是深入原告及其所住小区，深层次了解当事人诉讼的真正目的，帮助其解决实际困难；对具体行政行为确实存在瑕疵的案件，一方面指出行政行为存在的问题，引导行政机关主动纠正错误，另一方面争取行政相对人对行政机关的谅解。

七、构建信访治理长效机制

（一）将行政诉讼涉诉信访纳入正常法律程序当中，引导公众改变以信访方式施压法院的做法

当前，我们既不可能废除信访制度，同时也不易按照现代法治的要求建立功能上可替代的制度。面对信访大潮，为了缓解信访实践与形式理性化司法技术间的紧张，我们应当引导公众改变以信访方式施压法院的做法，使公众习惯于通过正常的途径表达不满，使这些途径畅通，便捷，有效率。应该帮助公民掌握法律武器自己做主，为他们接近司法提供更多的便利和机会，为他们建立和提供更为公正与经济的司法制度。

（二）强化行政诉讼涉诉信访源头治理

（1）健全机制，规范信访工作管理。法院应该积极探索构建规范化、制度化的涉诉信访长效机制，制定完善全面的信访制度，建立案件涉稳风险评估、信访绩效目标考核、涉诉信访巡视监督等制度，同时完善和改进领导接待制度。通过现场接访、重点约访、带案下访、结案回访等方式，零距离接触群众，面对面化解矛盾。

（2）加强和改进行政执法与行政审判工作。在诉讼中引入协调机制，切实解决行政争议，充分化解官民矛盾，争取法律效果与社会效果的最佳统一，进一步提高行政机关的威信。针对劳动工伤案件较多及恶意诉讼多的情况，加强与劳动、司法等部门的沟通联系，建议劳动部门对企业在用工制度、福利待遇、加班过程中存在的违法行为，加大处罚力度，最大限度保护弱势群体，保护公民的合法权益；对那些恶意诉讼的企业、代理人，建议有关部门加强监督。加强司法建议工作。法院对在行政执法中发现的问题及时向行政机关提出司法建议，监督行政机关依法行政，充分发挥司

法建议的作用，积极推动行政机关依法执政。法院和政府法制办每年共同组织行政执法人员开展相关法律知识的业务培训，不断提高行政执法人员的执法水平，进一步提高行政机关应诉能力。

（3）加强协调、调解工作，注重疏导。在行政诉讼案件立案移送行政审判庭后，及时与当事人沟通，并做相关的法律解释工作，使当事人对诉讼方式有充分的了解，对诉讼风险有明确的认识，对诉讼后果有合理的预期，减少败诉后对法院的抵触情绪。同时要加强与地方党委、人大、政府和有关行政部门联系、沟通和协调，增进地方党委和人大对法院行政审判工作的支持与信任，促进监督和支持的良性循环，同时最大限度地争取地方政府和行政机关对法院行政审判工作的理解和支持，进一步改善和优化行政审判环境。

（三）立足当前司法体制，兴利除弊，确保公民诉求渠道的畅通

（1）在保证行政诉讼案件审判质量的前提下，提高行政审判工作的效率。诉讼作为解决社会纠纷的终局机制，成为吸纳社会纷争至关重要的方式。在当前我国社会民众整体法律意识不强，经济承受能力有限，法律信仰尚未完全形成的情况下，诉讼程序的复杂以及诉讼所要经过的期间都让老百姓望而却步，当发生纠纷时不愿意通过诉讼途径解决，而是通过信访反映问题，如果问题不能得到自己预期的目的就誓不罢休，导致长期上访甚至缠访现象的发生。甚至有些已经参加行政诉讼的相对人认为法院对案件"久拖不决"都是因为"官官相护"，失去了对于审判机关的信任，从而引发上访事件。为此，各级法院要在公正裁判的基础上，提高工作效率，尽量缩短审判的周期，让不稳定的法律关系早日得以确定。建立和完善科学合理的繁简分流机制，因地制宜地设立诸如速裁庭或速裁法官。让诉讼能迅速地解决纠纷，使得普通民众能够切身感受到诉讼的实用价值，愿意将诉讼作为解决纠纷的终局手段。

（2）进一步规范法官判后答疑制度，提高初信初访的息诉率。笔者所在法院时常碰到来访的当事人拿着没有执行内容的行政判决书要求申请执行。当告知判决书没有可执行内容的时候，当事人的第一反应通常是：为

什么当时法院给我判决书的时候没有给我说明白？当事人会认为其拿到的是一张"没有用的判决书",继而通过上访的方式救济其权利。裁判文书虽能将裁判认定事实与裁判理由传达给当事人,但是,有鉴于我国公民的法律意识还有待提高,对于以法言法语为形式的裁判文书,相当部分当事人尚难以真正理解,仅有书面的裁判文书还不能让当事人信服。通过判后答疑制度,由承办法官与当事人面对面的通过口头语言帮助当事人正确、全面理解法院裁判的公正性、合法性,可以使当事人更好地理解和接受裁判。法官判后答疑制度是因应当前涉诉信访问题而进行的有益探索,规定承办法官判后答疑的义务有利于疏通当事人诉求渠道,倾听当事人的意见,化解因当事人对法律误解而引起的上访问题,能够从源头上减少和预防行政案件的涉诉信访和上访,提高初信、初访的接谈息诉率。

第十八章 行政审判中的司法公正现实问题及对策

"公正与效率"是人民法院的工作主题,也是我国司法制度所追求的两大价值目标。确保司法公正,提高司法效率是21世纪人民法院工作的出发点和落脚点,是审判工作的灵魂和生命。然而由于司法公正与司法效率在价值取向上侧重点不同,因此二者存在一定的冲突,表现为过分地强调公正会导致司法资源的浪费及当事人的权利得不到及时的救济,过分强调司法效率会导致不公的裁判甚至是枉法的裁判影响司法权威和司法公正。从内容上说,司法公正与司法效率是统一的,不公正的司法不是有效率的司法,不讲效率的司法不是公正的司法。笔者认为在司法公正与司法效率的定位上,应当坚持司法公正与司法效率并重。现有的司法体制是计划经济时代的产物,已成为实现司法公正与司法效率的重要障碍。深化司法体制改革成为当务之急。本章以行政诉讼制度的完善为例,分别从行政诉讼简易程序、行政诉讼和解制度的建构两个方面,阐述了行政审判体制改革的方向,从而最终实现司法公正与司法效率的统一。

第一节 司法公正与司法效率的内涵

一、司法公正的内涵

西方启蒙思想家培根指出:"一次不公正的判决比多次不公正的举动为祸尤烈,因为这些不公正的举动不过是弄脏了水流,而不公正的判决则把水源败坏了。"公正是人们所追求的崇高理想,也是法治的核心和灵魂。按照辞海的解释,公正是指社会道德范畴和道德品质之一。指从一定的原则和准则出发对人们的行为和作用所作的相应评价;也指一种平等的社会状况,即按同一原则和标准对待相同的人和事❶。作为评价某种行为的标准,公正是司法活动所追求的理想目标,在诉讼活动中,公正是实现诉讼目的、合理保护当事人合法权益的一种重要保障。司法公正是指在司法审判人员在司法和审判活动中的过程和结果中应坚持和体现公平和正义的原则❷。从分配正义的角度看,司法作为解决纠纷的活动,事实上是通过正确认定事实、准确适用法律,对当事人之间被破坏和受损害的权利和利益重新进行程序性和实体性的合理分配的过程。从这个角度看,司法公正包括实体公正和程序公正。实体公正是指分配当事人之间的权利和利益的结果是公正的,具体而言是指人民法院的裁判在认定事实和适用法律方面都是正确的,对当事人的合法权益给予了保护,对违法犯罪者给予了应有的惩罚和制裁,即司法结果的公正。程序公正是指对权利和利益的分配方式及分配过程是公正的,具体来说就是司法程序、制度本身以及法律实施过程本身符合正义的原则,即司法过程的公正。实体公正与程序公正相辅相成。实体公正是司法公正最根本的目标,而程序公正是实现司法公正的根本保障。原最高人民法院院长肖扬曾说过这样一段话:"司法公正的体现,应当是在当事人举证、质证后,人民法院根据查证属实的证据,认定案件事实,依法作出裁判。人民法院应当努力做到法律事实与客观事实的一致,但由于司法机关和当事人搜集证据的局限性,人民法院通过公开、公平程序,根据证据和法律作出的裁判结果可能与客观实际不完全吻合。但是,在正常情况下,只要做到了法律上的真实,裁判结果就应当认为是公正的。遵循和尊重司法

---

❶ 《辞海》,上海辞书出版社 1999 年版,第 338 页。
❷ 何家弘:"司法公正论",载《中国法学》1999 年第 2 期。

活动这一客观规律，是实现司法公正的前提条件。"❶ 无论是实体公正还是程序公正，最终都是为达到司法公正的目标。

二、司法效率的内涵

《辞海》对于效率的解释是：消耗的劳动量与所获得的劳动效果的比率。❷《国际标准汉字词典》则解释为：机器设备在工作时间输出能量与输入能量的比值，单位时间内完成的有效劳动量。❸ 由此可以看出，效率包含了资源、时间和效果三个方面的因素。效率原本是经济学研究的范畴，将效率引入法学研究领域始自于亚当·斯密的经济学对法律的渗透，开创了以经济学的目光，以效率的价值标准审视和评价法律制度的先河，为经济法律学的诞生奠定了基础。20世纪50年代异军突起的经济法学派使传统的法学领域推动了法学领域的又一次发展。罗伯特·考特说过："法律方法和经济方法虽有差异，但常常会得出相同的结论。就同一法律规则而言，法学家维护的公正，经济学家维护的是效率。"法律一直以来都将正义、秩序以及人权作为其根本价值，经济法学派的兴起则为效率在其中争得了一席之地。❹ 效率最大化是市场经济奉行的原则。"与市场一样，法律也用同等机会成本的代价来引导人民促成效率最大化"。❺ 司法效率是指在单位时间内司法活动所取得的司法效果与所投入的司法资源之间的比率。具体来说，就是要在保证案件质量的前提下，以提高诉讼运作效率，严格审限制度，降低诉讼成本为手段，以尽快审结案件、避免司法拖延。也就是说，司法效率包括两个方面的内容，一是要求诉讼高效而不拖延，二是要求尽可能节约诉讼成本，提高诉讼效益。笔者认为，法律的价值不应当

---

❶ 肖扬："在全国高级法院院长会议上的讲话"，载《最高人民法院公报》2002年第1期。

❷ 《辞海》，上海辞书出版社1999年版，第1777页。

❸ 《国际标准汉字词典》，外语教学与研究出版社2005年版，第594页。

❹ 钱弘道：《经济分析法学》，法律出版社2005年版，第69页。

❺ [美] 理查德·波斯纳著，蒋兆康译：《法律的经济分析》，中国大百科全书出版社1997年版，第677页。

仅限于自由、公平和秩序，还应当包括效率。司法效率体现的是司法资源有限性对诉讼活动的制约。

第二节　冲突与契合：司法公正与司法效率的关系

英国有一句著名的古谚："迟来的正义是非正义。"由此可见，正义与效率是密不可分的，二者应当是一致的，但由于二者作为司法活动所追求的价值，侧重点不同，公正强调诉讼过程对于当事人愿望和需求的正义的满足程度，效率则强调诉讼成本以及司法资源配置的合理性和有效性，因此司法公正与司法效率存在一定的冲突。

一、冲突：司法公正与司法效率的对立

公正和效率作为司法活动的价值取向，其意义和内容是不一样的。首先，司法公正和司法效率的概念不同。如前所述，司法公正是指严格依照法定程序，以公道正直的态度对待各方当事人以及裁判结果所体现的公平正义原则。而司法效率是指在单位时间内司法活动所取得的司法效果与所投入的司法资源之间的比率。其次，司法公正与司法效率所强调的侧重点不同。司法公正强调通过程序公正实现实体上的公正，更强调司法活动的结果价值，而司法效率则强调在确保司法效果的前提下节约司法资源，更强调司法活动的过程价值。再次，司法公正与司法效率的表现形式也不一样。司法公正的表现形式主要体现为结果状态是否公正，而这种结果状态主要取决于司法活动的主体或者对象的需求的满意程度，比较模糊，而司法效率主要表现为设计合理的司法程序使司法资源得到优化配置、充分利用，使司法运作加快、期间缩短，它表现的是司法的经济合理性，而司法活动期间的长短，国家投入的人力、物力和财力等的多少是可以用一定的标准来衡量的，比较明确。因此，司法公正与司法效率具有对立性，对立性主要表现在以下两个方面：（1）追求司法公正在一定程度上阻碍了司法效率的提高。公正需要严密的诉讼程序作为保障，而严密烦琐的程序必然

难以达到效率的目标。程序公正的要求包括审判过程的公开、审判中立、各方当事人地位对等、诉讼权利义务一致等。程序公正性越强,程序的繁琐和复杂程度就会相应地提高,而这不仅要求增加司法资源的投入,而且还会降低诉讼的进程与速度,甚至会导致严重的司法拖延和案件积压,而提高诉讼效率必然要求简化诉讼程序。过于简单的程序有时会使当事人怀疑司法审判的公正性,认为自己的意见不能充分得到表达和尊重。(2)片面追求诉讼效率在某些时候阻碍了司法公正的实现。如果审判机关片面追求诉讼效率,或者为确保诉讼活动尽快进行所必需的诉讼资源得不到提供,或者不按照正常的诉讼程序进行活动,那么公正的结果难以实现,司法公正也就无从谈起了。

二、契合:司法公正与司法效率的统一

公正和效率作为司法活动所追求的价值目标,二者又是相辅相成的。司法公正是司法效率的目标,司法效率是实现司法公正的保障。司法公正与司法效率又是相互包容的。

司法公正与司法效率在内容上具有一致性。公正在法律中的第二意义就是指效率。❶ 在诉讼中,当事人的目标就是公正,而效率只不过是要求以最佳的方式来满足当事人的愿望。诉讼效率作为诉讼程序运行过程中所追求的一种价值目标,其本身就包含着诉讼公正的精神,其要求以最经济的方式来实现诉讼公正的目标。同样地,诉讼中,如果公正的实现是以耗费高昂的司法资源和付出较大的司法成本为代价,那么这一司法活动绝不是真正意义上的公正。在强调刑罚及时性的时候,贝卡利亚曾作过这样精辟的论述:"说它比较公正是因为:它减轻了捉摸不定给犯人带来的无益而残酷的折磨,犯人越富有想象力,越感到自己软弱,就越感受到这种折磨。诉讼本身应该在尽可能短的时间内结束。法官懒懒散散,而犯人却凄

---

❶ [美] 理查德·波斯纳著,蒋兆康译:《法律的经济分析》,中国大百科全书出版社1997年版,第16页。

苦不堪；这里，行若无事的司法官员享受着安逸和快乐，那里，伤心落泪的囚徒忍受着痛苦，还有比这更残酷的对比吗？"❶

司法公正和司法效率相互促进，相辅相成。诉讼的过程和结果是公正的，判决更能令人接受，权威和说服力增强，就必然会减少不必要的申诉、抗诉、上访等，这也就降低了因再审等重复诉讼程序的发生而对司法资源造成了浪费；同时，适度的效率，能够保证纠纷及时得到解决，使当事人避免因诉讼拖延而受到的不公正待遇。

总的来说，不讲效率的司法不是公正的司法。当事人诉诸法院就是希望能获得司法救济，希望法院能够通过严谨的诉讼程序，正确认定事实、准确适用法律，使自己的合法权益尽快得到维护，从而实现司法公正。如一个合同纠纷案件，按照法定程序历经八个多月，依法公正判决被告人返还原告人财产，应该说司法是公正的，但是，八个月后，由于市场行情回落，财产价值已大打折扣，结果对原告人是不公正的。无视法律的明确规定、无视当事人缩短诉讼期限、减少讼累的期盼，过分强调法律对社会的调控，片面地追求公正而忽视效率造成诉讼迟延、久拖不决不符合时代对司法的要求，所谓"迟来的正义是非正义"。法律只有被公正、高效地适用，才能得到人民群众的自觉拥护和一致遵从，才能真正树立和维护司法权威，最终实现社会和谐。久拖不决的司法行为违背了化解社会矛盾、解决纠纷、促进和谐社会构建的司法目标，更谈不上是公正的司法。

不公正的司法不是有效率的司法。只有公正的司法才是最有效率的，不公正的裁判甚至枉法的裁判不仅不能及时解决冲突和纠纷，而且会导致混乱状态的加剧。

---

❶ [意]贝卡利亚著，黄风译：《论犯罪与刑罚》，中国大百科全书出版社1993年版，第56页。

第三节 平衡：司法公正与司法效率的抉择

司法公正与司法效率都是当前人们讨论司法改革的热门话题，在司法效率与司法公正的价值取向上孰先孰后，学界主要有以下几种观点：

（1）"公正优先，兼顾效率"。该种观点认为公正是诉讼的生命，是司法的首要价值、根本价值，而效率属第二位价值。司法被称作"公正的最后一道防线"，必须在司法领域倡导和贯彻"公正优先，兼顾效率"。任何司法模式如果失掉效益还可以认为是司法模式，但如果失掉公正就失去了司法模式的生命。❶

（2）效率优先说。该种观点认为诉讼可以被视为是一种经济行为，法律程序完全可以通过交易成本、投入产出比等经济学标准来评价其合理性。以波斯纳为代表的经济法学派提出，坚持法律程序的价值标准在于最大限度地降低直接成本和错误成本，❷ 美国学者德沃金提出的道德成本理论认为，在评价和设计一项法律程序时，应当最大限度地减少法律实施中的道德成本。❸ 从微观上看，各主体的财力、物力、人力的成本与从诉讼裁判结果中获得的收益之间的比值关系，直接制约、决定着主体的行为选择，而从宏观上说，诉讼成本与诉讼收益之间的比值关系反映和体现了诉讼的基本价值。尽可能地减少司法活动中的资源耗费，降低诉讼活动成本，提高诉讼效率是完善诉讼程序的目标。因此，在司法价值取向上，应当坚持效率优先。

笔者认为，在当前的形式下，在司法价值取向问题上，应当坚持司法

---

❶ 马贵翔："公正、效率、效益——当代刑事诉讼价值目标"，载《中外法学》1993年第1期。

❷ 直接成本即法律运作成本，包括私人成本和公共成本，私人成本主要包括诉讼费、聘请律师支出的费用、进行司法鉴定的费用等，公共成本主要是指保障司法活动正常进行，以实现其诠释法律、平纷止争的作用所必须投入的成本，大致上包括法官的薪金、法庭的设施损耗及必要的经费、装备等；错误成本是指由于法院作出错误的裁判所产生的损耗。

❸ 道德损耗指由于法院不公正的裁判给社会所带来的损耗。

公正与司法效率并重。主要有以下几个方面的原因。

（一）司法的现实困境要求注重司法效率

随着市场经济体制的建立，经济生活的开放性和跨越性逐步增强，人际交往也日趋频繁，人与人之间的不确定因素也随之增多。在这种情况下，人与人之间的纠纷也不断增多。诉讼增多常常是世界各国在发展市场经济过程中的一种伴随现象。另一方面，人权保障已成为不可逆转的历史趋势，与之相适应的是建立一整套比较严谨、完备、规范、相对繁琐的程序。基于此，随着诉讼活动的与日俱增，诉讼过程的日趋繁杂，司法机关感受到了越来越沉重的解决纠纷的压力，诉讼当事人越来越不堪于讼累。在这种情况下，追求高效率的诉讼便成了绝大多数人的一种共识。而且市场经济本身就强调要实现资源优化配置，对于司法行为亦是如此。从我国当前的情况看，我国目前正处于社会转型期，体制转轨过程中必然存在的因体制改革旧的利益格局被打破引起的心理失衡，引发更多的案件，另一方面，我国市场经济体制还不十分完善，计划经济观念的负面影响还没有彻底根除，受计划经济观念的负面影响不重视效率，导致案件积压与司法拖延问题更是突出。因此，在我国当前的形式下，司法的现实困境要求注重司法效率。

（二）强调司法公正与司法效率并重并不影响司法公正

认为司法活动应该"公正优先、兼顾效率"很重要的一个原因是担心过分强调司法效率，减少司法资源的投入而影响"公正的最后一道防线"司法活动的公正性。强调司法效率，要求缩短司法期间和减少投入的司法成本，如前所述，司法成本包括直接成本和错误成本。也就是说司法效率要求减少司法错误成本。而错误成本本身就是司法机关的不公正判决导致司法资源的无效使用和错误配置所产生的损耗。如此一来，我们认为强调司法效率本身就强调了司法公正。另一方面，追求司法效率的内涵根本在于避免司法资源的浪费以及司法拖延，其重要的方式在于改善司法机制以实现司法资源的优化配置及充分利用。改善司法机制一方面与追求司法公正是一致的，另一方面其重要性并不低于追求司法公正，庞德认为"我们以为正义并不意味着个人的德行，它也并不意味着人们之间的理想关系。我们以为它意味着一种制度。我们以为它意味着那样一种关系的调整和行为的安排，它能使生活物质和满足人类对享有某些东西和做某些事情的各种要求的手段，能在最少阻碍和浪费的条件下尽可能多地给予满足"。❶ 从这个意义上说，我们认为强调司法效率并不影响和削弱司法公正。

第四节　改革司法体制，实现司法公正与司法效率的统一

过去审判实务工作及司法理论研究中主要强调的是公正，这些年来我们也一直在强调实体公正、程序公正、审判公正等，没有过多地强调效率，即便有时候讲效率，也只是指要加快办案的进度，尽可能在短时间内结案，对效率的理解比较片面，没有将效率与公正放在同一地位，更没有将二者统一起来。司法公正与效率在促进社会进步、经济发展方面等发挥了重要作用，它高度概括了宪法和法律对人民法院职责的规定，充分体现了人民法院审判工作的基本特征和目标追求，深刻揭示了在实施依法治国基本方略、建设社会主义法治国家进程中，人民法院的重要地位和作用，全面反映了社会主义市场经济发展对法律和法治的内在要求。❷ 最高人民法院客观总结了人民法院五十多年来的丰富经验，综合分析了21世纪人民法院面临的新情况、新任务，科学地提出了"公正与效率是二十一世纪人民法院的工作主题"。我国现行的司法体制是计划经济时代的产物，随着市场经济体制的建立，原有的司法体制已经成为实现司法公正与效率的障碍。改革现有的司法体制，努力实现司法公正与司法效率的统一，成为当务之急。

公正与效率亦是行政诉讼所追求的价值目标。《中华人民共和国行政诉讼法》颁布已有20余年，然后随着行政案件的急剧增加，该制度设计的弊端已日益体现。深化行政审判工作的制度的改革，是实现司法公正与提

---

❶ 李文健：《刑事诉讼效率论》，中国政法大学出版社1999年版，第25页。
❷ 葛卫民："论司法公正与司法效率"，载《政法学刊》2005年第3期。

高审判效率的要求。就行政诉讼而言，诉讼标的为具体行政行为。因行政行为具有公定力和确定力❶，一旦作出后即对外有效。行政诉讼一旦审理期限过长，其违法状态将难以及时得到纠正，不利于行政效率的提高，也不利于行政相对人合法权益的保护。笔者认为，为实现司法公正与司法效率的目标，行政审判体制改革可以从以下几个方面入手。

一、增设简易程序

自《行政诉讼法》实施以来，我国行政诉讼就一直是由人民法院组成合议庭依照普通程序进行审理。我国行政诉讼制度之所以仅设置普通程序而没有规定简易程序，与当时的立法背景相关。从案件数量看，当时的行政案件数量较少，仅设普通程序能够应对现实的需要；从司法环境看，行政诉讼处于起步阶段，受中国传统文化的影响，行政机关对于行政诉讼的被告在心理上存在较重的抵触情绪，甚至可能施加各种压力干扰行政审判，合议庭作为一个集体决策、集体负责的组织，能够在一定程度上缓解法官所承受的干扰和压力；从当时的审判力量看，行政审判制度作为一项新生事物，专业性较强，而当时经过专业训练、熟练掌握行政审判法律知识的法律人才严重匮乏。利用普通程序的合议机制，就能使行政案件特别是一些重大疑难复杂案件可以在集体智慧下得以解决。因此，当时我国行政审判制度采取完全的合议制、适用完全的普通程序，还是具有相当的合理性。

然而随着公民法制意识的增强，行政案件越来越多，而司法资源特别是行政审判力量具有有限性，二者之间的矛盾日益突出。甚至在一些基层法院行政审判人员编制不到位，连组成合议庭都存在困难，需要从其他部门调借，因此导致"合而不议""陪而不审"的现象时有发生。而且就行政案件本身而言，有的行政行为法律关系比较简单，当事人之间的争议不大，甚至本身就是由行政机关适用简易程序作出的行政行为，一律采用普

---

❶ 公定力是指行政行为一经成立，无论是否合法，对任何人都具有被推定为合法有效且要求所有机关、组织或个人予以尊重的法律效力；确定力是指行政行为一旦作出，未经法定程序和理由，不得撤销、变更或废止。

通程序，则有浪费司法资源、加重人民法院和当事人的诉讼成本之嫌。试想，一个20元罚款的行政纠纷，当事人可能也要等待三个月或者更长的时间才能获得最终裁判，其间投入大量的人力、财力、物力，最终得到的仅是一纸撤销判决书，导致"赢了官司输了钱"。所谓"迟来的正义是非正义"。实行行政诉讼程序现代化，必然要求司法运作和司法组织之相适应，彰显公正与效率的价值取向。由此，在公正与效率的架构下，我们目前禁设行政诉讼简易程序的立法，无论在理论上还是在实践上都显得过于固执，在某种意义上成为行政诉讼功能作用发挥的桎梏。显然，立足公证与效率的现代司法理念，积极顺应司法现代化的潮流，重构现行行政诉讼程序设计，创建相应的行政诉讼简易程序，无疑具有划时代的深远的积极意义。❶

应当说，司法实践中已认识到这一问题，最高人民法院于2010年12月13日发布《最高人民法院关于开展行政诉讼简易程序试点工作的通知》（以下简称《通知》），在部分基层人民法院开展行政诉讼简易程序的试点工作。该《通知》明确了行政诉讼适用简易程序的案件范围、起诉、应诉及传唤规则、审判形式、审理程序以及简普程序的转换等。但我们认为以通知的形式推行行政诉讼简易程序违背了诉讼制度的法律保留原则。❷《通知》的很多内容与《行政诉讼》所规定的诉讼程序制度产生了直接的冲突。从目前行政审判简易程序试点开展的工作情况看，确实取得了不错的司法效果。自开展行政诉讼简易程序试点工作以来，武汉市的四家试点法院共审理了26起行政诉讼案件，其中23件经简易程序审理的案件当事人服判息诉，服判息诉率达到88.46%，既提高了审判效率，又维护了公平正义。笔者认为即便进行司法体制改革，也应当在遵守现有的法律规定和法律框架下进行，也就是说行政诉讼简易程序的构建应当通过修改《行政

---

❶ 王振清主编：《行政诉讼前沿实务问题研究》，中国方正出版社2004年版，第301页。

❷ 诉讼法属于基本法律，根据宪法的规定，应当由全国人大行使立法权和修改权。《立法法》第8条也明确规定："下列事项只能制定法律：……（九）诉讼和仲裁制度……"

诉讼法》来实现。增设行政诉讼简易程序，是我国行政审判体制改革的重要组成部分，应由全国人大或者常委会根据《宪法》所规定的立法体制和《立法法》所规定的立法权限进行。

二、建立行政诉讼和解制度

《行政诉讼法》第 50 条规定："人民法院审理行政案件，不适用调解。"然而在和谐司法的大背景下，行政审判中却呈现出另外一番景象：大量的行政案件通过原告撤诉得以解决，行政诉讼的撤诉率极高。全国行政案件的撤诉率 2008 年为 35.9%，2009 年为 38.4%，2010 年为 44.5%。逐年提高的撤诉率，折射的是撤诉背后的大量调解工作。虽然在行政审判中不能提调解，但是并没有禁止和解的提法，虽然不能以调解的方式结案，但并未禁止以原告撤诉的方式结案。通过和解、协调等说法对调解的异化，我们不难发现行政诉讼不适用调解的条文已名存实亡。事实上，从 2006 年开始，从基层法院、中级法院到高级法院再到最高法院，纷纷出台了行政诉讼协调和解的相关指导意见，对建立行政诉讼和解机制进行了积极探索。王胜俊同志在 2009 年 10 月 15 日 "全国法院探索化解行政争议新机制经验交流视频会" 上强调，要积极探索化解行政争议新机制，进一步加大行政协调和解的力度，积极促进行政相对人与行政机关互相理解、和谐共赢。同时最高人民法院将协调撤诉率作为工作绩效考评的一项重要指标。❶ 我们认为行政诉讼中的和解与调解并没有太大的区别，只不过行政诉讼和解依托的是行政诉讼法上的撤诉制度，即行政机关改变或者撤销被诉具体行政行为，作为行政相对人的原告向人民法院申请撤诉，并由人民法院作出准予撤诉的裁定。

笔者认为，纠纷的解决机制是多种多样的，并不仅限于判决。行政诉讼法限制调解的适用，立法目的就是实现司法权对行政权的控制和监督，以防止行政权的滥用。但是实践中大量撤诉案件的存在，已彰显出限制调

---

❶ 最高人民法院行政审判庭：《行政审判工作绩效评估办法（试行）》。

解适用的制度设计目的的落空。而且以指导意见的方式创制和解方式同样也违反了法律保留原则。诉讼制度和司法制度属于法律保留的立法事项，只能由全国人大及其常委会通过行使立法权的方式作出。与其让这种变相的调解进行下去，不如从制度上进行规范，使之成为保护行政相对人的合法权益、促进行政机关依法行政的重要方式。因此，建议在行政审判体制改革中，修改现行的《行政诉讼法》，建立行政和解制度。

通过行政诉讼和解制度，能够最大限度地减少双方当事人之间的对抗，有效地化解官民矛盾。同样地，行政诉讼和解制度，能够有效地实现司法公正与司法效率的统一。一方面，通过和解，行政机关通过改变违法的具体行政行为，使相对人的合法权益得到维护，同时能够消除其对行政机关的抵触情绪，增进对法院审判工作的认同感和满意度；对行政机关而言，行政和解制度可以使行政机关认识到自己的不足并加以改进，维护法律的尊严，通过维护相对人的合法权益和监督行政机关依法行政实现司法公正。另一方面，行政诉讼和解制度有利于节约司法资源、提高司法效率。作为"东方经验"的和解制度，具有其他方式所无法替代的作用。通过和解，双方当事人对案件均不再上诉、申诉、上访，既减轻了当事人的诉累，又节约了司法资源。从这个意义上说，行政诉讼和解能够最大化地节约司法资源。

第十九章　民事执行司法公正现实问题实证调研分析

民事执行作为司法程序的一个阶段,像审判活动一样,都是体现司法公正与否的重要环节。法院作为权利救济的最后一道屏障,除了审判活动外,经当事人的申请,对拒不履行的裁决进行执行,才算走完了整个司法程序。国家要履行司法公正的义务,就应当做到在裁决公正的同时,执行也要公正。由此可见,执行在司法公正中占据着非常重要的位置。此次调研,主要选取湖北省武汉市几个典型的基层法院和武汉市中院作为主要对象。执行现状的调查研究,使我们能够看到现实,发现问题,总结问题,反思问题;采取对案件当事人的问卷调查,在于通过当事人对执行诸现实问题的反馈意见,查找影响执行公正的社会因素、自身因素等,有助于我们对执行公正的考量和相应解决措施的提出。本课题实证调研旨在从执行的过程、效果中,寻找衡量执行公正的标准,定义执行公正的内涵,并进而思考如何通过法院的努力,其他社会主体的辅助,真正做到在执行环节实现司法公正。课题实证调研主要采用两种途径:(1)通过发放执行调查问卷的方式;(2)通过对近年来司法统计数据(有关执行)的考察及调查阅卷的方式。课题调查在武汉市中院及所辖15个基层法院范围内开展,调查对象主要针对当事人(申请执行人、被执行人、案外人)及其代理人。主要目的在于考察执行案件当事人对执行公正的直观感受(当事人对法官及其职业的认知程度,法院及执行程序的认知程度,执行过程及执行现实的认知程度,对执行程序公正及结果公正、执行效率的认知程度等)。共发放调查问卷596份,回收517份,回收率为87%。调查过程中有部分当事人对调查工作有抵触情绪,有部分当事人拒绝配合或推诿(主观不愿意),有部分当事人因文化程度、身体原因等无法配合(客观不能),但大部分调查对象都能够给予积极配合。调查对象中,代理人占大部分,而代理人中律师或专职法务人员又占绝大部分,这部分人对调查事项比较感兴趣或关注。总体来看,调查对象基本上都具有高中(中专)以上文化程度。可见,此次调研在机关主体上,涵盖中下级法院,基本能够说明中基层法院执行中当事人对法院、法官、执行程序、执行公正等的感受和认知问题;在社会主体上,调查对象有申请执行人、被执行人,还有案外人,对象广泛,随机发放,遵从当事人意愿自主填写,可信度较高。囿于现实条件所限,我们没有对调查对象进一步分类,对各类当事人的感受和认知无法分析。本次调查针对近年来(主要是2008年"清积"以后)两级法院(市、区)执行工作的收结案情况、采取强制措施的情况、涉执信访情况等进行考察,从结果来查找问题,分析问题,指出原因的基础上来认识民事执行中司法公正的内涵及其实现的路径。调查数据源自于法院系统的司法统计分析报表、最高人民法院的报告、官方杂志上的相关资料等。我们通过调阅案件的方式(400件),发现执行案件结案的真实情况与数据所反映的情况基本一致,因此数据相对真实,可信度较高。本次调查还着重对主要类型案件的分析,总结各类案件的执行情况。

第一节 中基层法院民事执行工作公正现状调查分析

一、对目前执行现状的考察

(一)某基层法院 A 执行概况(见表 19 – 1 ~ 19 – 6)

表 19 – 1 2009 ~ 2011 年执行收结案情况总体比较

绩效指标 年份	执行案件(件)	执行结案率(%)	执行到位率(%)	实际执结率(%)
2011	1481	95.14	89.93	85.88

续表

年份\绩效指标	执行案件（件）	执行结案率（%）	执行到位率（%）	实际执结率（%）
2010	1196	95.48	83.34	79.25
2009	2019	95	85.9	53

注：执行案件数为全年总收案数（包括旧存）；执行结案率为全年所结案件数与总收案数（包括旧存）的比值；执行到位率为执行到位数额与申请执行标的总额的比值；实际执结率为实际执行到位的案件数与收案总数的比值。

表19-2　2009~2011年执行结案情况具体比较

年份\结案方式	自动履行率	强制执行率	执行和解率	执行终结率	终本率	其他
2011	19.16%	36.27%	34.84%	0.2%	7.9%	1.63%
2010	24%	29.01%	23.24%	2.17%	14.05%	7.53%
2009	33.43%	6.44%	2.13%	0.99%	42%	15.01%

注：自动履行率为自动履行案件数与全年总收案数（包括旧存）的比值；强制执行率为强制执行案件数与总收案数的比值；执行和解率为执行和解案件数与总收案数的比值；执行终结率为执行终结案件数与总收案数的比值；终结本次执行程序（终本）率为终结本次执行案件数与总收案数的比值；其他为以其他方式结案的案件数和未结案数之和与总收案数的比值。其他方式主要是提级执行、委托执行、指令执行的案件。

表19-3　2009~2011年涉执信访案件情况

年份\类别	涉执信访案件（件）	接待来访人数（人）	初访（次）	重访（件、次）
2011	49	282	156	12、27
2010	44	240	137	5、13
2009	126	449	282	31、76

注：2011年的涉执信访案件中，市、区人大转来7件，省、市法院转来16件，市、区治庸办转来14件，其中有8件属上级交、督办件，有4件属涉执进京上访案件，均已按期回告，回告率100%。2010年的涉执信访案件中，市、区人大转来信访案件9件，省、市法院转来13件，其中进京上访3件，均已按期回告，回告率100%。

表19-4　2006~2011年民商事审判及执行收结案情况

案件类别	民商事案件	执行案件
收案情况（件）	25583	9415
结案情况（件）	23553（其中调解结案15519）	8758
结案率	92%	93%

表 19 - 5 2005~2011 年执行中采取拘留情况　　　　（人次）

年份	2005	2006	2007	2008	2009	2010	2011
拘留人次	53	46	12	12	13	32	17

注：该数据为实际拘留人数，但在执行实践中存在大量案件，已作出拘留决定但因被执行人迫于威慑而自动履行，最终没有执行拘留决定。

表 19 - 6 2011 年采取反规避执行措施的情况　　　　（人次）

反规避措施	司法拘留	罚款	搜查	登报曝光	追究刑责	网上追逃	边控
人次	17	1	2	10	3	36	8

注：这是 2011 年在上级法院对开展反规避执行专项活动的整体部署下，所采取的反规避执行措施，效果非常良好，在采取措施的案件中 60% 在采取强制措施时或者之后自动履行完毕，20% 的案件进入执行和解程序或者被执行人作出还款承诺。

（二）某基层法院 B 执行概况（见表 19 - 7 ~ 19 - 10）

表 19 - 7 2010~2011 年执行收结案情况总体比较

绩效指标 年份	执行案（件）	执行结案率（%）	执行到位率（%）	实际执结率（%）
2011	1902	96.69	85.42	79.71
2010	1769	88.86	65.67	61.11

表 19 - 8 2011 年执行结案情况具体比较　　　　（%）

	自动履行	强制执行	执行和解	执行终结	终本	其他
比例	18.35	25.34	36.01	1.21	12.83	6.26

表 19 - 9 2009~2010 年信访积案对比　　　　（件）

涉访部门	刑庭	民一庭	民二庭	执行局	基层法庭
案件	1	5	1	4	1

表 19 - 10 2011 年信访案件对比　　　　（件）

涉访部门	刑庭	民一庭	民二庭	执行局	基层法庭	行政庭	审监庭
案件	5	21	13	42	7	3	1

(三) 2011 年某市法院系统执行概况 (见表 19-11~19-14)

表 19-11 2011 年某市法院系统 (包括中院和基层法院) 执行收结案情况

结案方式	自动履行	强制执行	执行和解	终结	不予执行	其他
案件 (件)	4348	4518	5103	302	22	762
所占比率 (%)	28.88	30.01	33.90	2.01	0.15	5.06

注：某市法院系统 2011 年全年执行案件收案总数 16248 件，结案 15055 件，此表只反映执行结案情况，所占比率指以该种方式结案数与结案总数的比值。其他方式包括终结本次执行程序、委托执行等。

表 19-12 2011 年某市法院系统执行异议、复议、督促案件审结情况 (件)

结案方式	驳回	变更	撤销	撤回	提级执行	指令执行	其他
案件	66	27	14	91	5	64	70

注：某市法院系统 2011 年全年受理这类案件共 380 件，审结 337 件。其中驳回是指驳回当事人的执行异议或复议；变更是指变更原执行措施或内容；撤销是指撤销原执行措施或执行内容；撤回是指当事人撤回执行异议或复议；提级执行是指将下级法院的执行案件上提由上级法院执行；指令执行是指上级法院的执行案件指令由下级法院执行。

表 19-13 2011 年某市法院窗口接待涉执信访案件的总体情况

类别	接待涉执信访案 (件)	接待来访者 (人)	初访 (次)	重访 (次)
接访情况 (案件数或者人次数)	191	350	132	166

注：其中，涉执信访案件中，有进京上访的案件 40 件，化解 38 件；办理最高院、省院、市政法委督办案件 108 件，向有关部门回告率 100%，基本做到件件有回音、事事有着落。接访的情况中，涉及中院的案件 18 件，28 人次；涉及基层法院 A 的案件 15 件，27 人次；涉及基层法院 B 的案件 33 件，61 人次。

表 19-14 2011 年某市法院窗口接待涉执信访案件当事人诉求对比

诉求类别	请求加大执行力度、反映执行不力	提出执行异议、复议	请求返还执行款、要求解封	其他 (咨询、反映生活困难、协调等)
所占比例 (%)	63.87	15.18	4.19	16.76

(四) 全国近年来执行案件收结案及采取司法拘留措施概况 (见表 19-15~19-16)

表 19-15 总收案数与执行案件结案数对比 (件)

年份 类别	2006	2003~2007	2008	2009	2010
总收案数	8108675	31804451	10711275	11370000	11700263
执行结案数	2149625	10800000	2225419	2446000	2508242
一审民商案件数	4382407	—	5412840	5800144	6090622

注: 此表是根据 2006~2010 年最高人民法院的工作报告制作。执行案件的结案率在 90% 以上, 故通过执行结案总数与总收案数的对比也能看出执行收案数与总收案数的关系。

表 19-16 全国法院被执行人受惩罚概率

年 度	执行结案 (件)	拘留		罚款		总 计	
		人数	比例 (%)	人数	比例 (%)	人数	比例 (%)
2005	2036717	37056	1.8	1740	0.09	38796	1.89
2006	2149625	12427	0.58	2364	0.11	14791	0.69
2007	2115437	12637	0.60	1375	0.06	14012	0.66
2008	2225419	8208	0.37	899	0.04	9107	0.41
2009	2446027	8536	0.35	715	0.03	9251	0.38
2010	2508242	11488	0.46	693	0.03	12181	0.49

注: "从强制到激励: 民事执行难的法经济学分析", 载《人民司法》2011 年第 19 期, 第 101~105 页。

(五) 对某基层法院 A、中院调查阅卷的情况

为了了解各类案件的执行情况, 本次调研对某基层法院调查阅卷 400 份, 对中院调查阅卷 100 份, 这些案件的年份跨度为 2009~2011 年, 全部为已结案件。这次调查阅卷是有针对性的, 所调阅的案卷类型, 在执行中出现较多或执行难度较大, 能够代表目前执行案件的主要类型。其中劳动争议类执行案件 100 件, 人身损害赔偿类执行案件 80 件, 民间借贷类执行案件 100 件, 行为类执行案件 20 件, 合同纠纷类执行案件 200 件 (从中院调阅的案件全部为合同纠纷类案件)。

二、对调查数据情况的分析

（一）当前执行现状的"双高现象"

1. 执行案件量居高不下

从调查整理的全国收结案数据，以及某中院、基层法院的收结案数据综合来看，进入执行程序案件数量绝对值较大，所占收案总数及一审民商事案件数的比例偏高，在这一点上全国情况和被调查的两级法院整体上保持着一致性。根据最高法院的工作报告，最近五年来全国执行案件数都在200万件以上，占收案总数的20%以上，占一审民商事收案数的50%左右。

从某中院的数据来看执行案件数占一审民商事案件数的比例还要高，甚至达到60%以上，基层法院的比例相对来说低一些，为35%左右。

其原因分析：

（1）社会经济发展程度的影响。经济发展水平越高，社会对执行的需求就越大，执行的作用也就更为重要。当前社会经济正处在快速发展阶段，需要法院的保驾护航，尤其是对执行有了更高的期望和要求。可以说，执行案件的居高不下是由社会经济发展的整体状况来决定的。

（2）社会诚信的缺失、债务人法制意识的淡薄。根据对申请执行人（债权人）的调查了解发现，90%以上的申请人在裁判生效之后有过与被执行人（债务人）商谈生效裁判履行问题的经历，结果自然是得不到被执行人（债务人）的回应或者是满意的答复。债务人对生效裁判的亵渎和对裁判权威的挑战，充分说明了其法制意识的淡薄和诚信意识的缺失。债务人往往是能推则推，能拖就拖，对逃避债务存在侥幸心理，自动履行的意识和主动性很差，这种不尊重生效裁判的行为直接导致的结果就是债权人向法院申请强制执行。

（3）裁判机制的影响。裁判（包括审判、仲裁等执行的前置程序）不干预执行是立法所取，诉讼实践所需。裁判与执行的独立并不意味着裁判机制在促进生效裁判文书的自动履行上不能有所作为。在针对民事调解案件申请执行率较高的问题上，其他裁判结果和民事调解一样，都可以通过裁判的努力，裁判机制的完善来提高裁判结果的自动履行率，促进裁判案件质量的提高。

（4）债权人对执行结果的预期与执行成本的衡量。债权人对执行有着一定的依赖，对执行结果的期望值很高，实践中我们发现裁判性相对较强的法律文书比裁判性低的法律文书申请执行率低一些。比如，民间借贷和劳动争议类案件，可以说裁判性都不是很强（比起其他类案件），这类案件的申请执行率都很高，债权人起初借助法院所要到达到的目的就是实现债权。对于这类案件的重点，法院是在解决纠纷还是当事人为了申请执行。其实，债权人对执行结果的预期与执行成本的衡量非常清楚，这也是导致执行案件量上升的原因之一。

2. 涉执信访案件量偏高

从信访数据反映的情况来看，涉执信访的案件数绝对值较高，两个基层法院和中院的情况基本一致，涉执信访案件数和信访接待窗口接访量都很大。涉执信访案件的特点：（1）总量相对稳定，应对乏力。从对基层法院20名执行法官调查（以座谈的形式）发现，他们在执行部门工作的时间内都经历过对信访问题的处理，这类案件执行周期较长，比一般执行案件要多出几倍的时间，耗费承办人大量的精力，甚至是休息时间。（2）闹访、集体访和越级访层出不穷，进院访较多，重复访、无理缠访较多。进京访相对稳定。（3）这类案件成因复杂，问题的产生往往不是法律上的因素所造成，也不是单纯依靠法律所能够解决，更多的是社会及历史因素所造成。（4）这类案件的解决难度较大。案件的处理中，法院遇到各方面的非法律性障碍较多。往往要借助大量的社会力量（行政、社区等）来解决问题，领导及承办人要耗费大量时间与有关部门协调，处理大量的非法律性事务。

其原因分析：

（1）当事人方面的原因。当事人对一些法律和"执行难"理解不够，认为只要向法院申请执行，一切问题就能够解决，而且是很快得到解决。一旦这种愿望得不到实现或者全部实现，就对执行人员甚至是执行部门产生抵触。被执行人因自己生活困难无理缠访，把社会问题转嫁法院，频频做出极端行为逼迫法院让步或者为其解决社会问题，错位认识相当严重。

（2）执行人员自身方面的原因。执行案件多、任务重、压力大，对一些易引发信访的案件注意不够，对一些当事人的现状关注不够，没有及时分析案件的难点和可能引发的后果。从反映的情况来看，多反映承办人员怠于执行，拖延执行，态度不好或者不接待当事人，这造成信访的较多。有些已经执行的，但没有及时与当事人沟通，没有释明存在的执行障碍与案件进度，也造成当事人的不理解和抵触情绪，当事人易产生歧异。执行人员对当事人反映的问题、提供的线索不及时处理，错过采取强制措施的有利时机或者在执行程序上存在一定瑕疵。有的执行人员对执行异议相关问题理解不够，处理不够规范、及时。当然也不排除一些执行人员存在一定的业务水平低，对执行法律、法规理解不够，凭空想当然办案的因素。

（3）社会方面的原因，这是引发缠访的主因。首先，一些历史遗留问题，典型的如涉及特困企业和改制中企业的执行问题，最易引发信访，而且一时很难有良好的方法来解决。其次是异地执行问题、涉及一些特殊部门的执行问题，这既是造成"执行难"的因素，也是易引发信访的成因。再次，很多需要行政部门协助（如过户），法院已下达协助执行通知，当事人需要与行政部门配合来完成的案件，而行政部门的推诿、拖延或其他原因，转嫁责任于法院，当事人认为法院有代位行政管理职责的错位认识，也是信访的诱因。最后，涉及特困人群，符合社会救助或者纳入社会保障体系的执行案件，因一些社会原因长期得不到解决，被执行人迁怒于法院，极端缠访。

（4）执行依据方面的原因。不可避免一些生效的法律文书会存在一定瑕疵，在执行中难以执行引发缠访。瑕疵执行依据一般可以通过执行中作出解释或和解执行的方式加以解决。但有些瑕疵或执行依据主文的不确定性相对于特定的当事人来说在执行中是无法解决的。申诉途径的不完全畅通导致执行工作的进退两难，或者说是由于司法程序上的一些障碍引发当事人的缠访。如仲裁案件中补贴差旅费问题、补缴社保问题。

（二）执行结案状况整体良好的真实与存在的问题

1. 结案率高、实际执结率高、执行到位率较高、结案方式相对集中从被调查的两级法院的结案情况整体来看，近年来两级法院的结案率和实际执结率都在90%以上，结案方式主要集中在自动履行、强制执行和执行和解上，以这三种结案方式结案的占大多数，三年平均值在75%左右。基层法院中，以这三种方式结案的执行案件数占执行案件结案总数的比值，2011年分别为（自动履行）19.16%、（强制执行）36.27%、（执行和解）34.84%；2010年分别为24%、29.01%、23.24%；2009年分别为33.43%、6.44%、2.13%。2011年，全市两级法院以这三种方式结案的占执行案件收案总数的比值分别为（自动履行）28.88%、（强制执行）30.01%、（执行和解）33.90%。执行终本率除了2009年较高之外，2010年和2011年相对较低，原因是2009年对于执行和解但没有履行完毕和强制执行但没有履行完毕的案件都要进入终本程序。2010年开始执行和解未履行完毕的案件可以以执行和解结案，强制执行也是一样。执行终结率和其他方式结案的案件结案率较低，其他方式主要有提级执行、指令执行、委托执行三种方式，而且这些方式只是一种实践中的技术性结案方式，最终案件的结案方式还要归于前几种。从这些数据的反映来看执行结案状况整体较为良好。

这些数据是根据法院的司法统计系统得出的真实数据，对中院、基层法院的调查阅卷（抽查100件已结案件）也检验了结案状况（从案卷质量来看）的真实性。对于执行案件来说，结案的方式（根据法院系统内网的司法统计分析）主要有自动履行❶、强制执行、执行和解、终结执行、终结本次执行程序❷、其他等。实践中的执行案件结案情况与内网的司法统计分析大体保持着一致性。所结案件中，自动履行的案件、强制执行的案件基本上都是在执行期限内执行完毕的，以终结执行方式结案的案件也都

---

❶ 严格说来，自动履行的情形只存在于生效法律文书没有进入执行程序之前，执行结案方式中不应有之。执行实践中所谓的自动履行完毕，其实是执行中债务人在执行法院没有采取强制措施之前自行履行生效法律文书确定的义务。

❷ 这是执行清积中为解决"执行难"而由最高人民法院以司法文件的形式规定的一种结案方式，目前实践中仍然作为的一种结案方式。

是符合法定结案要求和标准的，也就是说实践中的执行案件结案情况部分符合法定结案标准。

2. 存在的问题

（1）法定结案标准与实践中结案标准存在着不一致。根据民事诉讼法的规定，执行案件的结案标准是执行终结只有两种即全部执行完毕，包括执行中自动履行完毕的和法院采取强制措施执行完毕的情形；或者依法终结，包括主体消灭及当事人达成执行和解协议后履行完毕的情形。在执行结案的方式中应排除终结本次执行程序的情况和达成和解协议但没有履行完毕的情况。现行实践中的执行结案方式却有上述多种情况（自动履行、执行和解、强制执行、执行终结、终结本次执行程序、其他等），尤其是终结本次执行程序和执行和解但没有履行完毕的情况与法定结案标准差异最大，存在不一致的现象。这种法定和实践的不一致，不是偶然的，可以说这其中主观的因素和客观的因素都起到很大的作用。

（2）对执行到位率统计上的误差。执行到位率是指在实际执行到位的标的额与所有执行案件标的总额的比值。执行到位率（或者说执行回收率）是最能反映执行真实情况的指标之一，其直接反映法院执行工作的努力程度、执行工作的现实困境及债权人合法权益实现的程度。然而，这项指标在司法统计上存在技术难题，我们如何来确定实际执行到位的标的额？一次性全部执行到位的案件尚且容易统计，对于不能一次执行到位而又存在执行到位可能的案件如何统计。

（3）以执行和解方式结案的案件实际效果难以衡量。实践中执行和解作为一种结案方式，是指在执行程序中，当事人自行达成关于执行内容的和解协议，经过法院的认可从而结束案件的执行程序。执行和解的案件，尤其是一些法定期限内或者和解协议确定的履行期限内履行完毕的案件，一定程度上能够体现法院工作的实际效果和社会效果，但也并非全部如此。前面我们说到，执行和解并履行完毕是法定的结案方式，执行实践中为了结案需要，放宽了执行和解结案的标准，也就是执行和解方式结案的案件中包括未履行完毕的情况。从一组数据的对比，2009年该基层法院对执行和解但没有履行完毕的案件多是以终本的方式结案,而当年的执行和解率只有6.44%,终本率高达42%;2010年和2011年放宽标准后(这是普遍性的放宽,不是个别法院有意所为),执行和解率分别为23.24%和34.84%,而终本率分别降到14.05%和7.9%。

(4)以强制执行、终本方式结案的部分案件质量不高。

强制执行可以说是执行工作的常态,即便是部分自动履行的案件,在执行过程中也有强制性措施的采取,只不过从执行结果上看是被执行人自动履行了案件占主导因素,实践中就把这类案件以自动履行的方式结案。真正以强制执行方式结案的,是指在执行中采取强制措施和制裁措施,将案件执行完毕,被执行人(债务人)完全没有自动履行的意思表示。强制执行最能体现执行的威慑性和制裁性,以维护申请人(债权人)的合法权益。强制执行和其他结案方式不同的是,其有着严格的程序性要求,最基本的是合法性要求和合理性要求。从调查的数据来看,一方面强制执行率相对来说比较高,说明法院在维护申请人合法权益的执行力度上作出了一定的努力;另一方面从当事人提出执行异议、复议以及当事人来访反映的情况来看,强制执行中也存在一定的问题,有执行行为的违法性问题或者执行行为的不当性问题。总之,一部分以强制执行方式结案的案件中存在程序违法、程序不当、程序不到位、承办人的善后处理工作不到位等情况,这些案件的质量自然是不高的。

终结本次执行程序(简称终本)是在"清积"中最高法院以司法文件的形式确定的针对无财产可供执行案件的一种结案方式。这种结案方式解决了确实无财产可供执行案件从执行程序中退出的问题,即便是一种临时性的结案方式,其也具有一定的现实意义。这一结案方式的特点是,标准比较统一即"执行中穷尽了财产调查措施没有发现被执行人可供执行的财产,申请人又提供不了被执行人的财产线索",这个标准中表明了无财产可供执行的案件退出执行程序的原则就是"穷尽财产调查措施"。实践中,通常是对被执行人进行"四查"(被执行人是单位法人的一般查工商、房地、银行、车辆信息;被执行人是自然人的一般查社区、房地、银行、车辆信息）来确定无财产可供执行的标准。但现在的问题是能否用这些措施来衡量"穷尽原则"，结案标准的合理性范围如何来确定。财产调查措施和执行资源的有限性与客观真实的查明之间总是存在着冲突，这不可避免地使部分当事人对执行结果产生怀疑，通过各种方式反映执行不力，要求加大执行力度等问题。

第二节　民事执行司法公正现实问题的对策分析

一、执行公正的衡量标准

（一）执行到位

之所以将执行到位作为执行公正的首要标准，是因为在两项调查中，当事人对是否执行到位表现出极大的关注。在回答"您希望法官以什么方式执行您的案件"时，相比23%的"和解"、21%的"敦促自动执行"和21%的"强制执行"方式，"无所谓，能执行到位就行"的比例高达35%（见图19-1）；当事人甚至认为在执行中，"程序透明"（18%）、"高效率"（22%）及"法官行为廉洁"（12%）都不如"执行到位"重要，该比例是48%（见图19-2）。可见，评价执行是否公正，在当事人的心目中，执行到位与否是衡量司法公正的首要标杆。执行到位是指执行机构依法保护申请人的合法权益，确保执行依据的实现。执行到位是执行程序存在价值的体现，追求执行到位不仅能集中体现执行程序的功能，而且也能保护申请人的权益，同时维护了国家法律的严肃性和司法的权威性。如果执行不到位，不管执行程序有多透明、执行法官有多公正，都会受到不合理的评价。但是，由于每个当事人的法律意识不同，对案件的评价角度、认知水平的差异，每一具体案件要做到使各方当事人都感到满意的执行到位，实际上是对执行人员的苛求，过分地强调反而会造成执行人员的束手束脚，不利于案件的执行。

（二）程序公正

程序公正是指执行程序的启动、运行及终结都要严格遵守法律规定，

司法公正的内涵及其实现

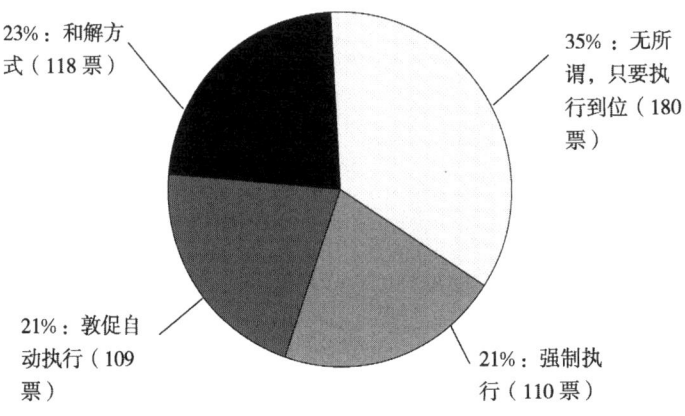

图 19-1 执行方式调查

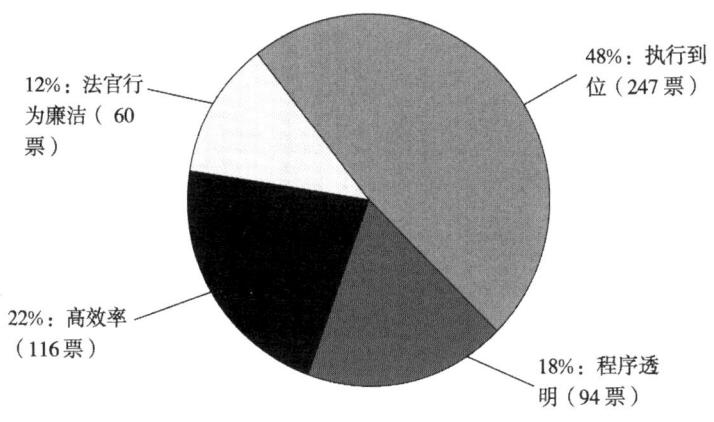

图 19-2 执行中当事人最在乎情形分布

并且贯彻公开原则，不暗箱操作，切实保障执行各方当事人的程序性权利。❶虽说当事人认为执行到位胜过程序公正，但不可否认的是，如果说执行到位是执行公正追求的结果，程序公正则是执行公正的核心内容之一。不管执行过程是否合法、透明，仅仅要求执行结果到位不是真正的司法公正，也无法体现法律最高权威代表——法院的本质。

---

❶ [美] 戈尔丁：《法律哲学》，生活·读书·新知三联书店 1987 年版，第 240 页。

(三) 实体公正

实体公正,是指法院在执行过程中,严格把握执行依据所确定的权利义务、正确适用法律,充分考虑并保障执行当事人的合法权益。执行实体公正追求的是严格按照执行依据确定的内容进行执行,非因法定情形不得改变执行依据确定的权利和义务。根据民诉法的规定,执行依据有下列几种:人民法院的判决、裁定和调解书,仲裁机构的裁决和公证机关依法赋予强制执行效力的债权文书以及行政机关制作的由法律规定由法院执行的法律文书。执行实体公正要求忠实地遵守执行依据确定的内容。在执行判决、裁定、调解协议等法律文书过程中,既要依法保护债权人的合法权益,也要依法保护被执行人的合法权益。

(四) 执行效率

执行效率包括两个方面的内容:(1) 执行高效,及时、高效地处理案件是司法公正的应有之义,也是执行公正必须追求的目标。鉴于我国没有法定的具体执行期限,确定执行期限完全是执行法官的自由裁量。因此,执行法官必须根据案件的性质确定一个合理、恰当的期限,而不能出于自己的工作方便性等问题随意确定执行期限。(2) 在确保公正的前提下,尽可能节约执行成本,不仅减少被执行人的损失,也降低申请人的花费。目前世界范围内的民事执行处于一种效率优先的发展趋势。无论是英美法系,还是大陆法系,都将效率优先原则作为民事执行制度的一项基本原则。

二、执行效果的衡量标准

(一) 从执行结案的总体情况来衡量执行效果

根据执行的结案方式来衡量执行的效果,是司法统计分析的一部分,也是相对客观的。衡量执行效果的指标有执行结案率、实际执行率、执行到位率、执行到位标的额等,这在一定程度上能够反映执行效果,尤其是法律效果。依法适用法律是法院的职责所在,结案任务是其必须承担的对法律和社会的责任,执行结案率可以反映法院为执行所作出的努力,这也是执行工作的整体体现。强调实际执行率,是因为实际执行的案件包括自动履行、执行和解、强制执行的案件,这些案件是执行效果相对比较好的,最能够体现法院在执行上所发挥的作用,保障生效裁判权威的功能。执行到位率和执行到位标的额,体现了法院执行的实际成果,债权人实现债权的程度,这也是最能说明执行效果的指标。

(二) 从涉执信访、执行异议和复议的情况来衡量执行效果

如果说执行结案的情况是衡量执行效果的正向指标,那么涉执信访、执行异议和复议则是衡量执行效果的负向指标。严格来说,对部分案件不能单纯以是否有涉执信访、执行异议的情况出现来衡量其执行效果,但从法院执行工作的角度,这样衡量是较为客观的。这些情况的出现多多少少反映了执行中的问题所在,这对我们如何面对问题、反思现状,如何更好地在执行上作出努力,改善执行现状,进一步提高执行效果有一定的启示作用。所以这也应当是衡量执行效果的重要指标之一。

(三) 从强制执行和执行和解的具体情况来衡量执行效果

从结案的角度来说,强制执行和执行和解应当说是法院执行工作的重点所在(以其他方式结案的在程序上和工作处理上相对简单),从调查的情况来看强制执行和执行和解方式结案的也是相对集中,所占比例也比较大。强制执行所要适用的程序、注意的法律问题都比较多,而且执行法律法规的规定也是主要针对强制执行的情况而设置。强制执行的案件,首先必须符合程序法和实体法的要求和标准,才能体现执行的法律效果,可以说强制执行的效果是执行效果的直观反映。

(四) 从社会公众的认同度来衡量执行效果

执行的效果,尤其是社会效果是通过建立法院和社会公众的沟通关系来体现的。社会公众的认同与否也是衡量执行效果的重要指标。对社会公众的调查下文有分析,在此不作详述。

三、执行效果与执行公正的关系

执行效果与执行公正其实是辩证统一的关系,执行效果是执行公正的表现或者形式,执行公正是内核。执行效果的问题多在实务的层面上分析,

执行公正的内涵多在理论的层面上研究，如果说执行效果是具体的，那么执行公正是抽象的。首先，执行效果是检验执行公正的实践标准。总的来说，执行效果的好与不好直接反映执行公正性的高低，执行公正的衡量标准也是建立在对执行的法律效果和社会效果的综合分析所得出的，只有对执行效果充分认识，才能得出执行公正的真正意义所在，脱离对实践的考察，执行公正就无从谈起。其次，从实践中分析执行效果，总结出执行工作的真正目的和执行权运行的功能，得出结论——最大限度地实现执行公正。我们从执行效果来认识和理解执行公正的问题，能够更好地从宏观和微观的角度来分析影响执行公正的现实因素，进而寻找到实现执行公正的科学、合理、可行的途径。某种程度上可以说，在执行效果上出现的问题背后都是如何实现执行公正的问题。

四、影响执行公正的现实因素考量

（一）执行困难[*]

1. 造成执行困难的人为因素

（1）执行人员。

在调查问卷的结果统计中，当问及"您觉得法院执行工作公正吗？"在517票中，虽然有227票认为公正，但是高达238票都认为"基本公正"，占总票数的46%，另外有3%直接回答不公正（见表19-17）。在笔者看来，"基本公正"就表明法院在执行中存在或多或少的问题，严格说来也就是不公正。这样几乎高达一半的票数证明了法院在执行中自身存在诸多问题，影响了申请人司法正义的实现。而法院的执行主体就是执行人员，由此可以推及执行人员个人因素对执行公正的消极影响。当然，其中

---

[*] 最高人民法院认为："所谓执行难，是指有条件执行，但是由于主客观方面的原因执行不下去，比如受到人情案、关系案的影响，受到地方保护主义、部门保护主义的影响，或者强制执行将出现不良的社会后果，执行不下去，这才叫难。"所以，笔者在这里用"执行困难"以示区别，执行困难包括执行难，也包括没有执行条件的执行不能和有执行条件但是要费尽周折等情形。

"结果公正,程序不公正"的比例虽然只有2%,还是反映了在执行过程中,有部分当事人很重视执行程序,法律意识达到一定高度。如果这组数据不够直接,第二组数据就非常明确地反映了执行人员的问题。在回答"您在执行中对法官的工作作风和态度是否满意"时,517票中,同样"基本满意"的占据42%之多,有217票,"不满意"有29票,占6%,"非常满意"的只有63票,仅仅是12%的比例(见表19-18)。当前执行的合法性问题、规范化问题、合理性问题成为人为因素的主要表现。

表19-17 执行公正反映

选项	不公正	基本公正	公正	程序公正,结果不公正	结果公正,程序不公正
得票(张)	14	238	227	27	11
所占百分比(%)	3	46	44	5	2

表19-18 对法官工作作风和态度满意度

选项	不满意	基本满意	满意	非常满意
得票(张)	29	217	208	63
所占百分比(%)	6	42	40	12

(2)当事人(这里指申请人与被执行人)。

从被执行人角度来看,履行生效法律文书意味着经济利益的丧失,这显然是违背任何经济主体意愿的。当前,被执行人规避执行的现象非常严重,而且手段、形式更加多样化,成为造成执行困难的主要原因。

从申请人的角度看,他们往往认为既然法院接受了执行申请,就是法院的事了,就应该负责到底,能确保其合法权益百分之百地实现,否则就是执行不力。那些由于种种原因"执行不能""执行难"或"执行不全"的裁判文书,被其戏称为是法院打给当事人的"法律白条",并将所有怨气和责任都归咎到法院和执行人员身上。在"如果法官告诉你,你反映的问题法院解决不了,应该向有关部门反映,你怎么办?"的回答中,517票中,高达111票都表示"如果对法院处理不满意,进行上访",而17%的人认为"是法院推卸责任，坚持要求法院解决自己的问题"，当事人对执行法官存在的认识误区可见一斑（见表19-19）。而在问到"您是否愿意配合法院执行工作"时，除了有13%的人冷漠地认为"最关心的是执行结果，执行是法院的事"，竟然还有3%的人回答"没时间和能力配合"，导致有些情况下执行法官孤军奋战，执行困难。同时，有28%的当事人表示"愿意配合，但不知道怎么配合"也值得执行人员反省或深思：在执行中，执行机构应该向当事人明示其执行义务，如协助查找被执行人财产义务、承担执行风险义务等（见表19-20）。

表19-19 当事人对法院无法解决问题的反应

选项	听从法官的建议，到其他部门寻求解决	认为法院推卸责任，坚持要求法院解决自己的问题	如果对法院处理不满意，进行上访
得票（张）	319	87	111
所占比例（%）	62	17	21

表19-20 当事人配合法院的意愿度

选项	会主动配合，积极查找财产线索	愿意配合，但不知道怎么配合	最关心的是执行结果，执行是法院的事	没时间和能力配合
得票（张）	269	144	69	35
所占百分比（%）	52	28	13	7

（3）其他社会主体。

首先，社会公众对法官及这种职业还没有一个正确清晰的认识。17%的人认为"法官的工资待遇很高，属于高薪阶层"，11%的虽觉得"法官工资一般"，但是"有灰色收入"。还有高达14%的人竟然回答"说不好，不了解"（见表19-21）。在"您是否认为法官是一个有压力、有风险的职业"中，98人回答"有压力没风险"，66人认为"没压力但有风险"，35人觉得"既没压力也没风险"（见表19-22）。但是如果给他们一个机会，9%的人表示并不愿意去了解法院工作，更有高达24%的比例回答"无所谓"（见图19-3）。22%的人认为"只要存在不公正，就可以找法院解决",感觉"其他部门解决不了的问题,法院都应该解决"的比例也有9%(见图19-4)。由此可见,很多公众仅仅凭自己的感觉来看待法官及其职业,主观好恶占据很大比例,很多时候人云亦云,从包括媒体在内的其他途径间接了解法官,缺乏客观公正的评价,也因此影响了对执行和执行人员的正确认识。

表19-21 当事人对法官的了解(工资待遇)

选项	工资很高,高薪阶层	工资一般,还算稳定	工资一般,但有灰色收入	说不好
得票(张)	87	301	57	72
所占百分比(%)	17	58	11	14

表19-22 当事人对法官职业的看法

选项	有压力有风险	有压力没风险	没压力有风险	没压力没风险
得票(张)	318	98	66	35
所占百分比(%)	62	19	13	7

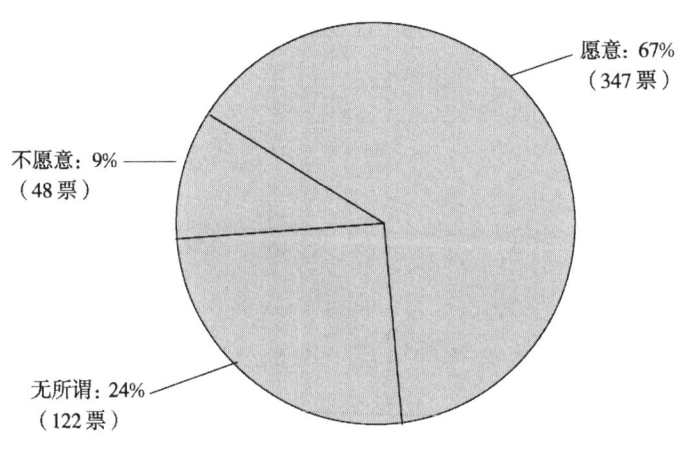

图19-3 当事人了解法院工作的意愿度

其次,社会整体法律素质有待提高。有24%的公民在涉及个人利益的诉讼之前没有接受过法院或其他部门、机构开展的任何形式的法治宣传教

第十九章 民事执行司法公正现实问题实证调研分析

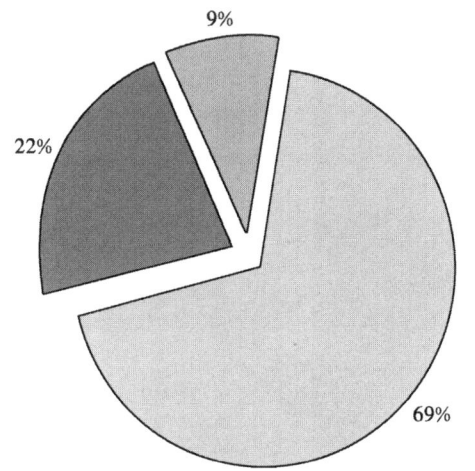

图 19-4 当事人对法院的直观认识

育（见图 19-5）；对民事执行程序"不了解"的比例是 21%，"了解一点"和"比较了解"分别占 38% 和 24%（见表 19-23）。更有一些协助执行义务人，如一些单位或部门以内部规定或行政规章等理由，搪塞、阻挠、排斥法院执行。个别金融机构和工作人员以种种借口拖延办理查询、划拨、冻结，甚至借机给被执行人通风报信使被执行人顺利转移资金。这些都反映了社会整体对执行的认识不清，法律意识淡薄。

表 19-23 当事人对执行程序的了解程度

选项	不了解	了解一点	比较了解	非常了解
得票（张）	109	197	125	86
所占百分比（%）	21	38	24	17

2. 造成执行困难的制度因素

（1）执行实体法的不完善（不完全例证）。

例证一：《民事诉讼法》第 222 条、第 223 条分别规定了应当保留被执行人及其所抚养家属的生活必需费用和生活必需品。最高人民法院《关于人民法院民事执行中查封、扣押、冻结财产的规定》，以列举的方式明确规定被执行人的八种财产不得查封。最高人民法院限制执行范围的理由是：

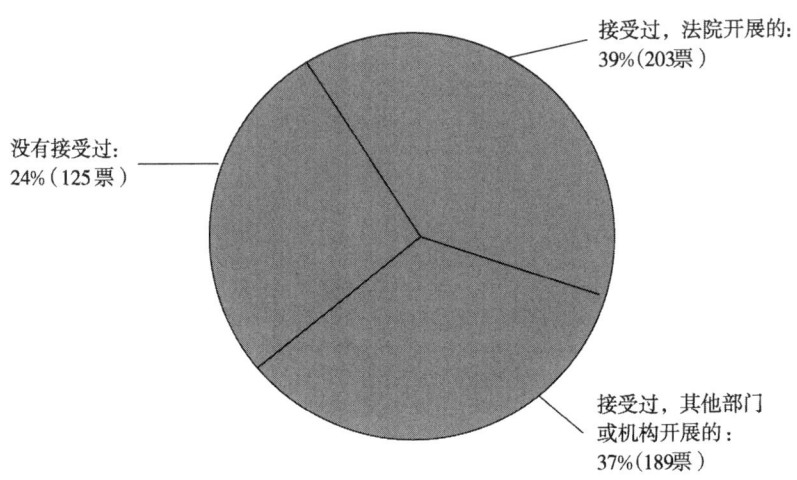

图 19-5 公民所受的法制教育宣传

①各个国家和地区都如此规定；②体现以人为本和国家尊重和保障人权的精神；③有利于社会经济文化的发展和社会公序良俗；④被执行人经营亏损的风险不能由国家和社会承担。该规定的目的是保障被执行人及其家属的基本生存权，体现了"以人为本"的精神，但是如果被执行人基本生存权的保障是以牺牲申请人的权益为代价的，就不是真正的执行公正。申请人及其家属也要维持生计。所以，执行公正的完美诠释理应是既保障申请人的利益，也顾及被执行人的权益。缺少任何一面，都是执行不公正的体现。

例证二：《民事诉讼法》第 219 条规定申请执行的期限为 2 年，超过申请执行期限意味着申请人实体权利救济权利的丧失。一定程度上说，该规定是造成当前法院执行积案多的原因之一。从国外来看，申请执行时效短则 5 年，长则 20 年。这样在一定程度上避免了申请人为了不超过法定的申请执行期限，在明知债务人无财产可供执行的情况下，不得不向法院申请执行。结果烫手的山芋转到法院手中，法院往往也无计可施，长此以往，积压的案件越来越多，导致当事人对法院的失望和不满，严重影响了公民对司法公正的正确评价。

（2）执行程序法的不完善（不完全例证）。

例证一：执行前置程序的不完善。按照民事诉讼法对强制执行程序的规定，执行的前置程序是"执法通知书"，在通知书上会给出被执行人一定的支付期限，但是该期限并不是法定期限，而是由执行人员自由裁量得出。虽然《最高人民法院关于严格执行案件审理期限制度的若干规定》（法释〔2000〕29号）第5条对执行期限进行了规定，但在执行实践中，以终本方式结案的有些案件依然会长达几年仍在执行。从申请人的角度来讲，在问到执行期限多长申请人可以接受时，51%的人希望不超过3个月，21%的希望不超过1个月，而另有20%的希望不超过6个月（见表19-24）。总之一句话，越快越好，一旦执行期限超过申请人的心理预期，他们就会将责任归咎于法院和执行人员身上，认为是他们执行不力，而没有考虑执行的实际困难，认识不到过分地缩短执行期会埋下很多隐患，也不具有现实操作性。

表19-24　当事人对执行期限的要求

选项	尽快，不超过1个月	尽快，不超过3个月	尽快，不超过6个月	尽快，不超过1年
得票（张）	107	262	101	47
所占百分比（%）	21	51	20	9

而执行宽展期（执行通知书上已明确规定了责任人的履行期限）在客观上给被执行人提供了转移、隐匿财产，躲避债务的机会，很可能造成期限届满，执行人员无财产可执的情况。虽然民事诉讼法院规定了在实施该强制执行措施过程中，银行、信用合作社和其他有储蓄业务的单位有义务协助人民法院强制执行，最高人民法院和中国人民银行也联合发布了《关于依法规范人民法院执行和金融机构协助执行的通知》，这些法律文件都过于抽象、原则化，缺乏现实操作性，扩大了司法自由裁量的余地，极易导致法律适用上的混乱，影响执行公正。

例证二：强制措施和制裁措施的体系不健全。从执行实践的角度看，执行措施的乏力成为被执行人敢于逃避执行、规避执行的重要原因，因为被执行人对逃避执行和履行执行义务有着明确的成本预期。从调查的情况看,仅有8%的被调查人认为目前强制执行措施比较严厉,39%的被调查人认为不严厉,37%的被调查人认为适中(见表19-25)。48%的被调查人认为对有能力执行拒不执行、妨碍执行等情况适用司法拘留的时间应由目前的15日延长至30日比较合理。一般来说,进入强制执行程序的债权意味着其相应的债务人没有自觉履行才引发申请法院强制执行,在造成执行困难的诸多因素中,法院执行措施不力显然是一个重要方面。公众期待减少执行程序中柔性司法色彩,使其更具强制力,这些意见反馈再次反映了我国强制执行程序的不足和欠缺。

表19-25 当事人对执行措施的看法

选 项	不严厉	适 中	严 厉	不好说
得票(张)	201	189	40	87
所占百分比(%)	39	37	8	16

(3)执行法律法规的立法空白。

我国长期以来"重实体,轻程序"的观念也体现在执行制度上。目前,关于执行程序的规定只有民事诉讼法中的三十几个条文,无法适应执行中的许多实际问题。虽说民事诉讼程序与执行程序有一定联系,但是却又是属于不同法律性质的程序。民事诉讼程序是纠纷解决程序,主要指导审判过程;执行程序是一种权利实现程序,主要对国家司法执行进行指导。执行程序不仅是民事诉讼的保障程序和持续性程序,也是所有法定执行依据的程序,如民事诉讼、行政诉讼、刑事附带民事诉讼、仲裁、公证、支付令等。既然为了实现司法正义,我们强调审执分离,审判程序法和执行程序法也应该自立门户。我国目前出现执行困难不可忽视的一个原因就是没有相应、完善的执行程序,无法以"正义的暴力"去对抗"非正义的暴力"。所以,在"执行程序是否烦琐"问题上,26%的人都认为"不烦琐",44%的只是觉得"有点烦琐"(见表19-26);在"执行和审判"对比上,认为"审判更复杂"的比例高达38%,

我国执行程序规定的单薄可见一斑（见表 19-27）。

表 19-26 当事人对执行程序的看法

选 项	不烦琐	有点烦琐	比较烦琐	非常烦琐
得票（张）	134	229	128	26
所占百分比（%）	26	44	25	5

表 19-27 当事人对执行和审判程序复杂度的看法

选 项	执 行	审 判	都不复杂	都复杂
得票（张）	110	195	61	151
所占百分比（%）	21	38	21	20

（二）执行体制改革的力度不够

解决执行问题，首先要找到问题的源头和症结点，这就是执行模式的选择。虽然我国一直以来强调审执分离，在此过程中经历过统一管理体制的建构和执行局的设立，执行权分权机制的重构和执行局与执行裁判庭的分立。这些都体现了我国民事执行在不断创新、改革。但是在现实中，执行权中的执行裁决权与执行实施权尚未实现彻底分离，不是在同一个执行局内实施，形离神不离；就是在同一系统内部分离，总是存在千丝万缕的联系，当事人无法信任。在体制上作出全新的改革后，结合各种执行成功经验，我国执行工作才会开创新的局面。不过，在这一过程中，首先必须在明确执行裁判权和执行实施权的范围。现实操作中，两者的内容配置比较随意，而且执行裁判权的范围过于宽泛，导致在案多人少的现状下，很多执行裁判流于形式。所以，合理划分、界定执行裁判权和执行实施权的内涵和外延，是重建我国执行模式中必须关注的一大问题。当然，体制改革不是一蹴而就的事情，需要在成就"天时、地利、人和"的条件下逐步推行。

（三）新类型案件的挑战

目前，我国正处于经济体制改革的新旧交替时期，新的市场经济运行机制尚未成熟,旧的经济体制还未完全打破,新旧体制均在起着作用,使经济运行变得错综复杂,经济运行中的问题和矛盾日益繁多,新类型案件不断涌现,如证券回购案件、股权转让案件、信用证项下的垫款案件、投资权益转让案件等。❶ 这些案件本身就有众多利益纠葛,涉案人员众多,不管是在审理过程还是在执行过程中,都会有一系列新的情况和问题,执行难度可想而知。

(四)积案累累

在执行工作中,我们经历一次又一次的清积,化解了很多历史遗留的问题。但自2008年清积以来,又有很多新的执行积案的产生,因为每一年的实际执行到位率是不高的,很多以终本、执行和解没有履行完毕、强制执行没有履行完毕方式结案的案件都可能成为新的积案来源。从调查的情况来看,八成的执行人员都是在既办新案件又在处理往年没有执行到位的案件。

(五)执行资源不足

执行资源包括内部资源和外部资源两大部分。内部资源主要是执行机构可以调动的人力资源和物质资源。执行人员属于人力因素,一定数量和质量的执行法官对执行的效果无疑起着全局性和决定性的影响。但是,"巧妇难为无米之炊",没有一定的物质装备,执行法官也将"英雄无用武之地"。以某区法院为例,该院现有在职人员130人,平均年龄是45岁。从事执行一线工作的人员18人,40岁以下的2人,30岁以下的仅有1人,平均年龄48岁,远高于已经年龄偏大的全院平均年龄水平,使执行机构看起来像退休前的"集中营"。而执行装备囿于执行经费紧缺,严重落后。外部资源主要是上下级法院和同级法院之间的互相配合、互相协助。因为我国法律对执行机构设置尚未有统一的标准,导致现实中各个法院之间缺乏统一指挥,协调性差,使本来就短缺的执行资源更加捉襟见肘,无法发挥 $1+1>2$ 的合力作用。

---

❶ 王书信:"'执行难'难在何处",载《人民法院报》2000年7月14日。

(六) 尚未形成法治文化

我国长期以来一直强调"义务本位",公民对法律的遵从很多时候是被动、机械的,是出于内心恐惧而非法律的权威。现实中,还存在代表法律最高权威的司法机关在行使审判权和执行权过程中可能受到来自党委、政府、司法机关内部以及各种错综复杂人际关系的干预。所以,人治文化背景的深入影响和实践中的诸多束缚,都不利于司法公正的实现。

(七) 地方和行政保护主义的钳制

随着各种制度的确立,法治化程度逐渐提高,地方保护和行政干预的因素在一定程度上有所减少,但我国司法体制的痼疾也多多少少会影响到执行工作的开展。首先,地方党委掌握着司法机关干部的升迁选拔,也使得其具有相应干预司法权的能力;其次,司法机关的人财物受制于地方,拿人家的手软,吃人家的嘴短,导致法院被称为"地方"法院,实际上司法机构司法权的行使不得不在一定程度上听命于地方,司法独立受到干扰。另外,在各地法院之间,执行工作各成一体,执行中异地执行、委托执行问题还存在一定的难度,再加上法院自身的本位主义,执行区域一体化使得异地执行、委托执行分外困难。

(八) 各项执行工作机制体系尚未形成

经过多年的努力和实践,执行工作的各项机制,如执行联动机制、执行威慑机制、执行征信制度、执行救助制度、执行监督制度等都已初步建立,但各项机制、制度的完善需要漫长的过程,而且受到政策、外部环境等的多种因素的影响,目前尚未形成一套有效执行工作长效机制的体系,各地对执行工作的支持力度不一,机制建设的能力和水平参差不齐。另外,一些机制尚处于探索和试点阶段,如执行日志机制、综合管理机制等。

五、最大限度实现执行公正的思考

(一) 正确处理执行中的几大关系

在我们探索如何破解执行难题,实现执行公正的路径问题时,首先必须充分考虑到并处理好若干影响执行工作科学发展的重大关系，解决好这些关系是我们最大限度实现执行公正的重要保证。

1. 党委领导与法院努力的关系

解决执行问题，必须立足中国国情，发挥体制优势，建立并推行党委领导下相关部门配合的执行新格局，实行社会联动、标本兼治、综合治理。从比较法上考察，我国民事诉讼法规定的查封、扣押、冻结、划拨、搜查、拍卖、司法拘留以及追究刑事责任等强制手段与西方发达国家没有什么实质性的区别，但我们的执行现状与西方却有着很大的差距，最主要的可能是社会发展的程度和法治化程度的不一样。西方发达国家，法治理念至高无上，全社会都崇尚法律，形成一套相对成熟完整的社会信用体系，促使当事人自觉履行的威慑和惩罚机制。在我国，法治化的程度还有待于进一步提高，法治的权威尚未真正建立起来。但我们也有政治上、体制上的优势，就是党的统一领导。所以，我们要从中国国情出发，充分发挥我们的政治优势，历史的实践告诉我们，借助于法律来解决执行问题固然非常重要，但对执行来说，注重发挥政治优势也非常重要。毕竟执行问题不仅仅是法律问题，一定程度上也是社会问题的综合反映。

2. 执行工作的社会化与依法独立执行的关系

执行工作的一个重要特点就是在于其具有对外的开放性，解决执行中的问题需要动员全社会一切可以利用的力量提供支持和帮助，获得社会各界的理解、认同和协助。将社会协同的理念引入执行工作，我们建立并进一步完善了执行联动威慑机制，这种超越部门、行业视野的机制创新，以互动性的社会诚信机制为纽带，超越了对个案当事人财产的执行，更为重要的是以之为媒介限制相关行为，达到波及性的效果。协同工作机制是执行工作的社会化的重要表现，为建立社会信用制度和诚信体系提供了重要的信息基础。从长远的角度来看，这种信用机制不仅对解决"执行难"，实现执行公正有着重要的意义，而且将推动整个社会道德的优化和社会控制能力的改进。

执行工作的社会化是建立在执行工作依法开展的基础之上的，法院推动执行工作的社会化，首先必须建立在依法独立行使职权的基础上。正确处理好二者的关系，要以立足法院自身依法履行好法定职责为前提，通过高效公正的执行来获得社会公众的支持，而不是过分依赖外部力量或者"执行权外租"。法院只有依法独立行使执行权才能有效地推动执行工作的社会化，达到执行的预期效果，而且执行工作的社会化也是有其边界和限度的，那就是在法律规定的社会协助义务范围。把握这种限度是正确处理好执行工作社会化和依法独立执行的关键。

3. 统一管理与分级负责的关系

执行问题是综合性的，积极探索实践综合治理执行难之路必须建立综合的管理体制，强化整体合力、强化工作责任。如果说执行工作的社会化是对联动外力的要求，那么统一管理、分级负责就是对执行系统内部如何整合力量的要求。2000年最高人民法院下发《关于高级人民法院统一管理执行工作若干问题的规定》，明确要求对执行工作实行统一管理，这在其他的司法工作中是没有的，这是执行工作的特殊性所使然。统一管理的优势：（1）有利于加强上级法院对下级法院执行工作的管理、监督、协调。（2）有利于专项执行活动的整体部署和集中开展。（3）有利于执行力量的统一调度和执行装备协调使用，可以有效地改善执行资源不足的现状。（4）有利于部分重大疑难案件的解决，因为统一管理加强了提级执行、指令执行、交叉执行的力度。（5）有利于相关执行信息资源共享平台的搭建和先进工作经验的交流。

统一管理重在强调管理、协调、监督，而不是对案件的统一包办，对执行工作的统一包揽，法律明确规定了各级法院的执行工作范围，也就是对案件的分级管辖和负责。各级法院的要明确自身的职责所在，严格依法执行，正确处理好统一管理和分级负责的关系。

4. 科学考核和有效激励的关系

提高执行案件的质量是提升执行效果的根本，也是提高执行公正性有效途径。从法院内部因素来讲，案件质量的提高得力于执行人员的努力程度，所以必须建立更加科学的考核机制、方式，考核的目的和价值取向必须是激励先进鞭策后进,发挥考核机制的正确导向作用,能够激发执行人员解决执行难的积极性和互动性。科学的考核机制,要能够运用科学和准确衡量指标,必须把握影响执行效果的重要、关键指标,如实际的执行到位率、实际执行率、涉执信访率等。综合考察执行的实际情况,也有利于及时发现执行中的问题,科学地做出应对策略。只注重表面数据的好看,可能会忽略影响执行工作的真实隐患,反而会给工作带来更大的阻力。

5. 加大执行力度与促进和谐的关系

面对任务繁重、社会诚信缺失严重、执行到位的情况不尽如人意、被执行人规避执行的现象泛滥等现状,当前实现执行公正的重要举措就是加大执行力度,需要综合运用多种执行手段、措施、方法等。加大财产的查控力度,财产的处置力度,用足强制性制裁措施,提高被执行人规避执行的成本等,多措并举敦促履行、强制执行。但执行中又不能局限于传统的执行方式方法,能够利用高科技创新执行举措,逐步改善应对乏力的现实,在立足传统的基础上积极创新、探索和实践全新有效的执行方式,比如悬赏、限制高消费、登报曝光、执行劳务、网上追逃、边控等反规避执行措施。同时在执行中也要坚持生道执行、谦抑执行、原情执行、和谐执行的理念,努力地保障经济的发展、尽力维护社会的稳定、更加注重民生、最大可能地实现案结事了。加大执行力度和促进和谐之间是辩证统一的关系,要能够把握和正确处理二者的关系,真正地做到实现个案公正与社会公正、法律效果与社会效果的统一。

(二) 加大执行立法力度

目前执行立法的现状最大的缺陷是我国尚未建立统一的民事强制执行法,法律上对被执行人逃避、规避执行的行为缺乏相应的制约机制,对于许多执行的程序没有明确、系统性的规定,原则性较多,缺乏可操作性,规定比较简陋。

鉴于目前的执行现状,建议在以下几个方面执行立法会有新突破:(1)制定独立完善的强制执行法。(2)建立完善系统的强制执行措施体系、强制制裁措施体系。(3)完善执行和解制度,规范执行和解问题。

(4) 完善执行的前置程序、执行的管辖标准。(5) 完善执行的拍卖制度。(6) 完善执行的参与分配制度，规范执行和破产程序的衔接问题。完善执行异议、复议与异议之诉的程序。(7) 完善协助执行的具体程序与财产申报制度。(8) 完善行为请求权的执行程序，规范行为执行问题。(9) 完善执行救助制度。(10) 完善执行监督体系等。之所以将这些列为执行立法的首要考虑，是因为执行实践中突出反映了相关的适法问题，对这种立法的需求成为当务之急。

(三) 创新执行体制改革

目前执行体制改革的现状是初步建立了统一管理的执行体制，基本实现了执行权分权运行的模式，初步建立了集约化执行的机制等，一定程度上，健全了执行机构的设置，优化了执行权的运行，促进了执行质效的提高。

进一步推进和深化执行体制改革，解决指挥得动、干预排除、监督到位的问题。建议改革的方向：(1) 增强执行机构的独立性。(2) 完善上下级执行机构的管理与被管理、监督与被监督、领导与被领导的关系。(3) 建立执行裁判权与执行实施权有效衔接与监督的体系。(4) 建立执行的专业化、集约化工作体系。(5) 建立科学化的案件管理与有效的执行节点控制体系等。

(四) 综合运用各种执行工作机制、方式方法

执行没有万能的工作机制，也没有绝对有效的执行方式方法，执行情况因案而异，因时而异。所以必须综合运用执行中已经建立和完善的，以及正在创新的各种执行机制、方式方法。综合运用各种执行工作机制、方式方法的优势：(1) 有利于全方位查控被执行人的责任财产，为实现债权人的利益提供基础保障。(2) 有利于建立公共力量和执行力量的良好互动关系。(3) 有利于提高执行工作的质量和效率，进而提高执行的效果。(4) 有利于促进法院与当事人、社会公众的和谐关系。(5) 有利于内部资源的整合和实现执行社会化的效果。(6) 有利于提升执行的公信力和促进社会的和谐。

(五) 打造和培育法治环境

法治环境决定于一个国家公民的法律意识,当人们对法律至上和法律权威产生一种心悦诚服的认同感和依归感,并开始形成法律信仰时,这个国家才算是一个法治国家。回顾我国的历程可知,我国历史上严重缺乏政治民主,公民没有信仰法律并主动遵从的心理,因此,如果单靠自下而上的自然演化来推动法治,效果甚微,而且要耗上很长时间,我们必须采取国家采取自上而下有计划、有目的、有步骤推行措施,有意识地打造、培养法治环境。如普法教育在我国各个层面已经开展多年,收到了可喜的效果。国家在继续普法的过程中,可以逐渐将一般意义的宣教和法律条文的灌输上升到提倡权利本位观等现代法治层面,逐步转化公民思想中的义务为本位的人治思想。另外,为了达到好的培养环境,国家应该利用一切途径来推进法治进程,如电视、电台、报刊、网络等各种媒体,通过揭露司法腐败、对司法执行指手画脚的地方保护主义行为,使之谨言慎行,规范行事。如建立执行指挥中心,接到举报电话后,由执行局统一调度,执行干警在市区时限30分钟赶到执行地点。同时推行"举报人奖励办法",对案外人举报不论是否真实都反馈执行结果,对举报的有效线索则实行物质奖励,从而使执行工作取得明显的效果。

第二十章　执行工作司法公正现实问题及对策

当前,人民法院执行工作遇到的困难,与其说是体制、立法、执行者素质等综合因素的结果,不如说是在社会的转型时期,法院要承担起自身无法承担,而又必须承担的法律的责任。因此,对执行公正的认识意义在于给执行工作以准确的定位,进一步确定执行工作的指导思想,只有正确的执行理念方能给执行工作以正确的导向。执行公正的基本内涵到底是什么,具体体现在哪些方面,它具有哪些基本构成要素,阻碍执行公正实现的因素又有哪些,如何去实现执行公正等基本问题是我们首先必须要解决的。

第一节　执行公正与司法公正、审判公正的关系

民事执行(以下简称"执行")指国家民事执行机关即人民法院(内设有专门的执行机构)代表国家依照一定的法定程序,强制债务人履行执行依据即具有强制执行效力的法律文书所确定的义务,实现债权人的合法权益的司法过程。它体现的是国家公权力,权力运行的目的是实现私权,同时也是维护国家法律的权威和社会秩序,追求的最终结果是实现执行公正。执行公正是指执行法律规范及执行活动中体现的公正,广义的执行公正包括执行法律与政策制定的公正和实施的公正。这里所讲到的执行公正是指狭义的执行公正,即执行法律与政策实施的公正。

根据现行法律、法规、司法解释的规定,执行依据包括带有给付内容

的民商事法律文书、行政法律文书、刑事附带民事法律文书、依法由法院执行的行政处罚决定及行政处理决定、公证债权文书、仲裁裁决书、经法院裁定承认其效力的外国的判决和裁定、仲裁裁决书以及法律规定的其他法律文书等。根据《强制执行法（草案）》第六稿❶（以下简称"草案"）的内容，执行依据的范围有所扩大，除上述之外，还有法院赔偿委员会作出的国家赔偿决定书、法院制作的和解协议确认书、经法院确认的调解协议及其他诉讼外调解协议、经有关协议认可的港澳台地区的仲裁裁决书及法院作出的法律文书、法院依申请对留置物、抵押物、质物或涉案建筑物等所作的许可强制执行的裁定。

从执行依据范围的扩大这个角度看，法院以后所承担的执行任务将会更重，执行难度也将会加大。从目前关于对执行的前沿理论研究和立法趋势看，执行权也呈扩张趋势，这对保障当事人权利及司法公正的实现，回应新时期人民群众对司法的新期待、新要求具有重要意义。在这种现状之下，有必要对执行公正本身进行重新思考并作进一步探讨。

一、执行公正与司法公正的关系

概而言之，公正是指权力、利益合理分配的状态、过程。公正是法律所追求的基本价值、核心价值，终极价值目标。公正也是社会和民众所期望与追求的重要价值目标，公平正义也是和谐社会的主要特征之一。某种程度上可以说，人类社会的发展史也是人类不断追求公正实现的生产生活史。社会和民众期望与追求的公正是社会公正，法律在适用中体现的公正可称之为司法公正，司法公正是社会公正的重要内容，司法公正不仅是社会公正的重要组成部分，同时也对社会其他方面公正的实现起到非常重要的推动作用。诚如司法公正是社会公正的一部分，执行公正也是司法公正的重要组成部分。根据唯物论与辩证法的基本原理，简单说这是部分与整体的关系，执行公正主要体现在执行阶段。从程序法的角度看，执行程序

---

❶ 2011年4月6日最高人民法院发布《强制执行法（草案）》第六稿。

是民事诉讼程序的重要组成部分，执行公正以执行程序为依托，体现在执行程序运作的过程和结果中，执行程序是司法程序的特殊阶段，作为"部分"，执行公正兼具"整体"的基本内涵、特征和要素，同时又具有自身的特殊性，执行公正与司法公正又是特殊与一般的关系。执行公正是司法公正体系的重要内容，法院执行是当事人通过诉讼（仲裁、公证等）程序取得权利，实现利益分配的最终环节，是司法公正的重要体现。如果说司法公正是保障社会公正实现的最后一道屏障，那么执行公正则是保障司法公正实现的重要屏障。不仅如此，执行公正本身（程序公正、实体公正等）也体现着司法公正。

司法公正一直以来都是法学理论界和实务界研究的焦点问题，特别是在积极构建和谐社会、强调依法治国的今天显得尤为重要。而一直以来，我们却对执行公正关注不够、研究不够，重审轻执的思想还有存在，人们习惯上将司法公正界定为审判（或裁判）公正，往往忽略了执行公正在维护司法公正中的作用，没有将执行公正和司法公正联系起来，孤立了二者的关系。原因除了受到传统观念的影响之外，这可能也多多少少受到西方国家对权力分配与法律研究的影响。在西方，有些国家法院系统没有执行机构（如瑞典等），执行机构设在其他行政机关内部（如司法行政机关、警察机关等），或者单独设立隶属于政府的执行机构，执行机构的上下级关系实行的是领导与被领导的关系，把审判与执行分离。当然在论及司法公正的时候重在研究法院的审判实体公正与程序公正，理论上通常把执行权纳入行政权的研究范畴，有的学者甚至提出单独设立执行法院的构想。其实有些国家的审执分离，多指的是审判权与执行实施权的分离，法院还是享有执行裁判权，执行裁判权仍纳入审判权的范畴，执行实施中涉及的实体权利纠纷或程序异议，仍由法院裁决。这个角度来看，执行实施公正已从司法公正的体系中剥离，执行裁判公正仍属于司法公正的一部分。无论是对执行权力配置、执行机构设置的不同，还是对执行公正体系的划分不同，都是与执行权本身的特质有关，这是其特殊性所使然。

目前我国的司法体制还是将执行权全部分配给法院行使，只是在执行机构内设不同部门分别行使裁判权与实施权，执行机构上下级之间仍属于监督与被监督的关系。从权力行使的主体看，执行权的主体是司法机关（法院）；从权力的特征来看，执行权和审判权一样，都具有司法权的根本特征，执行实施权虽然具有行政权的特性，但根本特征是和司法权一致的，这是权力的配置及其功能价值所决定的。所以，在我国执行权应定性为司法权的一种，对执行公正的研究仍应该纳入司法公正研究的范畴。执行公正是完整的司法公正体系不可少的一部分，完整的司法公正不仅是裁判的公正，还有使公正的裁判得到实际的落实，否则，公正的裁判会变得毫无执行力，公信力自然下降。

二、执行公正与审判公正的关系

谈到执行公正与审判公正的关系，首先要厘清执行程序和民事审判程序的关系❶。执行程序和民事审判程序都是司法程序的重要组成部分，同时规定在民事诉讼法之中，二者在诉讼阶段上的衔接性和功能上的互补性，完整地诠释了民事诉讼程序。民事审判程序是执行程序的前置程序，执行程序是民事审判程序的必要补充。执行程序和民事审判程序保持着各自独立性的同时又存在一定的联系性，在发挥各自功能的同时又存在着良性的互动。

简而言之，两者差异性：（1）程序中体现的权力特质不同。执行程序是一种救济性程序，民事审判程序是一种裁判性程序，执行权在本质上是一种强制权，而审判权本质上是一种判断权。（2）程序中体现的权力运行方式不同。相对于审判权而言，执行权的运行方式具有鲜明的单向性、主动性和指向性，审判权运行的方式则具有较强的双向性、被动性和中立性。（3）程序的运行机制和设置的理念有所不同。这是执行权与审判权的特质和功能不同所决定的。（4）程序所追求的基本价值中，对效率价值的侧重

---

❶ 执行程序的前置程序主要是民事审判程序，虽然执行程序的前置程序还有行政审判程序、刑事附带民事审判程序、非诉程序等，但论及执行程序与民事审判程序的关系时也就阐释了执行程序和其他前置程序的关系，要说明的问题是相通的。

不同。执行程序对效率具有更强的依赖性和兼容性。

（1）共通性：民事权利可划分为三种状态即正常状态、非正常状态、强制状态，三种状态经历了否定之否定的辩证过程。[1] 非正常状态需要借助于审判程序得以矫正，强制状态需要借助执行程序得以实现。在民事权利状态的否定之否定过程中，两程序之间的联系和影响得到充分体现。①两者都服务于共同的私法目的、共同担负着实现私权保护的职责，相互依赖，相互支持。其在体现自身程序价值的同时共同目的都是依法保障当事人的合法权益，维护国家法律秩序。②两者在基本法律原则和制度适用方面存在共性。共同适用的基本法律原则有当事人处分原则、诚实信用原则、平等参与原则、涉外的同等或对等原则等。均适用某些重要的具体制度，如有关期间、送达、回避、对妨害民事诉讼的强制措施等。

（2）互动性：①民事审判程序之于执行程序的前置基础功能，表现在审前程序、审判管辖、裁判结果、再审制度等多方面因素对执行的影响和制约。②民事审判程序之于执行程序的承接、补充功能。这主要体现在对执行异议（实体性异议）的处置上，执行异议首应执行裁判程序裁决，当事人不服的可以向法院提起诉讼。[2] ③执行程序之于民事审判程序的保障维护功能。民事审判程序的强制性需以执行程序的存在为后盾，民事审判程序的权威（包括得出的结果）需以执行程序的高效运行作保障。

鉴于执行程序与民事审判程序的关系，执行公正与审判公正也存在着差异性、相通性、互动性的关系。差异性表现：①执行公正体现在执行阶段，体现在执行程序运行的过程和结果中；审判程序体现在审判阶段，体现在审判程序运行的过程和结果中，这是两者发生阶段的独立性决定的。②执行公正的内涵与特征有别于审判公正，这是执行理念、执行机制的设计与执行模式的构建不同于审判在价值取向上的体现。相通性表现：①两者同属于司法公正体系，都是司法公正的重要组成部分，二者之间具有密

---

[1] 江伟、单国军："关于诉权的若干问题研究"，见陈光中、江伟主编：《诉讼法论丛（第1卷）》，法律出版社1998年版，第230页。

[2] 《民事诉讼法》第204条。

切的联系性。②两者在基本内容与构成要素上具有一致性，都主要体现在实体公正与程序公正上。互动性表现在审判公正之于执行公正的前提基础功能，执行公正之于审判公正的补强作用。假设审判公正为 A 命题，执行公正为 B 命题，那么 A 命题是 B 命题的前提，B 命题是 A 命题的必要补充，若 A 命题为假则 B 命题真不了；若 B 命题为假，则 A 命题的真会受到质疑。A 命题和 B 命题有很强的关联性、相似性，两个命题都是司法公正的必要条件。

第二节 对执行公正内涵的解读

一、执行到位说

执行公正主要指追求执行到位即确保执行依据的实现，执行机构依法及时合理地实现或落实执行依据确定的当事人的权利和义务，保护执行依据确定的债权人的合法权益，维护国家法律的严肃性和裁判的权威性。它包含几层含义：（1）要给执行程序的功能以准确定位，执行程序的功能是确保执行依据得以有效实现，法律对执行机制和执行模式的设计也主要是从这点出发的，这也是执行程序存在的主要价值体现。追求执行到位不仅能集中体现执行程序的功能、实现自身的价值，也才能更好地维护和体现前置程序及其得出的结果（即执行依据）的公正性。否则，执行公正本身会受到合理的质疑，前置程序的公正和执行依据的公正也会受到不合理的评价。目前执行手段、措施的不断创新和增强（如将军队参与执行写入宪法或法律）❶，执行权力不断地扩张即是为追求执行到位的很好例证，追求执行到位才是最大程限地实现执行公正。（2）要保证执行内容的忠实性，即执行工作要忠于执行依据，以执行依据为中心开展工作，执行人员应严

---

❶ 西方国家普遍将军队参与民事执行，保障国家裁判的实现写入宪法或法律，我国《强制执行法（草案）》第六稿也有将武装警察部队参与保障民事执行的内容。

格按照执行依据的所确定的内容去执行,非因法定情形不得改变执行依据确定的权利和义务,如裁判文书确定的特定物的给付,非因该特定物的灭失,不得用其他种类物或用货币的折算来代为履行。执行的忠实性不仅表现在对标的物的态度上,还表现在对执行依据确定的期限的遵守上,即不得随意变更执行依据确定的履行期限。总之,执行必须忠实地反映执行依据确定的结果,不得任意地改变或者扭曲。假定执行依据是公正的,那么公正的执行依据不折不扣地实现即是执行公正最大的体现。

二、程序公正说

执行公正最大的体现是程序的正当性。这种理解是建立在对执行程序本身价值的强调上得出的结论。执行到位是执行程序追求的目的,是执行程序公正的结果之一(而且不是唯一结果),执行到位只在形式上对执行公正具有评价意义,程序公正才是执行公正的核心内容。反之,如果认为执行到位是执行公正的必要条件,那么现实中大量存在的执行不到位或者是不能一次性执行到位❶如何解释,难道就认为执行程序及制度的存在不体现公正?答案显然是否定的。

程序公正是指执行程序的启动、运行及终结都要严格遵守法律规定,并且贯彻公开原则,不暗箱操作,切实保障执行各方当事人的程序性权利。❷ 程序的正当性体现在最大限度地依法、独立、公平、公开、合理、高效的执行上,这是司法公正对执行程序的必然要求。基本内涵包括以下几个方面:(1)执行程序的合法性。这是提高执行工作质量、保持良好的执行秩序的一个重要前提,也是执行公正的基本要求。做到执行的合法性,首先要在执行程序的启动、运行、中止、终结的每个阶段都要严格按照执行法律法规规定的程序进行,执行人员必须要遵守。其次是执行人员采取的强制执行措施、手段、方式方法应符合法定的类型,不得自行创制一些

---

❶ 据有关数据显示,全国60%的民商事案件进入执行程序,而只有60%的执行案件在首次执行程序中得以执行到位或者说一次性到位。

❷ 童兆洪:《民事执行前沿》,人民法院出版社2003年版,第2页。

不合法的强制措施、不规范的执行方式。再次是执行人员采取的强制措施、执行方式应完全符合法定的程序和要求，不得随意变更、扭曲或者省略。（2）执行程序的独立性。首先，执行程序的独立性源自于法院依法行使职权的独立性，即执行是根据法律赋予的权力，遵循法定程序行使执行权，不受任何行政机关、社会团体和个人的干涉，这是法院严格执法，确保司法公正的重要条件。其次，执行程序的独立性，是针对我国立法上实行的审执分离来讲的，执行权是一项独立的权力，执行程序作为一种特殊的诉讼程序相对独立于审判程序，也独立于其他前置程序。这种理念的确立对克服司法理论和实践中"重审判、轻执行"、"重实体、轻程序"的观念有重要意义。（3）执行程序的公平性。这是执行公正的重要内容。首先要保证执行的中立性，执行人员要严格遵守执行回避制度的规定，在处理问题上要不偏不倚，对待当事人一视同仁，不偏袒任何一方。其次是充分尊重各方当事人的法定权利，尊重执行当事人双方的意思自治表示，保障当事人对执行的参与性，既要严格执法又要平等保护当事人的合法权益，对当事人的意见认真审查、答复。最后在执行管辖上要保证公平，既不得受理无管辖权的案件，也不得拒绝受理有管辖权的案件。（4）执行程序的公开性。这是执行民主化的体现，能够提高执行的透明度，增强执行的公信度，也是执行公正的重要内容。首先要求公开立案条件和标准、执行费的收费标准和根据、执行人员及联系方式、期限、执行流程管理及相关执行材料。其次是公开执行的进展情况，包括公开执行人员采取的执行措施及适用的程序，公开对涉及当事人重大权利、义务事项的处理，任何人不得搞"暗箱操作"。再次是公开执行中止、终结的理由和法律根据、执限内未执结案件的原因等。最后执行公开的意义还在于接受社会各界的监督。（5）执行的合理性。执行的合理性也称执行的适度性。首先，在依法的前提下，采取正确、最佳的执行方式执行，执行案件多样复杂，执行时不能千篇一律，要提高执行的灵活性，能自动履行的采取敦促履行的方式、能和解的采取和解的方式、需采取强制措施的要及时采取强制措施。其次，在强制执行时要采取恰当的执行措施，合理的执行手段，既要达到强制执行的目的,又不能过度。最后,执行的合理性还体现在谦抑性执行的理念上,即执行活动应尽可能对社会和当事人带来最小影响。(6)执行的高效性。执行的公正与效率存在着很大兼容性,执行程序对效率的要求比其他司法程序更为强烈,这是执行程序的特性所决定的。在其他条件不变的情况下,执行效率越高,执行的公正性越强。

三、程序公正与实体公正说

执行公正是指执行程序公正与执行实体公正。执行公正主要是执行程序的公正。实体公正是指公平保护执行的实体结果公正。❶ 这种理解是建立在与审判公正的比较上得出的结论。执行公正和审判公正一样,体现在程序公正和实体公正上。只是侧重有所不同,执行公正更侧重于程序公正,也包含实体公正。对执行程序公正的强调上与第二种理解基本一致,但对执行实体公正的理解区别于对执行到位的理解,执行实体公正是指执行程序中对涉及的实体权利的处理结果是公正的。

执行程序可划分为执行实施程序和执行裁判程序,在两种程序中都会涉及对实体权利的处理,而且执行裁判程序主要是解决执行程序中遇到的实体权利纠纷。对实体权利纠纷的处理,必然涉及实体法的运用,使当事人之间在实体权利义务的关系上发生变化,这种对实体权利的处理结果,自然要在实体法意义上做出评价,这就是执行中的实体公正问题。比如,执行中涉及案外人异议的问题,案外人对标的物主张实体权利(所有权或者担保物权等),提出执行异议,执行裁判部门对异议裁决的结果就是对实体权利的处理,如果结果是公正的,那么就实现了执行实体公正。另外,对涉及多个债权人的分配结果也是执行中处理的实体问题,等等。

区别执行实体公正与执行到位(执行依据的具体实现)的理解,执行实体公正并不是指执行到位,执行实体公正的内涵更为宽泛。执行实体公正也不包含执行到位,执行实体公正和执行到位是两个概念。因为,诚如

---

❶ 杨一平:《司法正义论》,法律出版社1999年版,第118页。

审判中实体公正是指通过审判程序实现对当事人之间实体纠纷的处理结果公正，执行实体公正是指通过执行程序实现对当事人之间实体纠纷的处理结果公正，像审判中的实体公正一样，执行中的实体公正也是体现在未然权利义务关系到实然权利义务关系转化和判定的过程中。而执行到位是执行依据得以实现的一种状态，它是执行程序运行结束时得出的一种执行结果（而且不是唯一结果），执行中不会对执行依据确定的实体结果（实然的权利义务关系）作任何评价或裁决。只有通过执行程序作出的对实体纠纷的处理结果方可在执行实体公正与否上做出评价。

四、过程公正和结果公正说

执行公正体现在整个执行程序运行的过程及结果中，执行措施的穷尽和公平保护的原则是衡量执行公正的底线。当前，关于执行工作的价值取向，理论和实务界主要存在着两种观点：一是认为执行工作应当以"最大限度地实现执行依据确定的债权"作为最终的目的。这一观点认为只有将执行依据的内容落到实处，权利人的权益才能得以保护，执行工作才有意义，才能体现执行公正；另一种观点则认为，"程序公正在先，债权实现列后"是执行工作的最终价值取向，这一观点认为没有公正的程序在先，债权实现只能成为空谈。仔细比较一下这两种观点，就会发现，这两种观点争论的实质就是过程和结果的争论。是结果更重要还是过程更重要已成为执行工作价值取向最朴素的哲学基础。其实从哲学上来讲，结果和过程根本上是不矛盾的，程序公正作为执行工作的价值取向并不意味着追求程序上的公正就会放弃了保障债权人的利益。恰恰相反，追求执行程序的公正，正是最大限度地为保障债权人利益服务的。所以，过程和结果同等重要，执行过程公正是执行程序的本身价值所在，执行结果公正是执行程序的功能价值所在。

另外，需要说明的是，实现执行依据确定的债权只是执行结果的一种，执行结果的范围更大。从被执行人的客观情况的角度分析，执行中债权人的债权能否最终实现，取决于被执行人的履行能力。关于履行能力，理论界认为可分有履行能力、相对有履行能力和绝对无履行能力三种。如果是前两者，从执行的角度讲就是有财产可供执行，债权人的债权可以实现，当然可能需要一定的时间。但如果被执行人绝对没有履行能力，即无财产可供执行，那么法院的执行工作无论如何努力也实现不了债权人的债权，债权人通过执行程序所得到的只能是对其债权法律上的认可，而无任何实质意义上的补偿。所以，有财产可供执行的执行结果是实现执行依据确定的债权；无财产可供执行的执行结果是执行不能，表现为终结本次执行程序，发放债权凭证。❶ 总体上说，执行结果可以归为这两类。

这种理解强调的是过程和结果的一致性、相容性。执行结果的不确定性，造成了执行结果的多样性，执行人员在执行方案、执行措施、执行方式方法上有了更多的选择，所以要求执行过程必须在确定的执行依据引导下保持一个有序合理的运作状态，执行过程中所包容的措施、方法的合理性与过程推进的快慢都应当指向可供预期的结果，与结果相违背的过程会使程序的公正性大打折扣，结果的公正性也会受到质疑。具而言之，对有财产可供执行的情况而言，执行的公正体现在实现执行依据确定的债权符合公平保护的原则和对追求结果的过程符合正当的标准；对无财产可供执行的情况而言，执行的公正体现在终结本次执行程序的结果是唯一可选择的，执行的过程符合正当性的标准且在合理范围内穷尽了所有的执行措施。

五、程序公正、实体公正和形象公正说

执行公正除包括执行程序公正和实体公正之外，还应包括形象公正。随着时代的发展、法治化进程的加速，人民群众对执行工作的期待和要求越来越高，对执行公正的评价标准也越来越高，执行公正的内涵也应有所扩大。概而言之，执行中做到形象公正要求执行人员在执行中应具有良好的精神面貌，树立起公正、廉洁、执法为民的形象。通过扎实的工作作风、

---

❶ "终结本次执行程序"是2008年最高人民法院19号文针对"执行清积"活动提出的一种结案形式，它是无财产可供执行的一种执行结果，要求和标准是法院执行措施的穷尽。

良好的工作态度、较强的工作责任心、规范的着装和执行用语、善于做群众工作的能力等充分体现国家法律的威信、充分体现人民法院最讲理、最公道、最可信赖的形象、充分体现人民法官为人民的公仆形象，勇于接受人民群众和社会的监督，敢于担当，从而赢得当事人和社会民众的信赖和支持。

上述对执行公正的各种理解，都从一定的层面上反映了执行公正的内涵，只是因观察的视角和分析的维度不同而导致理解的差异。笔者认为，从执行权的性质、特征和内容的角度分析执行公正更易于理解其内涵。执行权是一种复合权，执行权的内容有二，即执行裁判权和执行实施权，执行公正应包括执行裁判的公正和执行实施的公正，同时也包含执行形象公正的内容。执行裁判的公正如同审判公正一样，包括实体公正和程序公正两个方面即执行裁判结果符合实体法的内容和要求，以及执行裁判程序本身是正当的。执行实施的公正主要是指执行实施程序本身是正当的，且能够最大限度地实现执行依据的内容，公平保护当事人的合法权益。

第三节 对执行公正实现路径的几点思考

目前从执行的具体实践来看，影响执行公正实现的主要因素有法律规范层面的因素；主观性因素即执行人员、当事人、利害关系人、协助执行人方面的因素；客观性因素即执行模式、执行机构设置、执行机制方面的因素以及社会性因素等。故排除制约执行公正实现的因素，保障执行公正的实现应当主要从以下几个方面着手：强化执行立法、重构执行模式、完善执行机制、规范执行行为、改进执行方式和优化执行环境等。

一、强化执行立法是实现执行公正的法治基础

现行的执行法律规范，主要是民事诉讼法对执行程序的章节性规定和最高人民法院关于执行方面的司法解释等，这是执行的主要法律渊源，也是实现执行公正的基础和前提，执行公正体现着执行法律规范内容的公正

性。可以说，执行法律规范是执行公正之"本"，法律规范的公正程度直接决定着执行公正的实现程度。所以，执行公正的实现首先要有一部制定的良好的执行法律规范。

目前我国的执行立法不管是在形式上还是在内容上都是不完善的，某种程度上可以说这种不完善已成为影响执行公正实现的决定性因素。执行立法的不完善主要体现在以下三个方面：（1）立法滞后于现实需求。目前立法解决不了现实中的许多新问题，难以满足现实的司法需求，回应不了人民群众对执行的新期待，这也是法律上造成执行难的重要原因。（2）现有执行法律规范的过于原则、缺乏可操作性。这是造成执行乱、乱执行的主要原因。由于法律规范的原则性，没有统一适用的标准，导致各地各自制定相应的执行规范和执行工作细则，虽然这些对完善我国强制执行法做出了可贵的贡献，但另一方面却造成了执行工作规范上的混乱。另外，法律规范的原则性也为人为操控执行程序提供了空间，执行人员的权力显得过于强大，这为执行不公正的出现提供了法律规范上的条件。（3）现有的执行法律规范不够严密。比如，法律规范的过于松散导致对各种程序的规定体系性不强，甚至一些条文内容会出现矛盾，等等。

强化立法首先要制定一部系统的强制执行法。早在1884年英国就制定有《执行法令》；日本在1979年修订《民事诉讼法》时，废除原有的强制执行条款，在全面修改原有强制执行制度的基础上制定了单独的《民事执行法》；奥地利在《民事诉讼法》之外，也单独制定有《强制执行法》。另外，比利时、法国、俄罗斯、韩国及我国台湾地区等也是如此。2007年，正值我国民事诉讼法修改之际，芬兰出台了一部460条的《强制执行法》，成为继上述国家和地区之后执行单行立法的又一典范。❶ 纵观世界各国，无论大陆法系还是英美法系，都有强制执行方面的统一法典。目前，我国具有中国特色的社会主义法律体系已经形成，这既标志着我国立法工作站

---

❶ 江必新："关于民事诉讼法执行程序修改应注意的十大问题"，载《人民司法》2011年第17期，第4页。

在了新的历史起点上,也为人民司法事业发展提供了难得的历史机遇。在这种时代背景之下,中国强制执行法的制定不仅能使得中国的法律体系进一步完善,而且统一的单行强制执行法对当前的执行实务也是完全必要,甚至可以说是十分迫切的。因为这涉及执行实务中能否统一适用和规范适用法律的问题。

其次,执行公正的实现对执行立法的要求,不仅体现在形式的统一上,也体现在内容的科学性上。以下几个方面是需要重点关注的:一是执行地域管辖的问题。取消执行地域管辖实行的两种不同立法标准,在审执分离的前提下,确定执行管辖的标准应当考虑执行工作自身的特点,坚持利于债权人债权的实现和便于执行措施采取的原则,所以完全可以统一执行的地域管辖标准,即统一由执行债务人财产所在地或者行为履行地法院管辖,执行债务人的财产所在地、行为履行地不明确的,由其住所地法院管辖。这样可以有效地解决实践中大量异地执行和委托执行的问题。二是关于申请执行时效、执行通知书及各种期限规定的问题。从维护债权人的合法权益和缓解执行工作的压力角度考虑,申请执行时效可以延长。为有效遏制被执行人的规避执行行为,取消发出执行通知书作为执行程序的必经程序。鉴于执行工作的特殊性,执行中公告送达法律文书的期限,可以适当缩短。执行异议涉及当事人、案外人的切身利益,执行中对异议的审查期限可以适当延长。执行中司法拘留的期限可以适度延长。三是参与分配程序和变更追加当事人的程序应进一步明确。四是强制执行措施和制裁措施的体系性及科学性应进一步增强,等等。

二、重构执行模式,改革执行权的运行机制

从严格意义上来说,我国法院目前尚未形成一套完整的执行模式,民事诉讼法只是一些笼统的规定,没有给执行模式的构建以明确的方向。实践中执行模式的构建呈现出多样性,人员配置的合理性不够,机构设置和组织形式带有附随性,由于执行工作的思路多是在审判思路的引导下形成的,所以多数法院对执行模式的构建不可避免地照搬、重复了审判模式。

随着法院各项改革工作的推进，我们对执行模式的构建也应有新的思路。对执行模式的构建要考虑到执行工作具有的特殊性，这种特殊性源自于执行权本质和内容的特殊性，所以执行模式的构建要在借鉴审判模式的基础上，充分兼顾这种特殊性，要符合执行权运行的特点和规律，既要做到分权制衡又要高效运作，要能够最大限度地体现执行的公正性。

根据执行权的内容和特点，同时借鉴实践中各种有益的做法，对执行模式的重构作如下总结：（1）在机构设置上，执行机构设立执行裁判部门和执行实施部门，另外还可以在执行实施部门设立专业化工作组，如执行调查财产组，专门实施财产调查工作。（2）在分工上，执行裁判部门行使执行裁判权，对一些非诉法律文书的不予执行、执行异议、变更或追加当事人、执行程序的中止或终结、执行制裁措施的复议等应当由其裁决的事项负责；执行实施部门对一些执行命令的发出、强制措施或者制裁措施的采取等应当由其决定的事项负责。（3）在组织形式上，执行裁判部门可以参照审判组织的形式，由法官组成合议庭处理裁决事项；执行实施部门对强制措施及制裁性措施的决定也应由法官组成合议庭做出（紧急情况下可以先由主执法官做出，后由合议庭审查），但对决定的事项可以交由执行员、书记员或执行辅助人员执行。另外，对执行法官的要求要符合法官法的规定，对执行员的要求是具备相应的资质即可。（4）在上下级法院的关系上，上级法院监督、指导下级法院的执行裁判工作，上级法院领导下级法院的执行实施工作。（5）在执行实施中实行分段集约化执行，改变以往个人包案制度，将执行实施权进一步细化，将执行工作流程分段，专人负责各个阶段的实施工作，如执行命令统一发出、财产调查集中进行等。（6）在执行裁判中，应体现裁判的中立性，强调当事人的举证责任、辩论原则和平等保护的原则，同时强化执行裁判对执行实施的监督和制衡，比如强制执行命令或制裁措施的决定，由实施部门作出但应由裁判部门审查（为兼顾效率，建议事后审查）。

三、建立和完善执行相关制度

（一）建立和完善执行的联动威慑制度

积极探索和推动以执行案件信息管理为平台，联合公安、工商、税务、海关、金融、房地产管理、工程招投标管理、车辆管理、出入境管理等部门，对拒不履行生效法律文书确定的被执行人，通过严格限制其市场交易行为、行政许可与行业准入审批、社会交往活动等方法，促使或强制其履行法律义务的联动威慑制度的建设。充分发挥法院作为联动机制的核心成员的组织、协调作用，以及行政管理部门和财经管理部门等联动机制成员的协助作用。建立法院与公安、检察、组织人事、纪检监察机关的工作联系机制，强化对因维护部门利益、地方利益而不积极协助、怠误执行的相关责任人以及不申报或不实申报财产的被执行人的制裁措施。能够建立一种长效运作机制，在上下级各法院之间、法院和协助单位或部门之间形成统一指挥、统一协调、统筹兼顾的上下、左右联动的执行网络和"一盘棋"的执行格局，使执行力量形成合力。

（二）建立并完善社会征信制度

法院系统内部首先要能够建立一个全国债务人黑名单网上查询系统，各法院之间实行执行案件信息共享。然后逐步探索建立不良信用登记制度，把法院与工商、银行、公安等部门各自的"黑名单"，进行资源整合，形成覆盖全民全社会的、系统的、资源共享的征信机制。把法院的司法信用信息纳入整个社会信用体系建设之中，一旦被列入黑名单，被执行人会在消费、从业、贷款等与信用有关的方面受到限制。社会各界也要畅通对法院的信息渠道，打破只在本地联合征信和本行业同业征信的格局，使法院能够及时、全面地获取与执行有关的信息，建立信息传递和共享的平台。实行执行线人制度的做法，也是执行实务中对征信机制完善的有益探索。

（三）建立并完善执行日志制度

为防止出现执行权力暗箱操作、长期执行不作为等现象，更好地规范执行人员的行为，法院内部应建立并完善执行日志机制。这一制度要求执行人员所做的执行工作，在执行案件管理系统中应有所反映。执行日志的内容包括在执行期限内执行人员完成的工作内容，工作方式，工作的先后性，选择的强制措施类型，采取措施的依据，结案的方式、理由和依据等，几乎所有的工作都像日志一样记录在案件流程管理系统中。执行案件的监督人员对"有问题"的执行措施可以提出质疑，执行人员应限期作出解释并予以改正。有不当或者违法的执行行为，执行日志又可以起到证据的作用，这是加强内部监督较为强有力的制度。

（四）建立并完善执行听证制度

为使权力在阳光下运行，以公开促公正，法院应建立并完善执行听证制度。这一制度要求执行人员在案情较为复杂，需要对关系到当事人、案外人的重大实体或程序权利做出裁决时适用执行听证，必须在公平、公正地听取双方当事人意见的基础上做出裁决，充分保障当事人、案外人的对执行的参与权、知情权、监督权、申辩权等权利。执行听证适用的范围包括当事人或案外人提出异议的审查，对强制措施或制裁措施采取的决定，对变更或追加当事人的审查，对中止或终结执行的审查等。适用执行听证应注意两点：（1）要明确适用的条件和要求，对一些事实清楚，法律关系明确，当事人争议不大的不必采用执行听证程序，防止影响执行效率或当事人借故规避执行。（2）听证程序上应强化对举证责任、平等抗辩原则的适用，且原则上由执行裁判部门负责，以实现分权制衡。

（五）建立和完善执行监督制度

坦白说，执行实践中出现的很多问题都与对执行工作的监督不力有关，所以加强执行监督制度的建设是实现执行公正的当务之急。建议从以下几点着手：（1）强化执行机构内部的监督，建立执行实施与裁判互相监督的制衡机制。（2）强化上级法院对下级法院执行的监督，这是内部层级的专业监督，重点在业务的监督上，方式有指令纠正、直接作出裁定或决定、责令和直接裁定不予执行、限期执行、转移强制执行权、通知暂缓执行等。（3）强化检察监督，这是外部的法律监督，利于确保监督的质量。方式主要有抗诉程序与纠正意见的相结合、通知纠正违法行为、检察建议程序以及刑事查办程序。(4)强化党委、人大、政府、社会、媒体等外部监督,同时也应进一步规范这种监督的程序。(5)在执行工作中逐步引入执行廉政监察员制度。

(六)建立并完善执行救助制度

执行救助制度是在民事执行程序中,执行机构穷尽了一切执行手段后,查明被执行人确无可供执行的财产,被执行人也下落不明或者丧失履行能力,而申请人的生活又极度困难的情形下由国家按照特定程序和标准给予一定的经济帮助以解决生活急需的一种司法救助制度。执行救济制度是执行程序作为一种救济性程序在制度上的体现,通过司法程序来实现对社会公正的维护。建立和完善执行救助制度,需要从以下方面入手。首先,要保证救助资金的来源,可以探索由财政和社会共同承担,建立基金制度。其次,要有规范的管理和发放程序,相关法律需要进一步明确规定。最后,严格限定救助的范围和对象,使这项制度既能彰显人文关怀,又不失本来预设制度之目的。

四、规范执行行为,改进执行方式

如果说前三点是实现执行公正的客观要求,规范执行行为,改进执行方式则是实现执行公正的主观要求。

执行人员的素质是执行行为的基础,规范执行行为首先应提高执行人员的综合素质,执行工作是一门综合性艺术,要开展好执行工作,做到规范化执行,执行人员不仅要具有丰富的法律功底,还要有丰富的社会阅历和高超的综合协调能力。这就要求做到:加强执行人员的政治理论学习,增强执行人员的政治觉悟和理论水平,提高为大局服务、为人民执法、参与社会管理创新的本领。经常开展职业道德教育活动整顿执行纪律、整顿工作作风,强化执行队伍的公正意识和廉洁意识,树立良好的执行形象。加强业务培训和对法律实务问题的研讨,提高执法办案的能力和专业化水平。执行工作复杂多变,执行人员必须具有扎实的法律专业功底方可灵活应对。促进执法理念的更新,规范执行工作秩序。改变以往粗暴执行、乱执行、执行乱的情况，在执行中务必坚持依法执行、全面执行、及时执行、合理执行、谦抑执行、文明执行的执法理念。提高执行艺术，改善执行人员自身的工作态度，增强与当事人之间的沟通能力，与外界的交流、协调能力。

在执行方式的改进上，要做到：加大执行力度，创新执行手段，适度扩大强制措施的适用范围，注重对反规避执行措施的运用，如拘留、罚款、网上追逃、悬赏、登报曝光、限制出入境、限制高消费等。同时实践中可以吸收一些地方好的做法，如提级执行、交叉执行等方式。这些是破解执行受地方保护和行政干预的不二选择。

五、优化执行环境

正确处理好执行工作与党政部门的关系。(1) 强化党政机关对执行工作的支持，执行工作具有特殊性，往往耗费大量执行资源（人力资源和物力资源等），在目前的体制下，要改变执行资源紧缺的现状必须借助于党政机关的大力支持，提高党政机关对执行资源的保障作用，增强执行工作的机动性和灵活性。在加强党政部门对执行工作监督的同时规范监督的程序和方式，支持法院依法行使权力，防止各种违法干预执行工作的行为，为执行工作创造良好的执行环境。(2) 建立协调工作机制，执行工作的特点是需要与外界联动，仅靠执行机构自身的力量对执行工作中遇到的问题难以有效地破解。这就要求各级党委能够成立解决"执行难"的领导协调小组，组织排查、清理阻碍执行的各种规定和文件；协调处理重大疑难的执行案件以及执行工作中遇到的突出困难，督促查处党政部门、部分领导干部非法干预执行的违法违纪行为，尤其是对于受地方保护的重点执行案件、挂牌督办案件，协调小组应定期举行例会，协同研究解决。(3) 规范行政部门对执行的协助执行工作，强化协助执行单位及主要负责人的责任，对不协助执行或违法不当协助执行的应坚决配合、支持法院追究其法律责任。

建立执行机构与新闻媒体的良性互动关系。首先，新闻媒体作为社会组织对执行工作的监督是必要的，但监督的方式方法和程序应符合法律的规定，新闻媒体应依法行使其权利并切实地履行其法定义务，应避免新闻舆论给执行工作带来的负面影响和阻力。其次，新闻媒体也应支持执行工作的开展，充分发挥新闻媒体对一些好的执行方式、案例等的宣传教育作用，促使社会形成诚信守法的良好风气。同时对一些规避执行、不协助执行、违法协助执行、暴力抗法等行为及处理结果予以曝光，对社会起到一定的警示教育作用。最后，新闻媒体要全力配合反规避执行活动的开展、协助一些具体的执行工作，如悬赏、网上追逃、限制高消费等。

后　　记

　　曾经在湖北省高级人民法院担任研究室主任和分管调研副院长的工作经历使我与调研结下不解之缘，历经三个中级法院，我都是将调研工作作为法官队伍建设的重中之重。我始终认为，法官队伍建设应当着重提升法官队伍的内涵，法官队伍建设必须走内涵式发展道路，而调研是提升法官队伍内涵的最好方式和渠道。在湖北省高级人民法院工作期间，我曾连续三年主持最高人民法院重大调研课题，到武汉市中级人民法院工作后又与最高人民法院重大审判理论课题再续情缘，连续两年中标最高人民法院重大审判理论课题，2013年又在积极组织申报第三个最高人民法院重大审判理论课题。我相信，武汉市中院经过三年三个重大审判理论课题的研究，不仅能培养三个精英调研团队，更将创出位居全国法院系统前列的审判理论调研特色品牌，还将促进武汉法院系统法官队伍建设大踏步走上内涵式发展的康庄大道。为此，我要衷心感谢最高人民法院常务副院长沈德咏大法官、党组副书记江必新大法官、研究室胡云腾主任、应用法学研究所孙佑海所长、民四庭庭长罗东川先生等领导对武汉市中级人民法院的信任与支持！武汉法院队伍的每一步成长和取得的每一项调研成果都离不开最高法院领导的关心和支持。我以为，每一次课题结项成果就是新征程的起点，期待2013年能够再次全国竞标成功，期盼新的挑战和机遇的到来。

　　本书是我所主持的武汉中基层法院课题组调研团队集体调研成果，这一课题科研成果的顺利结项得益于强强联合的精英团队组合。我们的课题组形成了具有典型代表意义的中基层法院与北京大学、中国社会科学院、武汉大学实务与理论的紧密联合，形成审判理论与科研资源的强强结合，课题组主要成员各自具备较为突出和领先的学术研究专长，有利于调研和资料的占有、整理，具有从事该重大理论课题研究的最佳优势条件。课题主持人和主要成员中有5位资深法学教授、博士生导师，其中3位为国家二级教授；1位为副教授、硕士生导师，形成司法实务界和法学理论界的优化组合，全体课题组成员既具有一定理论能力，又具有丰富的司法经验，而且各成员之间知识结构和理论专长具有互补性。专家学者的论证指导和一线法官的共同参与充分保证了法学理论前沿的最新研究成果能够用于本重大理论课题研究的便利。为确保课题研究质量，我们还多次邀请相关领域的专家学者以及资深法官召开研讨会和举办专题论坛，对课题进行分析论证。在此，我要真诚地感谢北京大学常务副校长吴志攀先生、中国社会科学院法学所刘作翔教授、北京大学法学院白建军教授、武汉大学法学院徐亚文教授、北京大学郑顺炎副教授的加盟和无私支持，三所高等学府翰林先生们的智识为我和我的团队增添了无穷动力。

  作为课题主持人，我主持制定本课题的全部计划纲要和实施方案，分阶段对课题研究提出具体的研究思路，指导法院课题组成员利用各自优势搜集相关资料，指导课题组充分运用北京大学实证法务研究所拥有的法规数据库、全国法院各类案件案例数据库、湖北高院和武汉中院司法统计数据进行实证统计分析研究，全面深入分析中基层人民法院司法公正的现状，深度挖掘国内外相关研究成果，形成较为扎实的学术研究基础资料。在课题研究过程中，对所有课题组成员的研究成果进行全面修改和指导，课题结项总结和统稿工作等均由我负责完成。本书是"司法公正内涵及其实现"课题的结项成果之一，是我主持下团队的集体研究成果。团队成员包括：武汉中院杨凯、褚金丽、陈学敏、欧阳俊、张亚琼、杨毅、赵千喜、魏大海，江岸法院年凯、唐玲莉、魏璐，硚口法院朱娅敏，江汉法院李海燕，东湖法院黄桂武。课题组阶段性研究成果转化工作也做得较为及时，在《中国法学》《法律适用》等核心期刊均有相关学术论文刊发。在此，真心感谢我的精英调研团队在课题研究中共同付出的辛勤努力！希望这些年轻的调研骨干们快速成长为法官队伍的脊梁！本课题组得到了武汉两级法院各课题组成员所在单位的全力支持和积极配合，武汉中院在人员配备、工作时间和配套经费上均给予了充分保障，真诚感谢台前幕后各位领导和同志们的真诚相助！

  我们还联合北京大学法学院实证法务研究所共同完成了课题研究成果之一"法律文书综合管理信息系统"计算机软件的开发。这一法律文书综合管理信息系统软件阶段性课题研究成果在2012年全国法院系统广泛开展的庭审观摩和法律文书"两评查"活动中得到广泛推广运用，武汉中院因此获得全国先进，并在全国法院会议上作了先进经验交流发言。在此，也要真诚感谢北京大学实证法务研究所的技术支持！本课题在研究过程中还得到湖北省高院李静院长和原湖北省高院常务副院长张坚（现任安徽省高院院长）的大力支持。此外，本书出版还得到原湖北省检察院常务副检察长徐汉明教授主持的"法治湖北"项目的大力支持。在此，一并致谢！此外，还要真诚感谢知识产权出版社刘睿主任及其优秀编辑团队的精心编辑和热情相助！

王　晨

2013年仲夏夜于武昌